redazione
Loretta Russo

impaginazione
Maria Rosa Torri

progetto grafico
Franco Malaguti

illustrazione di copertina
Gino Rossi (*La fanciulla del fiore*, 1909)

Stampato per conto della casa editrice
presso Grafica 2 Emme, Pioltello (MI)

Ristampa		Anno	
9	10	00	01

Racconti italiani del Novecento

a cura di
Gianni Turchetta

Edizioni Scolastiche Bruno Mondadori

Presentazione

Questa antologia presenta una raccolta di racconti italiani composti dall'inizio del secolo ai giorni nostri e raggruppati in cinque fasce cronologiche - 1900 -1925, 1926 -1945, 1946 -1962, 1963 -1978, 1979 -1992 - in modo da ripercorrere le tappe della letteratura del XX secolo.

All'interno di tale suddivisione, i racconti sono distribuiti in quattro aree tematiche: le prime tre riguardano i contenuti (*Gli affetti familiari e l'amore, Lavoro e società, La violenza*), la quarta un genere letterario (*Il fantastico*).

La doppia griglia di lettura, storica e tematica, offre numerose possibilità di utilizzazione del testo: si possono leggere tutti i racconti su un certo tema, per analizzarne lo sviluppo nel tempo; oppure si possono confrontare due o più periodi storici; o, ancora, si possono approfondire gli spunti scegliendo percorsi trasversali, presentati nella sezione *Confronti*.

Le schede di analisi propongono una serie di esercizi sui seguenti argomenti: *la storia, i temi, i personaggi, tempi e luoghi, le strutture formali*. Non tutti gli argomenti, però, sono presenti in ciascuna scheda: vengono analizzati solo quelli che riguardano in modo particolare le caratteristiche del racconto preso in esame.

Inoltre, vengono proposte una serie di schede di scrittura.

Informazioni sulla vita e le opere degli autori presentati sono contenute nelle schede biografiche collocate in fondo al volume.

Indice

1900-1925

1900

Re Umberto I viene ucciso a Monza. Gli succede il figlio Vittorio Emanuele III.

1902

Patto di reciproca neutralità tra Italia e Francia in caso di aggressione da parte di un terzo.

1903

Giolitti diventa capo del governo.

1904

Proclamazione del primo sciopero generale.

1905

Nazionalizzazione delle ferrovie.

1906

Approvati dal governo: diritto di sciopero, previdenza per i lavoratori, riposo festivo, riduzione dell'orario di lavoro. Avvio di grandi opere pubbliche.

1908

Terremoto a Messina e Reggio Calabria.

1909

Italia e Russia firmano un accordo sui Balcani.

1911

Guerra italo-turca per il possesso della Libia.

1912

Estensione del diritto di voto a tutti i cittadini maschi.

1913

I cattolici rinunciano all'astensionismo nelle elezioni.
Henry Ford mette in funzione la prima catena di montaggio del mondo.

1914

L'Italia mantiene la neutralità allo scoppio della prima guerra mondiale. Scontri tra militaristi e pacifisti. Mussolini, espulso dal Psi, fonda *Il Popolo d'Italia*.

1915

Trattative segrete con Inghilterra, Francia e Russia e firma del Patto di Londra. Uscita dalla Triplice Alleanza e dichiarazione di guerra all'Austria.

1916

Dichiarazione di guerra alla Germania.

1917

Disfatta di Caporetto.
In Russia scoppia la rivoluzione.

1918

Battaglia di Vittorio Veneto.
L'Austria offre la resa senza condizioni; l'armistizio è firmato a Villa Giusti.

1919

Don Sturzo fonda il Partito popolare italiano.
Mussolini costituisce i Fasci italiani di Combattimento.

1920

L'Italia diviene membro permanente della Società delle Nazioni.

1921

Nasce il Partito comunista d'Italia.
Mussolini trasforma i Fasci di Combattimento in Partito nazionale fascista.

1922

Mussolini organizza una grande dimostrazione armata verso la capitale (Marcia su Roma). Il re lo incarica di costituire un nuovo governo con il mandato di ristabilire l'ordine.

1923

Entra in vigore la riforma scolastica varata da Giovanni Gentile.

1924

Il deputato socialista Giacomo Matteotti viene ucciso da sicari fascisti.

1925

Mussolini modifica lo Statuto e assume la carica di capo del governo, revocabile solo dal re.

Guido Gozzano

Le giuste nozze di Serafino

da *L'altare del passato*, 1918; ora in *I sandali della diva*, a c. di G. Nuvoli, intr. di M. Guglielminetti, Serra & Riva.

Maggio, attraverso le foglie dense del viale, illuminava l'ufficio d'una luce verde, tremula, come il giorno[1] d'un acquario, dissipava il triste odore di carta macera, di legno vetusto,[2] d'inchiostro putrefatto, animava d'un sorriso gli scaffali, le tabelle giallognole, il vecchio almanacco,[3] i malinconici arredi.

Serafino Ghigliotti, seduto obliquo, abbandonato lungo il tavolo dell'apparecchio telegrafico, con la nuca sorretta dal braccio in atto di beata pigrizia, leggeva per la quinta volta *Forse che sì forse che no*.[4]

«Serafino! Serafino!»

Era la voce inquieta della madre, dalla stanza attigua. Serafino s'alzò, passò dalla Reggia d'Isabella d'Este[5] nel negozio di coloniali[6] commestibili, sali e tabacchi dove i suoi genitori avevano adunato in trent'anni un gruzzolo di forse centomila lire.[7]

«Scusa» la tabaccaia parlava con delicatezza a quell'unico suo figlio, istruito ed avvocato «c'è qui l'uomo di ieri, venuto pel solfato di rame. Tuo padre non t'ha detto nulla?...»

«Nulla» rispose Serafino. «Papà ritorna alle sei... Ripassate stasera.»

L'uomo uscì, brontolando; Serafino rientrò nell'ufficio postale, cercò a

---

1. *giorno*: luce.
2. *vetusto*: molto antico.
3. *almanacco*: opuscolo pubblicato annualmente, in cui si trovano, oltre al calendario e alle principali notizie astronomiche, informazioni e curiosità culturali di varia natura.
4. *Forse che sì forse che no*: è l'ultimo romanzo (1910) di Gabriele D'Annunzio. Su D'Annunzio cfr. più oltre la novella *Il cerusico di mare*, p. 38, e la *scheda* a p. 343.

5. *Reggia d'Isabella d'Este*: è il Palazzo del Te di Mantova, dove Isabella d'Este (1474-1539), sposa di Francesco II Gonzaga, fu animatrice di un importante circolo artistico e culturale del Rinascimento. In questo palazzo si svolge la prima parte del *Forse che sì forse che no*.
6. *negozio di coloniali*: drogheria.
7. *centomila lire*: corrispondono a poco meno di quattrocento milioni del 1993.

lungo l'atteggiamento di prima, ritrovò il periodo interrotto, riprese la lettura.

«tac - tac - tac - tac - tac - tac - tac - tac...»

Serafino si drizzò sulla persona, chiuse il libro con un sospiro, lo gettò lontano.

«tac - tac - tac - tac - tac...»

«Basta, per Dio! Ho capito!»

Oh! Il linguaggio secco ed incisivo, odioso all'orecchio come il rodìo ritmico del dente cariato!

«Basta!» E Serafino, per quanto timido e mite, ebbe un moto d'impazienza, arrestò il tasto avvisatore, prese a svolgere sulla ruota il nastro di carta, segnato di punti e di linee azzurre. Il telegramma era lungo; veniva da Torino, proseguiva per Modane. Quando Serafino ebbe finito sospirò di sollievo; poi, come il piccolo martello vibrava ancora, ascoltò, sorrise: era l'impiegata di Torino, la corrispondente sconosciuta che l'interrogava. Serafino sorrise più forte, quasi la signorina potesse vederlo in volto.

«Che cosa fa, signor Ghigliotti?»

«Leggo.»

«Che cosa?»

«*Forse che sì forse che no.*»

«A me non piace D'Annunzio.»

«Perché?»

«Perché sono una piccola oca.»

«Chi le piace?»

«Gli scrittori che fanno piangere o ridere: Fogazzaro, Pascoli, Bracco, Rovetta[8]... Ma qui non si può leggere... Beati loro degli uffici di provincia!»

Serafino ascoltava, assentiva, dissentiva sorridendo. E il picchiettio del tasto non gli era più odioso.

L'amicizia telegrafica dei due datava da un mese. Un mattino d'aprile Serafino s'accorse che il corrispondente torinese del suo circuito era stato cambiato. Era una donna e non maritata. Come Serafino le aveva detto *signora* a più riprese, «*Sì, signora! No, signora! Scusi, signora*» l'altra s'era impazientita, aveva finito col rispondere: «Signorina, se non le dispiace!»

Serafino, timido e maldestro al cospetto delle persone, diventava altrettanto audace e disinvolto a distanza, per lettera, o all'apparecchio telegrafico, dove non era necessario produrre il volto, la voce, il gesto. E a

---

8. *Fogazzaro, Pascoli, Bracco, Rovetta*: Antonio Fogazzaro (1842-1911), Giovanni Pascoli (1855-1912), Roberto Bracco (1862-1943), Gerolamo Rovetta (1851-1910) erano tutti scrittori molto noti tra la fine dell'Ottocento e i primi decenni del nostro secolo, anche se oggi gli ultimi due sono quasi dimenticati.

poco a poco aveva guadagnato la confidenza della sua "corrispondente".

Nei brevi, ma frequenti intervalli d'ozio e nonostante il divieto formale di simili colloqui personali, s'erano fatte molte intime confidenze.

«Papà è senese. La mamma era torinese. Io sono nata a Siena. Ho perduta la mamma ancora bambina e ho passato in collegio molti anni. Poi mio padre si ritirò a riposo col grado di capitano e mi volle seco.[9] Sono figlia unica e vivo sola con lui. Mi occuperei esclusivamente delle faccende di casa – e ben più volentieri! – ma Papà non ha altra fortuna che la sua pensione, la quale cessa con lui; ed è appunto per quando sarò sola, che mi sono rassegnata ad un impiego.»

«Ma quest'impiego Lei lo lascierà certo per prendere marito.»

«Marito! Non ho dote, mio caro collega! Una popolana trova facilmente ad accasarsi, ma per noi signorine di ceto medio, che sappiamo un po' di francese e un po' di musica e non possiamo uscire in capelli[10] o rigovernare in cucina, la faccenda diventa seria...»

«Il suo nome?» aveva detto Serafino, per deviare la serietà del discorso.

«Anna... Anna Marengo.»

«La sua età?»

«Che indelicatezza!»

«Che civetteria! Non è forse costretta a dare come noi tutti la fede di nascita?»

«Sia! Ventiquattr'anni. È soddisfatto?»

Serafino non era ancora soddisfatto. Fattosi audace – era così audace a distanza – l'aveva interrogata sulla sua persona.

«Piccola, alta?»

«Piuttosto alta.»

«Sottile?»

«Sottile.»

«Bionda, bruna?»

«Bionda.»

«E gli occhi?»

«Chiari.»

«E la pelle?»

«Bianca.»

«Deve esser bella!»

«Non brutta.»

«E le mani?»

«Ma caro collega, sa ch'io la denunzio al Direttore? È di un'audacia imperdonabile! Mi parli piuttosto di Lei.»

---

9. *seco*: con sé.   **10.** *in capelli*: senza cappello.

Serafino aveva parlato di sé e dei casi suoi. Aveva descritti i suoi capelli neri tagliati a spazzola, i suoi denti bianchi, la sua barba aguzza. «Ho compiuto trent'anni l'altro ieri. Mi sono laureato a vent'anni, in legge. Ho tentato qualche impiego, ma senza risultati. Forse la colpa fu mia; avevo molti ideali balzani[11] pel cervello, sognavo mete inverosimili. Poi mi sono ritirato a Vareglio dove i miei hanno un commercio avviatissimo. Io sono il titolare di quest'ufficio, ho anche qualche ingerenza nella Società Frumentaria, e, tutto sommato, guadagno assai più che facendo lo scriba presso un avvocato in città... Ma vengo a Torino soventissimo e non manco mai ad una bella commedia... Leggo molto e non sono triste. Sopporto la vita come una persona di spirito sopporta uno scherzo di cattivo genere; cercando di sorridere...»

Così, da un mese, l'intimità dei due era cresciuta con quel linguaggio che aboliva ogni timidità in Serafino, ogni reticenza in Anna Marengo. Serafino si recava in città sovente, ma non aveva mai pensato alla possibilità di un incontro. Anna era per lui una quantità ideale, senza volto, senza voce, senza persona, come un'evocazione spiritica. Fu un amico a gettare in lui il primo germe della curiosità: «Al posto tuo io la vorrei conoscere. E ti è facilissimo. Sai il suo recapito, sai che esce di casa alle otto e mezza per recarsi all'ufficio. Non hai che da metterti al varco».

E un giorno Serafino si recò in città e si mise al varco. Il cuore gli sobbalzava forte, le sue mani stringevano la mazza con un tremito del quale s'indispettiva egli stesso.

«Quanta emozione per una sconosciuta con la quale ho scambiata qualche sciocchezza!»

Cercò di dominarsi, s'appoggiò ad un negozio di fronte; attese. Uscì un facchino curvo sotto un baule gigantesco, uscì un gatto lento e guardingo... Nessuno più apparve, per qualche secondo; poi s'udì un vociare gaio, uno scroscio di risa giù per le scale. Il cuore di Serafino sobbalzò più forte. Apparve una signora piccola e rossiccia seguita da un'altra bionda alta bellissima. Era Anna Marengo.

Serafino s'appoggiò alla vetrina col respiro mosso, poi s'avviò con passo malfermo sulla traccia delle due che già svoltavano l'angolo della via. Le seguì a distanza, con gli occhi fissi su quella che dominava l'altra di tutta la testa: e la testa era divina! Serafino l'osservò alla nuca, e di profilo; una principessa leggendaria, una Melisenda[12] in dimesso abito moderno: bion-

---

11. *balzani*: strambi, eccentrici.
12. *Melisenda*: era, secondo la leggenda, la bellissima contessa di Tripoli amata disperatamente da Jaufré Rudel, signore di Blaye e soprattutto celebre trovatore provenzale del XII secolo. Moltissimi scrittori si sono ispirati a questa storia; è probabile che Gozzano ricordi in particolare un poemetto di Giosuè Carducci (1835-1907): *Jaufré Rudel* (in *Rime e ritmi*, 1899).

da pallida, dagli occhi oblunghi dolcissima. Divina! Serafino era rapito. Seguì le due amiche a distanza, come in sogno. Quando la folla era più densa s'avvicinò; passò loro accanto per udire la voce d'Anna, ma Anna taceva in quell'istante; parlava l'amica piccola e rossiccia "siamo intese... questa sera, alla serata della Borelli... Galleria, prima galleria; *tout-bonnement*...[13]

Serafino le seguì trasognato, finché scomparvero sotto l'atrio della Posta Centrale.

Pellegrinò tutto il giorno, con impazienza febbrile e alla sera si trovò in teatro per tempo.

Stazzonava[14] tra le mani un giornale sollevando gli occhi ad ogni nuovo venuto. Paventava che il progetto fosse stato rimandato, paventava d'aver inteso male. Ma Anna Marengo apparve alfine, bellissima nel modesto abito grigio, prese posto con lenta grazia, seguita dalla piccola amica. Erano lontane, nella curva opposta e Serafino le osservava di sfuggita, passando il binocolo rapidamente, quasi che il pubblico dovesse sospettare l'idillio segreto. La sala s'abbuiò, cominciò la commedia, vecchia commedia: *Zampe di mosca*,[15] che Lyda Borelli[16] animava col miracolo della sua bellezza e della sua gioventù, con la grazia del suo gesto e della sua voce. E Serafino trovò una strana rassomiglianza tra l'umile impiegata al Telegrafo e la magnifica attrice; e la sua passione nascente fece delle due donne una sola.

Smaniò tutta la notte e il giorno seguente, incerto sul da farsi, deciso talvolta a presentarsi in casa di Anna, rifuggendo poi dall'audacia inconcepibile, con un brivido di terrore.

Meditò a lungo: poi ritornò a Vareglio. Là, tra le pareti famigliari, con l'apparecchio telegrafico dinnanzi, ritrovava tutto il suo coraggio.

«Oh! Caro collega, ben tornato! Che n'è stato di Lei in questi tre giorni?»

«Sono stato a Torino, per veder Lei.»

«Che bugia!»

«Le giuro! L'ho accompagnata da casa sua all'ufficio, l'ho vista alla serata della Borelli...»

«Che matto! Ma perché?»

«Perché da due mesi sono innamorato di Lei e devo confessarle che l'amo!»

---

13. *tout-bonnement*: espressione francese che, in questo contesto, significa "d'accordo, tutto chiaro".
14. *Stazzonava*: sgualciva.
15. *Zampe di mosca*: commedia (1860) del

drammaturgo francese Victorien Sardou (1831-1908), allora popolarissimo.
16. *Lyda Borelli*: celebre attrice italiana (1887-1959); Gozzano la frequentò personalmente dal 1906.

Serafino tacque, stupito della propria audacia. Attese. Il tasto ricevitore non picchiava più. Scosse la molla, allentò una vite, chiamò due volte, tre volte: «Anna! Signorina Marengo! Risponda!...»

Nulla. Il piccolo tasto d'ottone s'era irrigidito in un silenzio impenetrabile.

Quel silenzio durò dieci giorni, esasperò la passione di Serafino, la fece divampare fino alla follia, fino all'idea del matrimonio. L'idea del matrimonio è come quella del suicidio: balena improvvisa, ritorna, s'insinua a poco a poco, e se trova il soggetto adatto, quello che i medici chiamano *locus minoris resistentiae*,[17] l'intossicazione è immediata e la catastrofe certa. La catastrofe fu per Serafino una lettera, una domanda formale di matrimonio ch'egli diresse al padre della signorina, con l'audacia risoluta dei timidi. Giunse la risposta: una carta da visita dove il capitano Marengo e figlia pregavano l'Avv. Ghigliotti a voler favorire da loro, nel pomeriggio della Domenica ventura...

Serafino vide le pareti dell'ufficio turbinare vertiginosamente e la sua anima attinse per alcuni secondi la cosa irraggiungibile sulla terra: la Felicità.

Serafino dovette lottare due giorni coi parenti – con la madre specialmente – per piegarli alla sua volontà: «Sposare una ragazza senza un soldo, lui, Serafino, che poteva aspirare a cento, a duecento mila lire di dote!» La madre pianse, poi si rassegnò. E Serafino, riafferrato dalla sua timidità insanabile, persuase il padre ad accompagnarlo in città. Il tabaccaio, con la sua bella canizie,[18] la barba d'argento, gli occhiali d'oro, l'alta persona chiusa nel *frac*[19] delle grandi occasioni, aveva tutta la nobiltà d'un vecchio diplomatico e avrebbe fatto colpo sul capitano e sulla figlia.

Partirono, giunsero in casa Marengo all'ora prefissa, furono introdotti in una sala dove Serafino non udì per alcuni secondi che il battito del proprio cuore. Apparve il capitano: piccolo, calvo, gioviale:[20] «Fortunato! Fortunatissimo! Prego, prego... Ecco mia figlia.» Serafino udì un fruscio nella stanza attigua. Sulla soglia apparve l'amica piccola e rossiccia, s'avanzò con un sorriso gaio, tese la mano al padre di Serafino, tese la mano a Serafino.

«Caro collega, stia comodo... Ci possiamo fissare in volto, finalmente!...»

Serafino non cadde perché la sua persona era contenuta da un'ampia poltrona d'altri tempi. Il suo cervello s'illuminò della verità improvvisa, spaventosa... Non era lei!

Non era lei! Non era Anna Marengo, la bellezza gemella di Lyda

---

17. *locus minoris resistentiae*: (latino) punto di minor resistenza.
18. *canizie*: capelli bianchi.

19. *frac*: abito maschile da cerimonia, di solito nero, a falde lunghe e sottili.
20. *gioviale*: cordiale, allegro.

Borelli! Cioè, Anna Marengo era costei, questa nanerottola rossa, rossa come una volpe, come uno scoiattolo! E aveva avuto il coraggio di proclamarsi bionda! Ma quella era sostituzione dolosa, una frode d'identità!

«Che cosa strana veder concretata improvvisamente, una persona che per tanto tempo non è stata che un nome!» diceva la Signorina fissando Serafino. Lo trovava più bello di quanto si era immaginato e n'era soddisfatta. Serafino non vedeva e non udiva più nulla. Il capitano invitò padre e figlio a cena, quella sera stessa.

«Non dica di no, caro collega!» aveva pregato la signorina. «Le presenterò anche l'amica mia più cara, quella che ha visto con me per via e a teatro. È genovese; abita al piano di sopra ed è impiegata come me alle Poste... L'avverto che è un po' sorda e un po'– come dire? – un po' tarda... Ma è tanto buona...»

A tavola Serafino sedeva tra le due amiche. Aveva ora vicino il profilo perfetto, poteva contemplarlo a suo agio, ma ogni incanto era caduto. Come aveva potuto paragonare quella grande pupattola[21] ottusa alla magnifica attrice? Ogni rassomiglianza era scomparsa, parlava un detestabile italiano ligure, aveva una voce rauca, illeggiadrita[22] dal pizzicore della esse e della effe.

Serafino si volse ad Anna, alla vera Anna, che parlava, parlava vivace come un fringuello, con quel dolce accento senese che fa dimenticare il senso delle parole per seguirne la melodia soltanto... Non era brutta: aveva un profilo di maschietto un poco impertinente, una bocca fresca, sollevata agli angoli sui denti candidi, i capelli rossi, corti, raccolti con una semplicità d'educanda, non priva di grazia.

Serafino cominciava a trovarla molto, molto simpatica, quasi bella. Anna commentava un dolce, opera delle sue mani.

«So cucinare molto bene, sa... Con la crisi ancillare[23] d'oggi è un'arte necessaria anche alle principesse...»

S'alzarono, ridendo. Anna passò la mano sulla tastiera aperta.

«Ma so anche strimpellare un poco!»

Serafino la pregò con lo sguardo e col gesto.

Anna suonò il valzer della *Vedova allegra*,[24] per appagare l'amica genovese, suonò la *Cavalcata delle Walkyrie*[25] per compiacere Serafino.

«Ma Lei è più che una dilettante!»

---

21. *pupattola*: bambola.
22. *illeggiadrita*: adornata, resa più graziosa.
23. *ancillare*: delle cameriere (in latino *ancillae*).
24. *Vedova allegra*: famosa operetta (1905) del musicista ungherese Franz Lehàr (1870-1948).

25. *Cavalcata delle Walkyrie*: è forse il passo più famoso dell'opera lirica *La Valchiria* (1870), prima parte della trilogia *L'anello del Nibelungo*, del compositore tedesco Richard Wagner (1813-1883).

«Qualche cosa farei, se non avessi l'impiego! Alla sera sono così stanca che non ho più voglia di leggere, né di suonare... Per questo sono una piccola oca!»

Serafino le prese la mano in atto di protesta.

Era invece una di quelle donne intelligenti, dal conversare inquietante, perché ci si sente pesati, dominati da uno spirito vigile, fatto di pura logica, di buon senso, di semplicità.

Serafino ne era più che mai intimidito ed estasiato.

La vita è onesta, qualche volta. I due si sposarono. Fecero un lungo viaggio di nozze, deliziandosi di tutte le poetiche consuetudini: vollero provare la vertigine della Torre Pendente, l'incanto di Capri, sfamare i piccioni di Venezia.

A Firenze, una sera, Anna s'era ritirata nello spogliatoio, s'annodava le trecce per la notte, si strofinava d'acqua di Colonia la gola, le spalle, le braccia. Serafino le si avvicinò silenziosamente; essa si coprì le spalle, pudicamente.

«Che cosa c'è qui dentro?»

E Serafino sollevava tra le mani, con celia[26] sospettosa, un cofanetto chiuso a chiave.

«Segreti!»

Ma come lo sposo ebbe in volto un baleno di gelosia mal dissimulata, Anna rise forte, cercò una chiave, aprì il cofanetto, ne tolse molti rotoli bene accartocciati.

«Tutte le lettere del mio signor consorte, tutta la nostra conversazione di tre mesi!»

Sciolsero qualche rotolo, leggendolo a voce alta.

«Fammi, fammi vedere la mia dichiarazione!»

Anna cercò, passò fra le dita il cartiglio[27] sottile segnato d'aste e di punti.

«... perché? Perché sono innamorato di Lei, e devo confessarle che l'amo! Anna! Signorina Anna! Risponda!...»

«E hai taciuto per dieci giorni!»

«Certo. Avevo già conosciuto il tuo carattere e sapevo che bisognava prenderti così...»

**Scheda di analisi
a pagina 339**

---

26. *celia*: scherzo.
27. *cartiglio*: normalmente indica un rotolo di carta, che reca iscrizioni sacre o simboliche, spesso presente come motivo ornamentale in pittura e scultura. Qui, ironicamente, indica solo il rotolino di nastro cartaceo dove il telegrafo ha inciso i punti e le linee dei messaggi in alfabeto Morse.

Federigo Tozzi

La capanna

da "Il mondo", 28 dicembre 1919; ora in *Opere*,
a c. di G. Tozzi, Vallecchi, Firenze.

Alberto Dallati, benché ormai non fosse più un ragazzo, non aveva voglia
di lavorare. Si alzava tardi e si sedeva al sole, appoggiato al muro; fumando sigarette e tirando sassate al gatto quando attraversava l'aia. La casa
era stata fatta su per una salita, in modo che la fila delle cinque persiane
era sempre meno alta da terra; e, all'uscio, dalla parte della strada, una
pietra murata in piano faceva da scalino.

A quindici anni egli seguitava a dimagrare e ad assottigliarsi; con gli
occhi chiari e le ciglia piccole e lucide; la bocca e le dita di bambina; e i
capelli come il pelame di un topo nero. Una malattia di petto[1] l'aveva
lasciato parecchio gracile; e seduto al sole, divertendosi anche a battere la
punta d'un bastone sempre su lo stesso posto, egli pensava cose cattive; e
gli ci veniva da sorridere, credendo che qualcuno se ne accorgesse.
Quando c'era l'uva, benché suo padre fosse anche proprietario del podere, andava a mangiarla nei vigneti degli altri; e le frutta dove le trovava
più belle. Gli restava sempre un bisogno vivo di essere allegro, benché in
tutto il giorno facesse quel che voleva; gli restava qualche idea stravagan-
te, che non poteva reprimere. E, allora, gli pigliavano certi scatti di gatto;
che graffia quand'uno meno se l'aspetta. Dava noia, da dietro le persiane,
alle persone che non conosceva, e non veniva il verso[2] di farlo obbedire
per nessuna cosa; specie quando, in una fonte vicino a casa, c'erano le
rane; per imparare ad ammazzarle mentre saltavano dentro. D'inverno, in
vece, si metteva vicino al focolare, e sembrava tutto disposto a quel che
voleva la sua famiglia. Ma, a poco a poco, ricominciava a dire:

«Io non posso sopportare le vostre prediche! Se mi lasciate fare, può
darsi che vi contenti; e, se no, conto di non conoscervi né meno».

---

1. *di petto:* polmonare.   2. *non veniva il verso*: non c'era verso.

Spartaco, da padre risoluto, ci s'arrabbiava, ma non gli diceva quasi mai niente. In vece, maltrattava la moglie. Allora, Alberto, dopo essere stato a sentire, in disparte, lo biasimava battendosi le mani sul petto: «Lei non ci ha colpa. Dillo a me quello che vuoi dire».

Ma il padre, guardatolo, faceva una specie di grugnito; e, bestemmiando contro le donne e la famiglia, se ne andava nel campo a fumare la pipa. Alberto diceva:

«È un imbecille, benché io sia suo figlio. E tu perché non gli rispondi male? Perché ti metti a piangere in vece?»

Raffaella, spaventata, allora lo supplicava che fosse buono e si cambiasse. Ella ci aveva quasi perso la salute; e le era venuta sul viso e sulla persona un'aria dolorosa. Spartaco, soprannominato Rampino perché piuttosto piccolo e perché camminava come se avesse gli artigli e li attaccasse, guardava, anche parlando, dentro la pipa, e ci ficcava continuamente dentro le dita; e credeva di far del bene alla moglie, abituandola a esser forte. E siccome Alberto dichiarava ch'egli ormai non aveva più bisogno di ascoltare i discorsi di nessuno e che ormai gli s'addiceva il comodo proprio, perché non c'era niente di meglio, ella gli rispondeva:

«Perché non sei buono al meno tu?»

Perché, secondo la sua testa, tutti dovevano essere buoni. E anche parlando dei suoi canarini, che Alberto e Spartaco volevano ammazzare, buttando al letame la gabbia, diceva:

«Sono tanto buoni!»

Il marito l'assordava con le sue grida; come quando domava i cavalli, facendoli correre attorno all'aia; mentre Alberto stava nel mezzo a tenere ferma la fune legata al collo. E questa era per lui la sola fatica non antipatica.

Dopo, si metteva un fazzoletto perché era sudato; e andava subito a sedere dove batteva il sole. Si sentiva già uomo fatto, e pensava a tante cose ch'egli desiderava soltanto per sé. E perciò si proponeva di rendersi più indipendente, liberandosi dal padre e dalla madre. Qualche volta diceva ai contadini:

«Io non so che pretendono da me».

Ma egli si sentiva anche solo; e una grande tristezza gli gravava attorno. Il podere e la casa erano poco per lui. Sapeva che in quelle sei stanze ci si era, da bambino, trascinato con le mani e con i piedi; certe pareti erano restate sciupate dalle sue unghie. Egli sentiva troppo a ridosso l'infanzia; e le voci dei genitori non s'erano ancora cambiate ai suoi orecchi.

Ora egli era già a un altro autunno, senza che avesse fatto niente. S'era abbastanza distratto a veder vendemmiare, da un podere a un altro; aiutando un poco tutti, anche in cose di strapazzo. Il sole ci stava poco all'uscio della casa, e già c'erano nell'aria i primi freddi.

Una sera, dopo essere stato tutto il giorno con le mani in tasca nel mezzo della strada, in su e in giù, entrò nella stalla, e si mise a guardare i due cavalli che rodevano l'avena. Prese la frusta e incominciò a picchiarli. I due cavalli si misero a scalciare, cercando di rompere le cavezze. Raffaella, che su da casa aveva sentito tutto quel rumore, scese; e vide di che si trattava. Cercò subito di levargli di mano la frusta; ma Alberto, per ripicco, si mise a dare anche con più forza. Raffaella andò a dirlo al marito; che, infuriato, la schiaffeggiò perché non era stata capace a farlo smettere lei stessa; e andò di corsa nella stalla. Senza che Alberto se ne accorgesse, prese un pezzo di legno; e glielo batté dietro la testa. Il ragazzo cadde disteso, insanguinando un mucchio di paglia, che era dietro l'uscio. Spartaco posò il pezzo di legno e stette zitto a guardare quel sangue; mentre i cavalli respiravano forte e non stavano fermi.

Dopo due giorni di febbre, con il pericolo della commozione cerebrale, Alberto scese nell'aia. Aveva la testa fasciata; ma se ne teneva[3] come quando per la prima comunione aveva portato i guanti. Non parlava al padre; che s'era pentito di avergli fatto male a quel modo. Anzi, cominciò a dire a tutti che si voleva vendicare. Guardando la luce, sentiva che anche la sua giovinezza era più larga; e che la sua casa era quasi niente.

Allora egli, per vendicarsi, cominciò a parlare male del padre con tutti i conoscenti di casa. E siccome seppe che stava per vendere una cavalla, andò dal compratore e gli disse ch'era ombrosa e che aveva il vizio di tirare i calci.

Facendo così, egli si sentiva più eguale alla vita;[4] gli pareva di non essere più il solito buon ragazzo che si lascia ingannare e non se ne avvede. Gli pareva di conoscere tutti gli altri e come doveva contenersi. Non era più l'ingenuo, che aveva rispettato tutto e che non si era permesso mai niente. Aveva trovato la maniera di farsi innanzi da sé, senza attendere che passassero gli anni. Si compiaceva della sua malizia e di non avere più scrupoli. Maligno, anzi, doveva essere da qui in avanti. Maligno! Maligno sempre! Gli pareva di sentire che i suoi occhi raggiassero,[5] e che non ci fossero più ostacoli per lui. Credeva di essere diventato forte, e voleva rifarsi del tempo perduto. E siccome voleva fare a meno del padre ed essere più forte di lui, benché ne avesse anche paura, si dette a lavorare; ma facendo quel che gli piaceva di più. E cominciò a coltivare, a modo suo, un pezzo di terreno. Perché guarisse, e temendo sempre che

---

3. *se ne teneva*: se ne vantava.
4. *più eguale alla vita*: più all'altezza delle cir-

costanze della vita.
5. *raggiassero*: mandassero lampi.

tutto fosse la conseguenza di quella bastonata, non gli dicevano più niente. Invece non guariva; e tutte le volte che vedeva un bastone, sbiancava allontanandosi lesto lesto. Allora lo fecero visitare da un medico, che non ci capì niente; e rise di Spartaco e di Raffaella. Ma qualche cosa era successo da vero; perché Alberto s'era fatto sempre più irritabile, e non poteva dormire. Avrebbe voluto, prima di andare a letto, far capire al padre tutte le ragioni che ormai sentiva dentro di sé; ma, quando ci si provava, non gli poteva parlare; e invece avrebbe voluto mettergli un braccio al collo[6] tenendolo stretto a sé. Tuttavia sentiva che qualche cosa di male e di amaro era nel suo destino; e ne era contento. Allora egli faceva su la tavola, con la punta delle dita, certe macchie d'inchiostro che gli parevano cipressi; e gli piacevano perché erano più neri di quelli nei campi. Oppure pensava che una vipera, entrata sotto il letto dalla siepe della strada, gli mordesse un polpastrello della mano o le dita dei piedi, ed egli dovesse morirne in poco meno di una mezz'ora. E perciò, prima d'entrare a letto, guardava in tutti i cantucci. Una volta gli parve di stare capovolto e di cadere giù tra le stelle. Addormentandosi pensava al padre con una intensità acuta, mettendo sempre di più una spalla fuori delle coperte come se avesse potuto avvicinarglisi; sembrandogli di parlare e invece facendo dei piccoli gridi con la bocca che restava chiusa.

Una mattina, arrivarono tre carri di vino. A ogni barile che portavano giù in cantina egli doveva guardare di quanti litri era e segnarli sopra un pezzo di carta, in colonna, per fare, dopo, la somma. Ma egli non ci riesciva: sbagliava sempre. E non s'accorse quando suo padre, che voleva sapere la somma, gli saltò addosso per picchiarlo. Rialzatosi da terra sbalordito, ebbe voglia di fuggire. Ma a pena egli si moveva, Spartaco con un grido lo faceva stare fermo, ritto al muro della casa. Allora gli venne da piangere. Voleva chiudere gli occhi per non vedere più niente; perché non osava guardarsi né meno attorno. Aveva perfino paura che avrebbe potuto essere un albero e non un uomo; un albero come quello rasente alla casa. Quando, alla fine, Spartaco si scordò di lui, egli poté staccarsi dal muro e nascondersi dentro l'erba. Ma il padre, vistolo, lo minacciò di picchiarlo più forte. Tuttavia la sua voce era dolce: Alberto sentiva nella voce del padre la stessa dolcezza sua. Spartaco gli prese il viso e guardò negli occhi, perché credette che ci fosse entrata la terra. Poi disse:

«Vai a lavarteli alla pompa!»

«Ma non c'è niente.»

«Non importa. Vieni: te li lavo io: ti farà bene.»

Spartaco, allora, fece pompare l'acqua e gli rinfrescò gli occhi. Poi

---

6. *mettergli... collo*: abbracciarlo.

glieli asciugò con il fazzoletto. Ma, ormai, il ragazzo si sentiva triste e scoraggiato; benché non avesse più paura di essere un albero, e gli sembrasse di sentirsi crescere, così, mentre respirava. Gli sembrava, in un momento, di diventare grande; e perciò un poco si riebbe.

Spartaco gli disse:

«Non stare così. Vai a ruzzare».[7]

Bastarono queste parole, perché né meno lui pensasse più a quel che era avvenuto. Ora egli voleva stare sempre con il padre; e, perché non lo mandasse via e sopra a tutto non gli dicesse di lavorare, cercava di aiutarlo e di farsi benvolere. Quando lo vedeva andare nel campo, egli aspettava un poco e poi si alzava da sedere al sole e lo seguiva, tenendosi ad una certa distanza; finché non poteva fare a meno d'essergli vicino se udiva che comandava o spiegava qualche cosa ai contadini.

Una volta, non vedendolo riescire[8] subito dalla capanna, gli venne paura che si fosse sentito male là in mezzo alla paglia. Non era più curiosità! Il cuore gli batteva forte forte, quasi tremando. Attraversò l'aia e scostò l'uscio, perché entrasse la luce dentro. Poi restò sulla soglia come allibito: suo padre accarezzava la faccia alla donna di servizio, una giovinetta grassa, che non riesciva mai né a pettinarsi né a legarsi i legacci delle scarpe. Gli venne voglia di gridare e di picchiarli tutti e due. Ma tornò a dietro e si rimise a sedere; senza più la forza di alzarsi. Teneva gli occhi, con la fronte abbassata, all'uscio della capanna; aspettando che suo padre e Concetta uscissero. Dopo un pezzo, chi sa quanto, escì prima Concetta che, rossa rossa, andò in casa; senza né meno guardarlo. Poi venne fuori Spartaco che, accigliato e burbero, andò dritto nella stalla. Alberto aveva paura. Avrebbe voluto rassicurarlo che non aveva pensato niente di male e che gli voleva molto bene; ma non ebbe animo di alzarsi né meno allora. E la sera, a cena, meno che[9] Spartaco era un poco pallido, non si sarebbe capito niente. È vero che i giorni dopo fu di meno parole e non lo voleva più dietro a lui. Glielo faceva capire alzando la voce mentre parlava con gli altri; e Alberto mogio mogio tornava via. Era sempre smilzo e i contadini dicevano che era leggero come il gatto e che anche lui sarebbe stato capace di saltare fino al cornicione delle finestre.

Ma, dopo qualche settimana, la madre gli disse che suo padre aveva stabilito di mandarlo in un collegio a studiare agricoltura; in un collegio molto lontano che egli non aveva né meno sentito nominare. Dopo quattro anni sarebbe stato già capace di amministrare una fattoria. Egli, allora, invece di rispondere male, si sentì tutto disposto ad obbedire. E benché

---

7. *ruzzare*: giocare, saltare e correre per gioco.
8. *riescire*: uscire fuori.

9. *meno che*: a parte il fatto che.

Spartaco avesse diffidato sempre finché non lo vide in treno, il ragazzo era quasi lieto di andarsene. Non sapeva né meno se la madre si fosse accorta di niente.

Quand'era per finire il primo anno di collegio, il direttore gli disse che doveva partire immediatamente perché suo padre stava male e desiderava parlargli. Alberto lo trovò già morto. Anche Concetta s'era tutta abbrunata e Raffaella parlava con lei come se fosse stata un'altra figliola. Egli, mentre sentiva il pianto dentro gli occhi, aveva un gran rancore invece; e pensava come fare per vendicarsi. La giovinetta era sempre la stessa. Egli, invece, s'era fatto un quarto di metro più alto; s'era perfino un po' ingrossato e gli spuntavano sopra la bocca i primi peli vani. Dire ogni cosa alla madre non gli piaceva; sopra a tutto perché ormai si sentiva un uomo e un uomo non doveva fare a quel modo. Doveva pensarci da solo! La giovinetta gli si teneva lontana e sembrava più appenata[10] per lui che per la morte del padrone. Questo contegno gli piaceva; e il rancore si mutava sempre di più in simpatia. Era una simpatia un poco ambigua; ma non poteva trattenerla. E Concetta, sempre più sicura di questo cambiamento, gli parlava con una voce sempre meno dura e più aperta.

Allora, una volta, avendola vista entrare nella capanna, proprio come quel giorno, egli si assicurò che sua madre non era a nessuna finestra; poi si fece all'uscio e lo scostò, ma più risolutamente. La giovinetta, vedendolo entrare, si fece bianca, e stette ferma ad attendere ch'egli dicesse quel che voleva. Era bianca e sudava. Le sue tempie s'inumidivano come se la vena che andava verso l'occhio dovesse doventare senza colore e farsi piena d'acqua. Concetta aveva una bella bocca ed era tanto buona. Che male gli aveva fatto? Egli si sentì come lacerare tutto, con un piacere rapido: in collegio, aveva finito con il desiderarla. Fissandola a lungo, le disse:

«Perché fai la stupidaggine di non dirmi niente, ora?»

Ella si rigirò di scatto, per andarsene. Ma egli la prese tra le braccia e la baciò.

Anche lui, finalmente, l'aveva baciata! Anche lui, quando era stanco e aveva sudato a domare un cavallo, si faceva portare da lei un bicchiere di vino!

**Scheda di analisi
a pagina 340**

10. *appenata*: addolorata.

Luigi Capuana

Il giornale mobile

da *Il Decameroncino*, 1901; ora a c. di A.
Castelvecchi.

Si parlava delle trasformazioni avvenute nel giornale in questi ultimi anni, e un giornalista di professione aveva espresso il suo convincimento che altre e più importanti modificazioni sarebbero imposte dalle circostanze a quest'organo della pubblica opinione.

«Si è tentato il giornale parlato col telefono; non ha attecchito. Il giornale non è soltanto un mezzo di discussione e d'informazione» egli diceva «ma è anche, e soprattutto, un digestivo o un soporifero, secondo l'ora della sua pubblicazione; e il tentativo telefonico non corrisponde a questi due uffici. Si riduce a un disturbo per gli abbonati. Avverrà nel giornalismo la specializzazione che è avvenuta nelle professioni e nei mestieri? Ci saranno giornali per dir così, *Articoli di fondo*? Giornali *Fatti diversi*? Giornali *Ci scrivono*? Giornali *Sappiamo con certezza*?[1] Chi lo sa!»

«Il giornale dell'avvenire» disse il dottor Maggioli quella sera «è già venuto al mondo, un po' prematuramente, come accade spesso, e perciò non è riuscito. Ma il suo germe, sepolto sotto le zolle, si desterà, metterà le foglioline, diverrà alberetto; poi ingrosserà di fusto, allargherà i rami, sarà albero, e si riprodurrà in foresta; lasciategli un po' di tempo, e vedrete.»

Io ho assistito alla sua nascita e alla sua morte... apparente; dico così perché sono sicuro che risorgerà. L'idea è pratica, come tutte le cose che

---

1. *Articoli di fondo... Sappiamo con certezza:* sono definizioni e titoli di parti caratteristiche dei quotidiani, o di rubriche. L'"articolo di fondo" è un commento al fatto più importante del giorno firmato dal direttore o da un collaboratore molto autorevole (in Italia lo si trova di solito in prima pagina); le rubriche di "fatti diversi" contengono pezzi, in genere brevi, su fatti di cronaca minori, strani o divertenti; "Ci scrivono" è un titolo molto comune per lo spazio dedicato alle lettere dei lettori; "Sappiamo con certezza" è invece un titolo da rubrica di divulgazione scientifica.

fanno gli americani; ingegnosa, come tutte le cose suggerite dall'amore quando è messo alle strette.

E quel Dgiosciua Pròn, di cui voglio parlarvi (si scrive Joshua Prawn e si potrebbe tradurre Giosuè Granchiolini),[2] era stato proprio messo alle strette da una specie di *ultimatum* della miss del suo cuore:

«Diventate milionario, Dgiosciua! Soltanto allora ci sposeremo».

Da noi una proposta di questo genere scoraggerebbe qualunque innamorato. In America, dove un venditore di fiammiferi di legno è diventato "Re delle ferrovie" con una fortuna ch'egli stesso non sapeva esattamente calcolare, quella risposta presentava qualche seria difficoltà, ma non tale da scoraggiare un cuore così fortemente infiammato come quello del mio amico.

Ci eravamo incontrati precisamente il giorno in cui la sua miss gli aveva detto: «Diventate milionario!» Egli mi veniva incontro accigliato, concentrato, stropicciandosi le mani; e mi avrebbe urtato, se io non gli avessi gridato:

«Ohe! Prown! Gli affari procedono bene, a quel che pare!»

«Benissimo» rispose. «Vado in cerca di uno, due, tre milioni! Bisogna trovarli.»

«Che dovete farne?»

«Niente, debbo prender moglie.»

«Mi paiono troppi per tale scopo. Potreste impiegarli meglio.»

«Ah, caro amico! Qui non siamo in Italia, dove la gente prende moglie senza avere il becco di un quattrino.»

«Vorreste darmi a intendere che in America prendono moglie i milionari soltanto?»

«I veri matrimoni sono un lusso; ci vogliono i milioni. Gli altri sono società commerciali, società di mutuo soccorso, anche accomandite[3] mascherate, se così vi piace; matrimoni, no davvero!»

Conoscevo il mio amico per uomo di spirito, e sapevo che la sua specialità giornalistica era il *canard* sbalorditoio.[4]

«Fate una prova *in anima vili*?»[5] gli dissi ridendo.

---

2. *Dgiosciua Pròn... Giosuè Granchiolini*: letteralmente la parola inglese *prawn* significa "gamberetto". È probabile però che Capuana abbia scelto questo nome anche perché ricorda l'espressione italiana "prendere un granchio", cioè "sbagliarsi di molto, prendere un abbaglio".
3. *accomandite*: forma di società commerciale in cui uno dei soci (accomandatario) è il responsabile legale, mentre gli altri sono tenuti a rispondere solo di determinate parti del capitale.
4. *canard sbalorditoio*: *canard* è parola francese che significa letteralmente "anatra", e che nel gergo giornalistico sta a indicare una falsa notizia, spesso costruita apposta. L'aggettivo "sbalorditoio" è invece una forma toscaneggiante e ora poco usata per "sbalorditivo".
5. *in anima vili*: è la deformazione di una celebre espressione latina, *in corpore vili*, che significa "sulla materia grezza, su una sostanza senza valore": qui il personaggio mette l'anima al posto del "corpo", con chiaro riferimento autoironico a se stesso.

«Non capisco.»

«Volete saggiare su di me qualche vostro bel *canard* in preparazione?»

«Parlo seriamente.»

«In questo caso, non capisco io. Uno, due, tre milioni? Capitano di rado tra' piedi.»

«Stanno nelle tasche della gente. Non è difficile cavarneli.»

«Quando avrete trovato il processo, datemene la ricetta, ve ne prego.»

«Voi non avete fede; i milioni non sono per voi!»

Egli ebbe troppa fede, povero Dgiosciua! E quando se li trovò in mano – li trovò, non era americano per nulla! – se li lasciò scappare.

Qualche mese dopo, New York era tappezzata da immensi cartelloni multicolori, invasa da avvisi proiettati con la lanterna magica, da uomini sandwich[6] che percorrevano le vie in processione con l'annunzio della prossima pubblicazione del "Fickle Journal",[7] giornale mobile, e che ne spiegava il meccanismo.

Ogni abbonato poteva formarsi il giornale da sé, secondo il suo gusto e il suo capriccio. Il giornale non era stampato in foglio, ma in strisce. Abbonati e compratori spiccioli avevano diritto a venti colonne di testo e a trenta di annunzi e di corrispondenze private per tre soldi, costo ordinario di un numero di giornale americano; col doppio di colonne, per cinque soldi.

La trovata geniale consisteva in questo: che la materia delle cinquanta colonne variava secondo il desiderio giornaliero dei compratori spiccioli; settimanale o mensile degli abbonati, che dovevano manifestare il loro desiderio col preavviso di un giorno. Ogni striscia, stampata a due facce, conteneva una sola materia: articoli di fondo; notizie politiche; notizie commerciali; fatti diversi; cronaca mondana; varietà letterarie, scientifiche, religiose; avvisi commerciali; corrispondenze private, ecc. ecc. E ogni giorno venivano pubblicate cinque strisce diverse di ogni materia. Così, chi non amava gli articoli di fondo poteva lasciarli da parte, e supplirli[8] con fatti diversi, per esempio, o con la cronaca mondana, o con le varietà, e via dicendo.

Andai a cercarlo nell'ufficio di redazione, palazzo a dodici piani con cinque ascensori – secondo che si voleva andare dai redattori, in tipografia, dall'amministratore, dallo spedizioniere, dal collettore degli avvisi e delle corrispondenze private – con ufficio telegrafico e telefonico. Lusso da sbalordire. Al primo piano, dov'era la redazione, anche un bar

---

6. *uomini sandwich*: uomini che camminano portando due grossi cartelloni pubblicitari, uno attaccato al petto e l'altro alla schiena.

7. *"Fickle Journal"*: in inglese *fickle* significa incostante, mutevole, volubile.

8. *supplirli*: sostituirli.

pei redattori, con annessa trattoria, e camere da letto pei cronisti che si davano il cambio, dovendo restare sempre a disposizione del pubblico notte e giorno.

Io mi ero sperduto per quei corridoi luminosi, per quelle vaste sale dove nessuno mi domandava chi cercassi e che cosa volessi. I redattori, occupati a scrivere, non alzavano gli occhi, non si voltavano per guardare chi andava e veniva.

Per fortuna, ecco Dgiosciua, seguito da un codazzo di gente.

«Ah, caro dottore! Arrivate in mal punto. Ho una seduta con gli azionisti. Se avete un'ora da perdere, attendetemi nella mia stanza.»

E chinatosi fino al mio orecchio, mi sussurrò:

«Vedete? Non è difficile trovare i milioni!»

Un usciere mi condusse nella stanza del direttore. Un'ora dopo, Dgiosciua era seduto, anzi sdraiato sul suo seggiolone di cuoio, stanco ma soddisfatto:

«Tutto va a meraviglia! Ormai l'affare è lanciato, e procederà coi suoi piedi. Niente di più semplice e nello stesso tempo di più complicato. Ora non rimane altro da fare che sbarazzarsi degli *stocks*[9] rimasti invenduti; le trattative sono avviate. Gli *Articoli di fondo* vanno a fondo. Benissimo i *Fatti diversi*: si vendono a milioni. Le *Notizie politiche* così, così, meno in tempo di elezioni; allora si possono inventare balordaggini di ogni sorta; il pubblico ingolla tutto. E le *Corrispondenze private*! Meraviglie. Ho dovuto aumentare il numero dei redattori, per inventarle quando mancano, e drammatizzarle; sono il pettegolezzo alla mano di tutti.

Non potete immaginare come la gente s'interessi dei fatti del prossimo. C'è un redattore speciale per gli scandali velati, mia invenzione. E le finte traduzioni dei migliori autori europei! Molti scrittori del nuovo mondo sono oggi qui conosciuti mercé il mio giornale, più per quel che non si sono mai sognati di scrivere, che per quel che hanno veramente scritto. Orrori di novelle e di romanzi, ma con tanto di chiarissime firme. Non è onesto? Oh, il giornale è ben altro che l'onestà! È un affare, un grande affare; un problema di amministrazione anche! Ed io ho fatto miracoli. Ho pensato a tutto io; bado a tutto io! Dormo appena tre ore al giorno, e già mi sembrano troppe. Ma tutte le tasche si sono slabbrate[10] perché io vi affondi le mani e ne cavi biglietti di banca e dollari. Ho già un milione di mio. Dovranno essere tre, per lo meno... E poi prenderò moglie, se n'avrò il tempo. Gli affari sono invadenti, dispotici, supremamente violenti; quando vi hanno acciuffato, non vi lasciano più!

---

9. *stocks*: scorte, giacenze di magazzino.   **10.** *slabbrate*: strappate agli orli.

Figuratevi, caro mio! In sei mesi, diciotto milioni e mezzo di colonne di *Fatti diversi*! Trenta milioni di colonne di *Corrispondenze private*! E tutto diviso in pacchetti da tre, da cinque, da dieci colonne, con la relativa fascia, perché il servizio di vendita proceda rapido, spiccio! E non voglio dirvi altro! Ora tutto procede come nel macchinismo[11] di un cronometro; ma per avviarlo, ce n'è voluto! E le novità da introdurre! E le modificazioni da tentare! Vi par poco che oggi i lettori e gli abbonati del mio giornale possano compilarselo da sé, a gusto loro? La loro vanità è soddisfatta; non hanno da lagnarsi di nessuno, se se lo combinano male... E quando voi adulate la vanità della gente...! Ecco perché i milioni affluiscono!»

Si arrestò, guardò l'orologio, e soggiunse:

«Vi ho accordato un quarto d'ora del mio tempo; non sono ancora così ricco da poterne accordare altri alla buona e solida amicizia. State sano... Voi comprate il mio giornale, è vero?»

«E miss Helen?» domandai sul punto di prender congedo.

«È felice. Le ho fatto fare da imperatrice dei francesi, la settimana scorsa... Non ve ne siete accorto? Ho pubblicato il suo ritratto, con sotto la leggenda: "Eugenia Maria de Montijo de Guzman, imperatrice dei francesi".[12] Successo strepitoso! La imperatrice Eugenia dovrebbe ringraziarmi, Helen è cento volte più bella di lei e soprattutto più giovane... Ottocentomila colonne andate a ruba... A rivederci a le mie nozze!»

«Se avrete tempo di prendere moglie!» risposi sorridendo.

Due anni dopo, l'impresa del "Fickle Journal" dichiarava fallimento. Perché? Come mai?

Era nato troppo presto. Non si vincono facilmente le abitudini inveterate. Il pregio di poter farsi il giornale da sé aveva un grande inconveniente: mancava dell'imprevisto, e non dava ai lettori il pretesto di sfogare il loro malumore contro il direttore e i redattori. Le piccole cause producono grandi effetti. I milioni, creati in fretta, erano spariti più in fretta. E, durante questo periodo di tempo, il mio caro amico Joshua Prawn non aveva avuto un momento di largo per sposarsi anche alla lesta, come usa in America.

Quando lo rividi, pareva invecchiato di dieci anni. Aveva consumato tanta energia e tanti capitali, ma non aveva perduto il coraggio.

«L'avvenire del giornale è là» mi disse. «Il "Fickle Journal" è il giornale futuro. Esso intanto mi ha insegnato una cosa: non bisogna tirar troppo la chioma della fortuna. I capelli di questa pazza si strappano più facil-

---

11. *macchinismo*: congegno.
12. *Eugenia Maria... dei francesi*: Eugenia Maria

de Montijo de Guzman sposò Napoleone III nel 1853.

mente che non si spezzi una corda tesa. Ecco un proverbio da mettere in circolazione. Se Helen avesse voluto attendere ancora un altro paio d'anni! Ha sposato un pastore presbiteriano.[13] Tanto meglio! Le donne sono un grande impaccio nella vita».

---

13. *pastore presbiteriano*: sacerdote apparte- nente ad una chiesa protestante di orientamen- to calvinista. I pastori protestanti possono con- trarre matrimonio.

Luigi Pirandello

Nell'albergo è morto un tale

ora in *Candelora*, in *Novelle per un anno*, vol. III,
A. Mondadori.

Cento cinquanta camere, in tre piani, nel punto più popoloso della città. Tre ordini di finestre tutte uguali, le ringhierine ai davanzali, le vetrate e le persiane grigie, chiuse, aperte, semiaperte, accostate.

La facciata è brutta e poco promettente. Ma se non ci fosse, chi sa che effetto curioso farebbero queste cento cinquanta scatole, cinquanta per cinquanta le une sulle altre, e la gente che vi si muove dentro; a guardarla da fuori.

L'albergo, tuttavia, è decente e molto comodo: ascensore, numerosi camerieri, svelti e ben disciplinati, buoni letti, buon trattamento nella sala da pranzo, servizio d'automobile. Qualche avventore (più d'uno) si lamenta di pagar troppo; tutti però alla fine riconoscono che in altri alberghi, se si spende meno, si sta peggio, e non si ha il vantaggio, che si vuole, d'alloggiare nel centro della città. Delle lagnanze sui prezzi il proprietario può dunque non curarsi e rispondere ai malcontenti che vadano pure altrove. L'albergo è sempre pieno d'avventori e parecchi, all'arrivo del piroscafo ogni mattina e dei treni durante il giorno, veramente se ne vanno altrove, non perché vogliano, ma perché non vi trovano posto.

Sono per la maggior parte commessi viaggiatori, uomini d'affari, gente della provincia che viene a sbrigare in città qualche faccenda, o per liti giudiziarie o per consulto in caso di malattia: avventori di passaggio, insomma, che non durano più di tre o quattro giorni; moltissimi arrivano la sera per ripartire il giorno dopo.

Molte valige; pochi bauli.

Un gran traffico, un continuo andirivieni, dunque, dalla mattina alle quattro fin dopo la mezzanotte. Il maggiordomo ci perde la testa. In un momento, tutto pieno; un momento dopo, tre, quattro, cinque camere vuote: parte il numero 15 del primo piano, il numero 32 del secondo, il 2, il 20, il 45 del terzo; e intanto due nuovi avventori si sono or ora rimandati. Chi arriva tardi è facile che trovi sgombra la camera migliore al primo piano; mentre chi è arrivato un momento prima ha dovuto contentarsi del numero 51 del terzo. (Cinquanta, le camere, per ogni piano; ma ogni piano ha il numero 51, perché in tutti e tre manca il 17: dal 16 si salta al 18: e chi alloggia al numero 18 è sicuro di non avere la disgrazia con sé.)

Ci sono i vecchi clienti che chiamano per nome i camerieri, con la soddisfazione di non esser per essi come tutti gli altri, il numero della stanza che occupano: gente senza casa propria, gente che viaggia tutto l'anno, con la valigia sempre in mano, gente che sta bene ovunque, pronta a tutte le evenienze e sicura di sé.

In quasi tutti gli altri è un'impazienza smaniosa o un'aria smarrita o una costernazione accigliata.[1] Non sono assenti soltanto dal loro paese, dalla loro casa; sono anche assenti da sé. Fuori dalle proprie abitudini, lontani dagli aspetti e dagli oggetti consueti, in cui giornalmente vedono e toccano la realtà solita e meschina della propria esistenza, ora non si ritrovano più; quasi non si conoscono più perché tutto è come arrestato in loro, e sospeso in un vuoto che non sanno come riempire, nel quale ciascuno teme possano da un istante all'altro avvistarglisi[2] aspetti di cose sconosciute o sorgergli pensieri, desiderii nuovi, da un nonnulla; strane curiosità che gli facciano vedere e toccare una realtà diversa, misteriosa, non soltanto attorno a lui, ma anche in lui stesso.

Svegliati troppo presto dai rumori dell'albergo e della via sottostante, si buttano a sbrigare in gran fretta i loro negozi. Trovano tutte le porte ancora chiuse: l'avvocato scende in istudio fra un'ora; il medico comincia a ricevere alle nove e mezzo. Poi, sbrigate le faccende, storditi, annojati, stanchi, tornano a chiudersi nella loro stanza con l'incubo delle due o tre ore che avanzano alla partenza del treno: passeggiano, sbuffano, guardano il letto che non li invita a sdrajarsi; le poltrone, il canapè[3] che non li invitano a sedere; la finestra che non li invita ad affacciarsi. Com'è strano quel letto! Che forma curiosa ha quel canapè! E quello specchio lì, che orrore! Tutt'a un tratto, si sovvengono di una commissione dimenticata: la macchinetta per la barba, le giarrettiere per la moglie, il collarino per il cane; suonano il campanello per domandare al cameriere indirizzi e informazioni.

«Un collarino, con la targhetta così e così, da farci incidere il nome.»

«Del cane?»

«No, il mio, e l'indirizzo della casa.»

---

1. *costernazione accigliata*: abbattimento cupo e rabbioso.

2. *avvistarglisi*: apparirgli alla vista, mostrarglisi.

3. *canapè*: divanetto con braccioli e spalliera.

Ne sentono di tutti i colori i camerieri. Tutta la vita passa di là, la vita senza requie,[4] mossa da tante vicende, sospinta da tanti bisogni. C'è giù, per esempio, al numero 12 del secondo piano, una povera vecchia signora in gramaglie[5] che vuol sapere da tutti *se per mare si soffre o non si soffre*. Deve andare in America, e non ha viaggiato mai. È arrivata jersera, cadente, sorretta di qua da un figliuolo, di là da una figliuola, anch'essi in gramaglie.

Specialmente il lunedì sera, alle ore sei, il proprietario vorrebbe che al *bureau* si sapesse con precisione di quante camere si può disporre. Arriva il piroscafo da Genova, con la gente che rimpatria dalle Americhe, e contemporaneamente, dall'interno, il treno diretto più affollato di viaggiatori.

Jersera, alle sei, si sono presentati al *bureau* più di quindici forestieri. Se ne son potuti accogliere quattro soltanto, in due sole camere: questa povera signora in gramaglie con il figliuolo e la figliuola, al numero 12 del secondo piano; e, al numero 13 accanto, un signore sbarcato dal piroscafo di Genova.

Al *bureau* il maggiordomo ha segnato nel registro:

Signor Persico Giovanni, con madre e sorella provenienti da Vittoria.

Signor Funardi Rosario, intraprenditore,[6] proveniente da New York.

Quella vecchia signora in gramaglie ha dovuto staccarsi con dolore da un'altra famigliuola, composta anch'essa di tre persone, con la quale aveva viaggiato in treno e da cui aveva avuto l'indirizzo dell'albergo. Tanto più se n'è doluta, quando ha saputo ch'essa avrebbe potuto alloggiare alla camera accanto, se il numero 13, un minuto prima, proprio un minuto prima, non fosse stato assegnato a quel signor Funardi, intraprenditore, proveniente da New York.

Vedendo la vecchia madre piangere aggrappata al collo della signora sua compagna di viaggio, jersera il figliuolo si volle provare a rivolgere al signor Funardi la preghiera di cedere a quell'altra famigliuola la stanza. Lo pregò in inglese, perché anche lui, il giovanotto, è un *americano*, ritornato insieme alla sorella dagli Stati Uniti da appena una quarantina di giorni, per una disgrazia, per la morte d'un fratello che manteneva in Sicilia la vecchia madre. Ora questa piange; ha pianto e ha sofferto tanto, lungo tutto il viaggio in treno, che è stato in sessantasei anni il suo primo viaggio: s'è staccata con strazio dalla casa dov'è nata e invecchiata, dalla tomba recente del figliuolo con cui era rimasta sola tant'anni, dagli oggetti più cari, dai ricordi del paese natale, e vedendosi sul punto di staccarsi per sempre anche dalla Sicilia, s'aggrappa a tutto, a tutti: ecco, anche a

---

4. *senza requie*: senza riposo, senza tregua.
5. *gramaglie*: abiti neri da lutto.

6. *intraprenditore*: forma antica e non usata più per "imprenditore".

quella signora con cui ha viaggiato. Se dunque il signor Funardi volesse...

No. Il signor Funardi non ha voluto. Ha risposto di no, col capo, senz'altro, dopo aver ascoltato la preghiera del giovane in inglese: un no da bravo *americano*, con le dense ciglia aggrottate[7] nella faccia tumida,[8] giallastra, irta di barba incipiente; e se n'è salito in ascensore al numero 13 del secondo piano.

Per quanto il figliuolo e la figliuola abbiano insistito, non c'è stato verso d'indurre la vecchia madre a servirsi anche lei dell'ascensore. Ogni congegno meccanico le incute spavento, terrore. E pensare che ora deve andare in America, a New York! Passare tanto mare, l'Oceano... I figliuoli la esortano a star tranquilla, che per mare non si soffre; ma lei non si fida; ha sofferto tanto in treno! E domanda a tutti, ogni cinque minuti, se è vero che per mare non si soffre.

I camerieri, le cameriere, i facchini, questa mattina, per levarsela d'addosso, si sono intesi di[9] darle il consiglio di rivolgersi al signore della stanza accanto, sbarcato or ora dal piroscafo di Genova, di ritorno dall'America. Ecco, lui ch'è stato tanti e tanti giorni per mare, che ha passato l'Oceano, lui sì, e nessuno meglio di lui, le potrà dire se per mare si soffre o non si soffre.

Ebbene, dall'alba – poiché i figliuoli sono usciti a ritirare i bagagli dalla stazione e si sono messi in giro per alcune compere – dall'alba la vecchia signora schiude l'uscio pian piano, di cinque minuti in cinque minuti, e sporge il capo timidamente a guardare l'uscio della stanza accanto, per domandare all'uomo che ha passato l'Oceano se per mare si soffre o non si soffre.

Nella prima luce livida, soffusa dal finestrone in fondo allo squallido corridojo, ha veduto due lunghe file di scarpe, di qua e di là. Innanzi a ogni uscio, un pajo. Ha veduto di tratto in tratto crescere sempre più i vuoti nelle due file; ha sorpreso più di un braccio stendersi fuori di questo o di quell'uscio a ritirare il pajo di scarpe che vi stava davanti. Ora tutte le paja sono state ritirate. Solo quelle dell'uscio accanto, giusto quelle dell'uomo che ha passato l'Oceano e da cui ella ha tanta smania di sapere se per mare non si soffre, eccole ancora lì.

Le nove. Sono passate le nove; sono passate le nove e mezzo; sono passate le dieci: quelle scarpe, ancora lì, sempre lì. Sole, l'unico pajo rimasto in tutto il corridojo, dietro quell'uscio solo, lì accanto, ancora chiuso.

Tanto rumore s'è fatto per quel corridojo, tanta gente è passata, camerieri, cameriere, facchini; tutti o quasi tutti i forestieri sono usciti dalle

---

7. *aggrottate*: corrugate, inarcate in segno di rabbia o inquietudine.

8. *tumida*: gonfia.

9. *intesi di*: messi d'accordo per.

loro stanze; tanti vi sono rientrati; tutti i campanelli hanno squillato,
seguitano di tratto in tratto a squillare, e non cessa un momento il sordo
ronzio dell'ascensore, su e giù, da questo a quel piano, al pianterreno; chi
va, chi viene; e quel signore non si sveglia ancora. Sono già vicine le
undici: quel pajo di scarpe è ancora lì, davanti all'uscio. Lì.

La vecchia signora non può più reggere; vede passare un cameriere; lo
ferma; gl'indica quelle scarpe:

«Ma come? dorme ancora?»

«Eh», fa il cameriere, alzando le spalle, «si vede che sarà stanco... Ha
viaggiato tanto!»

E se ne va.

La vecchia signora fa un gesto, come per dire:

«Uhm!» e ritira il capo dall'uscio. Poco dopo lo riapre e sporge il capo
di nuovo a riguardare con strano sgomento quelle scarpe lì.

Deve aver viaggiato molto, davvero, quell'uomo; devono aver fatto
davvero tanto e tanto cammino quelle scarpe: son due povere scarpacce
enormi, sformate, scalcagnate, con gli elastici,[10] ai due lati slabbrati, cre-
pati: chi sa quanta fatica, quali stenti, quanta stanchezza, per quante vie...

Quasi quasi la vecchia signora ha la tentazione di picchiar con le noc-
che delle dita a quell'uscio. Torna a ritirarsi in camera. I figli tardano a
rientrare in albergo. La smania cresce di punto in punto. Chi sa se sono
andati, come le hanno promesso, a guardare il mare, se è tranquillo?

Ma già, come si può vedere da terra, se il mare è tranquillo? il mare
lontano, il mare che non finisce mai, l'Oceano... Le diranno che è tranquillo. Come credere a loro? Lui solo, il signore della stanza accanto,
potrebbe dirle la verità. Tende l'orecchio; appoggia l'orecchio alla parete,
se le riesca d'avvertire di là qualche rumore. Niente. Silenzio. Ma è già
quasi mezzogiorno: possibile che dorma ancora?

Ecco: suona la campana del pranzo. Da tutti gli usci sul corridojo escono i signori che si recano giù, alla sala da mangiare. Ella si riaffaccia
all'uscio a osservare se facciano impressione a qualcuno quelle scarpe
ancora lì. No: ecco; a nessuno; tutti vanno via, senza farci caso. Viene un
cameriere a chiamarla: i figliuoli sono giù, arrivati or ora; la aspettano in
sala da pranzo. E la vecchia signora scende col cameriere.

Ora nel corridojo non c'è più nessuno; tutte le stanze sono vuote: il
pajo di scarpe resta in attesa; nella solitudine, nel silenzio, dietro
quell'uscio sempre chiuso.

Pajono in gastigo.[11]

---

10. *scarpa... con gli elastici*: scarpe alte, di un modello che si chiudeva appunto con dei lacci elastici.

11. *gastigo*: forma toscana per "castigo".

Fatte per camminarci, lasciate lì disutili, così logore dopo aver tanto servito, pare che si vergognino e chiedano pietosamente d'essere tolte di lì o ritirate alla fine.

Al ritorno dal pranzo, dopo circa un'ora, tutti i forestieri si fermano finalmente, per l'indicazione piena di stupore e di paura della vecchia signora, a osservarle con curiosità. Si fa il nome dell'*americano*, arrivato jersera. Chi l'ha veduto? È sbarcato dal piroscafo di Genova. Forse la notte scorsa non ha dormito... Forse ha sofferto per mare... Viene dall'America... Se ha sofferto per mare, traversando l'Oceano, chi sa quante notti avrà passato insonni... Vorrà rifarsi, dormendo un giorno intero. Possibile? in mezzo a tanto frastuono... È già il tocco[12]...

E la ressa cresce attorno al quel pajo di scarpe innanzi all'uscio chiuso. Ma tutti istintivamente, se ne tengono discosti, in semicerchio. Un cameriere corre a chiamare il maggiordomo; questo manda a chiamare il proprietario, e tutti e due, prima l'uno, poi l'altro, picchiano all'uscio. Nessuno risponde. Si provano ad aprir l'uscio. È chiuso di dentro. Picchiano più forte, più forte. Silenzio ancora. Non c'è più dubbio. Bisogna correr subito ad avvertire la questura: per fortuna, c'è un ufficio qua a due passi. Viene un delegato, con due guardie e un fabbro: l'uscio è forzato; le guardie impediscono l'entrata ai curiosi, che fanno impeto; entrano il delegato e il proprietario dell'albergo.

L'uomo che ha passato l'Oceano è morto, in un letto d'albergo, la prima notte che ha toccato terra. È morto dormendo, con una mano sotto una guancia, come un bambino. Forse di sincope.[13]

Tanti vivi, tutti questi che la vita senza requie aduna qui per un giorno, mossi dalle più opposte vicende, sospinti dai più diversi bisogni, fanno ressa innanzi a una celletta d'alveare, ove una vita d'improvviso s'è arrestata. La nuova[14] s'è sparsa in tutto l'albergo. Accorrono di su, di giù; vogliono vedere, vogliono sapere, chi è morto, com'è morto...

«Non si entra!»

C'è dentro il pretore e un medico necroscopo.[15] Dalla fessura dell'uscio, allo spigolo – ecco, ecco s'intravede il cadavere sul letto – ecco la faccia... uh, come bianca; con una mano sotto la guancia, pare che dorma... come un bambino... Chi è? come si chiama? Non si sa nulla. Si

12. *il tocco*: l'una, quando gli orologi a pendolo o le campane battono un solo rintocco.
13. *sincope*: arresto improvviso di una funzione vitale, qui quasi certamente del cuore.
14. *nuova*: notizia.
15. *il pretore e un medico necroscopo*: un magistrato che deve accertare se la morte ha avuto cause naturali e spontanee, o se vi è implicata un'altra persona; e un medico incaricato di constatare la morte e di stabilire le cause del decesso mediante l'esame del cadavere o necroscopia (dal greco *nekròs*, morto, e *skopèin*, guardare).

sa soltanto che torna dall'America, da New York. Dov'era diretto? Da chi era aspettato? Non si sa nulla. Nessuna indicazione è venuta fuori dalle carte, che gli si sono trovate nelle tasche e nella valigia. Intraprenditore, ma di che? Nel portafogli, solo sessantacinque lire, e poche monete spicciole in una borsetta nel taschino del panciotto. Una delle guardie viene a posare sulla lastra di bardiglio[16] del cassettone quelle povere scarpe scalcagnate che non cammineranno più.

A poco a poco, per liberarsi dalla calca, tutti cominciano a sfollare, rientrano nelle loro stanze, su al terzo piano, giù al primo; altri se ne vanno per i loro affari, ripresi dalle loro brighe.

Solo la vecchia signora, che voleva sapere se per mare non si soffre, rimane lì, innanzi all'uscio, non ostante la violenza che le fanno i due figliuoli; rimane lì a piangere atterrita per quell'uomo che è morto dopo aver passato l'Oceano, che anch'ella or ora dovrà passare.

Giù, tra le bestemmie e le imprecazioni dei vetturini e dei facchini che entrano ed escono di continuo, hanno chiuso in segno di lutto il portone dell'albergo, lasciando aperto soltanto lo sportello.

«Chiuso? Perché chiuso?»

«Mah! Niente. Nell'albergo è morto un tale...»

Scheda di analisi
a pagina 342

---

16. *bardiglio*: marmo di colore grigio o azzurro-cinereo.

Gabriele D'Annunzio

Il cerusico[1] di mare

da *Le novelle della Pescara*, 1902; ora in *Prose di romanzi*, vol. II, A. Mondadori.

Il trabaccolo[2] *Trinità*, carico di fromento, salpò alla volta della Dalmazia, verso sera. Navigò lungo il fiume tranquillo, fra le paranze di Ortona[3] ancorate in fila, mentre su la riva si accendevano fuochi e i marinai reduci cantavano. Passando quindi pianamente[4] la foce angusta, uscì nel mare.

Il tempo era benigno. Nel cielo di ottobre, quasi a fior delle acque, la luna piena pendeva come una dolce lampada rosea. Le montagne e le colline, dietro, avevano forma di donne adagiate. In alto, passavano le oche selvatiche, senza gridare, e si dileguavano.

I sei uomini e il mozzo prima manovrarono d'accordo per prendere il vento. Poi, come le vele si gonfiarono nell'aria tutte colorate in rosso e segnate di figure rudi, i sei uomini si misero a sedere e cominciarono a fumare tranquillamente.

Il mozzo prese a cantarellare una canzone della patria, a cavalcioni su la prua.

Disse Talamonte maggiore, gittando un lungo sprazzo[5] di saliva su l'acqua e rimettendosi in bocca la pipa gloriosa:

«Lu tembe n'n ze mandéne».[6]

Alla profezia, tutti guardarono verso il largo; e non parlarono. Erano marinai forti e indurati[7] alle vicende del mare. Avevano altre volte navigato alle isole dàlmate, e a Zara, a Trieste, a Spàlato; sapevano la via.

---

1. *cerusico*: chirurgo, specie quello che fa solo le operazioni e le incisioni più semplici.
2. *trabaccolo*: detto anche bragozzo, è un'imbarcazione da pesca, con prua e poppa di sagoma tondeggiante, e vele colorate, generalmente di rosso.
3. *paranze di Ortona*: la paranza è un piccolo veliero, usato soprattutto per la pesca; ha un albero di maestra con vela triangolare (latina). Ortona è una cittadina in provincia di Chieti.
4. *pianamente*: senza scosse.
5. *sprazzo*: spruzzo.
6. *Lu... mandéne*: il tempo non si mantiene, si prepara a cambiare.
7. *indurati*: induriti, diventati resistenti alle fatiche e ai disagi.

Alcuni anche rammentavano con dolcezza il vino di Dignano,[8] che ha il profumo delle rose, e i frutti delle isole.

Comandava il trabaccolo Ferrante La Selvi. I due fratelli Talamonte, Cirù, Massacese e Gialluca formavano l'equipaggio, tutti nativi di Pescara. Nazareno era il mozzo.

Essendo il plenilunio, indugiarono su 'l ponte. Il mare era sparso di paranze che pescavano. Ogni tanto una coppia di paranze passava accanto al trabaccolo; e i marinai si scambiavano voci, familiarmente. La pesca pareva fortunata. Quando le barche si allontanarono e le acque ridivennero deserte, Ferrante e i Talamonte discesero sotto coperta per riposare. Massacese e Gialluca, poi ch'ebbero finito di fumare, seguirono l'esempio. Cirù rimase di guardia.

Prima di scendere, Gialluca, mostrando al compagno una parte del collo, disse:

«Guarda che tenghe a qua».[9]

Massacese guardò e disse:

«Na cosa da niente. N'n ce penzà».[10]

C'era un rossore simile a quello che produce la puntura di un insetto, e in mezzo al rossore un piccolo nodo.

Gialluca soggiunse:

«Me dole».[11]

Nella notte si mutò il vento; e il mare incominciò ad ingrossare. Il trabaccolo si mise a ballare sopra le onde, trascinato a levante, perdendo cammino. Gialluca, nella manovra, gittava ogni tanto un piccolo grido, perché ad ogni movimento brusco del capo sentiva dolore.

Ferrante La Selvi gli domandò:

«Che tieni?»

Gialluca, alla luce dell'alba, mostrò il suo male. Su la cute il rossore era cresciuto, ed un piccolo tumore[12] aguzzo appariva nel mezzo.

Ferrante, dopo avere osservato, disse anche lui:

«Na cosa da niente. N'n ce penzà».

Gialluca prese un fazzoletto e si fasciò il collo. Poi si mise a fumare.

Il trabaccolo, scosso dai cavalloni e trascinato dal vento contrario, fuggiva ancóra verso levante.[13] Il rumore del mare copriva le voci. Qualche ondata si spezzava sul ponte, ad intervalli, con un suono sordo.

Verso sera la burrasca si placò; e la luna emerse come una cupola di

---

8. *Dignano*: oggi Vodnjan (Croazia), è un paese della penisola istriana, a pochi chilometri da Pola.
9. *Guarda... qua*: guarda che cosa ho qua.
10. *Na... ce penzà*: una cosa da niente. Non ci

pensare.
11. *Me dole*: mi fa male.
12. *tumore*: qui sta per rigonfiamento.
13. *levante*: oriente, est.

fuoco. Ma poiché il vento cadde, il trabaccolo rimase quasi fermo nella bonaccia; le vele si afflosciarono. Di tanto in tanto sopravveniva un soffio passeggero.

Gialluca si lamentava del dolore. Nell'ozio, i compagni cominciarono ad occuparsi del suo male. Ciascuno suggeriva un rimedio differente. Cirù, ch'era il più anziano, si fece innanzi e suggerì un empiastro[14] di mele e di farina. Egli aveva qualche vaga cognizione medica, perché la moglie sua in terra esercitava la medicina insieme con l'arte magica e guariva i mali con i farmachi e con le cabale. Ma la farina e le mele mancavano. La galletta non poteva essere efficace.

Allora Cirù prese una cipolla e un pugno di grano: pestò il grano, tagliuzzò la cipolla, e compose l'empiastro. Al contatto di quella materia, Gialluca sentì crescere il dolore. Dopo un'ora si strappò dal collo la fasciatura e gittò ogni cosa in mare, invaso da un'impazienza irosa. Per vincere il fastidio, si mise al timone e resse la sbarra lungo tempo. S'era levato il vento, e le vele palpitavano gioiosamente. Nella chiara notte un'isoletta, che doveva essere Pelagosa,[15] apparve in lontananza come una nuvola posata su l'acqua.

Alla mattina Cirù, che ormai aveva impreso[16] a curare il male, volle osservare il tumore. La gonfiezza erasi dilatata occupando gran parte del collo ed aveva assunta una nuova forma e un colore più cupo che su l'apice diveniva violetto.

«E che è quesse?»[17] egli esclamò, perplesso, con un suono di voce che fece trasalire l'infermo. E chiamò Ferrante, i due Talamonte, gli altri.

Le opinioni furono varie. Ferrante imaginò un male terribile da cui Gialluca poteva rimanere soffocato. Gialluca, con gli occhi aperti straordinariamente, un po' pallido, ascoltava i prognostici. Come il cielo era coperto di vapori e il mare appariva cupo e stormi di gabbiani si precipitavano verso la costa gridando, una specie di terrore scese nell'animo di lui.

Alla fine Talamonte minore sentenziò:

«È 'na fava maligna».[18]

Gli altri assentirono:

«Eh, po èsse'».[19]

Infatti, il giorno dopo, la cuticola[20] del tumore fu sollevata da un siero

---

14. *empiastro*: impiastro, unguento, fatto in genere con farine o foglie bollite.
15. *Pelagosa*: una delle isole del piccolo arcipelago di Pelagosa (oggi Palagruža, Croazia), situata tra il promontorio del Gargano e l'isola di Lagosta (oggi Lastovo, Croazia).
16. *impreso*: cominciato.
17. *che è quesse?*: che è questo?
18. *È... maligna*: è un foruncolo maligno.
19. *po èsse'*: può essere.
20. *cuticola*: pellicola esterna.

sanguigno e si lacerò. E tutta la parte prese l'apparenza di un nido di vespe, d'onde sgorgavano materie purulente in abbondanza. L'infiammazione e la suppurazione[21] si approfondivano e si estendevano rapidamente. Gialluca, atterrito, invocò San Rocco che guarisce le piaghe. Promise dieci libbre di cera, venti libbre.[22] Egli s'inginocchiava in mezzo al ponte, tendeva le braccia verso il cielo, faceva i vóti con un gesto solenne, nominava il padre, la madre, la moglie, i figliuoli. D'in torno, i compagni si facevano il segno della croce, gravemente, ad ogni invocazione.

Ferrante La Selvi, che sentì giungere un gran colpo di vento, gridò con la voce rauca un comando, in mezzo al romorìo del mare. Il trabaccolo si piegò tutto sopra un fianco. Massacese, i Talamonte, Cirù si gittarono alla manovra. Nazareno strisciò lungo un albero. Le vele in un momento furono ammainate: rimasero i due fiocchi. E il trabaccolo, barcollando da banda a banda, si mise a correre a precipizio su la cima dei flutti.

«Sante Rocche! Sante Rocche!» gridava con più fervore Gialluca, eccitato anche dal tumulto circostante, curvo su le ginocchia e su le mani per resistere al rullìo.[23]

Di tratto in tratto un'ondata più forte si rovesciava su la prua: l'acqua salsa invadeva il ponte da un capo all'altro.

«Va a basse!»[24] gridò Ferrante a Gialluca.

Gialluca discese nella stiva. Egli sentiva un calore molesto e un'aridezza febrile per tutta la pelle: e la paura del male gli chiudeva lo stomaco. Là sotto, nella luce fievole, le forme delle cose assumevano apparenze singolari. Si udivano i colpi profondi del flutto contro i fianchi del naviglio e gli scricchiolii di tutta quanta la compagine.[25]

Dopo mezz'ora, Gialluca riapparve su 'l ponte, smorto come se uscisse da un sepolcro. Egli amava meglio[26] stare all'aperto, esporsi all'ondata, vedere gli uomini, respirare il vento.

Ferrante, sorpreso da quel pallore, gli domandò:

«E mo' che tieni?»

Gli altri marinai, dai loro posti, si misero a discutere i rimedii; ad alta voce, quasi gridando, per superare il fragore della burrasca. Si animavano. Ciascuno aveva un metodo suo. Ragionavano con sicurezza di dotto-

---

21. *suppurazione*: la parte infiammata che produce pus.
22. *dieci... venti libbre*: un cero da dieci o venti chili. È molto probabile che D'Annunzio pensi qui alla cosiddetta libbra metrica, equivalente all'incirca al chilo, piuttosto che alla libbra tradizionale, che valeva press'a poco trecento grammi.

23. *rullìo*: "rollìo", cioè oscillazione della barca sull'asse della lunghezza, da destra a sinistra.
24. *Va a basse*: va' di sotto, in coperta.
25. *compagine*: struttura.
26. *amava meglio*: preferiva (francesismo: *il aimait mieux*).

ri. Dimenticavano il pericolo, nella disputa. Massacese aveva visto, due anni avanti, un vero medico operare sul fianco di Giovanni Margadonna, in un caso simile. Il medico tagliò, poi strofinò con pezzi di legno intinti in un liquido fumante, bruciò così la piaga. Levò con una specie di cucchiaio la carne arsa che somigliava fondiglio di caffè. E Margadonna fu salvo.

Massacese ripeteva, quasi esaltato, come un cerusico feroce:

«S'ha da tajià![27] S'ha da tajià!»

E faceva l'atto del taglio, con la mano, verso l'infermo.

Cirù fu del parere di Massacese. I due Talamonte anche convennero. Ferrante La Selvi scoteva il capo.

Allora Cirù fece a Gialluca la proposta. Gialluca si rifiutò.

Cirù, in un impeto brutale ch'egli non poté trattenere, gridò:

«Muòrete!»[28]

Gialluca divenne più pallido e guardò il compagno con due larghi occhi pieni di terrore.

Cadeva la notte. Il mare nell'ombra pareva che urlasse più forte. Le onde luccicavano, passando nella luce gittata dal fanale di prua. La terra era lontana. I marinai stavano afferrati a una corda per resistere contro i marosi. Ferrante governava il timone, gettando di tratto in tratto una voce nella tempesta:

«Va a basse, Giallù!»

Gialluca, per una strana ripugnanza a trovarsi solo, non voleva discendere, quantunque il male lo travagliasse. Anch'egli si teneva alla corda, stringendo i denti nel dolore. Quando veniva una ondata, i marinai abbassavano la testa e mettevano un grido concorde, simile a quello con cui sogliono accompagnare un comune sforzo nella fatica.

Uscì la luna da una nuvola, diminuendo l'orrore. Ma il mare si mantenne grosso tutta la notte.

La mattina Gialluca, smarrito, disse ai compagni:

«Tajiàte».

I compagni prima s'accordarono gravemente; tennero una specie di consulto decisivo. Poi osservarono il tumore ch'era eguale al pugno di un uomo. Tutte le aperture, che dianzi gli davano l'apparenza di un nido di vespe o di un crivello,[29] ora ne formavano una sola.

Disse Massacese:

«Curagge! Avande!»[30]

---

27. *S'ha da tajià!*: si deve tagliare!
28. *Muòrete!*: crepa!
29. *crivello*: setaccio.
30. *Curagge! Avande!*: coraggio! avanti!

Egli doveva essere il cerusico. Provò su l'unghia la tempra delle lame. Scelse infine il coltello di Talamonte maggiore, ch'era affilato di fresco. Ripeté:

«Curagge! Avande!»

Quasi un fremito di impazienza scoteva lui e gli altri.

L'infermo ora pareva preso da uno stupidimento cupo. Teneva gli occhi fissi su 'l coltello, senza dire niente, con la bocca semiaperta, con le mani penzoloni lungo i fianchi, come un idiota.

Cirù lo fece sedere, gli tolse la fasciatura, mettendo con le labbra quei suoni istintivi che indicano il ribrezzo. Un momento, tutti si chinarono sulla piaga, in silenzio, a guardare. Massacese disse:

«Cusì e cusì»[31] indicando con la punta del coltello la direzione dei tagli.

Allora, d'un tratto, Gialluca ruppe in un gran pianto. Tutto il suo corpo veniva scosso dai singhiozzi.

«Curagge! Curagge!» gli ripetevano i marinai, prendendolo per le braccia.

Massacese incominciò l'opera. Al primo contatto della lama, Gialluca gittò un urlo; poi, stringendo i denti, metteva quasi un muggito soffocato.

Massacese tagliava lentamente, ma con sicurezza; tenendo fuori la punta della lingua, per una abitudine ch'egli aveva nel condur le cose con attenzione. Come il trabaccolo barcollava, il taglio riusciva ineguale; il coltello ora penetrava più, ora meno. Un colpo di mare fece affondare la lama dentro i tessuti sani. Gialluca gittò un altro urlo, dibattendosi, tutto sanguinante, come una bestia tra le mani dei beccai.[32] Egli non voleva più sottomettersi.

«No, no, no!»

«Vien'a qua! Vien'a qua!» gli gridava Massacese, dietro, volendo seguitare la sua opera perché temeva che il taglio interrotto fosse più pericoloso.

Il mare, ancóra grosso, romoreggiava in torno, senza fine. Nuvole in forma di trombe sorgevano dall'ultimo termine[33] ed abbracciavano il cielo deserto d'uccelli. Oramai, in mezzo a quel frastuono, sotto quella luce, una eccitazione singolare prendeva quegli uomini. Involontariamente, essi, nel lottare col ferito per tenerlo fermo, s'adiravano.

«Vien'a qua!»

Massacese fece altre quattro o cinque incisioni, rapidamente, a caso.

---

31. *Cusì e cusì*: così e così.
32. *beccai*: macellai.

33. *ultimo termine*: estremo orizzonte.

Sangue misto a materie biancastre sgorgava dalle aperture. Tutti n'erano macchiati, tranne Nazareno che stava a prua, tremante, sbigottito dinanzi all'atrocità della cosa.

Ferrante La Selvi, che vedeva la barca pericolare, diede un comando a squarciagola:

«Molla le scòtteee! Butta 'l timone a l'ôrsa!»[34]

I due Talamonte, Massacese, Cirù manovrarono. Il trabaccolo riprese a correre beccheggiando.[35] Si scorgeva Lissa[36] in lontananza. Lunghe zone di sole battevano su le acque, sfuggendo di tra le nuvole; e variavano secondo le vicende celesti.[37]

Ferrante rimase alla sbarra. Gli altri marinai tornarono a Gialluca. Bisognava nettare le aperture, bruciare, mettere le filacce.

Ora il ferito era in una prostrazione profonda. Pareva che non capisse più nulla. Guardava i compagni, con due occhi smorti, già torbidi come quelli degli animali che stanno per morire. Ripeteva ad intervalli, quasi fra sé:

«So' morto! So' morto!»

Cirù, con un po' di stoppa grezza, cercava di pulire; ma aveva la mano rude, irritava la piaga. Massacese, volendo fino all'ultimo seguire l'esempio del cerusico di Margadonna, aguzzava certi pezzi di legno d'abete, con attenzione. I due Talamonte si occupavano del catrame, poiché il catrame bollente era stato scelto per bruciare la piaga. Ma era impossibile accendere il fuoco su 'l ponte che ad ogni movimento veniva allagato. I due Talamonte discesero sotto coperta.

Massacese gridò a Cirù:

«Lava nghe l'acqua de mare!»[38]

Cirù seguì il consiglio. Gialluca si sottometteva a tutto, facendo un lagno continuo, battendo i denti. Il collo gli era diventato enorme, tutto rosso, in alcuni punti quasi violaceo. In torno alle incisioni cominciavano ad apparire alcune chiazze brunastre. L'infermo provava difficoltà a respirare, a inghiottire; e lo tormentava la sete.

34. *Molla... l'ôrsa!*: letteralmente: molla le scotte! metti il timone all'orza! Ferrante suggerisce cioè due operazioni collegate: allentare le cime (*scotte*) che servono a regolare la tensione delle vele; orzare, cioè girare la prua verso la direzione da cui proviene il vento. In questo modo la barca sarebbe diventata più lenta e più stabile, offrendo una minore superficie e dunque una minore resistenza alla forza del vento, così da diminuire di molto il rischio di essere disalberata o addirittura rovesciata.

35. *beccheggiando*: oscillando sull'asse della larghezza, cioè avanti e indietro.
36. *Lissa*: oggi Vis, isola della Dalmazia, al largo di Spalato, e più precisamente a sud-ovest dell'isola di Hvar. Proprio a Lissa, nel 1866, l'Italia, nel corso della Terza guerra d'indipendenza, fu sconfitta dalla flotta austro-ungarica in un'importante battaglia navale.
37. *le vicende celesti*: il variare del cielo e delle condizioni meteorologiche.
38. *Lava... mare!*: lavaglielo nell'acqua di mare!

«Arcummànnete[39] a Sante Rocche» gli disse Massacese che aveva finito di aguzzare i pezzi di legno e che aspettava il catrame.

Spinto dal vento, il trabaccolo ora deviava in su, verso Sebenico, perdendo di vista l'isola. Ma, quantunque le onde fossero ancora forti, la burrasca accennava a diminuire. Il sole era a mezzo del cielo, tra nuvole color di ruggine.

I due Talamonte vennero con un vaso di terra pieno di catrame fumante.

Gialluca s'inginocchiò, per rinnovare il vóto al santo. Tutti si fecero il segno della croce.

«Oh Sante Rocche, sàlveme! Te 'mprumette 'na lampa d'argente e l'uoglie pe' tutte l'anne e trenta libbre de ciere.[40] Oh Sante Rocche, sàlveme tu! Tenghe la mojie e li fijie... Pietà! Misericordie, Sante Rocche mi'!»

Gialluca teneva congiunte le mani; parlava con voce che pareva non fosse più la sua. Poi si rimise a sedere, dicendo semplicemente a Massacese:

«Fa».

Massacese avvolse in torno ai pezzi di legno un po' di stoppa; e a mano a mano ne tuffava uno nel catrame bollente e con quello strofinava la piaga. Per rendere più efficace e profonda la bruciatura, versò anche il liquido nelle ferite. Gialluca non mosse un lamento. Gli altri rabbrividivano, in conspetto di quello strazio.

Disse Ferrante La Selvi, dal suo posto, scotendo il capo:

«L'avet'accise!»[41]

Gli altri portarono sotto coperta Gialluca semivivo; e l'adagiarono sopra una branda. Nazareno rimase a guardia, presso l'infermo. Si udivano di là le voci gutturali di Ferrante che comandava la manovra e i passi precipitati dei marinai. La *Trinità* virava, scricchiolando. A un tratto Nazareno si accorse di una falla in cui entrava acqua; chiamò. I marinai discesero, in tumulto. Gridavano tutti insieme, provvedendo in furia a riparare. Pareva un naufragio.

Gialluca, benché prostrato di forze e d'animo, si rizzò su la branda, imaginando che la barca andasse a picco; e s'aggrappò disperatamente a uno dei Talamonte. Supplicava, come una femmina:

«Nen[42] me lasciate! Nen me lasciate!»

Lo calmarono; lo riadagiarono. Egli ora aveva paura; balbettava parole insensate; piangeva; non voleva morire. Poiché l'infiammazione crescendo gli occupava tutto tutto il collo e la cervice[43] e si diffondeva

---

39. *Arcummànnete*: raccomàndati.
40. *Te 'mprumette... de ciere*: ti prometto (che ti dedicherò per voto) una lampada, con l'olio per farla stare accesa tutto l'anno, e un cero da

trenta chili.
41. *L'avet'accise!*: l'avete ucciso!
42. *Nen*: non.
43. *cervice*: parte posteriore del collo.

anche pe 'l tronco a poco a poco, e la gonfiezza diveniva ancor più mostruosa, egli si sentiva strozzare. Spalancava ogni tanto la bocca per bevere l'aria.

«Portateme sopra! A qua me manghe l'arie; a qua me more...»[44] Ferrante richiamò gli uomini sul ponte. Il trabaccolo ora bordeggiando cercava di acquistare cammino. La manovra era complicata. Ferrante spiava il vento e dava il comando utile, stando al timone. Come più il vespro si avvicinava, le onde si placavano.

Dopo qualche tempo, Nazareno venne sopra, tutto sbigottito, gridando:

«Gialluca se more! Gialluca se more!»

I marinai corsero; e trovarono il compagno già morto su la branda, in un'attitudine scomposta, con gli occhi aperti, con la faccia tumida, come un uomo strangolato.

Disse Talamonte maggiore:

«E mo'?»

Gli altri tacquero, un po' smarriti, dinanzi al cadavere.

Risalirono su 'l ponte, in silenzio. Talamonte ripeteva:

«E mo'?»

Il giorno si ritirava lentamente dalle acque. Nell'aria veniva la calma. Un'altra volta le vele si afflosciavano e il naviglio rimaneva senza avanzare. Si scorgeva l'isola di Solta.[45]

I marinai, riuniti a poppa, ragionavano del fatto. Un'inquietudine viva occupava tutti gli animi: Massacese era pallido e pensieroso. Egli osservò:

«Avéssene da dice che l'avéme fatte murì nu àutre? Avasséme da passà guai?»[46]

Questo timore già tormentava lo spirito di quegli uomini superstiziosi e diffidenti. Essi risposero:

«È lu vere».[47]

Massacese incalzò:

«'Mbè? Che facéme?»[48]

Talamonte maggiore disse, semplicemente:

«È morte? Jettàmele a lu mare. Facéme vedé ca l'avéme pirdute 'n mezz'a lu furtunale... Certe, n'arrièsce».[49]

---

44. *A qua... more*: qui mi manca l'aria; qui muoio.
45. *Solta*: un'altra isola dalmata, sulla rotta che da Lissa porta a Spalato (oggi Split).
46. *Avéssene... passà guai?*: non è che diranno che l'abbiamo fatto morire noi altri? E se

dovessimo passare qualche guaio?
47. *È lu vere*: è la verità.
48. *Che facéme?*: che facciamo?
49. *Jettàmele... n'arrièsce*: gettiamolo in mare. Facciamo vedere che l'abbiamo perso in mezzo alla tempesta... Certi, che ci riesce.

Gli altri assentirono. Chiamarono Nazareno.

«Oh, tu... mute come nu pesce.»[50]

E gli suggellarono il segreto nell'animo, con un segno minaccioso.

Poi discesero a prendere il cadavere. Già le carni del collo davano odore malsano; le materie della suppurazione gocciolavano, ad ogni scossa.

Massacese disse:

«Mettémele dentr'a nu sacche».[51]

Presero un sacco; ma il cadavere ci entrava per metà. Legarono il sacco alle ginocchia, e le gambe rimasero fuori. Si guardarono d'in torno, istintivamente, facendo l'operazione mortuaria. Non si vedevano vele; il mare aveva un ondeggiamento largo e piano, dopo la burrasca; l'isola di Solta appariva tutt'azzurra, in fondo.

Massacese disse:

«Mettémece pure 'na preta».[52]

Presero una pietra fra la zavorra, e la legarono ai piedi di Gialluca.

Massacese disse:

«Avande!»

Sollevarono il cadavere fuori del bordo e lo lasciarono scivolare nel mare. L'acqua si richiuse gorgogliando; il corpo discese da prima con una oscillazione lenta; poi si dileguò.

I marinari tornarono a poppa, ed aspettarono il vento. Fumavano, senza parlare. Massacese ogni tanto faceva un gesto involontario, come fanno talora gli uomini cogitabondi.[53]

Il vento si levò. Le vele si gonfiarono, dopo avere palpitato un istante. La *Trinità* si mosse nella direzione di Solta. Dopo due ore di buona rotta, passò lo stretto.

La luna illuminava le rive. Il mare aveva quasi una tranquillità lacustre.[54] Dal porto di Spàlato uscivano due navigli, e venivano incontro alla *Trinità*. Le due ciurme cantavano.

Udendo la canzone, Cirù disse:

«Toh! So' di Piscare».

Vedendo le figure e le cifre delle vele, Ferrante disse:

«So' li trabaccule di Raimonde Callare».

E gittò la voce.

I marinai paesani risposero con grandi clamori. Uno dei navigli era carico di fichi secchi, e l'altro di asinelli.

---

50. *mute... pesce*: muto come un pesce.
51. *Mettémele... sacche*: mettiamolo dentro a un sacco.

52. *Mettémece... preta*: mettiamoci pure una pietra.
53. *cogitabondi*: pensierosi e preoccupati.
54. *lacustre*: come di lago.

Come il secondo dei navigli passò a dieci metri dalla *Trinità*, varii saluti corsero. Una voce gridò:

«Oh Giallù! Addò sta Gialluche?»

Massacese rispose:

«L'avéme pirdute a mare, 'n mezz'a lu furtunale. Dicétele a la mamme».[55]

Alcune esclamazioni sorsero dal trabaccolo degli asinelli; poi gli addii.

«Addie! Addie! A Piscare! A Piscare!»

E allontanandosi le ciurme ripresero la canzone, sotto la luna.

Scheda di analisi
a pagina 343

---

55. *Dicétele a la mamme*: ditelo alla mamma.

Grazia Deledda

Il cinghialetto

da *Chiaroscuro*, 1912; ora in *Romanzi e
novelle*, a c. di N. Sapegno, A. Mondadori.

Appena aperti gli occhi alla luce del giorno, il cinghialetto vide i tre più
bei colori del mondo: il verde, il bianco, il rosso, – sullo sfondo azzurro
del cielo, del mare e dei monti lontani.

In mezzo al verde delle querce le cime dei monti vicini apparivano
candide come nuvole alla luna, ma già intorno al nido del cinghialetto
rosseggiava il musco fiorito, e i macigni, le chine, gli anfratti rocciosi ne
eran coperti come se tutti i pastori e i banditi passati lassù avessero lasciato stesi i loro giubboni di scarlatto e anche qualche traccia del loro sangue. Come non essere arditi e prepotenti in un simile luogo? Appena la
giovane cinghialessa ebbe finito di lisciare e leccare i suoi sette piccini
attaccati alle sue mammelle dure come ghiande, l'ultimo nato di essi, il
nostro ardito cinghialetto, sazio e beato si slanciò dunque nel mondo, cioè
al di là del cerchio d'ombra della quercia sotto cui era nato. La madre lo
richiamò con un grugnito straziante; ma la bestiuola tornò indietro solo
quando vide, sul terreno soleggiato, la figura di un altro cinghialetto col
suo bravo codino in su, attorcigliato come un anello: la sua ombra.

Passò un giorno e una notte; anche i fratellini si avanzarono verso il
sole e tornarono spaventati dalla loro ombra; la cinghialessa sgretolò le
ultime ghiande rimaste fra il musco, grugnendo per richiamare i piccini; e
sei di essi, tutti eguali, col pelo a strisce dorate e morate[1] come nastri di
seta, accorsero inseguendosi e saltandosi addosso gli uni su gli altri; il settimo, quello che primo s'era avventurato pel mondo, non tornò. La madre
volse attorno gli occhi dolci e selvaggi dalle palpebre rossicce, grugnì
mostrando le zanne candide come i picchi dei monti, ma il cinghialetto
non rispose, non tornò più.

---

1. *morate*: nere come more.

Viaggiava, palpitando, grugnendo, dibattendosi invano entro la calda bisaccia d'un piccolo pastore. Addio, montagna natia, odore di musco, dolcezza di libertà appena gustata come il latte materno! Tutti gli spasimi della ribellione e della nostalgia vibravano nel ringhio del prigioniero; e non è da augurarsi neanche al nostro peggiore nemico lo strazio della sua lunga reclusione sotto un cestino capovolto. Passano le ore e i giorni: una piccola mano che pare coperta da un guanto oscuro, tanto è dura e sporca, introduce una scodella di latte sotto il cestino, e due grandi occhi neri spiano attraverso le canne della fragile prigione. Una vocina benevola parla al cinghialetto.

«Morsichi? Se non morsichi ti tiro fuori; se no buona notte e addio!»

Il prigioniero grufola,[2] soffia attraverso le canne; ma il suo grugnito è amichevole, supplichevole anzi, e la manina nera solleva il cestino; il cinghialetto lascia titubante il suo carcere e annusa il terreno intorno. Com'era diverso il mondo luminoso della montagna dal piccolo mondo scuro di questa cucina bassa e desolata, di cui il bambino, fratello del pastore, ha chiuso per precauzione la porta. Il focolare è spento; entro il forno, ove il cinghialetto spinge le sue nuove esplorazioni, sta ad essiccare un po' d'orzo per il pane della povera famiglia.

«Be', non vieni più fuori? Non sporcare l'orzo; non ne abbiamo altro e mia madre va a lavare i panni dei prigionieri per campare, e mio padre è in carcere» disse il bambino, curvandosi sulla bocca del forno.

Come colpito da quelle notizie il cinghialetto saltò fuori e i suoi piccoli occhi castanei dalle palpebre rossicce fissarono i grandi occhi neri del bambino: si compresero e da quel momento si amarono come fratellini. Per giorni e giorni furono veduti sempre assieme; il cinghialetto annusava i piedini sporchi del suo amico, e l'amico gli lisciava il pelo dorato e morato, o introduceva il dito nell'anello del suo codino.

Giorni sereni passavano per i due amici; il cinghialetto grufolava nel cortile roccioso che gli ricordava la montagna natia, e il bambino si sdraiava al sole e imitava il grugnito della bestiuola.

Un giorno passò nel viottolo una bella paesana alta ed agile e bianca e rossa come una bandiera, seguita da un ragazzetto il cui viso roseo pareva circondato da un'aureola d'oro.

Vedere il cinghialetto e gridare:

«Oh che bellino! Lo voglio» fu tutt'una cosa per il fanciullo dai capelli d'oro. Ma il cinghialetto filò dritto in cucina e dentro il forno, mentre il suo padrone si alzava, nero nel sole, minaccioso.

«È tuo?» domandò la paesana.

---

2. *grufola*: fruga con il muso e grugnisce.

«Mio.»

«Dammelo; ti do una lira» disse il signorino biondo.

«Non te lo do neanche se crepi.»

«Maleducato, così si parla?»

«Se non te ne vai ti rompo la testa a colpi di pietra...»

«Pastoraccio! Lo dirò a papà...»

«Andiamo, andiamo» disse la paesana, «glielo dirò io a sua madre.»

Infatti tornò, qualche sera dopo, mentre nella cucina desolata la lavandaia dei carcerati parlava col suo bambino come con un uomo anziano.

«Sì, Pascaleddu mio» si lamentava, ansando e torcendo il suo grembiale bagnato, «se tuo padre non viene assolto, non so come faremo; io non ne posso più, con quest'asma; e quel che guadagna il tuo fratellino non basta neanche per lui. Che fare, Pascaleddu mio? E l'avvocato, come pagarlo? Ho impegnato la mia medaglia e i miei bottoni d'argento, per prendere l'orzo: dove andrò, se mi continua questo male?...»

La paesana agile e rossa entrò nella povera cucina, sedette accanto al focolare spento.

«Dov'è il cinghialetto, Pascaleddu?» domandò guardandosi attorno. Il bambino andò a mettersi davanti al forno, la guardò, selvaggio e sprezzante, rispose una sola parola:

«Vattene!»

«Maria Cambedda» disse allora la paesana, rivolta alla donna che sbatteva il suo grembiale per farlo asciugare, «lo sai che sto al servizio di un giudice. Nei dibattimenti egli fa da pubblico ministero.[3] La mia padrona è una riccona; hanno un figlio unico, un diavoletto che fa tutto quello che vuol lui. Il padre non vede che per gli occhi di suo figlio. Adesso il ragazzo è malato, mangia troppo! e padre e madre sembrano pazzi di dolore. Senti, l'altro giorno il ragazzo ha veduto un cinghialetto, qui nel vostro cortile, e lo vuole. Dammelo o meglio domani mandamelo con Pascaleddu; se c'è da pagare si paga.»

«Il tuo padrone è giudice?» disse la donna, ansando. «Allora tu puoi dire una buona parola per mio marito: fra giorni si discuterà il suo processo. Se egli non viene assolto, io sono una donna morta...»

«Io non posso parlar di queste cose al mio padrone...»

«Ebbene, domani Pascaleddu porterà il cinghialetto; digli almeno, al tuo padrone, che il bambino è il figlio del disgraziato Franziscu Cambedda... Digli che ho l'asma; che moriamo di fame...»

---

3. *pubblico ministero*: giudice che rappresenta la pubblica accusa.

La paesana non promise nulla: tutti sapevano che Franziscu Cambedda era colpevole.

Il cinghialetto viaggiava di nuovo, ma questa volta attraverso la piccola città e fra le braccia del suo amico. I due cuoricini, l'uno accanto all'altro, palpitavano d'ansia e di curiosità; ma se il bambino sa che deve tradire il suo amico, questi non si decide a credere che il suo amico possa tradirlo, e allunga il piccolo grifo al di sotto del braccio di Pascaleddu e con un occhio solo guarda le case, la gente, le strade, i monelli che lo seguono fino alla palazzina del giudice e uno dei quali, arrivati laggiù, s'incarica di picchiare alla porta e di gridare alla bella serva apparsa sul limitare:

«Pascaleddu piange perché non vuol darvi il suo cinghialetto: se non fate presto a prenderglielo scappa e non ve lo dà più!...»

«Non è vero, non piango; andate tutti al diavolo!» gridò Pascaleddu cercando di deporre il cinghialetto tra le braccia della serva: ella però lo fece entrare, mentre giusto in quel momento il giudice, con un plico di carte sotto il braccio, usciva per andare in Tribunale. Era un uomo piccolo e grasso, pallido, con due grandi baffi neri e gli occhi melanconici.

«Che c'è?» domandò, mentre la serva gli toglieva un filo bianco dalla manica della giacca.

«C'è questo bambino che porta il suo cinghialetto a *signoriccu*:[4] è il figlio di quel disgraziato Franziscu Cambedda che è in carcere: son tanto poveri... muoiono di fame... la madre ha l'asma...»

Il giudice scosse la mano come per significare "ce n'è abbastanza" e disse, guardando Pascaleddu:

«Dàgli qualche cosa».

La serva condusse il bambino nella camera bianca e luminosa ove *signoriccu*, seduto sul lettuccio e avvolto in uno scialle, guardava un libro pieno di figure strane: erano donne e uomini coperti di pellicce, di teste di volpe, di code di faina; erano pelli d'orso, di leopardo, di cinghiale: si vedeva bene che il fanciullo dai capelli d'oro amava le bestie feroci. Appena vide il cinghialetto buttò il libro e tese le braccia gridando:

«Dammelo, dammelo!»

La mamma, una bella signora alta e bionda in vestaglia azzurra, si curvò su lui spaventata.

«E che, lo vuoi a letto, amor mio? Sporca tutto, sai: lo mettiamo in cucina, e appena ti alzerai giocherai con lui.»

«Io lo voglio qui! Dammelo o butto in aria lo scialle e mi alzo.»

Glielo diedero: e la fuliggine del forno ove era stata trovata la carne

---

4. *a signoriccu*: (dialetto sardo) al signorino.

della pecora rubata da Franziscu Cambedda macchiò il letto del figlio del giudice.

Pascaleddu raccattò il libro di figure e lo guardò fisso.

«Lo vuoi? Prenditelo» disse la signora.

Pascaleddu lo prese e se ne andò: di fuori i monelli lo attendevano, e cominciarono a domandargli che cosa aveva ricevuto in cambio del cinghialetto, e lo sbeffeggiarono, gli tolsero il libro.

Ma Pascaleddu lo strappò loro di mano, se lo strinse sotto il braccio e via di corsa: gli pareva di aver almeno un ricordo del suo povero amico.

Il suo povero amico conobbe tutti gli strazi di una schiavitù dorata. Quante volte *signoriccu* fu sul punto di strangolarlo; quanti calci dai bei piedi intorno ai quali ondulava il falpalà⁵ della vestaglia azzurra; quante volte la serva disse:

«Lo arrostiremo il giorno della festa di *signoriccu*!»

Solo il padrone era buono: quando dalla finestra sorrideva a suo figlio, guarito e ritornato in giardino, i suoi occhi erano così dolci e inquieti che al cinghialetto ricordavano quelli di sua madre su nella montagna.

Lasciato qualche volta in pace, il cinghialetto si divertiva ad annusare i piedi della serva, a correrle appresso e a mettere il grifo entro le casseruole. Spesso lo lasciavano anche razzolare nell'orto grande e selvatico, ove cresceva una pianta d'olivo e una di quercia: ore di gioia tornarono anche per lui, e quando se ne stava sdraiato a pancia in su fra i cespugli e vedeva il cielo azzurro, le nuvolette rosse, la casina bianca fra gli alberi, gli pareva d'essere ancora sulla montagna. Appiattato più in là, col suo fucile, la pistola, la spada e lo stocco, *signoriccu* giocava *a far la caccia* e mirava il cinghialetto e gli correva addosso tempestandolo di colpi e turbando così la sua beatitudine.

Un giorno tutte le casseruole cominciarono a friggere nella cucina, ove la bella serva splendeva, in mezzo al fumo, come la luna rossa fra i vapori della sera. Era la festa di *signoriccu*, e in attesa dell'ora del pranzo qualcuno degli invitati, tutti amici di casa, entrava in cucina per vedere cosa la ragazza preparava di buono, ma in realtà per guardar lei che era il miglior boccone. Fra gli altri entrò, a passi furtivi, il delegato, che fece una carezzina alla serva e nascose la sua pistola in un buco dietro la finestra.

«La metto qui perché quel diavoletto mi fruga in saccoccia e la vuole: non toccarla, è carica.»

Di là c'era gran chiasso: tutti ridevano e parlavano, e il padrone e un

---

5. *falpalà*: striscia di stoffa pieghettata o arricciata, che si usa per fare bordi e guarnizioni.

altro magistrato discutevano sulla "legge del perdono"[6] da poco messa in uso da un buon giudice di Francia.

«Quel disgraziato che abbiamo assolto oggi, quel Cambedda, ebbene...» diceva il padrone, «ebbene, ha rubato per bisogno... è un padre di famiglia, ha due figli piccoli, di buona indole... La legge deve adattarsi...»

«La legge, oramai, è inesorabile solo per i ricchi» sogghignò il delegato; e tutti risero.

Il cinghialetto, in cucina, leccava i piatti in compagnia d'un gattino nero. Sebbene roba ce ne fosse d'avanzo per tutti e due, il gattino metteva le zampe in avanti e sollevava i baffi sopra i dentini bianchi come granellini di riso.

D'improvviso, mentre la serva era in sala da pranzo, *signoriccu* precipitò in cucina: vestito di azzurro, coi capelli lisci e lucenti come una cuffia di raso dorato, egli sembrava un angioletto, e volava anche, da una sedia all'altra, dai fornelli alla tavola, da questa alla finestra. Vide la pistola, la prese con precauzione, la rimise nel buco: e non gridò di gioia, ma i suoi occhi diventarono metallici e selvaggi come quelli del gattino.

Si slanciò sul cinghialetto, mentre il gatto, più astuto, fuggiva, lo prese e lo portò nell'orto, in direzione della finestra di cucina.

«Questa volta è per davvero!» gridò saltellando. «Sta lì fermo.»

Il cinghialetto fiutava i cespugli: era felice, sazio e beato; vedeva *signoriccu* alla finestra di cucina, con una pistola in mano, ma non capiva perché il gattino, là dall'alto della quercia, gli mostrasse ancora i denti e lo guardasse coi grandi occhi verdi spaventati.

Una nube violetta lo avvolse: stramazzò, chiuse gli occhi; ma dopo un momento sollevò le corte palpebre rossicce e per l'ultima volta vide i più bei colori del mondo – il verde della quercia, il bianco della casina, il rosso del suo sangue.

**Scheda di analisi
a pagina 345**

---

6. *legge del perdono*: rinuncia da parte del giudice alla condanna, nel caso in cui il reato accertato non sia grave e il colpevole abbia consistenti attenuanti.

Federico De Roberto

La paura

da *Novella*, Milano, 15 agosto 1921; ora in *La messa di nozze*, Garzanti.

Nell'orrore della guerra l'orrore della natura: la desolazione della Valgrebbana, le ferree scaglie del Montemolon, le cuti delle due Grise, la forca del Palalto e del Palbasso, i precipizi del Fòlpola:[1] un paese fantastico, uno scenario da Sabba romantico, la porta dell'Inferno.

Non una macchia d'albero, non un filo d'erba tranne che nel fondo delle vallate; lassù un caotico cumulo di rupi e di sassi, l'ossatura della terra messa a nudo, scarnificata, dislogata[2] e rotta. Gran parte delle trincee s'eran dovute aprire spaccando il vivo masso, a furia di mine: il monte delle schegge aveva dato il materiale per i muretti ed il pietrisco era servito a riempire i sacchi-a-terra. L'acqua mancava del tutto e doveva essere trasportata a schiena di mulo, nelle ghirbe,[3] insieme con i viveri.

Tuttavia i soldati s'eran accomodati anche lì e non parevano starci di peggio umore che altrove. Il posto era spaventoso, ma in compenso tranquillo. Ogni idea di altri sbalzi, da quelle parti, pareva deposta: poteva soltanto temersi che gli austriaci volessero essi profittare delle loro posizioni più vantaggiose, e quindi occorreva stare molto attenti, segnatamente nel tratto avanzato del costone della Venzela, dal cui mantenimento dipendeva la saldezza della linea retrostante. Ma neppure i nemici si mostravano animati da proponimenti bellicosi, e a poco a poco s'era venuto così forman-

---

1. *Valgrebbana... Fòlpola*: sono tutti luoghi di montagna, così come gli altri nomi geografici che troveremo più avanti. Delimitano un'area a sud di Trento (che allora era territorio austriaco), compresa fra l'alta valle del fiume Astico e gli altipiani di Folgaria e Lavarone. Durante la prima guerra mondiale (1915-18) era una zona di particolare importanza strategica.

2. *dislogata*: come slogata, spostata dalla sua sede naturale.

3. *ghirbe*: otri, recipienti di pelle per portare l'acqua. La parola "ghirba" deriva dall'arabo, e si diffuse in italiano solo dopo la guerra di Libia (1911-12); in gergo passò a indicare la "pelle" nel senso della vita, per esempio nella frase "portare a casa la ghirba", che significava "tornare a casa sano e salvo dalla guerra".

do una specie di tacito accordo in virtù del quale nessuno dei due partiti dava molestia all'altro. Vigilanza incessante, ma non ostilità.

Il servizio più penoso toccava alla vedetta posta all'imbocco del canalone che andava a finire nella conca del Corbin: poiché solamente di lì i nemici potevano tentare una sorpresa, gli ordini portavano che quel passaggio fosse continuamente esplorato dall'alto e precisamente dal punto già designato per la postazione di una mitragliatrice, alla quale si era dovuto poi rinunziare non essendo riuscito possibile mascherarla.

La piazzola, quantunque lontana una cinquantina di metri dalla trincea, ne pareva remotissima essendone distaccata del tutto: un certo tratto della linea d'accesso restava bene o male riparato da due muricciuoli formanti il camminamento;[4] ma più oltre, per la natura e la configurazione del terreno, non si era potuto improvvisare nessuna sorta di riparo, e l'uomo destinato alla fazione[5] doveva avanzarsi carponi, insinuandosi tra le pieghe del suolo, fino a una radice di parapetto formato dalle sporgenze della roccia e rialzato alla meglio con sacchi e sacchetti. Lì, durante due ore, in una posizione incomodissima, sotto il sole dei meriggi estivi e al gelo delle notti, la vedetta aveva la consegna di non perdere mai di vista il fondo della forra.[6]

Dirimpetto, a mezzo chilometro a volo d'uccello, la linea nemica; che poi s'accostava alla nostra verso sinistra, dalla parte del Lamagnolo, e quasi la radeva, a segno che se gli uomini di guardia avessero parlato la stessa lingua, avrebbero potuto attaccar discorso. E già qualche parola si veniva scambiando, laggiù: qualche pagnotta volava dai nostri posti ai posti austriaci, e qualche pacchetto di tabacco faceva la strada inversa, mentre ci stavano dinanzi truppe boeme, fin da allora poco disposte a lasciarsi ammazzare per i begli occhi di Casa Asburgo.

Ma improvvisamente la tranquillità fu rotta, al primo chiarore di un'alba d'agosto.

Nelle ultime ore della notte, quando il tenente Alfani era venuto col suo plotone a dare il cambio sul posto avanzato al plotone del sottotenente Moro, l'ufficiale che smontava aveva ripetuto al collega il consueto: «Nulla di nuovo». Collocate le sentinelle interne ai noti cinque posti, fatta cambiar la vedetta scoperta sulla piazzola, segnato il turno alle quattro squadre, Alfani si era affacciato un momento alla feritoia centrale.

---

4. *camminamento*: passaggio che immette in una trincea, o collega fra loro due trincee. I camminamenti sono normalmente scavati, a una profondità di poco inferiore a quella delle trin-cee; ma in questo caso, poiché il terreno è roccioso, il percorso resta quasi tutto allo scoperto.
5. *fazione*: turno di guardia.
6. *forra*: burrone.

Le stelle palpitavano nella metallica lastra del cielo staccante[7] sulla terra nera, accasciata, appianata e come ripiegata sopra se stessa. La forca dei due Pali e le piramidi delle Grise disegnavano appena il loro orlo corroso dalle tenebre di contro alla massa informe del Montemolon: tutti gli altri accidenti dell'aspro paesaggio restavano avvolti nell'oscurità. Non una bava di vento, non un rotolar di sasso, non una luce umana.

«Borga», disse l'ufficiale al tenente, «prendi tu un poco il mio posto, intanto che vo a riposare fino a giorno.»

«Ch'el faga pur, sciur tenent, e ch'el staga pur tranquill».[8]

Sonnecchiavano un poco tutti, sulla paglia dei ricoveri, sdraiati lungo le due scarpe[9] della trincea e sulle banchine, ed anche in piedi, con l'arma a fianco: tutti, tranne l'ufficiale in fondo alla cavernetta arretrata, nascosta alla vista del nemico, dove aveva sede il comando del reparto.

C'era venuto tante volte, Alfani; ci tornava ogni due giorni da due mesi, dacché lo avevano trasferito in quel settore dove la guerra stagnava; ma non si era mai sentito tanto nauseato in quella tana oscura e fetida, tanto a disagio su quel saccone che pareva pieno di patate, tanto stanco di quel servizio regolare e monotono più che in guarnigione, tanto logoro da quella vita da castoro, fra sasso e guazzo.[10] Il pericolo era lontano; ma cento e mille volte meglio il pericolo, meglio le avanzate sotto il fuoco nemico, meglio gli urti contro i reticolati, meglio le ferite come quelle delle quali portava i segni sulla manica ed i premî sul petto; meglio la morte in campo, che quell'inerzia snervante, quella sospensione nel vuoto, lo stillicidio[11] di quel tedio, le mille punture dei disagi di tutti i giorni e di tutte le ore. Dormire, sì; egli voleva perdere la coscienza di se stesso, se fosse stato possibile; ma il sonno fuorviato[12] non tornava, nel gelo di quell'antro la cui bocca cominciava a disegnarsi fra le tenebre: segno che la notte finiva, che un altro di quei giorni eternamente uguali cominciava a spuntare.

E le ondate dei ricordi e la turba dei pensieri e la ridda delle imagini lo travolgevano, nel silenzio che pareva pieno di tanti rumori: fluire di acque, cori di campane, mormorio di folle lontane, quando, ad un tratto... o no?... uno sparo, o un inganno del senso?... Ma sì: ecco: un altro, ed altri ancora tutti da sinistra, dalla parte del Lamagnolo!

Balzato in piedi, l'ufficiale accorse per l'ultimo braccio del camminamento dirigendosi all'ultima traversa della trincea.

---

7. *staccante*: che risaltava.
8. *Ch'el faga... tranquill*: (dialetto milanese) faccia pure, signor tenente, e stia pure tranquillo.
9. *scarpe*: pareti.
10. *guazzo*: acquitrino, terreno fangoso.
11. *stillicidio*: letteralmente "stillicidio" indica

lo sgocciolare lento di un liquido; per metafora è passato poi a indicare una situazione in cui gli eventi si sviluppano con esasperante lentezza e monotonia.
12. *fuorviato*: cacciato via, respinto una pr[' volta.

«Dove hanno sparato?» domandò alla vedetta.

«Lontan de chi, sciur tenent: là de bass, contra l'alter post».[13]

Sopravvenne il sergente, col moschetto in mano, seguito dal capoposto.

«Hanno cagnato 'e truppe 'a chella parte»,[14] asseriva il caporale.

«Quii che smontaven avarien sentii!»[15] obiettava il sottufficiale.

«Hanno cagnato 'e truppe, signor tenente. Chelli boemmi l'avevano ditto, che non avressono sparato!»[16]

«È possibile», mormorò l'ufficiale.

«Ma a st'ora chi, i proeuven contra i tignoeul i so cartucc, i cecchi del Cecco Beppe?... Chi l'è che poderìa cascià el nas?»[17]

«Non se sa mai!»

«Vada un porta ordini a vedere cosa succede.»

Ma, prima che il soldato si avviasse, uno degli uomini del posto di collegamento venne a portare un biglietto scritto con la matita, dove l'ufficiale lesse:

«*Ore 4 e 10. Comunico che dalla posizione antistante è stato aperto fuoco di fucileria senza effetto. Ma il fatto rivela un risveglio che richiede più attiva sorveglianza – Marini*».

«Magari!...» pensava Alfani, avviandosi al posto centrale, lieto che una qualunque novità lo traesse da quella mortificazione intollerabile, ed era ancora per via quando, come di risposta al pensiero suo intimo, echeggiò, sempre dalla stessa parte, il sordo crepitio d'una raffica di mitragliatrice, simile al lontano scoppiettare di una motocicletta che serpeggiasse per le giravolte alpestri.

Un soldato, venuto fuori dalla buca ed affacciatosi con le mani in tasca ad uno spiraglio, canticchiò fra i denti:

«*Spunta l'alba del sette agosto,
scomenzia el fogo de fanteria...*»[18]

«Ma non si perde nessun compagno!» gli diè sulla voce l'ufficiale.

La seconda strofa avrebbe detto infatti:

---

13. *Lontan... post*: lontano da qui, signor tenente: là in basso, contro l'altra postazione.

14. *Hanno... parte*: hanno cambiato le truppe da quella parte. Dunque, se il sergente parla in dialetto milanese, il caporale parla invece in napoletano.

15. *Quii... sentii*: quelli che smontavano avrebbero sentito.

16. *Chelli... sparato*: quei boemi (probabilmente prigionieri o spie) l'avevano detto, che non avrebbero sparato.

17. *Ma a st'ora... el nas?*: ma a quest'ora contro chi le provano le loro cartucce, i cecchini di Cecco Beppe, contro le tarme? A chi verrebbe in mente di cacciar fuori il naso? Cecco (o Checco) Beppe era il nomignolo ironico per l'imperatore d'Austria-Ungheria Franz Joseph (1830-1916), che gli italiani chiamavano normalmente Francesco Giuseppe.

18. *scomenzia... fanteria*: comincia il fuoco di fanteria.

«Per le vette da conquistare
abbiam perduto tanti compagni,
tutti giovani sui vent'anni:
la loro vita non torna più!»

Contento d'aver prevenuto il senso di tristezza espresso da quel canto, Alfani si affacciò alla feritoia che gli serviva da osservatorio, appuntando il cannocchiale sulla linea nemica.

Già troppo bene dissimulata, essa non si poteva discernere contro la luce saliente dietro il Montemolon.

«Be', ragazzi», disse ai suoi uomini, «se hanno voglia di rompersi le corna, li serviremo a dovere, *i camerati!*»[19]

Stette ancora in ascolto, ma non udì altro che il silenzio della montagna.

«Chi è di vedetta al posto del canalone?»

«Vicenzino» rispose il capoposto, storpiando il nome di Visentini come soleva storpiare tutti gli altri. «Ma mo' chesta è l'ora d' 'o cambio.»[20]

«Fa venir qui un momento chi va sulla piazzola.»

«Nummero dodece: ohè, Galletta!»

Mentre i cinque uomini del secondo turno, dal numero 7 all'11, sostituivano i compagni del primo ai posti interni, Caletti, che aveva sentito approssimarsi anch'egli la sua volta, riempiva di bombe a mano il tascapane, nella riservetta.[21]

«Presente!» rispose, udendosi chiamare e accorrendo.

Era un ragazzo ancora imberbe, con un viso bianco e roseo che pareva una mela, con occhi chiari, pieni di stupore. Pochissimo amante dei lavori manuali, tutte le volte che bisognava adoperare la piccozza e il badile rispondeva invariabilmente: «Songo malato!»,[22] ma Alfani, che conosceva uno per uno tutti i suoi uomini, sapeva di poter fare assegnamento sulla prontezza e il coraggio dell'infingardo[23] quando era il momento di affrontare i nemici.

«Caletti, stammi bene attento, perché quei brutti ceffi si sono destati di malumore, stamattina.»

«Non dubiti, sor tenente.»

«Apri bene gli occhi, e a posto!»

Di momento in momento il chiarore del giorno cresceva: il cielo

19. *camerati*: con riferimento al tedesco *kameraden*, che significa commilitoni, compagni di camerata.
20. *Ma mo'... 'o cambio*: ma adesso è l'ora del cambio.
21. *riservetta*: piccolo locale protetto, dove si tengono armi e munizioni.
22. *Songo*: sono.
23. *infingardo*: pigro, fannullone.

dell'alba luceva come uno specchio freddo e terso; solo un fiocco di nuvolaglia, lungo e sottile, strisciava a guisa d'un serpe sul muraglione del Montemolon e s'insinuava fra le due Grise.

«El promett on'altra gran bella giornata»,[24] osservò il sergente.

«Non tanto. Quella bambagia lì non è buon segno.»

Riportando lo sguardo sul terreno fronteggiante la trincea, Alfani vide il soldato uscire dal camminamento col fucile a bilanciarm[25] e procedere fra le asperità del passo scoperto, curvandosi appena, con la sicurezza che gli veniva dalla lunga pratica e dalla tranquillità dei nemici. «No! No!» voleva gridargli, poiché i nemici s'eran destati. «Più basso!... Copriti!» E parve veramente che Caletti avesse udito le parole pensate dal suo tenente; perché dinanzi all'ultimo tratto, il più pericoloso, si fermò un momento; poi si buttò in ginocchio, s'allungò e strisciò su per la breve erta, verso la piazzola. Giuntovi vicino, levò un poco il capo, forse nell'udirsi chiamare dal compagno che veniva a rilevare; ma allora improvvisamente, al sinistro *ta-pum* di una fucilata, il corpo s'accasciò.

«Porci croati!»

L'ufficiale non aveva ancora finito d'esprimere il suo rancore, che un altro colpo rintronò: *ta-pum!*

«E due!» disse una voce.

«Visentini!» esclamò il sergente.

«Come, Visentini?... Che ti salta?»

«L'ha minga vist? El Visentini el s'è movu', l'ha miss foeura el coo!... G'han tiraa anca a lu!»[26]

Alfani strinse il pugno ed affissò lo sguardo torvo sulla linea nemica, come cercando il punto dove poter ritorcere i colpi.

«Capoposto!» chiamò, rivoltandosi. «Manda chi viene dopo.»

«Siconna[27] squadra; nummero uno d'o primmo turno!»

Ma poiché nessuno rispondeva, e alcuni esprimevano il loro stupore apprendendo che il servizio della prima squadra era così presto finito, il caporale chiamò per nome:

«Marmotta!... Ahò, Marmotta!... Addo' sta,[28] 'sto Marmotta?»

Maramotti dormiva, con l'elmo in capo, i ginocchi sul ventre, in fondo al ricovero. Dormiva d'un sonno greve, dal quale fu tratto a fatica.

«Jammo, ja',[29] Marmo', tocca a te de vedetta.»

---

24. *El promett... giornata*: promette di essere un'altra gran bella giornata.
25. *a bilanciarm*: con il braccio teso verso il basso, in modo da tenere l'arma orizzontale e bilanciata.
26. *L'ha minga... anca a lu!*: non l'ha mica visto? Il Visentini si è mosso, ha tirato fuori la testa!... Hanno sparato anche a lui!
27. *Siconna*: seconda.
28. *Addo' sta*: dove sta.
29. *Jammo, ja'*: andiamo, dai.

Maldesto, il soldato si stropicciò gli occhi, bestemmiando:

«Corpo!... Sangue! Mi son[30] de vedetta ai cinqu'or!... Mi son dopo del Caletti!»

Con la punta del dito il caporale segnò in aria una croce.

«Galletta sta' 'mparadiso.»[31]

«Cossa?»[32]

«E Vicenzino isso pure!... Embé, jammo, guaglio'... Fa' vede' a giberna... o' fucile... E vatt 'a piglià l'ova toste!»[33]

Non capiva ancora, Maramotti. Aveva il fucile carico e la giberna piena, come bisognava; ed ora si provvedeva anche di bombe a mano, secondo la prescrizione rammentata dal caporale; ma non capiva perché mai toccasse a lui, come mai Visentini e Caletti fossero morti.

«Avanti, avanti Maramotti!» lo spronò l'ufficiale, vedendolo procedere un poco traballante come avvinazzato. «Tu sei un ragazzo di giudizio, Maramotti?»

Dinanzi al superiore il soldato si riscosse e sgranò gli occhi. Sulla faccia bruna, magra, cotta dall'aria e dal sole, il bianco dei grandi occhi dalle pupille di giaietto[34] pareva latteo.

«Come crede, signor tenente.»

«Guarda di non farti beccare anche tu. Quante volte ve l'ho detto? Non bisogna esporsi, non bisogna esporsi, non bisogna esporsi! L'ho da porre in musica?»

«Sissior...»[35]

«Oggi i sassi hanno messo gli occhi, da quella parte! Stammi bene attento, che ne va della pelle, ne va!»

«Sissior...»

Buttatosi il fucile a spallarm[36] con la canna in giù, il soldato si diede uno scossone come per assestarsi la roba addosso, trasse il sottogola dal fondo dell'elmetto dove stava calcando e se lo passò sotto il mento: poi s'avviò.

La voce dell'ufficiale lo fece rivoltare:

«E senti un po'...» Dopo una reticenza spiegò: «Porta notizie dei tuoi compagni... che stanotte penseremo a ritirarli, o vivi o morti...»

---

30. *Mi son*: io sono (dialetto veneto).
31. *'mparadiso*: in paradiso.
32. *Cossa?*: cosa.
33. *E Vicenzino... l'ova toste!*: e Vicenzino anche lui. E be', andiamo, ragazzo... Fa' vedere la giberna... il fucile... E vatti a prendere le uova sode! - Le bombe a mano.
34. *di giaietto*: color nero lucente; letteralmen-

te il giaietto è un tipo di lignite, adoperata per bottoni e ornamenti.
35. *Sissior*: sissignore.
36. *a spallarm*: appoggiato in alto sulla spalla destra, e tenuto in basso dalla mano destra, che gli dà la giusta inclinazione. Normalmente la canna va diretta verso l'alto, e la mano regge il calcio.

Quantunque gli uomini delle squadre a riposo dovessero attendere alla pulizia delle armi ed alla manutenzione della trincea e dei camminamenti, buona parte si affacciarono a spiare dai buchi del parapetto, mentre Alfani guardava col cannocchiale, in preda ad un turbamento che si studiava di nascondere.

Cessato il rumore dei passi di Maramotti, non si udiva più nulla. La linea nemica pareva morta. Al primo sole la punta del Palalto si accendeva come la bocca di un vulcano; la nuvolaglia torbida stagnava ancora lungo le coste del monte ed alla base dei picchi, gonfiandosi e distendendosi pigramente, mentre il cielo settentrionale s'appannava per un gelido soffio.

L'ammonizione del comandante non era andata perduta. Egli si rassicurò, vedendo il soldato uscire carponi dal camminamento e subito dopo gettarsi ventre a terra; strisciare quindi lento e guardingo, a capo basso, poggiandosi sui gomiti e facendovi leva; fermarsi a prender fiato dietro i massi e le gobbe che lo riparavano dalla vista del nemico, per poi riavanzare con la stessa cautela. Giunto dinanzi all'ultimo tratto, il più pericoloso, sostò più a lungo; poi riprese a spingersi su; poi si fermò ancora e mosse appena il capo a destra e a manca, senza sollevarlo, perché aveva dovuto smarrire il senso della direzione; poi si protese ancora, di traverso; guadagnò ancora un palmo di terreno, e poi un altro, fino a raggiungere i piedi del compagno immobile. Doveva averlo chiamato ed esser rimasto senza risposta, perché istintivamente si sollevò un poco a vedere che cosa avesse, ed ecco: *ta-pum*! si abbatté inerte accanto al corpo inerte.

«E tre!»

«E quattro, e cinque, e sei!» gridò Alfani, torcendo improvvisamente lo sguardo dai caduti e volgendolo intorno a sé. «Chi è quel bravo che sa così bene l'aritmetica?»

Nessuno fiatò. Il tenente era molto amato, ma anche molto temuto. Quando assumeva questo tono non si scherzava.

Ma non soltanto la severità del loro comandante faceva muti i soldati. Un senso di inquietudine si diffondeva tra loro alla vista dei compagni colpiti, al pensiero che chi doveva andare sulla piazzola correva lo stesso pericolo.

«O credete che si possa tralasciare la consegna perché i vostri compagni ci sono rimasti?... Se bersagliano la vedetta è segno che non vogliono essere visti, che preparano qualche colpo, che ammassano gente nel canalone, per piombarci addosso senza mandarcelo a dire, e massacrarci tutti quanti!»

A grado a grado l'acredine della voce si veniva temperando, mentre lo sguardo frugava le posizioni avversarie e la mano stringeva forte il calcio della pistola.

«Ecco perché avranno appostato qualche tiratore scelto, con un fucile di precisione, montato probabilmente su cavalletto!... Sperano che non ci manderemo più nessuno, per poter quindi accomodarsi!... Chi si contenta di lasciarli fare?»

Molti risposero insieme:

«Ma coma!»[37]

«Ma nissun!»[38]

«Abbisogna annà!»[39]

«Chi l'è che dis de no?»[40]

Quando il coro dei consensi tacque, una voce osservò, posatamente:

«Ci va chi l'è di turno».

«Naturalmente! Bella scoperta!... Caporale, chi è di tu...»

Ma prima che l'ufficiale compisse la domanda, Gusmaroli, un altro dei lombardi che abbondavano nel plotone, un ragazzone atticciato e nerboruto,[41] si fece avanti.

«Scior tenent, vo mi!»[42]

«Tocca a te?»

«Nossignor; tocca al Zocchi; ma el Zocchi el g'ha miée e fioeu... E poeu, mi ghe foo vedè a tücc come l'è che se schiva i ball del Cecchin!»[43]

«Bravo, Gusmaroli! Questo è parlar da soldato! Non già stare a cavare i numeri del lotto!... Oh, bene: va'!»

Svelto, giocondo, con l'elmo sulle ventitré,[44] il volontario andò a fornirsi di bombe, si fece saltare il fucile dalla sinistra nella destra impugnandolo sotto l'alzo,[45] e salutò il compagno al quale si sostituiva.

«Alègher, Zocchi, che vo mi!... Ma com'è?... Cosa l'è sto muson?... Te set no content?... Cosa l'è che te ghet?»[46]

Non pareva molto rassicurato, Zocchi: un anziano dell'84, alto e magro, con il viso scarno e nelle cave occhiaie i segni delle lunghe fatiche.

«Te spetti dessôra, de chi dò ôr, neh?... Se ghe resti anca mi, te lassi in testament i scatolett!... E manda l'elmo a ca'...»[47]

---

37. *coma*: come.
38. *nissun*: nessuno.
39. *Abbisogna annà!*: bisogna andare! (dialetto romanesco).
40. *Chi l'è... de no?*: chi dice di no?
41. *atticciato e nerboruto*: tarchiato e robusto.
42. *Scior tenent, vo mi!*: signor tenente, vado io!
43. *Nossignor;... ball del Cecchin!*: nossignore, tocca al Zocchi; ma Zocchi ha moglie e figli... E poi, io faccio vedere a tutti come si fa a schivare le palle del Cecchino! Il termine "cecchino", nel senso di tiratore scelto nascosto che spara (generalmente a sorpresa) su bersagli individuati, deriva proprio dal diminutivo di Cecco Beppe.

44. *sulle ventitré*: inclinato da una parte.
45. *alzo*: meccanismo delle armi da fuoco, che serve a regolare il tiro, a seconda della distanza.
46. *Alègher, Zocchi,... te ghet*: allegro Zocchi, che vado io!... Ma come? Cos'è questo broncio? Non sei contento? ... Che cos'hai?
47. *Te spetti... l'elmo a ca'...*: ti aspetto di sopra, fra due ore, d'accordo?... Se ci resto anch'io, ti lascio in eredità le scatolette!... E manda l'elmetto a casa.

Zocchi non rise come altri compagni, né gli occhi dissero che egli era grato al volontario per la sostituzione, gli occhi che si volgevano intorno inquieti e sospettosi.

«Allegri ragassi!... Ciao, caporal!»

E l'ardimentoso s'avviò, regolando il passo col canto:

«*E mi comandi ch'el mio corpo*
in sei tocchi el sia taglià:[48]
el prim tocch al Re d'Italia,
el second tocch al Battaglion!...»

«Bravo!» ripeté forte Alfani, come se il partente potesse udirlo, ma indirettamente parlando ai rimasti. «E bagnar il naso a quelli che se la fanno nei calzoni!»

La voce si andava ora spegnendo in fondo al camminamento e le parole si indovinavano più che non si udissero:

El terz tocch a la mia mamma,
per regordagh el so fioeu...[49]
El quart tocch a la mia tosa,
per regordagh el prim amor!...[50]

L'esempio, il canto avevano dissipato il senso di freddo diffuso nella trincea. E quantunque le parole fossero tristi, parecchi canticchiavano allegramente, o fischiettavano, e il coro sommesso compiva la canzone perdutasi nella lontananza:

Il quinto pezzo alle montagne,
che lo fioriscano di rose e fior:
il sesto pezzo alla frontiera,
che si ricordi del fucilier!

Poi Gusmaroli apparve fuori del camminamento, ritto quant'era lungo. Voltosi verso i compagni, levò l'arma in segno di saluto e si lanciò di corsa verso l'appostamento.

Alfani sentì rimescolarsi il sangue dall'ammirazione e dall'angoscia. Ma, rapidamente spostandosi, il corpo del soldato poteva meglio sfuggire alla mira, e giunto sulla piazzola il parapetto lo avrebbe coperto. Vi fu in un lampo, entrò nel raggio di sole che scendeva allora dal Palalto, e prima di accosciarsi si voltò ancora una volta verso i compagni agitando trionfalmente il fucile; poi l'arma gli sfuggì di mano e le braccia batterono l'aria e il corpo cadde riverso, mentre la fucilata echeggiava di balza in balza.

---

48. *in sei tocchi el sia taglià*: sia tagliato in sei pezzi.
49. *per regordagh el so fioeu*: per ricordarle suo figlio.

50. *a la mia tosa, / per regordagh el prim amor!*: alla mia ragazza, per ricordarle il primo amore.

Tutti i cuori tremarono; la voce dell'ufficiale gridò:

«Borga! Dov'è il porta ordini?»

«Travelli!» chiamò a sua volta il sergente.

Travelli accorse, intanto che Alfani scriveva rapidamente qualche rigo sopra una pagina del suo taccuino.

«Corri subito al comando del Battaglione: hai capito? Di' che mi mandino uno scudo da parapetto: questo è il buono di prelevamento: hai capito?»

«Sciorsì!» e fece per andare.

«Un momento!»

Tracciate ancora poche parole su un altro foglio, per riferire le novità, consegnò anche quello.

«Al signor maggiore in persona. E portami lo scudo. Se non c'è al battaglione, cercalo al reggimento; non perdere il tempo in chiacchiere: scappa!»

Poi, brevemente, al capoposto:

«A chi tocca?»

Si avanzò Zocchi, già in pieno assetto, tacitamente preparatosi dopo aver visto cadere il compagno. Lo presentiva, che la sua volta sarebbe subito venuta: per questo non si era molto rallegrato della sostituzione, del troppo breve respiro. E pareva ora più piccolo che non fosse, perché teneva le spalle leggermente aggobbite e il capo un poco chino sotto il peso dell'elmetto acciaccato e calcato molto basso. Sarto a casa sua, provvidenza dei compagni tutte le volte che avevano strappi e sdruci[51] da farsi rammendare, non era molto marziale, Zocchi, in verità, con quel suo viso largo di zigomi e appuntito sul mento, un gran naso sottile, gli occhi piccoli e fuggenti, il collo lungo e scarno, le orecchie grandi e spalmate come manichi di pignatta.[52]

«Animo, Zocchi: tocca a te.»

La testa si chinò ancora un poco, per dir di sì.

«Tu sei un ometto a posto... Senza spavalderie, dunque, che costano caro.»

S'avviò senza aprir bocca, l'anziano. Quando stava per imboccare il camminamento, si fermò come se avesse dimenticato qualche cosa e tornò sui propri passi.

«Che c'è?»

Sollevato lo sguardo in faccia all'ufficiale, inghiottì in modo che il pomo di Adamo gli viaggiò per il collo; poi disse con stento:

«Sor tenente, io ci ho moje e tre bambini... Caso mai, il governo ce pensa lui, alla mia famija?»

---

51. *sdruci*: scuciture con strappo.

52. *spalmate... pignatta*: a sventola come manici di pentola.

«Ma sì: il governo ci pensa, ci penserà: lo sapete tutti che il governo ci ha pensato!... Ma stammi allegro, perdio! Cos'è sta fifa?»

La paura era nel suo sguardo tremulo, nelle sue labbra pallide, nei suoi ginocchi che si piegavano, nella mano che pareva sul punto di abbandonare il fucile.

E Alfani lo conosceva anch'egli il brivido tremendo dinanzi al pericolo certo, presente, inevitabile. Finché la minaccia è imprecisata, nello scoppio di una granata che non si vede arrivare, in una raffica di mitragliatrice o in una scarica di fucileria inaspettata, che possono e non possono colpire, il coraggio riesce ancora facile; ma se la morte è lì, acquattata, vigile, pronta a balzare e a ghermire; se bisogna andarle incontro fissandola negli occhi, senza difesa, allora i capelli si drizzano, la gola si strozza, gli occhi si velano, le gambe si piegano, le vene si vuotano, tutte le fibre tremano, tutta la vita sfugge; allora il coraggio è lo sforzo sovrumano di vincere la paura; allora la volontà deve irrigidirsi, deve tendersi come una corda, come la corda del beccaio che trascina la vittima al macello.

Un senso di rimorso vinceva il cuore dell'ufficiale dinanzi al soldato immobile e muto: il rimorso d'aver augurato che i nemici si ridestassero, se il risveglio doveva consistere in quell'eccidio; e un prepotente bisogno d'evitare il pericolo a quello sciagurato; e una pena ineffabile per non trovare il come.

«Via, Zocchi: tu hai fatto la guerra, tu sai che le pallottole sono cieche, che il nostro destino è in mano di Dio... Guardati, e va'!»

Sopraggiungevano in quel punto gli uomini di *corvée*, col calderotto[53] del caffè, per la distribuzione mattutina. I soldati porgevano le gavette, nelle quali il distributore versava la bevanda attinta con la tazza dal lungo manico.

«Chi, vôi!»[54] chiamò il sergente. «Servii[55] prima el sciur tenent!»

«No, grazie.»

Non si sentiva di prender nulla; volle seguire l'anziano che già procedeva lungo il fosso, che si traeva da parte, nei cunicoli; per lasciar passare gli uomini che risalivano. Lo raggiunse mentre stava per entrare nel camminamento; gli raccomandò:

«Bada a tenerti più sulla sinistra, Zocchi, ché il terreno è più riparato».

«Sissignore.»

«E di buon animo; che se spunta il solo naso d'un austriaco, te lo concio per le feste.»

---

53. *calderotto*: pentola lunga e stretta, come una piccola caldaia.

54. *Chi, vôi!*: qui, voi!
55. *Servii*: servite.

Ripresa la via, il soldato si fermò un momento allo svolto, si fece il segno della croce e sparì.

Ora gli uomini spezzavano il pane nelle gavette, vi facevano la zuppa e la mangiavano golosamente. Pochi, oltre le sentinelle, stavano affacciati alle feritoie per veder riuscire i compagni allo scoperto, ma senza smettere di lavorare con i cucchiai e le mascelle.

«Zocchi la fa franca.»

«Ghe resta anca lu!»[56]

«Cossa l'è che te scommettet?»[57]

Un umbro disse, sentenziosamente, masticando:

«Pecora nera, pecora bianca: chi more more, chi campa campa».

E un abruzzese cantilenò:

> *Lo nasce e lo morì, 'icca Quagliuccia,*
> *bau aggacchiati coe la sargiccia...*[58]

Per poco non impegnarono scommessa sul destino del compagno, sfamandosi con la zuppa dolce e calda, accendendo le pipe, divenuti filosofi col risveglio degli istinti egoistici, mentre invisibili occhi, dirimpetto, fra le nude rocce, aspettavano al varco il predestinato.

A un tratto, nella gran pace, un sibilo, uno strido, e poi, più netto, un crocchiar cadenzato, per aria, sul canalone.

«I scorbatt!»[59]

Roteavano altissimi, digradando lentamente verso la piazzola, attirati dall'odore del sangue.

«Spetta, carogna!»

Una fucilata li disperse e Alfani non ebbe cuore di rimproverare chi trasgrediva il divieto di tirare senza ordini.

«Ma Zocchi?» domandò ai graduati. «Com'è che non spunta ancora?»

«Va ti a vedè!» ingiunse il sergente al caporale.

Ed ecco, nel silenzio tornato profondo, un altro suono, il suono d'una voce lontana... Un lamento?... Sì, ecco: un *ahi!* e poi ancora, lunghi e fiochi, altri *ahi! ahi!...*

Alfani volle poter dubitare.

«Cos'è?»

«Gh'è on quaichedun, là dessora, che l'è viv ancamò,[60] scior tenent!» spiegò Borga a bassa voce.

«Non è Zocchi?»

---

56. *Ghe resta anca lu!*: ci resta anche lui!

57. *Cossa... scommettet?*: che cosa ti scommetti?

58. *Lo nasce... coe la sargiccia...*: il nascere e il morire, piccola Quagliuccia, vanno intreccia-

ti insieme come la salsiccia.

59. *I scorbatt!*: i corvi.

60. *Gh'è on... viv ancamò*: c'è qualcuno, là sopra, ch'è ancora vivo.

«Nossignor! El sent?...» confermò più piano. «La ven de pussee lontan la vôs!»[61]

Ma i soldati avevano anch'essi compreso e accostati al parapetto, nuovamente turbati e inquieti, scambiavano domande e osservazioni:

«Chi sarà quel disgrassiato?»

«Ha da morì comm'un cane?»

«Pôro fijo de mamma sua!»[62]

Con le mascelle contratte e gli occhi rossi, Alfani tornò a puntare il binocolo sul gruppo dei caduti. Non si vedeva muovere nessuno dei corpi, ma il gemito giungeva più distinto e straziante: *ahi!... ahi!... ahi!...* Tutto il cielo del nord, dietro il Lamagnolo, appariva ora appreso in una tetra lastra di piombo, mentre stracci di vapore uscivano dal fondo della Fòlpola, come da una caldaia, e s'alzavano intorno al sole. Il passo del caporale che tornava fece voltare l'ufficiale.

«Ebbene, Zocchi?»

Il graduato restò un poco in silenzio.

«Si può sapere dove s'è cacciato?»

«Signor tenente, s'è sciogliuto lo corpo...»[63]

Ma subito dopo più voci annunziarono:

«Eccolo, Zocchi!»

Riappariva infatti in quel punto fuori del camminamento. Sporse prima la testa; poi la ritrasse; poi si gettò a terra.

Impossibile essere più guardinghi. Schiacciato, spiaccicato, Zocchi pareva fare una cosa col suolo. Nondimeno avanzava, impercettibilmente, senza lavorar di gomiti per non sollevarsi d'una linea, cercando a tastoni con le mani e i piedi le sporgenze alle quali s'afferrava per tirarsi su o s'appoggiava per spingersi innanzi. Quando uscì nel terreno più scoperto fu visto obliquare[64] a sinistra e poi annaspare senza che si comprendesse perché; forse per essersi impigliato, lui o il fucile; e a un tratto la canna del fucile emerse: immediatamente rintronò la schioppettata austriaca seguita da un grido lacerante e da voci furenti e minacciose:

«Ciappa su!»[65]

«A ti!»

«Mori ammazzato!»

E, di scatto, parecchi colpi partirono.

L'ufficiale tacque ancora a quella nuova infrazione della consegna. Come incolpare i soldati se, esasperati nel vedere cadere tanti compagni,

---

61. *El sent?... lontan la vôs!*: sente?... La voce viene da più lontano!
62. *Pôro fijo*: (dialetto romanesco) povero figlio.
63. *s'è sciogliuto lo corpo*: il corpo s'è sciolto.
64. *obliquare*: piegare obliquamente.
65. *Ciappa su!*: prendi!

non potevano trattenersi dal difenderli contro il rostro dei rapaci e dal rispondere ai nemici, sia pure invano?

Ora lo faceva anch'egli, mentalmente, il conto che facevano tutti: cinque colpiti, tra morti e mal vivi, senza che si potesse pensare a ritirarli, senza che si potesse soccorrerli. Aveva anch'egli il petto oppresso dall'angoscia che stringeva tutti, ormai, i primi del turno come i più lontani: perché il turno si svolgeva troppo rapidamente, perché quanti tentavano di raggiungere quel posto maledetto tanti ce ne restavano.

E lo pensava, a sua volta, ciò che qualcuno cominciava a dire sottovoce:

«Non c'è mica gusto, a fass'ammazza' così!»

«Passienza ciapé d'le bote; ma sôssì a s'ciama fé la mort d'l ratt!»[66]

Era stupido e crudele, infatti. Lo scudo non veniva; ma, anche se fosse venuto, come adoperarlo? Buono a riparare una persona ferma, non sarebbe riuscito facile spingerlo dinanzi, su quella via crucis! Rinunziare al distacco della vedetta, bisognava; non tener conto della consegna, dell'insistenza con la quale tutte le ispezioni, dalle quotidiane del maggiore a quella passata due giorni innanzi dal generale brigadiere, avevano dimostrato l'estrema necessità della vigilanza all'imbocco del canalone. E questa facoltà, appunto, Alfani sperava e aspettava da un momento all'altro che i capi gli dessero, dopo aver saputo che cosa accadeva. Ma nessuno rispondeva nulla, e contro i lontani Comandi, contro i pezzi grossi ben tappati al sicuro d'ogni pericolo, andavano le mormorazioni dei soldati esposti a morte certa, inutile e ingloriosa.

«*I luserton* dàn i orden, e nun se ghe lassa la pell!»[67]

«Perché a ven nen sì a veddi ch'nt côl post a l'é nen pôssibil d' riparesse?»[68]

«Chi sta bene nun se move!»[69]

«Dura, la guerra, che mi resisti!»

E molti ripeterono, ridendo amaro:

«Dura la guerra, che mi resisti!»

Era la frase ironica, il ritornello mordace col quale gli umili fanti che si logoravano nei fossi delle trincee, che sostenevano tutte le fatiche, che affrontavano tutti i pericoli, che pativano tutte le torture, esprimevano il cruccio e lo sdegno contro i fieri proponimenti ostentati dagli imboscati,

---

66. *Passiensa... la mort d'l ratt!*: (dialetto romagnolo) pazienza finché si prendono delle botte, ma questo si chiama fare la morte del topo!
67. *I luserton... la pell!*: i lucertoloni (nomignolo sarcastico per gli alti ufficiali) danno gli

ordini, e noi ci rimettiamo la pelle!
68. *Perché a ven... riparesse?*: perché non vengono qui a vedere che in quel posto non è possibile ripararsi?
69. *Chi sta bene nun se move!*: chi sta bene non si muove!

dagli eroi da poltrona, dagli speculatori che lucravano sulla grande sciagura.

Alfani finse di non aver udito.

«Sta' qui un momento», disse al sottufficiale che non gli si staccava dal fianco e non lo lasciava con gli occhi. «Io torno subito.»

Avviatosi alla cavernetta, accanto alla quale stava il posto telefonico, chiese al telefonista di dargli la comunicazione col Comando di linea e portò il ricevitore all'orecchio.

«Pronto?... Pronto!»

«Chi parla?»

«Posto numero dodici: ed io?»

«Comando di linea.»

«Parlo con l'aiutante maggiore?»

«Con l'ufficiale di servizio.»

«Preghi allora il signor colonnello che faccia aprire un fuoco di rappresaglia contro il quadretto[70] 19...»

«Come?»

«Dieci e nove: quadro 19. Chiedo un tiro di rappresaglia perché mi hanno ucciso cinque uomini, mi uccidono tutti gli uomini che mando alla vedetta del canalone.»

«Uccisi? Cinque uomini?»

«Uccisi, buttati giù, rimasti lì, dove non è possibile mandarli a ritirare, se non vien buio. Il posto è pericoloso, stamane i nemici si sono ridestati...»

«Han cambiato i boemi con gli ungheresi.»

«Lo aspettavo!»

«Raddoppi d'attenzione, perché c'è ragione di temere una sorpresa.»

«Appunto: dicevo che la piazzola è rimasta sguarnita.»

«Ci mandi altri, perdio!»

«Me ne gettano a terra quanti ce ne mando!»

«Ce ne mandi tanti finché i caduti formino parapetto!»

«Non si era potuto alzare un riparo per la configurazione del terreno...»

«Lo faccia alzare adesso!»

«Impossibile, di giorno.»

«Allora, s'arrangi!»

«Appunto: torno a pregare il signor colonnello...»

«Il signor colonnello dorme, a quest'ora.»

«Prego lei, allora, d'ordinare che l'artiglieria apra il fuoco.»

---

70. *quadretto*: l'area corrispondente a un riquadro della carta geografica; si tratta, evidentemente, di carte militari, dunque molto particolareggiate.

«I grossi calibri dipendono dal Corpo d'armata.»

«Dia l'ordine alla batteria da montagna... E telefoni, se crede, al Corpo d'armata... Come?... Non capisco... Pronto?... Pronto!... Va bene?... Va bene!»

Fuori, un brivido passava per l'aria: il sole s'oscurava, raggiunto dal gelido cirro[71] che si dilatava dal nord: tutte le insenature delle valli, tutte le spaccature dei precipizi esalavano globi e spire di vapori che formavano come un tempestoso oceano aeriforme sull'oceano di sasso.

E neanche dal tiro dei cannoni, Alfani si riprometteva gran che. La linea nemica era troppo bene incassata e nascosta; l'assassino dei suoi uomini doveva esser ficcato dentro qualche crepaccio, dove il fuoco non l'avrebbe disturbato. Tuttavia bisognava fare quella prova... o aspettare che i caduti formassero parapetto.

In mezzo ai soldati, egli portò un volto ilare e un atteggiamento sicuro.

«Contenti, ragazzi: che i nostri poveri compagni saranno vendicati... Sentirete che musica, a momenti... Intanto, chi è di turno si tenga pronto.»

«Tocca a Ricci, scior tenent»,[72] rispose Borga.

«Ricci!... Ricci!»

Il nome fu ripetuto dall'uno all'altro, lungo la trincea, come per una successione di echi, senza che il chiamato rispondesse.

«Unn'è,[73] stu Ricciu?»

Gulizia, il siciliano, lo trovò nell'ultimo ricovero, inginocchiato dinanzi al tascapane e ad un sacco-a-terra dal quale traeva fuori la sua roba.

«Ti voli u tinenti,[74] Ricciu.»

Il chiamato, un marchigiano biondo e pallido, alzò in viso al compagno gli occhi chiari e lucenti, scosse il capo, tacitamente denegando.

«Da veru, Ricciu!... T'ha chiamatu u tinenti!»[75]

L'altro negò ancora con la mano; poi disse:

«N'è vera niente,[76] Gulissia. Mi chiama la morte».

Altri compagni s'erano affacciati sull'ingresso: nessuno trovò parole da confortarlo. Ma quando egli riprese a sistemare le sue cose, una voce acre disse improvvisamente:

«Si la carne battezzata s'ha da macella' così, porco mondo![77] sangue de Dio!»

L'uomo che si preparava a morire alzò gli occhi sul ribelle e disse:

---

71. *cirro*: nuvola isolata costituita da cristalli di ghiaccio.
72. *scior tenent*: signor tenente.
73. *Unn'è?*: dov'è?
74. *Ti voli u tinenti*: ti vuole il tenente.

75. *Da veru,... u tinenti!*: davvero, Ricci, ti ha chiamato il tenente!
76. *N'è vera niente*: non è vero.
77. *Si la carne... porco mondo!*: già, gli uomini vengono mandati alla morte così, porco mondo!

«'En bestemmià,[78] Boratto.»

Sempre in ginocchio, tornò a ordinare i suoi cenci, le calze sudice, il colletto a maglia ingiallito dal sudore, il rozzo specchietto che alterava le immagini, il fazzoletto con l'orlo tricolore e la carta geografica nel mezzo, il pettine, un pezzetto di sapone, e ne fece un involto che calcò dentro il sacco-a-terra, legandone poi la bocca con una cima di spago. Restava soltanto un mucchietto di lettere e di cartoline, che serbò nella tasca della giubba.

«Fa' coraggio, Ricci: che il tenente ha detto che ci fa sparare addosso l'artiglieria.»

«Nun ti scantari, ch'a Bedda Madri t'aiuta!»[79]

Egli chinò il capo lentamente, più volte, in atto d'assenso alle parole della fede. Poi s'alzò, prese il fagotto e andò a deporlo accosto alla parete, sotto il posto dove aveva incollato un'immagine sacra.

«I pagn'i lasc' ma chì... I racmand' ma te,[80] Dominici.»

«Ma no, che te vegneret ti a toeulli!»[81]

Altri tentarono di soggiungere altre esortazioni, ma non erano sentite. Pochi confidavano nelle cannonate; la Madonna sì, poteva salvarlo.

E gli cedettero il passo quando, passatosi il tascapane a tracolla e impugnato il fucile, egli uscì per andare a presentarsi all'ufficiale.

«Comandi, sor tenent!»[82]

Con l'occhio teso dalla parte della Forcella, dov'erano le nostre batterie, Alfani si rivoltò.

«Sei tu, Ricci?... Bravo!... Ma non è ancora il momento... Andrai appena comincerà la sinfonia. Andrai al sicuro, mentre non pioveranno fichi in bocca a quei briganti!»

«Comm' vol, sor tenent.»[83]

Guardò a terra, poi risollevò gli occhi in viso all'ufficiale.

«Mostra che c'è temp...»[84]

«Di' su!»

A voce bassa spiegò:

«Se lei cred, vorria parlà al Caplan».[85]

Alfani dovette aspettare che si sciogliesse il nodo dal quale s'era sentito stringere la gola.

«Ma, ragazzo mio, dove vuoi che lo prenda a quest'ora il cappella-

---

78. *'En bestemmià*: non bestemmiare.
79. *Nun ti scantari,... t'aiuta!*: non aver paura, che la Bella Madre (cioè la Madonna) ti aiuta!
80. *I pagn'... racmand' ma te*: i panni li lascio qui, mi raccomando a te.
81. *te vegneret ti a toeulli!*: verrai tu a prenderli!

82. *sor tenent*: signor tenente.
83. *Comm' vol*: come vuole.
84. *Mostra che c'è temp*: visto che c'è tempo.
85. *Se lei cred, ... Caplan*: se è possibile, vorrei parlare col Cappellano.

no?... È questione di minuti... Non posso già mandare a chiamartelo!... E poi, per farne?»

Con voce ancora più fioca, timidamente, il soldato rispose:

«S'aveva temp, me voleva confessà...»[86]

Come rispondere? Che cosa dire?... Inutili le parole d'incoraggiamento: il giovane, uno dei suoi più miti e timorati, andava a morire sapendo d'andarci, chiedendo soltanto l'estremo conforto che si concede ai condannati, e che lui non si poteva procurare.

«Vieni qui!... Più vicino!...»

Paternamente, l'ufficiale posò una mano sulla spalla del credente e lo guardò negli occhi.

Credeva anch'egli, giacché stava in faccia alla morte. Aveva visto, aveva sentito quanta forza era nei pensieri augusti.[87] Aveva piegato la fronte, ascoltando la Messa al campo dinanzi agli altari improvvisati, sotto la maestà del cielo. Aveva visto i suoi soldati proni, supplici, oranti, tutti, i più rozzi, i più tristi, i più restii, come piegati, come abbattuti da una mano possente; li aveva sorpresi nell'atto che baciavano gli scapolari[88] donati dalle madri, le figure[89] trovate nelle lettere, distribuite dal Cappellano. Non li aveva egli stesso guidati all'assalto gridando, nell'atto che impugnava e levava alto la pistola: «Avanti, figliuoli, nel nome di Dio...»?

Allora, come nei casi estremi dei quali non rammentava se avesse letto o udito narrare, come sopra una nave in mezzo all'oceano, come nelle solitudini del deserto, quando dinanzi ad un uomo che muore, il capo o il compagno assomma in sé tutti gli uffici e si trova naturalmente investito di tutte le potestà, egli proferì, calcando la mano sulla spalla della vittima:

«Raccogliti in te stesso, fa' il tuo esame di coscienza, pentiti dei tuoi peccati, prometti che seguirai la retta via se scamperai, e il tuo tenente che è qui con te, esposto alla morte come te, ti dice che sei assolto».

Quel semplice comprese, compresero tutti i compagni che le parole del loro comandante erano giuste, e che il prete non avrebbe potuto dire di più.

Ma il designato non si moveva ancora. Reggendo il fucile fra le gambe accostate, cercò nella tasca il pacchetto delle carte, lo trasse con la mano ossuta dalle dita grosse con le unghie larghe e piatte, e fece per porgerlo.

«Quest ma chi èn letter de casa mia... C'en anca quatter strasc in una

---

86. *S'aveva... confessà*: se ha tempo, vorrei confessarmi.
87. *augusti*: sublimi, sacri, maestosi.
88. *scapolari*: lo scapolare è una parte del

l'abito monastico, che consiste in una larga striscia di stoffa che ha un buco per fare passare la testa e pende sul petto e sulla schiena.
89. *figure*: immaginette.

gluppa, si lei vlet mandai al sindac del me paes, quand che j' arriverà la notissia.»[90]

«Da' qui! Sta' pur tranquillo!»

A quelle parole il soldato si curvò, prese la mano dell'ufficiale e la portò alle labbra.

Egli voleva ritirarla, ma comprese di non dovere, di non poter impedire la manifestazione dei sentimenti di quell'umile cuore. Però, obbedendo a un prepotente impulso del cuore suo proprio, passò il braccio attorno al collo del giovane e gli stampò due baci sulle guance.

E, a un tratto, uno schianto.

«Santa Barbara!»[91]

Tuonarono tutte insieme le batterie della Forcella; i grossi calibri e i piccoli: la terra tremò, l'aria fu tutta sibili, rombi ed esplosioni.

«Ora corri! Profitta del momento, ché il tiro durerà pochi minuti.»

Ricci andò di corsa, sotto le raffiche, in mezzo al fragore della tempesta di fuoco; fu visto uscire dal camminamento, curvo, con l'arma a crociatet,[92] come un cacciatore in agguato e gettarsi a terra.

Il tiro si prolungò ancora un poco, le granate e gli *shrapnels*[93] picchiettarono le rupi tenute dal nemico; poi la pioggia di ferro ardente cessò.

Tutto il cielo era coperto, ormai; i vapori sorti dal basso si confondevano con quelli dilaganti dall'alto; i particolari del sinistro paesaggio venivano sparendo nell'uniforme grigiore, mentre sulle Grise ondeggiavano le nebbie precorritrici della pioggia.

«Ma che fa Ricci?» esclamò l'ufficiale.

«Gh'è restàa», rispose Borga piano, perché i soldati non udissero.

«Ma no, che dici!»

«Gh'è restàa, scior tenent, appena foera del camminament!... El Cecchin l'è al sicur; l'avarà giamò rettificàa la mira!»[94]

E nel silenzio tornato sovrano, nel tenebrore del cielo sovrapposto al tenebrore della terra ricominciarono a venire, dal gruppo dei caduti, le voci di lamento, più forti e più lugubri, gli *ahi!... ahi!...* prolungantisi invano in *aiuto!...*

A pugni stretti, fremente, Alfani fissava la piazzola. Mai, in due anni di guerra, nelle mischie terribili, sotto il grandinare della mitraglia, fra

---

90. *Quest ma chi... j' arriverà la notissia*: queste qui sono lettere che mi sono arrivate da casa... Ci sono anche quattro stracci in un involto, se lei vuole mandarli al sindaco del mio paese, quando arriverà la notizia.

91. *Santa Barbara*: è la santa protettrice degli artiglieri.

92. *a crociatet*: con il calcio sotto l'ascella.

93. *shrapnels*: sono granate che contengono pallettoni e una carica a tempo, che esplode a un'altezza prestabilita, proiettando intorno i pallettoni come tanti proiettili indipendenti.

94. *Gh'è restàa,... la mira!*: c'è rimasto, signor tenente, appena fuori del camminamento!... Il Cecchino è al sicuro; avrà già rettificato la mira!

le messi sanguinose degli uomini falciati a manipoli, a schiere, egli aveva provato il raccapriccio che ora lo invadeva dinanzi a quella lenta, metodica e inutile strage. Nelle circostanze più gravi, nelle situazioni più imbarazzanti, per temperamento e per ragionamento egli era stato sempre certo di non sbagliare attenendosi strettamente alla consegna; ora no, ora esitava, ora sentiva che quella consegna costava già troppe vite.

Infrangerla? Assumersi la responsabilità delle conseguenze?... Il Consiglio di guerra, allora; il plotone di esecuzione... Ah, no! Una pisto-lettata nella tempia, prima!... O andare sulla piazzola, piuttosto: accorrere presso i caduti, piantarsi egli stesso al posto dei suoi soldati!

E mosse un passo.

Ma Borga, che ne spiava le mosse, che gli aveva letto in viso, alzò la voce:

«A chi l'è che tocca?»

«Numero uno d'a siconna squadra!»

Tutti gli uomini del secondo turno della prima giacevano a terra.

«Morana!» chiamò il capoposto.

Nessuno dei soldati ripeté il nome, mentre il nuovo chiamato si avan-zava, pallido ma con passo fermo.

Era un prode, un veterano d'Africa:[95] aveva il petto fregiato del nastri-no azzurro per una medaglia di bronzo guadagnata in Libia con una moti-vazione degna di quella d'argento. Bel giovane, alto, forte, animoso. Alfani lo aveva esperimentato in molte occasioni, e sempre se n'era loda-to, predicendogli che quel nastrino ne avrebbe presto figliato altri.

Poiché l'atroce ingranaggio ricominciava a funzionare, poiché il desti-no inesorabile doveva compiersi meccanicamente, egli disse, studiandosi di dare fermezza alla voce:

«Be', Morana, questa è la volta di far vedere come si compie il proprio dovere».

Senza lasciare con gli occhi gli occhi del superiore, il soldato rispose:

«Signor tenente, io non ci vado».

Alla prima, Alfani credette d'aver frainteso.

«Cos'hai detto?»

Livido, Morana rispose, più forte:

«Signor tenente, io non ci vado».

Invaso da un immenso stupore, l'ufficiale volse lo sguardo agli astanti.

Taciti, immobili, agghiacciati, evitavano tutti di guardare il loro comandante, evitavano di guardarsi tra loro. L'orrore di ciò che avevano

---

95. *veterano d'Africa*: della guerra di Libia.

visto era superato dal terrore di ciò che udivano, da quel rifiuto d'obbedienza freddo, risoluto, premeditato.

E dinanzi all'inaudito rifiuto il sentimento della disciplina insorse nella coscienza dell'ufficiale.

«Avete sentito, voialtri?»

Nessuno rispose.

Egli rise d'un falso riso.

«Oh, oh!... Questa davvero che è nuova!»

Poi non volendo e quasi non potendo credere:

«Andiamo, Morana: guarda che non è tempo da scherzi. Piglia il tuo fucile, e svelto!»

Parve un momento che lo sguardo del soldato si smarrisse. Poi diede un lampo, e la voce strozzata ripeté la terza volta:

«Signor tenente, io non ci vado».

Alfani avvampò. Appuntandogli un dito contro il viso terreo e avanzandosi d'un passo, esclamò:

«Tu?... Sei tu che ti neghi?... Un valoroso come te?... O non sei più il Morana del Passo dell'Antenna e del Casello di Breno?[96] O non sei più quello che ha visto a faccia a faccia i diavoli di Libia e li ha fatti scappare?»

Improvvisamente, il soldato fu preso da un tremore che dalle mani e dalle braccia si diffuse a tutta la persona.

Ed anche Alfani rabbrividì, mentre per l'aria agghiacciata stillavano le prime gocce di neve strutta.[97]

«Ma cos'è?... Hai paura?... Anche tu?»

Gli occhi smarriti, le labbra paonazze dicevano di sì, che egli aveva paura, tanta paura, una paura folle, ora che non si doveva combattere in campo aperto, ora che l'orrida morte era accovacciata lassù.

E la pietà, una pietà impotente, tornò ad invadere il cuore dell'ufficiale dinanzi a quell'uomo che la legge della guerra gli dava il diritto d'uccidere.

«Ma tu non sai che cosa significano le tue parole? Lo sai, è vero, che cosa importa rifiutare un ordine, qui?»

Gli occhi, i soli occhi assentirono.

«O dunque, va'!»

Non rispose, ricominciò a tremare, arretrandosi come per istinto: e Alfani raccolse tutta la sua forza per riprendere ad esortarlo:

«Or, via, non me lo far ripetere!... Vedrai che l'austriaco non tirerà...

---

96 . *Passo dell'Antenna... Casello di Breno*: luoghi libici, dove erano avvenuti fatti d'armi significativi, ai quali aveva partecipato il soldato Morana.

97. *strutta*: liquefatta.

Aspettiamo un poco: crederanno che abbiamo rinunziato a staccar la vedetta... Farò riprendere il fuoco dall'artiglieria, finché non lo ridurremo a star zitto!»

Ma l'altro si traeva ancora indietro, quasi sotto la minaccia del colpo mortale; e non tanto il rifiuto quanto l'irragionevolezza dalla quale gli pareva dettato arrovellò l'ufficiale.

«Ma come?... Preferisci sei pallottole nella schiena ad una che può anche lasciarti vivo?»

La morte, infatti, stava dinanzi al soldato; ma più certa e inesorabile e ignominiosa lo guatava[98] anche alle spalle.

Né lo sciagurato traeva più indietro il capo: lo abbassava, anzi protendendo tutto il corpo, come sul punto d'essere abbattuto dalla molteplice e infallibile scarica.

Con più duro sforzo, con voce velata dalla commozione, Alfani riprese:

«E forse che non siamo qui tutti per dare la nostra pellaccia?... Non ci siamo preparati tutti a crepare, dal giorno che partimmo?... Vuoi proprio mettere con le spalle al muro il tuo tenente che ti vuol bene, che vuol bene a tutti voi, che darebbe la sua vita per quella dei suoi ragazzi?... Gli ordini, li sai?... Lo sai, che io debbo eseguirli?»

Vedendo che gli sguardi del tremebondo si volgevano ora ansiosi e supplici ai compagni, egli incalzò:

«O vorresti che andasse ancora un altro?... Ma lo sai anche da te che il turno è sacrosanto, se non ci sono volontari».

Poiché lo sciagurato non si muoveva e si guardava ancora intorno, Alfani gridò sdegnosamente rivolto ai suoi uomini muti ed esterrefatti:

«Soldati! Qui c'è un vigliacco che vorrebbe esser salvato!»

Alla sferzata Morana sussultò, alzò il capo e le guance livide, investite dalla pioggia, furono rigate da gocce che parevano lacrime.

«Chi di voi vuol prendere il posto del vigliacco?»

Risposero il silenzio delle altitudini, i rantoli dei caduti e il gracchiar dei rapaci roteanti di nuovo sulla piazzola.

«Allora, se non va nessuno...»

E invaso dal disgusto, dal corruccio, dal ribrezzo, in una violenta reazione di tutto l'intimo essere suo, scotendo da sé la viltà dalla quale si sentiva guadagnare anch'egli, rompendo il ferreo cerchio dal quale si sentiva serrare, Alfani afferrò il moschetto del sergente rimasto appoggiato contro la scarpata interna, e si slanciò verso il pericolo in

---

98. *guatava*: lo guardava continuamente, con minacciosa insistenza.

mezzo alle prime folate di nebbia che giungevano sulla trincea.

Ma si sentì tosto inseguito, afferrato e trattenuto. Rispettoso, ma concitato, il sottufficiale lo chiamava in sé, disarmandolo.

«Scior tenent!... Cossa el fa!... Lu el po minga!»[99]

«Lasciami andare, perdio!»

«Lu no!... Lu el dev no lassà el so post!»[100]

Poi, tornando indietro, deposta l'arma dietro un cunicolo, investì violentemente il soldato:

«Insomma, Morana: te vet,[101] sì o no?»

«E gli danno anche le medaglie!» gridò Alfani riavvicinandosi, in preda a un'eccitazione terribile dinanzi alla persistente immobilità e al cieco diniego di quell'uomo. «E portano il segno del valore!»

Parve che si desse un pugno in petto; ma col gesto violento si strappò i nastrini e li buttò a terra.

«Via, questi stracci, se han da portarli i vili!»

Il tremore del soldato crebbe, spaventosamente; e le stesse labbra scomparvero dalla faccia cadaverica.

Nel silenzio attonito, più greve, ovattato dai vapori, una voce annunziò:

«L'ispession!... El sur maggior!...»[102]

Afferrato allora il riluttante con le due mani per le spalle, Borga lo scosse forte, e gli gettò in faccia:

«Di', vôi, come l'è che femm?»[103]

Improvvisamente gli occhi di Morana lampeggiarono, mentre il corpo si torceva per sottrarsi alla stretta:

«Ecco... così...»

E prima che nessuno avesse tempo di comprendere che cosa volesse dire, che cosa stesse per fare, corse lungo il fosso, fino al cunicolo, si chinò ad afferrare il moschetto, ne appoggiò al ciglio di fuoco[104] il calcio, se ne appuntò la bocca sotto il mento, e trasse il colpo che fece schizzare il cervello contro i sacchi del parapetto.

**Scheda di analisi
a pagina 346**

---

99. *Cossa el fa!... Lu el po minga!*: che cosa fa!... Lei non può!
100. *Lu el... so post!*: lei non deve lasciare il suo posto!
101. *te vet?*: (ci) vai?
102. *L'ispession!... El sur maggior!...*: l'ispe-

zione!... Il signor maggiore!
103. *Di', vôi, come l'è che femm?*: dite, voi, com'è che facciamo?
104. *ciglio di fuoco*: il margine esterno della trincea, da cui si spara.

Luigi Pirandello

La casa del Granella

ora in *La vita nuda*, in *Novelle per un anno*,
vol. I, A. Mondadori.

I

I topi non sospettano l'insidia della trappola. Vi cascherebbero, se la sospettassero? Ma non se ne capacitano[1] neppure quando vi son cascati. S'arrampicano squittendo su per le gretole,[2] cacciano il musetto aguzzo tra una gretola e l'altra; girano; rigirano senza requie, cercando l'uscita.

L'uomo che ricorre alla legge sa, invece, di cacciarsi in una trappola. Il topo vi si dibatte. L'uomo, che sa, sta fermo. Fermo, col corpo, s'intende. Dentro, cioè con l'anima, fa poi come il topo, e peggio.

E così facevano, quella mattina d'agosto, nella sala d'aspetto dell'avvocato Zummo i numerosi clienti, tutti in sudore, mangiati dalle mosche e dalla noja.

Nel caldo soffocante, la loro muta impazienza, assillata dai pensieri segreti, si esasperava di punto in punto.[3] Fermi però, là, si lanciavano tra loro occhiatacce feroci.

Ciascuno avrebbe voluto tutto per sé, per la sua lite, il signor avvocato, ma prevedeva che questi, dovendo dare udienza a tanti nella mattinata, gli avrebbe accordato pochissimo tempo, e che, stanco, esausto dalla troppa fatica, con quella temperatura di quaranta gradi, confuso, frastornato dall'esame di tante questioni, non avrebbe più avuto per il suo caso la solita lucidità di mente, il solito acume.

E ogni qual volta lo scrivano, che copiava in gran fretta una memoria, col colletto sbottonato e un fazzoletto sotto il mento, alzava gli occhi

---

1. *non se ne capacitano*: non se ne rendono conto.
2. *gretole*: i bastoncini o fili di ferro che for-
mano le pareti di una gabbia.
3. *di punto in punto*: di momento in momento, sempre di più.

all'orologio a pendolo, due o tre sbuffavano e più d'una seggiola scricchiolava. Altri, già sfiniti dal caldo e dalla lunga attesa, guardavano oppressi le alte scansie polverose, sovraccariche d'incartamenti: litigi antichi, procedure, flagello e rovina di tante povere famiglie! Altri ancora, sperando di distrarsi, guardavano le finestre dalle stuoje verdi abbassate, donde venivano i rumori della via, della gente che andava spensierata e felice mentr'essi qua... auff! E con un gesto furioso scacciavano le mosche, le quali, poverine, obbedendo alla loro natura, si provavano a infastidirli un po' più e a profittare dell'abbondante sudore che l'agosto e il tormento smanioso delle brighe giudiziarie spremono dalle fronti e dalle mani degli uomini.

Eppure c'era qualcuno più molesto delle mosche nella sala d'aspetto, quella mattina: il figlio dell'avvocato, brutto ragazzotto di circa dieci anni, il quale era certo scappato di soppiatto dalla casa annessa allo studio, senza calze, scamiciato, col viso sporco, per rallegrare i clienti di papà.

«Tu come ti chiami? Vincenzo? Oh che brutto nome! E questo ciondolo è d'oro? Si apre? come si apre? e che c'è dentro? Oh, guarda... capelli... E di chi sono? e perché ce li tieni?»

Poi, sentendo dietro l'uscio dello studio i passi di papà che veniva ad accompagnare fino alla porta qualche cliente di conto, si cacciava sotto il tavolino, tra le gambe dello scrivano. Tutti nella sala d'aspetto si levavano in piedi e guardavano con occhi supplici l'avvocato, il quale, alzando le mani, diceva, prima di rientrare nello studio:

«Un po' di pazienza, signori miei. Uno per volta».

Il fortunato, a cui toccava, lo seguiva ossequioso e richiudeva l'uscio; per gli altri ricominciava più smaniosa e opprimente l'attesa.

II

Tre soltanto, che parevano marito, moglie e figliuola, non davano alcun segno di impazienza.

L'uomo, su i sessant'anni, aveva un aspetto funebre; non s'era voluto levar dal capo una vecchia tuba[4] dalle tese piatte, spelacchiata e inverdita, forse per non scemar solennità all'abito nero, all'ampia, greve, antica finanziera,[5] che esalava un odore acuto di naftalina.

Evidentemente s'era parato[6] così perché aveva stimato di non poterne fare a meno, venendo a parlare col signor avvocato.

---

4. *tuba*: cappello a cilindro.
5. *finanziera*: giacca lunga maschile a falde; la usavano alle origini soprattutto banchieri e

uomini d'affari.
6. *parato*: addobbato, abbigliato.

Ma non sudava.

Pareva non avesse più sangue nelle vene, tanto era pallido; e che avesse le gote e il mento ammuffiti, per una peluria grigia e rada che voleva esser barba. Aveva gli occhi strabi,[7] chiari, accostati a un gran naso a scarpa; e sedeva curvo, col capo basso, come schiacciato da un peso insopportabile; le mani scarne, diafane,[8] appoggiate al bastoncino.

Accanto a lui, la moglie aveva invece un atteggiamento fierissimo nella lampante balordaggine.[9] Grassa, popputa, prosperosa, col faccione affocato[10] e un po' anche baffuto e un pajo d'occhi neri spalancati, volti al soffitto.

Con la figliuola, dall'altro lato, si ricascava nel medesimo squallore contegnoso del padre. Magrissima, pallida, con gli occhi strabi anche lei, sedeva come una gobbina. Tanto la figlia quanto il padre pareva non cascassero a terra perché nel mezzo avevano quel donnone atticciato[11] che in qualche modo li teneva sù.

Tutti e tre erano osservati dagli altri clienti con intensa curiosità, mista d'una certa costernazione ostile, quantunque essi già tre volte, poverini, avessero ceduto il passo, lasciando intendere che avevano da parlare a lungo col signor avvocato.

Quale sciagura li aveva colpiti? Chi li perseguitava? L'ombra d'una morte violenta, che gridava loro vendetta? La minaccia della miseria?

La miseria, no, di certo. La moglie era sovraccarica d'oro: grossi orecchini le pendevano dagli orecchi; una collana doppia le stringeva il collo; un gran fermaglio a lagrimoni[12] le andava sù e giù col petto, che pareva un mantice, e una lunga catena le reggeva il ventaglio e tanti e tanti anelli massicci quasi le toglievano l'uso delle tozze dita sanguigne.

Ormai nessuno più domandava loro il permesso di passare avanti; era già inteso ch'essi sarebbero entrati dopo di tutti. Ed essi aspettavano, pazientissimi, assorti, anzi sprofondati nel loro cupo affanno segreto. Solo, di tanto in tanto, la moglie si faceva un po' di vento, e poi lasciava ricadere il ventaglio, e l'uomo si protendeva per ripetere alla figlia:

«Tinina, ricordati del ditale».

Più d'un cliente aveva cercato di spingere il molestissimo figlio dell'avvocato verso quei tre; ma il ragazzo, aombrato[13] da quel funebre squallore, s'era tratto indietro, arricciando il naso.

---

7. *strabi*: strabici.
8. *diafane*: così esili da lasciar passare la luce.
9. *lampante balordaggine*: evidente stupidità.
10. *affocato*: rosso.

11. *atticciato*: tarchiato.
12. *a lagrimoni*: a forma di grosse lacrime, ovoidali.
13. *aombrato*: spaventato, turbato.

L'orologio a pendolo segnava già quasi le dodici, quando, andati via più o meno soddisfatti tutti gli altri clienti, lo scrivano, vedendoli ancora lì immobili come statue, domandò loro:

«E che aspettano per entrare?»

«Ah» fece l'uomo, levandosi in piedi con le due donne. «Possiamo?»

«Ma sicuro che possono!» sbuffò lo scrivano. «Avrebbero potuto già da tanto tempo! Si sbrighino, perché l'avvocato desina[14] a mezzogiorno. Scusino, il loro nome?»

L'uomo si tolse finalmente la tuba e, all'improvviso, scoprendo il capo calvo, scoprì anche il martirio che quella terribile finanziera gli aveva fatto soffrire: infiniti rivoletti di sudore gli sgorgarono dal roseo cranio fumante e gl'inondarono la faccia esangue, spiritata. S'inchinò, sospirando il suo nome:

«Piccirilli Serafino».

III

L'avvocato Zummo credeva di aver finito per quel giorno, e rassettava le carte su la scrivania, per andarsene, quando si vide innanzi quei tre nuovi, ignoti clienti.

«Lor signori?» domandò di mala grazia.

«Piccirilli Serafino» ripeté l'uomo funebre, inchinandosi più profondamente e guardando la moglie e la figliuola per vedere come facevano la riverenza.

La fecero bene, e istintivamente egli accompagnò col corpo la loro mossa da bertucce ammaestrate.

«Seggano, seggano» disse l'avvocato Zummo, sbarrando tanto d'occhi allo spettacolo di quella mimica. «È tardi. Debbo andare.»

I tre sedettero subito innanzi alla scrivania, imbarazzatissimi. La contrazione del timido sorriso, nella faccia cerea del Piccirilli, era orribile: stringeva il cuore. Chi sa da quanto tempo non rideva più quel pover'uomo!

«Ecco, signor avvocato...»

«Siamo venuti» cominciò contemporaneamente la figlia.

E la madre, con gli occhi al soffitto, sbuffò:

«Cose dell'altro mondo!»

«Insomma, parli uno» disse Zummo, accigliato. «Chiaramente e brevemente. Di che si tratta?»

---

14. *desina*: mangia.

83 Luigi PIRANDELLO
La casa del Granella

«Ecco, signor avvocato» riprese il Piccirilli, dando un'ingollatina.[15]
«Abbiamo ricevuto una citazione.»[16]
«Assassinio, signor avvocato!» proruppe di nuovo la moglie.
«Mammà» fece timidamente la figlia, per esortarla a tacere o a parlar più pacata.

Il Piccirilli guardò la moglie, e, con quella autorità che la meschinissima corporatura gli poteva conferire, aggiunse:

«Mararo', ti prego: parlo io! Una citazione, signor avvocato. Noi abbiamo dovuto lasciar la casa in cui abitavamo, perché...»

«Ho capito. Sfratto?» domandò Zummo per tagliar corto.

«Nossignore» rispose umilmente il Piccirilli. «Al contrario. Abbiamo pagato sempre la pigione, puntualmente, anticipata. Ce ne siamo andati da noi, contro la volontà del proprietario, anzi. E il proprietario ora ci chiama a rispettare il contratto di locazione e, per di più, responsabili di danni e interessi, perché, dice, la casa noi gliela abbiamo infamata.»

«Come come?» fece Zummo, rabbujandosi e guardando, questa volta, la moglie. «Ve ne siete andati da voi; gli avete infamato la casa, e il proprietario... Non capisco. Parliamoci chiaro, signori miei! L'avvocato è come il confessore. Commercio illecito?»[17]

«Nossignore!» s'affrettò a rispondere il Piccirilli, ponendosi le mani sul petto. «Che commercio? Niente! Noi non siamo commercianti. Solo mia moglie dà qualche cosina... così... in prestito, ma a un interesse...»

«Onesto, ho capito!»

«Creda, sissignore, consentito finanche dalla Santa Chiesa... Ma questo non c'entra. Il Granella, proprietario della casa, dice che noi gliel'abbiamo infamata, perché in tre mesi, in quella casa maledetta, ne abbiamo vedute di tutti i colori, signor avvocato! Mi vengono... mi vengono i brividi solo a pensarci!»

«Oh Signore, scampatene e liberatene tutte le creature della terra!» esclamò con un formidabile sospiro la moglie levandosi in piedi, levando le braccia e poi facendosi con la mano piena d'anelli il segno della croce.

La figlia, col capo basso e con le labbra strette, aggiunse:
«Una persecuzione... (Siedi, mammà)».

«Perseguitati, sissignore!» rincalzò il padre. «(Siedi, Mararo'!) Perseguitati, è la parola. Noi siamo stati per tre mesi perseguitati a morte, in quella casa.»

«Perseguitati da chi?» gridò Zummo, perdendo alla fine la pazienza.

15. *dando un'ingollatina*: deglutendo, per l'imbarazzo e la tensione.
16. *una citazione*: intimazione formale di pre-

sentarsi in giudizio in tribunale per una determinata udienza.
17. *Commercio illecito*: traffici illegali.

«Signor avvocato» riprese piano il Piccirilli, protendendosi verso la scrivania e ponendosi una mano presso la bocca, mentre con l'altra imponeva silenzio alle due donne, «(sss...) signor avvocato, dagli spiriti!»

«Da chi?» fece Zummo, credendo d'aver sentito male.

«Dagli spiriti, sissignore!» raffermò forte, coraggiosamente, la moglie, agitando in aria le mani.

Zummo scattò in piedi, su le furie:

«Ma andate là! Non mi fate ridere! Perseguitati dagli spiriti? Io devo andare a mangiare, signori miei!»

Quelli, allora, alzandosi anche loro, lo circondarono per trattenerlo, e presero a parlare tutti e tre insieme, supplici:

«Sissignore, sissignore! Vossignoria non ci crede? Ma ci ascolti... Spiriti, spiriti infernali! Li abbiamo veduti noi, coi nostri occhi. Veduti e sentiti... Siamo stati martoriati, tre mesi!»

E Zummo, scrollandosi rabbiosamente:

«Ma andate, vi dico! Sono pazzie! Siete venuti da me? Al manicomio, al manicomio, signori miei!»

«Ma se ci hanno citato...» gemette a mani giunte il Piccirilli.

«Hanno fatto benone!» gli gridò Zummo sul muso.

«Che dice, signor avvocato?» s'intromise la moglie, scostando tutti. «È questa l'assistenza che Vossignoria presta alla povera gente perseguitata? Oh Signore! Vossignoria parla così perché non ha veduto come noi! Ci sono, creda pure, ci sono gli spiriti! Ci sono! E nessuno meglio di noi lo può sapere!»

«Voi li avete veduti?» le domandò Zummo con un sorriso di scherno.

«Sissignore, con gli occhi miei,» affermò, subito, non interrogato, il Piccirilli.

«Anch'io, coi miei» aggiunse la figlia, con lo stesso gesto.

«Ma forse coi vostri!» non poté tenersi dallo sbuffare l'avvocato Zummo con gl'indici tesi verso i loro occhi strabi.

«E i miei, allora?» saltò a gridare la moglie, dandosi una manata furiosa sul petto e spalancando gli occhiacci. «Io ce li ho giusti, per grazia di Dio, e belli grossi, signor avvocato! E li ho veduti anch'io, sa, come ora vedo lei.»

«Ah sì?» fece Zummo. «Come tanti avvocati?»

«E va bene!» sospirò la donna. «Vossignoria non ci crede; ma abbiamo tanti testimonii, sa? Tutto il vicinato che potrebbe venire a deporre...»

Zummo aggrottò le ciglia:

«Testimonii che hanno veduto?»

«Veduto e udito, sissignore!»

«Ma veduto... che cosa per esempio?» domandò Zummo, stizzito.

«Per esempio, seggiole muoversi, senza che nessuno le toccasse...»

«Seggiole?»

«Sissignore.»

«Quella seggiola là, per esempio?»

«Sissignore, quella seggiola là, mettersi a far le capriole per la stanza, come fanno i ragazzacci per istrada: e poi, per esempio... che debbo dire? un portaspilli, per esempio, di velluto, in forma di melarancia, fatto da mia figlia Tinina, volare dal cassettone su la faccia del povero mio marito, come lanciato... come lanciato da una mano invisibile; l'armadio a specchio scricchiolare e tremar tutto, come avesse le convulsioni, e dentro... dentro l'armadio, signor avvocato... mi si aggricciano[18] le carni solo a pensarci... risate!»

«Risate!» aggiunse la figlia.

«Risate!» il padre.

E la moglie, senza perder tempo, seguitò:

«Tutte queste cose, signor avvocato mio, le hanno vedute e udite le nostre vicine, che sono pronte, come le ho detto, a testimoniare. Noi abbiamo veduto e udito ben altro!»

«Tinina, il ditale» suggerì, a questo punto, il padre.

«Ah, sissignore» prese a dire la figlia, riscotendosi con un sospiro. «Avevo un ditalino d'argento, ricordo della nonna, sant'anima! Lo guardavo, come la pupilla degli occhi. Un giorno, lo cerco nella tasca e non lo trovo! lo cerco per tutta la casa e non lo trovo. Tre giorni a cercarlo, che a momenti ci perdevo anche la testa. Niente! Quando una notte, mentre stavo a letto, sotto la zanzariera...»

«Perché ci sono anche le zanzare, in quella casa, signor avvocato!» interruppe la madre.

«E che zanzare!» appoggiò il padre, socchiudendo gli occhi e tentennando il capo.

«Sento» riprese la figlia «sento qualcosa che salta sul cielo della zanzariera...»

A questo punto il padre la fece tacere con un gesto della mano. Doveva attaccar lui. Era un pezzo concertato,[19] quello.

«Sa, signor avvocato? tal quale come si fanno saltare le palle di gomma, che si dà loro un colpetto e rivengono alla mano.»

«Poi», seguitò la figlia, «come lanciato più forte, il mio ditalino dal cielo della zanzariera va a schizzare al soffitto e casca per terra, ammaccato.»

---

18. *aggricciano*: rattrappiscono per lo spavento.
19. *pezzo concertato*: termine tecnico teatrale che indica i pezzi d'assieme (spesso alla fine del dramma), in cui molti attori sono in scena contemporaneamente e si alternano le battute.

«Ammaccato» ripeté la madre.

E il padre:

«Ammaccato!»

«Scendo dal letto, tutta tremante, per raccoglierlo e, appena mi chino, al solito, dal tetto...»

«Risate, risate, risate...» terminò la madre.

L'avvocato Zummo restò a pensare, col capo basso e le mani dietro la schiena, poi si riscosse, guardò negli occhi i tre clienti, si grattò il capo con un dito e disse con un risolino nervoso:

«Spiriti burloni, dunque! Seguitate, seguitate... mi diverto».

«Burloni? Ma che burloni, signor avvocato!» ripigliò la donna. «Spiriti infernali, deve dire Vossignoria! Tirarci le coperte del letto; sederci sullo stomaco, la notte; percuoterci alle spalle; afferrarci per le braccia; e poi scuotere tutti i mobili, sonare i campanelli, come se, Dio liberi e scampi, ci fosse il terremoto; avvelenarci i bocconi, buttando la cenere nelle pentole e nelle casseruole... Li chiama burloni lei? Non ci hanno potuto né il prete né l'acqua benedetta! Allora ne abbiamo parlato al Granella, scongiurandolo di scioglierci dal contratto, perché non volevamo morire là, dallo spavento, dal terrore... Sa che ci ha risposto quell'assassino? Storie! ci ha risposto. Gli spiriti? Mangiate, dice, buone bistecche, dice, e curatevi i nervi. Lo abbiamo invitato a vedere con gli occhi suoi, a sentir con le sue orecchie. Niente. Non ha voluto saperne; anzi ci ha minacciati: "Guardatevi bene" dice "dal farne chiasso; o vi fulmino!" Proprio così.»

«E ci ha fulminato!» concluse il marito, scotendo il capo amaramente. «Ora, signor avvocato, noi ci mettiamo nelle sue mani. Vossignoria può fidarsi di noi: siamo gente dabbene: sapremo fare il nostro dovere.»

L'avvocato Zummo finse, al solito, di non udire queste ultime parole: si stirò per un pezzo ora un baffo ora l'altro, poi guardò l'orologio. Era presso il tocco. La famiglia, di là, lo aspettava da un'ora per il desinare.

«Signori miei», disse, «capirete benissimo che io non posso credere ai vostri spiriti. Allucinazioni... storielle da femminucce. Guardo il caso, adesso, dal lato giuridico. Voi dite d'aver veduto... non diciamo spiriti, per carità! dite d'avere anche testimonii, e va bene; dite che l'abitazione in quella casa vi era resa intollerabile da questa specie di persecuzione... diciamo, strana... ecco! Il caso è nuovo e speciosissimo;[20] e mi tenta, ve lo confesso. Ma bisognerà trovare nel codice un qualche appoggio, mi spiego? un fondamento giuridico alla causa. Lasciatemi vedere, studiare,

---

20. *speciosissimo*: stranissimo.

prima di prendermene l'accollo.[21] Ora è tardi. Ritornate domani e vi saprò dare una risposta. Va bene così?»

IV

Subito il pensiero di quella strana causa si mise a girar nella mente dell'avvocato Zummo come una ruota di molino. A tavola, non poté mangiare; dopo tavola, non poté riposare come soleva d'estate, ogni giorno, buttato sul letto.

«Gli spiriti!» ripeteva tra sé di tratto in tratto; e le labbra gli s'aprivano a un sorriso canzonatorio, mentre davanti agli occhi gli si ripresentavano le comiche figure dei tre nuovi clienti, che giuravano e spergiuravano d'averli veduti.

Tante volte aveva sentito parlar di spiriti; e, per certi racconti delle serve, ne aveva avuto anche lui una gran paura, da ragazzo. Ricordava ancora le angosce che gli avevano strizzato il coricino atterrito nelle terribili insonnie di quelle notti lontane.

«L'anima!» sospirò a un certo punto, stirando le braccia verso il cielo della zanzariera, e lasciandole poi ricader pesantemente sul letto. «L'anima immortale... Eh già! Per ammetter gli spiriti bisogna presupporre l'immortalità dell'anima; c'è poco da dire. L'immortalità dell'anima... Ci credo, o non ci credo? Dico e ho detto sempre di no. Dovrei ora, almeno, ammettere il dubbio, contro ogni mia precedente asserzione. E che figura ci faccio? Vediamo un po'. Noi spesso fingiamo con noi stessi, come con gli altri. Io lo so bene. Sono molto nervoso e, qualche volta, sissignore, trovandomi solo, io ho avuto paura. Paura di che? Non lo so. Ho avuto paura! Noi... ecco, noi temiamo di indagare il nostro intimo essere, perché una tale indagine potrebbe scoprirci diversi da quelli che ci piace di crederci o di esser creduti. Io non ho mai pensato sul serio a queste cose. La vita ci distrae. Faccende, bisogni, abitudini, tutte le minute brighe cotidiane non ci lasciano tempo di riflettere a queste cose, che pure dovrebbero interessarci sopra tutte le altre. Muore un amico? Ci arrestiamo là, davanti alla sua morte, come tante bestie restìe, e preferiamo di volgere indietro il pensiero, alla sua vita, rievocando qualche ricordo, per vietarci di andar oltre con la mente, oltre il punto cioè che ha segnato per noi la fine del nostro amico. Buona notte! Accendiamo un sigaro per cacciar via col fumo il turbamento e la malinconia. La scienza s'arresta anch'essa, là, ai limiti della vita, come se la morte non ci fosse e non ci

---

21. *prendermene l'accollo*: accollarmela, farmene carico.

dovesse dare alcun pensiero. Dice: "Voi siete ancora qua; attendete a vivere, vojaltri: l'avvocato pensi a far l'avvocato; l'ingegnere a far l'ingegnere... " E va bene! Io faccio l'avvocato. Ma ecco qua: l'anima immortale, i signori spiriti che fanno? vengono a bussare alla porta del mio studio: "Ehi, signor avvocato, ci siamo anche noi, sa? Vogliamo ficcare anche noi il naso nel suo codice civile! Voi, gente positiva, non volete curarvi di noi? Non volete più darvi pensiero della morte? E noi, allegramente, dal regno della morte, veniamo a bussare alle porte dei vivi, a sghignazzar dentro gli armadi, a far rotolare sotto gli occhi vostri le seggiole, come se fossero tanti monellacci, ad atterrir la povera gente e a mettere in imbarazzo, oggi, un avvocato che passa per dotto; domani, un tribunale chiamato a dar su noi una novissima sentenza... "»

L'avvocato Zummo lasciò il letto in preda a una viva eccitazione e rientrò nello studio per compulsare[22] il codice civile.

Due soli articoli potevano offrire un certo fondamento alla lite: l'articolo 1575 e il 1577.

Il primo diceva:

Il locatore[23] è tenuto per la natura del contratto e senza bisogno di speciale stipulazione:

1. a consegnare al conduttore[24] la cosa locata;[25]

2. a mantenerla in istato di servire all'uso per cui viene locata;

3. a garantirne al conduttore il pacifico godimento per tutto il tempo della locazione.

L'altro articolo diceva:

Il conduttore dev'essere garantito per tutti quei vizi e difetti della cosa locata che ne impediscano l'uso, quantunque non fossero noti al locatore al tempo della locazione. Se da questi vizi o difetti proviene qualche danno al conduttore, il locatore è tenuto a farnelo indenne,[26] salvo che provi d'averli ignorati.

Se non che, eccependo questi due articoli, non c'era via di mezzo, bisognava provare l'esistenza reale degli spiriti.

C'erano i fatti e c'erano le testimonianze. Ma fino a qual punto erano queste attendibili? e che spiegazione poteva dare la scienza di quei fatti?

L'avvocato Zummo interrogò di nuovo, minutamente, i Piccirilli; raccolse le testimonianze indicategli e, accettata la causa, si mise a studiarla appassionatamente.

---

22. *compulsare*: sfogliare e consultare.
23. *Il locatore*: il proprietario che dà in affitto una casa, o in generale qualcosa che gli appartiene.

24. *conduttore*: l'affittuario.
25. *la cosa locata*: l'oggetto concesso in affitto.
26. *farnelo indenne*: rimborsargli i danni.

Lesse dapprima una storia sommaria dello Spiritismo, dalle origini delle mitologie fino ai dì nostri, e il libro del Jacolliot su i prodigi del fachirismo; poi tutto quanto avevano pubblicato i più illustri e sicuri sperimentatori, dal Crookes al Wagner, all'Aksakof; dal Gibier allo Zoellner al Janet, al Rochas, al Richet, al Morselli;[27] e con suo sommo stupore venne a conoscere che ormai i fenomeni così detti spiritici, per esplicita dichiarazione degli scienziati più scettici e più positivi, erano innegabili.

«Ah, perdio!» esclamò Zummo, già tutto acceso e vibrante. «Qua la cosa cambia d'aspetto!»

Finché quei fenomeni gli erano stati riferiti da gentuccia come i Piccirilli e i loro vicini, egli, uomo serio, uomo colto, nutrito di scienza positiva, li aveva derisi e senz'altro respinti. Poteva accettarli? Seppure glieli avessero fatti vedere e toccar con mano, avrebbe piuttosto confessato d'essere un allucinato anche lui. Ma ora, ora che li sapeva confortati dall'autorità di scienziati come il Lombroso,[28] come il Richet, ah perdio, la cosa cambiava d'aspetto!

Zummo, per il momento, non pensò più alla lite dei Piccirilli, e si sprofondò tutto, a mano a mano sempre più convinto e con fervore crescente, ne' nuovi studii.

Da un pezzo non trovava più nell'esercizio dell'avvocatura, che pur gli aveva dato qualche soddisfazione e ben lauti guadagni, non trovava più nella vita ristretta di quella cittaduzza di provincia nessun pascolo intellettuale, nessuno sfogo a tante scomposte energie che si sentiva fremere dentro, e di cui egli esagerava a se stesso l'intensità, esaltandole come documenti del proprio valore, via! quasi sprecato lì, tra le meschinità di quel piccolo centro. Smaniava da un pezzo, scontento di sé, di tutto e di tutti; cercava un puntello, un sostegno morale e intellettuale,

---

27. *Jacolliot... al Morselli*: sono tutti nomi di scienziati e scrittori che si erano occupati a vario titolo di spiritismo e in genere di fenomeni paranormali: Louis Jacolliot, detto Jacobus, scrittore francese (1837-1890), romanziere e studioso di storia delle religioni; William Crookes, fisico e chimico inglese (1832-1919); Julius Wagner, fisiologo austriaco (1857-1940); Sergej Aksakof, scrittore russo (1791-1859); Paul Gibier, medico francese, autore anch'egli di un importante studio sul fachirismo; Johann Friedrich Zoellner, astronomo e fisico tedesco (1834-1882); Pierre Janet (1859-1947), psicopatologo francese, fu direttore del laboratorio del famoso ospedale psichiatrico parigino della Salpêtrière, dove lavorò anche Sigmund Freud; Eugène Augustine Albert de Rochas (1837-1914), fu autore di studi eruditi sulla classicità e di molte opere sugli aspetti misteriosi della psiche umana; Charles Robert Richet, medico e fisiologo francese (1850-1935), Premio Nobel per la medicina nel 1912; Enrico Morselli, neuropsichiatra italiano (1852-1929), autore di importanti studi sull'epilessia e sulle nevrosi traumatiche. **28.** *il Lombroso*: Cesare Lombroso (1835-1909), psichiatra, fondatore dell'antropologia criminale. Fu uno dei massimi rappresentanti del positivismo italiano, e, ai suoi tempi, ebbe un notevole prestigio internazionale. Come tutti i positivisti, Lombroso riteneva illegittima qualsiasi conoscenza che non fosse basata su fatti verificabili sperimentalmente.

una qualche fede, sì, un pascolo per l'anima, uno sfogo per tutte quelle energie. Ed ecco, ora, leggendo quei libri... Perdio! Il problema della morte, il terribile *essere o non essere*[29] d'Amleto, la terribile questione era dunque risolta? Poteva l'anima d'un trapassato tornare per un istante a "materializzarsi" e venire a stringergli la mano? Sì, a stringere la mano a lui, Zummo, incredulo, cieco fino a jeri, per dirgli: «Zummo, sta' tranquillo; non ti curare più delle miserie di codesta tua meschinissima vita terrena! C'è ben altro, vedi? ben altra vita tu vivrai un giorno! Coraggio! Avanti!»

Ma Serafino Piccirilli veniva anche lui, ora con la moglie ora con la figliuola, quasi ogni giorno, a sollecitarlo, a raccomandarglisi.

«Studio! studio!» rispondeva loro Zummo, su le furie. «Non mi distraete, perdio! state tranquilli; sto pensando a voi.»

Non pensava più a nessuno, invece. Rinviava le cause, rimandava anche tutti gli altri clienti.

Per debito di gratitudine, tuttavia, verso quei poveri Piccirilli, i quali, senza saperlo, gli avevano aperto innanzi allo spirito la via della luce, si risolse alla fine a esaminare attentamente il loro caso.

Una grave questione gli si parò davanti e lo sconcertò non poco, su le prime. In tutti gli esperimenti, la manifestazione dei fenomeni avveniva costantemente per la virtù misteriosa d'un *medium*.[30] Certo, uno dei tre Piccirilli doveva esser *medium* senza saperlo. Ma in questo caso il vizio non sarebbe stato più della casa del Granella, bensì degli inquilini; e tutto il processo crollava. Però, ecco, se uno dei Piccirilli era *medium* senza saperlo, la manifestazione dei fenomeni non sarebbe avvenuta anche nella nuova casa presa da essi in affitto? Invece, no! E anche nelle case precedentemente abitate i Piccirilli assicuravano d'essere stati sempre tranquilli. Perché dunque nella sola casa del Granella si erano verificate quelle paurose manifestazioni? Evidentemente, doveva esserci qualcosa di vero nella credenza popolare delle case abitate dagli spiriti. E poi c'era la prova di fatto. Negando nel modo più assoluto la dote della medianità alla famiglia Piccirilli, egli avrebbe dimostrato falsa la spiegazione biologica, che alcuni scienziati schizzinosi avevan tentato di dare dei fenomeni spiritici. Che biologia d'Egitto! Bisognava senz'altro ammettere l'ipotesi metafisica. O che era forse *medium*, lui, Zummo? Eppure parlava col tavolino. Non

---

29. *essere o non essere*: è l'inizio del celebre monologo del III atto dell'*Amleto* (1600-1601) di William Shakespeare (1564-1614).
30. *medium*: parola latina che significa "mezzo". Sta a indicare chi è in grado, in condizione di

trance, di agire da intermediario fra gli spiriti dei morti e i viventi. In seguito è passata a indicare, più in generale, qualsiasi persona dotata di poteri paranormali.

aveva mai composto un verso in vita sua; eppure il tavolino gli parlava in versi, coi piedi. Che biologia d'Egitto!

Del resto, giacché a lui più che la causa dei Piccirilli premeva ormai d'accertare la verità, avrebbe fatto qualche esperimento in casa dei suoi clienti.

Ne parlò ai Piccirilli; ma questi si ribellarono, impauriti. Egli allora s'inquietò e diede loro a intendere che quell'esperimento era necessario, per la lite, anzi imprescindibile! Fin dalle prime sedute, la signorina Piccirilli, Tinina, si rivelò un *medium* portentoso. Zummo, convulso, coi capelli irti su la fronte, atterrito e beato, poté assistere a tutte, o quasi, le manifestazioni più stupefacenti registrate e descritte nei libri da lui letti con tanta passione. La causa crollava, è vero, ma egli, fuori di sé, gridava ai suoi clienti a ogni fine di seduta:

«Ma che ve n'importa, signori miei? Pagate, pagate... Miserie! Sciocchezze! Qua, perdio, abbiamo la rivelazione dell'anima immortale!»

Ma potevano quei poveri Piccirilli condividere questo generoso entusiasmo del loro avvocato? Lo presero per matto. Da buoni credenti, essi non avevano mai avuto il minimo dubbio su l'immortalità delle loro afflitte e meschine animelle. Quegli esperimenti, a cui si prestavano da vittime, per obbedienza, sembravano loro pratiche infernali. E invano Zummo cercava di rincorarli. Fuggendo dalla casa del Granella, essi credevano d'essersi liberati dalla tremenda persecuzione; e ora, nella nuova casa, per opera del signor avvocato, eccoli di nuovo in commercio coi demonii, in preda ai terrori di prima! Con voce piagnucolosa scongiuravano l'avvocato di non farne trapelar nulla, di quelle sedute, di non tradirli, per carità!

«Ma va bene, va bene!» diceva loro Zummo, sdegnato. «Per chi mi prendete? per un ragazzino? State tranquilli, signori miei! Io esperimento qua, per conto mio. L'uomo di legge, poi, saprà fare il suo dovere in tribunale, che diamine! Sosterremo il vizio occulto della casa, non dubitate!»

V

Lo sostenne, difatti, il vizio occulto della casa, ma senz'alcun calore di convinzione, certo com'era ormai della medianità della signorina Piccirilli.

Invece sbalordì i giudici, i colleghi, il pubblico che stipava l'aula del tribunale, con una inaspettata, estrosa, fervida professione di fede. Parlò di Allan Kardech[31] come d'un novello messia; definì lo spiritismo la religione nuova dell'umanità; disse che la scienza co' suoi saldi ma freddi ordigni, col suo formalismo troppo rigoroso aveva sopraffatto la natura; che l'albero della vita, allevato artificialmente dalla scienza, aveva perduto il verde, s'era isterilito o dava frutti che imbozzacchivano[32] e sapevano di cenere e tosco,[33] perché nessun calore di fede più li maturava. Ma ora, ecco, il mistero cominciava a schiudere le sue porte tenebrose: le avrebbe spalancate domani! Intanto, da questo primo spiraglio all'umanità sgomenta, in angosciosa ansia, venivano ombre ancora incerte e paurose a rivelare il mondo di là: strane luci, strani segni...

E qui l'avvocato Zummo, con drammaticissima eloquenza, entrò a parlare delle più meravigliose manifestazioni spiritiche, attestate, controllate, accettate dai più grandi luminari della scienza: fisici, chimici, psicologi, fisiologi, antropologi, psichiatri; soggiogando e spesso atterrendo addirittura il pubblico che ascoltava a bocca aperta e con gli occhi spalancati.

Ma i giudici, purtroppo, si vollero tenere terra terra, forse per reagire ai voli troppo sublimi dell'avvocato difensore. Con irritante presunzione, sentenziarono che le teorie, tuttora incerte, dedotte dai fenomeni così detti spiritici, non erano ancora ammesse e accettate dalla scienza moderna, eminentemente positiva; che, del resto, venendo a considerar più da vicino il processo, se per l'articolo 1575 il locatore è tenuto a garantire al conduttore il pacifico godimento della cosa locata, nel caso in esame, come avrebbe potuto il locatore stesso garantir la casa dagli spiriti, che sono ombre vaganti e incorporee? come scacciare le ombre? E, d'altra parte, riguardo all'articolo 1577, potevano gli spiriti costituire uno di quei vizi occulti che impediscono l'uso dell'abitazione? Erano forse ingombranti? E quali rimedii avrebbe potuto usare il locatore contro di essi? Senz'altro, dunque, dovevano essere respinte le eccezioni dei convenuti.

Il pubblico, commosso ancora e profondamente impressionato dalle rivelazioni dell'avvocato Zummo, disapprovò unanimamente questa sentenza, che nella sua meschinità, pur presuntuosa, sonava come un'irrisione. Zummo inveì contro il tribunale con tale scoppio d'indignazione che

---

31. *Allan Kardech*: scrittore francese (1803-1869), pseudonimo di Hyppolite Léon Renizard Rivail. Fu una delle massime autorità nel campo dello spiritismo; la maggior parte delle sue opere è costituita da testi stesi sotto la dettatura di un *medium*.
32. *imbozzacchivano*: si guastavano, crescevano stentati.
33. *tosco*: veleno.

per poco non fu tratto in arresto. Furibondo, sottrasse alla commiserazione generale i Piccirilli, proclamandoli in mezzo alla folla plaudente martiri della nuova religione.

Il Granella intanto, proprietario della casa, gongolava[34] di gioja maligna.

Era un omaccione di circa cinquant'anni, adiposo e sanguigno. Con le mani in tasca, gridava forte a chiunque volesse sentirlo, che quella sera stessa sarebbe andato a dormire nella casa degli spiriti – solo! Solo, solo, sì, perché la vecchia serva che stava da tant'anni con lui, grazie all'infamia dei Piccirilli, lo aveva piantato, dichiarandosi pronta a servirlo dovunque, foss'anche in una grotta, tranne che in quella povera casa infamata da quei signori là. E non gli era riuscito di trovare in tutto il paese un'altra serva o un servo che fosse, i quali avessero il coraggio di stare con lui. Ecco il bel servizio che gli avevano reso quegli impostori! E una casa perduta, come andata in rovina!

Ma ora egli avrebbe dimostrato a tutto il paese che il tribunale, condannando alle spese e al risarcimento dei danni quegli imbecilli, gli aveva reso giustizia. Là, egli solo! Voleva vederli in faccia questi signori spiriti!

E sghignazzava.

VI

La casa sorgeva nel quartiere più alto della città, in cima al colle.

La città aveva lassù una porta, il cui nome arabo, divenuto stranissimo nella pronunzia popolare: *Bibirrìa*,[35] voleva dire Porta dei Venti.

Fuori di questa porta era un largo spiazzo sterrato; e qui sorgeva solitaria la casa del Granella. Dirimpetto aveva soltanto un fondaco[36] abbandonato, il cui portone imporrito[37] e sgangherato non riusciva più a chiudersi bene, e dove solo di tanto in tanto qualche carrettiere s'avventurava a passar la notte a guardia del carro e della mula.

Un solo lampioncino a petrolio stenebrava[38] a mala pena, nelle notti senza luna, quello spiazzo sterrato. Ma, a due passi, di qua dalla porta, il quartiere era popolatissimo, oppresso anzi di troppe abitazioni.

La solitudine della casa del Granella non era dunque poi tanta, e appariva triste (più che triste, ora, paurosa) soltanto di notte. Di giorno, poteva

---

34. *gongolava*: esprimeva contentezza e soddisfazione in modo molto visibile.
35. *Bibirrìa*: è la porta settentrionale della città vecchia.

36. *fondaco*: magazzino.
37. *imporrito*: ammuffito, che comincia a marcire.
38. *stenebrava*: illuminava, rompeva le tenebre.

essere invidiata da tutti coloro che abitavano in quelle case ammucchiate. Invidiata la solitudine, e anche la casa per se stessa, non solo per la libertà della vista e dell'aria, ma anche per il modo com'era fabbricata, per l'agiatezza e i comodi che offriva, a molto minor prezzo di quelle altre, che non ne avevano né punto né poco.

Dopo l'abbandono del Piccirilli, il Granella l'aveva rimessa tutta a nuovo; carte da parato nuove; pavimenti nuovi, di mattoni di Valenza;[39] ridipinti i soffitti; rinverniciati gli usci, le finestre, i balconi e le persiane. Invano! Eran venuti tanti a visitarla, per curiosità; nessuno aveva voluto prenderla in affitto. Ammirandola, così pulita, così piena d'aria e luce, pensando a tutte le spese fatte, quasi quasi il Granella piangeva dalla rabbia e dal dolore.

Ora egli vi fece trasportare un letto, un cassettone, un lavamano e alcune seggiole, che allogò[40] in una delle tante camere vuote; e, venuta la sera, dopo aver fatto il giro del quartiere per far vedere a tutti che manteneva la parola, andò a dormire solo in quella sua povera casa infamata.

Gli abitanti del quartiere notarono che s'era armato di ben due pistole. E perché?

Se la casa fosse stata minacciata dai ladri, eh, quelle armi avrebbero potuto servirgli, ed egli avrebbe potuto dire che se le portava per prudenza. Ma contro gli spiriti, caso mai, a che gli sarebbero servite? Uhm!

Aveva tanto riso, là, in tribunale, che ancora nel faccione sanguigno aveva l'impronta di quelle risa.

In fondo in fondo, però... ecco, una specie di vellicazione[41] irritante allo stomaco se la sentiva, per tutti quei discorsi che si erano fatti, per tutte quelle chiacchiere dell'avvocato Zummo.

Uh, quanta gente, anche gente per bene, spregiudicata, che in presenza sua aveva dichiarato più volte di non credere a simili fandonie, ora, prendendo ardire dalla fervida affermazione di fede dell'avvocato Zummo e dall'autorità dei nomi citati e dalle prove documentate, non s'era messa di punto in bianco a riconoscere che... sì, qualche cosa di vero infine poteva esserci, doveva esserci, in quelle *esperienze*... (ecco, esperienze ora, non più fandonie!)

Ma che più? Uno degli stessi giudici, dopo la sentenza, uscendo dal tribunale, s'era avvicinato all'avvocato Zummo che aveva ancora un diavolo per capello, e – sissignori – aveva ammesso anche lui che non pochi fatti riferiti in certi giornali, col presidio di insospettabili testimonianze di scienziati famosi, lo avevano scosso, sicuro! E aveva narrato per giunta

---

39. *di Valenza*: cioè di maiolica, prodotta nella città spagnola di Valencia.

40. *allogò*: sistemò.
41. *vellicazione*: solletico.

che una sua sorella, maritata a Roma, fin da ragazza, una o due volte l'anno, di pieno giorno, trovandosi sola, era visitata, com'ella asseriva, da un certo ometto rosso misterioso, che le confidava tante cose e le recava finanche doni curiosi...

Figurarsi Zummo, a una tale dichiarazione, dopo la sentenza contraria! E allora quel giudice imbecille s'era stretto nelle spalle e gli aveva detto: «Ma capirà, caro avvocato, allo stato delle cose...»

Insomma, tutta la cittadinanza era rimasta profondamente scossa dalle affermazioni e dalle rivelazioni di Zummo. E Granella ora si sentiva solo; solo e stizzito, come se tutti lo avessero abbandonato, vigliaccamente.

La vista dello sterrato deserto, dopo il quale l'alto colle su cui sorge la città strapiomba in ripidissimo pendio su un'ampia vallata, con quell'unico lampioncino, la cui fiammella vacillava come impaurita dalla tenebra densa che saliva dalla valle, non era fatta certamente per rincorare un uomo dalla fantasia un po' alterata. Né poté rincorarlo poi di più il lume di una sola candela stearica,[42] la quale – chi sa perché – friggeva, ardendo, come se qualcuno vi soffiasse sù, per spegnerla. (Non s'accorgeva Granella che aveva un ànsito[43] da cavallo, e che soffiava lui, con le nari, su la candela.)

Attraversando le molte stanze vuote, silenziose, rintronanti, per entrare in quella nella quale aveva allogato i pochi mobili, tenne fisso lo sguardo su la fiamma tremolante riparata con una mano, per non veder l'ombra del proprio corpo mostruosamente ingrandita, fuggente lungo le pareti e sul pavimento.

Il letto, le seggiole, il cassettone, il lavamano gli parvero come sperduti in quella camera rimessa a nuovo. Posò la candela sul cassettone, vietandosi di allungar lo sguardo all'uscio, oltre al quale le altre camere vuote eran rimaste buje. Il cuore gli batteva forte. Era tutto in un bagno di sudore.

Che fare adesso? Prima di tutto, chiudere quell'uscio e metterci il paletto. Sì, perché sempre, per abitudine, prima d'andare a letto, egli si chiudeva così, in camera. È vero che, di là, adesso, non c'era nessuno, ma... l'abitudine, ecco! E perché intanto aveva ripreso in mano la candela per andare a chiudere quell'uscio nella stessa stanza? Ah... già, distratto!...

Non sarebbe stato bene, ora, aprire un tantino il balcone? Auff! si soffocava dal caldo, là dentro... E poi, c'era ancora un tanfo di vernice...

---

42. *stearica*: fatta di stearina, cioè di una sostanza derivata da un acido grasso (l'acido stearico), che si trova in natura in numerosi organismi animali e vegetali.
43. *ànsito*: respiro affannoso.

Sì, sì, un tantino, il balcone. E nel mentre che la camera prendeva un po'
d'aria, egli avrebbe rifatto il letto con la biancheria che s'era portata.

Così fece. Ma appena steso il primo lenzuolo su le materasse, gli parve
di sentire come un picchio all'uscio. I capelli gli si drizzarono su la fronte, un brivido gli spaccò le reni, come una rasojata a tradimento. Forse il
pomo della lettiera di ferro aveva urtato contro la parete? Attese un po',
col cuore in tumulto. Silenzio! Ma gli parve misteriosamente animato,
quel silenzio...

Granella raccolse tutte le forze, aggrottò le ciglia, cavò dalla cintola
una delle pistole, riprese in mano la candela, riaprì l'uscio e, coi capelli
che gli fremevano sul capo, gridò:

«Chi è là?»

Rimbombò cupamente il vocione nelle vuote camere. E quel rimbom-
bo fece indietreggiare il Granella. Ma subito egli si riprese: batté un
piede; avanzò il braccio con la pistola impugnata. Attese un tratto, poi si
mise a ispezionare dalla soglia quella camera accanto.

C'era solamente una scala, in quella camera, appoggiata alla parete di
contro: la scala di cui s'erano serviti gli operaj per riattaccar la carta da
parato nelle stanze. Nient'altro. Ma sì, via, non ci poteva essere dubbio: il
pomo della lettiera aveva urtato contro la parete.

E Granella rientrò nella camera, ma con le membra d'un subito rilassa-
te e appesantite così, che non poté più per il momento rimettersi a fare il
letto. Prese una seggiola e andò a sedere al balcone, al fresco.

«*Zrì!*»

Accidenti al pipistrello! Ma riconobbe subito, eh, che quello era uno
strido di pipistrello attirato dal lume della candela che ardeva nella camera. E rise Granella della paura che, questa volta, non aveva avuto, e alzò
gli occhi per discerner nel bujo lo svolazzìo del pipistrello. In quel mentre, gli giunse all'orecchio dalla camera uno scricchiolìo. Ma riconobbe
subito ugualmente che quello scricchiolìo era della carta appiccicata di
fresco alle pareti, e ci si divertì un mondo! Ah, erano uno spasso gli spiriti, a quella maniera... Se non che, nel voltarsi, così sorridente, a guardar
dentro la camera, vide... – non comprese bene, che fosse, in prima: balzò
in piedi, esterrefatto; s'afferrò, rinculando, alla ringhiera del balcone. Una
lingua spropositata, bianca, s'allungava silenziosamente lungo il pavimento, dall'uscio dell'altra camera, rimasto aperto!

Maledetto, maledetto, maledetto! un rotolo di carta da parato, un rotolo
di carta da parato che gli operaj forse avevano lasciato lì, in capo[44] a quella scala... Ma chi lo aveva fatto precipitare di là e poi scivolare così, svol-

---

44. *in capo*: in cima.

gendosi, lungo il pavimento di due stanze, imbroccando perfettamente l'uscio aperto?

Granella non poté più reggere. Rientrò con la sedia; richiuse di furia il balcone; prese il cappello, la candela, e scappò via, giù per la scala. Aperto pian piano il portone, guardò nello sterrato. Nessuno! Tirò a sé il portone e, rasentando il muro della casa, sgattajolò per il viottolo fuori delle mura al bujo.

Che doveva perderci la salute, lui, per amor della casa? Fantasia alterata, sì; non era altro... dopo tutte quelle chiacchiere... Gli avrebbe fatto bene passare una notte all'aperto, con quel caldo. La notte, del resto, era brevissima. All'alba, sarebbe rincasato. Di giorno, con tutte le finestre aperte, non avrebbe avuto più, di certo, quella sciocchissima paura; e, venendo di nuovo la sera, avendo già preso confidenza con la casa, sarebbe stato tranquillo, senza dubbio, che diamine! Aveva fatto male, ecco, ad andarci a dormire, così, in prima, per una bravata. Domani sera...

Credeva il Granella che nessuno si fosse accorto della sua fuga. Ma in quel fondaco dirimpetto alla casa, un carrettiere era ricoverato quella sera, che lo vide uscire con tanta paura e tanta cautela, e lo vide poi rientrare ai primi albori. Impressionato del fatto e di quei modi, costui ne parlò nel vicinato con alcuni che, il giorno avanti, erano andati a testimoniare in favore dei Piccirilli. E questi testimoni allora si recarono in gran segreto dall'avvocato Zummo ad annunziargli la fuga del Granella spaventato. Zummo accolse la notizia con esultanza.

«Lo avevo previsto!» gridò loro, con gli occhi che gli schizzavano fiamme. «Vi giuro, signori miei, che lo avevo previsto! E ci contavo. Farò appellare i Piccirilli, e mi avvarrò di questa testimonianza dello stesso Granella! A noi, adesso! Tutti d'accordo, ohè, signori miei!»

Complottò subito, per quella notte stessa, l'agguato. Cinque o sei, con lui, cinque o sei: non si doveva essere in più! Tutto stava a cacciarsi in quel fondaco, senza farsi scorgere dal Granella. E zitti, per carità! Non una parola con nessuno durante tutta la giornata.

«Giurate!»

«Giuriamo!»

Più viva soddisfazione di quella non poteva dare a Zummo l'esercizio della sua professione d'avvocato! Quella notte stessa, poco dopo le undici, egli sorprese il Granella che usciva scalzo dal portone della sua casa, proprio scalzo, quella notte, in maniche di camicia, con le scarpe e la giacca in una mano, mentre con l'altra si reggeva su la pancia i calzoni che, sopraffatto dal terrore, non era riuscito ad abbottonarsi.

Gli balzò addosso, dall'ombra, come una tigre, gridando:

«Buon passeggio, Granella!»

Il pover'uomo, alle risa sgangherate degli altri appostati, si lasciò cader le scarpe di mano, prima una e poi l'altra; e restò, con le spalle al muro, avvilito, basito[45] addirittura.

«Ci credi ora, imbecille, all'anima immortale?» gli ruggì Zummo, scrollandolo per il petto. «La giustizia cieca ti ha dato ragione. Ma tu ora hai aperto gli occhi. Che hai visto? Parla!»

Ma il povero Granella, tutto tremante, piangeva, e non poteva parlare.

Scheda di analisi
a pagina 348

45. *basito*: frastornato, intontito.

1926-1945

1926

Leggi fascistissime. Col trattato di Tirana, l'Italia ottiene il protettorato d'Albania.
Antonio Gramsci, segretario del Partito comunista, viene arrestato.

1927

Viene abolita l'attività sindacale.
Nasce il cinema sonoro.

1928

Il Gran Consiglio del Fascismo è riconosciuto organo costituzionale dello Stato.
Fleming scopre la penicillina.

1929

Mussolini e il cardinale Gasparri firmano i patti lateranensi.

1930

Entrano in vigore i codici Rocco di diritto e di procedura penale.

1933

Mussolini propone il patto a quattro (Germania, Italia, Francia, Gran Bretagna) per assicurare la pace in Europa.

1934

La settimana lavorativa viene portata a 40 ore.

1935

Invasione italiana dell'Etiopia.

1936

Vittorio Emanuele III viene proclamato imperatore d'Etiopia. Mussolini interviene nella guerra civile spagnola a sostegno dei nazionalisti del generale Franco.
Trattato di alleanza con la Germania (asse Roma - Berlino).

1937

L'Italia aderisce al patto Anticomintern stipulato tra Germania e Giappone.
Esce dalla Società delle Nazioni.

1938

Vengono emanate le prime leggi antisemite.

1939

L'Italia occupa l'Albania.
Italia e Germania sottoscrivono il Patto d'acciaio. Allo scoppio della seconda guerra mondiale l'Italia dichiara la "non belligeranza".

1940

L'Italia dichiara guerra all'Inghilterra e alla Francia.
La resistenza dell'esercito greco blocca l'invasione della Grecia.

1941

La Germania invade l'Urss: l'Italia invia un corpo di spedizione.
Italia e Germania dichiarano guerra agli Usa dopo l'attacco giapponese a Pearl Harbor.

1942

Le truppe italo-tedesche sono sconfitte ad El Alamein e iniziano la ritirata dalla Libia. In Urss le truppe sono costrette ad una disastrosa ritirata.
Viene fondata la Democrazia cristiana.
Prima reazione nucleare a catena controllata.

1943

Gli anglo-americani sbarcano in Sicilia. Il re fa arrestare Mussolini e affida il governo al maresciallo Badoglio che firma con gli alleati l'armistizio dell'Italia. Si costituisce il Cnl (Comitato di Liberazione Nazionale).
Mussolini fonda la Repubblica sociale italiana con capitale Salò.
L'Italia dichiara guerra alla Germania.

1945

Mussolini viene arrestato dai partigiani e fucilato.
Ferruccio Parri, esponente del Partito d'Azione, presiede un governo formato dai partiti antifascisti.
Primo ministero del democristiano Alcide De Gasperi.

Italo Svevo

Vino generoso

ora in *Opera Omnia*, vol. III, *Racconti, Saggi,
Pagine sparse*, a c. di B. Maier, Dall'Oglio.

Andava a marito una nipote di mia moglie, in quell'età in cui le fanciulle
cessano d'essere tali e degenerano in zitelle. La poverina fino a poco
prima s'era rifiutata alla vita, ma poi le pressioni di tutta la famiglia l'avevano indotta a ritornarvi, rinunziando al suo desiderio di purezza e di religione, aveva accettato di parlare[1] con un giovane che la famiglia aveva
prescelto quale un buon partito. Subito dopo addio religione, addio sogni
di virtuosa solitudine, e la data delle nozze era stata stabilita anche più
vicina di quanto i congiunti avessero desiderato. Ed ora sedevano alla
cena della vigilia delle nozze.

Io, da vecchio licenzioso,[2] ridevo. Che aveva fatto il giovane per indur-
la a mutare tanto presto? Probabilmente l'aveva presa fra le braccia per
farle sentire il piacere di vivere e l'aveva sedotta piuttosto che convinta.
Perciò era necessario si facessero loro tanti auguri. Tutti, quando sposano,
hanno bisogno di auguri, ma quella fanciulla più di tutti. Che disastro, se
un giorno essa avesse dovuto rimpiangere di essersi lasciata rimettere su
quella via, da cui per istinto aveva aborrito. Ed anch'io accompagnai
qualche mio bicchiere con auguri, che seppi persino confezionare per
quel caso speciale: «Siate contenti per uno o due anni, poi gli altri lunghi
anni li sopporterete più facilmente, grazie alla riconoscenza di aver goduto. Della gioia resta il rimpianto ed è anch'esso un dolore, ma un dolore
che copre quello fondamentale, il vero dolore della vita».

Non pareva che la sposa sentisse il bisogno di tanti augurii. Mi sem-

---

1. *parlare*: accettare il corteggiamento, fidan-
zarsi.
2. *licenzioso*: letteralmente "licenzioso" significa dissoluto, privo di freni morali; qui sta a
indicare, con ironica esagerazione, che il narratore, a causa dell'età, conosce bene i piaceri
carnali, e sa quanto il sesso possa influenzare
i comportamenti degli uomini.

brava anzi ch'essa avesse la faccia addirittura cristallizzata in un'espressione d'abbandono fiducioso. Era però la stessa espressione che già aveva avuta quando proclamava la sua volontà di ritirarsi in un chiostro. Anche questa volta essa faceva un voto, il voto di essere lieta per tutta la vita. Fanno sempre dei voti certuni a questo mondo. Avrebbe essa adempiuto questo voto meglio del precedente?

Tutti gli altri, a quella tavola, erano giocondi con grande naturalezza, come lo sono sempre gli spettatori. A me la naturalezza mancava del tutto. Era una sera memoranda anche per me. Mia moglie aveva ottenuto dal dottor Paoli che per quella sera mi fosse concesso di mangiare e bere come tutti gli altri. Era la libertà resa più preziosa dal mònito che subito dopo mi sarebbe stata tolta. E io mi comportai proprio come quei giovincelli cui si concedono per la prima volta le chiavi di casa. Mangiavo e bevevo, non per sete o per fame, ma avido di libertà. Ogni boccone, ogni sorso doveva essere l'asserzione della mia indipendenza. Aprivo la bocca più di quanto occorresse per ricevervi i singoli bocconi, ed il vino passava dalla bottiglia nel bicchiere fino a traboccare, e non ve lo lasciavo che per un istante solo. Sentivo una smania di movermi io, e là, inchiodato su quella sedia, seppi avere il sentimento di correre e saltare come un cane liberato dalla catena.

Mia moglie aggravò la mia condizione raccontando ad una sua vicina a quale regime io di solito fossi sottoposto, mentre mia figlia Emma, quindicenne, l'ascoltava e si dava dell'importanza completando le indicazioni della mamma. Volevano dunque ricordarmi la catena anche in quel momento in cui m'era stata levata? E tutta la mia tortura fu descritta: come pesavano quel po' di carne che m'era concessa a mezzodì, privandola d'ogni sapore, e come di sera non ci fosse nulla da pesare, perché la cena si componeva di una rosetta con uno spizzico di prosciutto e di un bicchiere di latte caldo senza zucchero, che mi faceva nausea. Ed io, mentre parlavano, facevo la critica della scienza del dottore e del loro affetto. Infatti, se il mio organismo era tanto logoro, come si poteva ammettere che quella sera, perché ci era riuscito quel bel tiro di far sposare chi di sua elezione[3] non l'avrebbe fatto, esso potesse improvvisamente sopportare tanta roba indigesta e dannosa? E bevendo mi preparavo alla ribellione del giorno appresso. Ne avrebbero viste di belle.

Gli altri si dedicavano allo *champagne*, ma io dopo averne preso qualche bicchiere per rispondere ai varii brindisi, ero ritornato al vino da pasto comune, un vino istriano secco e sincero, che un amico di casa aveva inviato per l'occasione. Io l'amavo quel vino, come si amano i ricordi e

---

3. *di sua elezione*: per sua scelta.

non diffidavo di esso, né ero sorpreso che anziché darmi la gioia e l'oblio facesse aumentare nel mio animo l'ira.

Come potevo non arrabbiarmi? M'avevano fatto passare un periodo di vita disgraziatissimo. Spaventato e immiserito, avevo lasciato morire qualunque mio istinto generoso per far posto a pastiglie, gocce e polverette. Non più socialismo. Che cosa poteva importarmi se la terra, contrariamente ad ogni più illuminata conclusione scientifica, continuava ad essere l'oggetto di proprietà privata?[4] Se a tanti, perciò, non era concesso il pane quotidiano e quella parte di libertà che dovrebbe adornare ogni giornata dell'uomo? Avevo forse io l'una o l'altra?

Quella beata sera tentai di costituirmi intero.[5] Quando mio nipote Giovanni, un uomo gigantesco che pesa oltre cento chilogrammi, con la sua voce stentorea si mise a narrare certe storielle sulla propria furberia e l'altrui dabbenaggine negli affari, io ritrovai nel mio cuore l'antico altruismo. «Che cosa farai tu» gli gridai «quando la lotta fra gli uomini non sarà più lotta per il denaro?»

Per un istante Giovanni restò intontito alla mia frase densa, che capitava improvvisa a sconvolgere il suo mondo. Mi guardò fisso con gli occhi ingranditi dagli occhiali. Cercava nella mia faccia delle spiegazioni per orientarsi. Poi, mentre tutti lo guardavano, sperando di poter ridere per una di quelle sue risposte di materialone ignorante e intelligente, dallo spirito ingenuo e malizioso, che sorprende sempre ad onta sia stato usato ancor prima che da Sancho Panza,[6] egli guadagnò tempo dicendo che a tutti il vino alterava la visione del presente, e a me invece confondeva il futuro. Era qualche cosa, ma poi credette di aver trovato di meglio e urlò: «Quando nessuno lotterà più per il denaro, lo avrò io senza lotta, tutto, tutto». Si rise molto, specialmente per un gesto ripetuto dei suoi braccioni, che dapprima allargò stendendo le spanne, eppoi ristrinse chiudendo i pugni per far credere di aver afferrato il denaro che a lui doveva fluire da tutte le parti.

La discussione continuò e nessuno s'accorgeva che quando non parlavo bevevo. E bevevo molto e dicevo poco, intento com'ero a studiare il

---

4. *Che cosa poteva importarmi... oggetto di proprietà privata*: il narratore si riferisce alle teorie marxiste, secondo le quali la conoscenza autentica delle dinamiche della società avrebbe dovuto naturalmente condurre, sia pure attraverso violenti conflitti di classe, all'abolizione della proprietà privata.
5. *costituirmi intero*: esprimere la mia identità personale nella sua interezza, senza finzioni e senza rinunce dettate dalle regole della convenienza sociale.
6. *Sancho Panza*: è il famoso servo-scudiero di Don Chisciotte, nel romanzo *Il fantastico cavaliere Don Chisciotte della Mancha*, capolavoro (1605-1615) di Miguel de Cervantes (1547-1616).

mio interno, per vedere se finalmente si riempisse di benevolenza e d'altruismo. Lievemente bruciava quell'interno. Ma era un bruciore che poi si sarebbe diffuso in un gradevole tepore, nel sentimento della giovinezza che il vino procura, purtroppo per breve tempo soltanto.

E, aspettando questo, gridai a Giovanni: «Se raccoglierai il denaro che gli altri rifiuteranno, ti getteranno in gattabuia».[7]

Ma Giovanni pronto gridò: «Ed io corromperò i carcerieri e farò rinchiudere coloro che non avranno i denari per corromperli».

«Ma il denaro non comprerà più nessuno.»

«E allora perché non lasciarmelo?»

M'arrabbiai smodatamente: «Ti appenderemo» urlai. «Non meriti altro. La corda al collo e dei pesi alle gambe».

Mi fermai stupito. Mi pareva di non aver detto esattamente il mio pensiero. Ero proprio fatto così, io? No, certo no. Riflettei: come ritornare al mio affetto per tutti i viventi, fra i quali doveva pur esserci anche Giovanni? Gli sorrisi subito, esercitando uno sforzo immane per correggermi e scusarlo e amarlo. Ma lui me lo impedì, perché non badò affatto al mio sorriso benevolo e disse, come rassegnandosi alla constatazione di una mostruosità: «Già, tutti i socialisti finiscono in pratica col ricorrere al mestiere del carnefice».

M'aveva vinto, ma l'odiai. Pervertiva la mia vita intera, anche quella che aveva precorso l'intervento del medico e che io rimpiangevo come tanto luminosa. M'aveva vinto perché aveva rivelato lo stesso dubbio che già prima delle sue parole avevo avuto con tanta angoscia.

E subito dopo mi capitò un'altra punizione.

«Come sta bene» aveva detto mia sorella, guardandomi con compiacenza, e fu una frase infelice, perché mia moglie, non appena la sentì, intravvide la possibilità che quel benessere eccessivo che mi coloriva il volto, degenerasse in altrettanta malattia. Fu spaventata come se in quel momento qualcuno l'avesse avvisata di un pericolo imminente, e m'assaltò con violenza: «Basta, basta», urlò «via quel bicchiere». Invocò l'aiuto del mio vicino, certo Alberi, ch'era uno degli uomini più lunghi della città, magro, secco e sano, ma occhialuto come Giovanni. «Sia tanto buono, gli strappi di mano quel bicchiere.» E visto che Alberi esitava, si commosse, s'affannò: «Signor Alberi, sia tanto buono, gli tolga quel bicchiere».

Io volli ridere, ossia indovinai che allora a una persona bene educata conveniva ridere, ma mi fu impossibile. Avevo preparato la ribellione per il giorno dopo e non era mia colpa se scoppiava subito. Quelle redargui-

---

7. *in gattabuia*: in galera.

zioni[8] in pubblico erano veramente oltraggiose. Alberi, cui di me, di mia moglie e di tutta quella gente che gli dava da bere e da mangiare non importava un fico fresco, peggiorò la mia situazione rendendola ridicola. Guardava al di sopra dei suoi occhiali il bicchiere che io stringevo, vi avvicinava le mani come se si fosse accinto a strapparmelo, e finiva per ritirarle con un gesto vivace, come se avesse avuto paura di me che lo guardavo. Ridevano tutti alle mie spalle, Giovanni con un certo suo riso gridato che gli toglieva il fiato.

La mia figliuola Emma credette che sua madre avesse bisogno del suo soccorso. Con un accento che a me pareva esageratamente supplice, disse: «Papà mio, non bere altro».

E fu su quell'innocente che si riversò la mia ira. Le dissi una parola dura e minacciosa dettata dal risentimento del vecchio e del padre. Ella ebbe subito gli occhi pieni di lagrime e sua madre non s'occupò più di me, per dedicarsi tutta a consolarla.

Mio figlio Ottavio, allora tredicenne, corse proprio in quel momento dalla madre. Non s'era accorto di nulla, né del dolore della sorella né della disputa che l'aveva causato. Voleva avere il permesso di andare la sera seguente al cinematografo con alcuni suoi compagni che in quel momento gliel'avevano proposto. Mia moglie non l'ascoltava, assorbita interamente dal suo ufficio di consolatrice di Emma.

Io volli ergermi con un atto d'autorità e gridai il mio permesso: «Sì, certo, andrai al cinematografo. Te lo prometto io e basta». Ottavio, senz'ascoltare altro, ritornò ai suoi compagni dopo di avermi detto: «Grazie, papà». Peccato, quella sua furia. Se fosse rimasto con noi, m'avrebbe sollevato con la sua contentezza, frutto del mio atto d'autorità.

A quella tavola il buon umore fu distrutto per qualche istante ed io sentivo di aver mancato anche verso la sposa, per la quale quel buon umore doveva essere un augurio e un presagio. Ed invece essa era la sola che intendesse il mio dolore, o così mi parve. Mi guardava proprio maternamente, disposta a scusarmi e ad accarezzarmi. Quella fanciulla aveva sempre avuto quell'aspetto di sicurezza nei suoi giudizi.

Come quando ambiva alla vita claustrale,[9] così ora credeva di essere superiore a tutti per avervi rinunziato. Ora s'ergeva su me, su mia moglie e su mia figlia. Ci compativa, e i suoi begli occhi grigi si posavano su noi, sereni, per cercare dove ci fosse il fallo che, secondo lei, non poteva mancare dove c'era il dolore.

Ciò accrebbe il mio rancore per mia moglie, il cui contegno ci umiliava a quel modo. Ci rendeva inferiori a tutti, anche ai più meschini, a quel-

---

8. *redarguizioni*: rimproveri.   9. *claustrale*: del chiostro, cioè di convento.

la tavola. Laggiù, in fondo, anche i bimbi di mia cognata avevano cessato di chiacchierare e commentavano l'accaduto accostando le testine. Ghermii[10] il bicchiere, dubbioso se vuotarlo o scagliarlo contro la parete o magari contro i vetri di faccia. Finii col vuotarlo d'un fiato. Questo era l'atto più energico, perché asserzione della mia indipendenza: mi parve il miglior vino che avessi avuto quella sera. Prolungai l'atto versando nel bicchiere dell'altro vino, di cui pure sorbii un poco. Ma la gioia non voleva venire, e tutta la vita anche troppo intensa, che ormai animava il mio organismo, era rancore. Mi venne una idea curiosa. La mia ribellione non bastava per chiarire tutto. Non avrei potuto proporre anche alla sposa di ribellarsi con me? Per fortuna proprio in quell'istante essa sorrise dolcemente all'uomo che le stava accanto fiducioso. Ed io pensai: «Essa ancora non sa ed è convinta di sapere».

Ricordo ancora che Giovanni disse: «Ma lasciatelo bere. Il vino è il latte dei vecchi». Lo guardai raggrinzando la mia faccia per simulare un sorriso ma non seppi volergli bene. Sapevo che a lui non premeva altro che il buon umore e voleva accontentarmi, come un bimbo imbizzito che turba un'adunata d'adulti.

Poi bevetti poco e soltanto se mi guardavano, e più non fiatai. Tutto intorno a me vociava giocondamente e mi dava fastidio. Non ascoltavo ma era difficile di non sentire. Era scoppiata una discussione fra Alberi e Giovanni, e tutti si divertivano a vedere alle prese l'uomo grasso con l'uomo magro. Su che cosa vertesse la discussione non so, ma sentii dall'uno e dall'altro parole abbastanza aggressive. Vidi in piedi l'Alberi che, proteso verso Giovanni, portava i suoi occhiali fin quasi al centro della tavola, vicinissimo al suo avversario, che aveva adagiato comodamente su una poltrona a sdraio, offertagli per ischerzo alla fine della cena, i suoi centoventi chilogrammi, e lo guardava intento, da quel buon schermitore che era, come se studiasse dove assestare la propria stoccata. Ma anche l'Alberi era bello, tanto asciutto, ma tuttavia sano, mobile e sereno.

E ricordo anche gli augurii e i saluti interminabili al momento della separazione. La sposa mi baciò con un sorriso che mi parve ancora materno. Accettai quel bacio, distratto. Speculavo[11] quando mi sarebbe stato permesso di spiegarle qualche cosa di questa vita.

In quella, da qualcuno, fu fatto un nome, quello di un'amica di mia moglie e antica mia: Anna. Non so da chi né a che proposito, ma so che fu l'ultimo nome ch'io udii prima di essere lasciato in pace dai convitati. Da anni io usavo vederla spesso accanto a mia moglie e salutarla con

---

10. *Ghermii*: afferrai con violenza.   11. *Speculavo*: riflettevo domandandomi.

l'amicizia e l'indifferenza di gente che non ha nessuna ragione per protestare d'essere nati nella stessa città e nella stessa epoca. Ecco che ora
invece ricordai ch'essa era stata tanti anni prima il mio solo delitto
d'amore. L'avevo corteggiata quasi fino al momento di sposare mia
moglie. Ma poi del mio tradimento ch'era stato brusco, tanto che non
avevo tentato di attenuarlo neppure con una parola sola, nessuno aveva
mai parlato, perché essa poco dopo si era sposata anche lei ed era stata
felicissima. Non era intervenuta alla nostra cena per una lieve influenza
che l'aveva costretta a letto. Niente di grave. Strano e grave era invece
che io ora ricordassi il mio delitto d'amore, che veniva ad appesantire la
mia coscienza già tanto turbata. Ebbi proprio la sensazione che in quel
momento il mio antico delitto venisse punito. Dal suo letto, che era probabilmente di convalescente, udivo protestare la mia vittima: «Non sarebbe giusto che tu fossi felice». Io m'avviai alla mia stanza da letto molto
abbattuto. Ero un po' confuso, perché una cosa che intanto non mi pareva
giusta era che mia moglie fosse incaricata di vendicare chi essa stessa
aveva soppiantato.

Emma venne a darmi la buona notte. Era sorridente, rosea, fresca. Il
suo breve groppo di lacrime s'era sciolto in una reazione di gioia, come
avviene in tutti gli organismi sani e giovini. Io, da poco, intendevo bene
l'anima altrui, e la mia figliuola, poi, era acqua trasparente. La mia sfuriata era servita a conferirle importanza al cospetto di tutti, ed essa ne godeva con piena ingenuità. Io le diedi un bacio e sono sicuro di aver pensato
ch'era una fortuna per me ch'essa fosse tanto lieta e contenta. Certo, per
educarla, sarebbe stato mio dovere ammonirla che non s'era comportata
con me abbastanza rispettosamente. Non trovai però le parole, e tacqui.
Essa se ne andò, e del mio tentativo di trovare quelle parole, non restò
che una preoccupazione, una confusione, uno sforzo che m'accompagnò
per qualche tempo. Per quetarmi pensai: «Le parlerò domani. Le dirò le
mie ragioni». Ma non servì. L'avevo offesa io, ed essa aveva offeso me.
Ma era una nuova offesa ch'essa non ci pensasse più mentre io ci pensavo sempre.

Anche Ottavio venne a salutarmi. Strano ragazzo. Salutò me e la sua
mamma quasi senza vederci. Era già uscito quand'io lo raggiunsi col mio
grido: «Contento di andare al cinematografo?» Si fermò, si sforzò di
ricordare, e prima di riprendere la sua corsa disse seccamente: «Sì». Era
molto assonnato.

Mia moglie mi porse la scatola delle pillole. «Son queste?» domandai
io con una maschera di gelo sulla faccia.

«Sì, certo» disse ella gentilmente. Mi guardò indagando e, non sapendo altrimenti indovinarmi, mi chiese esitante: «Stai bene?»

«Benissimo» asserii deciso, levandomi uno stivale. E precisamente in quell'istante lo stomaco prese a bruciarmi spaventosamente. «Era questo ch'essa voleva» pensai con una logica di cui solo ora dubito.

Inghiottii la pillola con un sorso d'acqua e ne ebbi un lieve refrigerio. Baciai mia moglie sulla guancia macchinalmente. Era un bacio quale poteva accompagnare le pillole. Non me lo sarei potuto risparmiare se volevo evitare discussioni e spiegazioni. Ma non seppi avviarmi al riposo senz'avere precisato la mia posizione nella lotta che per me non era ancora cessata, e dissi nel momento di assestarmi nel letto: «Credo che le pillole sarebbero state più efficaci se prese con vino».

Spense la luce e ben presto la regolarità del suo respiro mi annunziò ch'essa aveva la coscienza tranquilla, cioè, pensai subito, l'indifferenza più assoluta per tutto quanto mi riguardava. Io avevo atteso ansiosamente quell'istante, e subito mi dissi ch'ero finalmente libero di respirare rumorosamente, come mi pareva esigesse lo stato del mio organismo, o magari di singhiozzare, come nel mio abbattimento avrei voluto. Ma l'affanno, appena fu libero, divenne un affanno più vero ancora. Eppoi non era una libertà, cotesta. Come sfogare l'ira che imperversava in me? Non potevo fare altro che rimuginare quello che avrei detto a mia moglie e a mia figlia il giorno dopo. «Avete tanta cura della mia salute, quando si tratta di seccarmi alla presenza di tutti?» Era tanto vero. Ecco che io ora m'arrovellavo solitario nel mio letto e loro dormivano serenamente. Quale bruciore! Aveva invaso nel mio organismo tutto un vasto tratto che sfociava nella gola. Sul tavolino accanto al letto doveva esserci la bottiglia dell'acqua ed io allungai la mano per raggiungerla. Ma urtai il bicchiere vuoto e bastò il lieve tintinnìo per destare mia moglie. Già quella lì dorme sempre con un occhio aperto.

«Stai male?» domandò a bassa voce. Dubitava di aver sentito bene e non voleva destarmi. Indovinai un tanto, ma le attribuii la bizzarra intenzione di gioire di quel male, che non era altro che la prova ch'ella aveva avuto ragione. Rinunziai all'acqua e mi riadagiai, quatto quatto. Subito essa ritrovò il suo sonno lieve che le permetteva di sorvegliarmi.

Insomma, se non volevo soggiacere nella lotta con mia moglie, io dovevo dormire. Chiusi gli occhi e mi rattrapii[12] su di un fianco. Subito dovetti cambiare di posizione. Mi ostinai però e non apersi gli occhi. Ma ogni posizione sacrificava una parte del mio corpo. Pensai: «Col corpo fatto così non si può dormire». Ero tutto movimento, tutta veglia. Non

---

12. *mi rattrapii*: (normalmente nella forma "rattrappii") mi contrassi irrigidendomi.

può pensare il sonno chi sta correndo. Della corsa avevo l'affanno e anche, nell'orecchio, il calpestìo dei miei passi: di scarponi pesanti. Pensai che forse, nel letto, mi movevo troppo dolcemente per poter azzeccare di colpo e con tutte le membra la posizione giusta. Non bisognava cercarla. Bisognava lasciare che ogni cosa trovasse il posto confacente alla sua forma. Mi ribaltai con piena violenza. Subito mia moglie mormorò: «Stai male?» Se avesse usato altre parole io avrei risposto domandando soccorso. Ma non volli rispondere a quelle parole che offensivamente alludevano alla nostra discussione.

Stare fermi doveva pur essere tanto facile. Che difficoltà può essere a giacere, giacere veramente nel letto? Rividi tutte le grandi difficoltà in cui ci imbattiamo a questo mondo, e trovai che veramente, in confronto a qualunque di esse, giacere inerte era una cosa di nulla. Ogni carogna sa stare ferma. La mia determinazione inventò una posizione complicata ma incredibilmente tenace. Ficcai i denti nella parte superiore del guanciale, e mi torsi in modo che anche il petto poggiava sul guanciale mentre la gamba destra usciva dal letto e arrivava quasi a toccare il suolo, e la sinistra s'irrigidiva sul letto inchiodandomivi. Sì. Avevo scoperto un sistema nuovo. Non io afferravo il letto, era il letto che afferrava me. E questa convinzione della mia inerzia fece sì che anche quando l'oppressione aumentò, io ancora non mollai. Quando poi dovetti cedere, mi consolai con l'idea che una parte di quella orrenda notte era trascorsa, ed ebbi anche il premio che, liberatomi dal letto, mi sentii sollevato come un lottatore che si sia liberato da una stretta dell'avversario.

Io non so per quanto tempo stessi poi fermo. Ero stanco. Sorpreso m'avvidi di uno strano bagliore nei miei occhi chiusi, d'un turbinìo di fiamme che supposi prodotte dall'incendio che sentivo in me. Non erano vere fiamme ma colori che le simulavano. E s'andarono poi mitigando e componendo in forme tondeggianti, anzi in gocce di un liquido vischioso, che presto si fecero tutte azzurre, miti, ma cerchiate da una striscia luminosa rossa. Cadevano da un punto in alto, si allungavano e, staccatesi, scomparivano in basso. Fui io che dapprima pensai che quelle gocce potevano vedermi. Subito, per vedermi meglio, esse si convertirono in tanti occhiolini. Mentre si allungavano cadendo, si formava nel loro centro un cerchietto che privandosi del velo azzurro scopriva un vero occhio, malizioso e malevolo. Ero addirittura inseguito da una folla che mi voleva male. Mi ribellai nel letto gemendo ed invocando:

«Mio Dio!»

«Stai male?» domandò subito mia moglie.

Dev'esser trascorso qualche tempo prima della risposta. Ma poi avvenne che m'accorsi ch'io non giacevo più nel mio letto, ma mi ci tenevo aggrappato, ché s'era convertito in un'erta da cui stavo scivolando. Gridai: «Sto male, molto male».

Mia moglie aveva acceso una candela e mi stava accanto nella sua rosea camicia da notte. La luce mi rassicurò ed anzi ebbi chiaro il sentimento di aver dormito e di essermi destato soltanto allora. Il letto s'era raddrizzato ed io vi giacevo senza sforzo. Guardai mia moglie sorpreso, perché ormai, visto che m'ero accorto di aver dormito, non ero più sicuro di aver invocato il suo aiuto. «Che vuoi?» le domandai.

Essa mi guardò assonnata, stanca. La mia invocazione era bastata a farla balzare dal letto, non a toglierle il desiderio del riposo, di fronte al quale non le importava più neppure di aver ragione. Per fare presto domandò: «Vuoi di quelle gocce che il dottore prescrisse per il sonno?»

Esitai per quanto il desiderio di star meglio fosse fortissimo. «Se lo vuoi» dissi tentando di apparire solo rassegnato. Prendere le gocce non equivale mica alla confessione di star male.

Poi ci fu un istante in cui godetti di una grande pace. Durò finché mia moglie, nella sua camicia rosea, alla luce lieve di quella candela, mi stette accanto a contare le gocce. Il letto era un vero letto orizzontale, e le palpebre, se le chiudevo, bastavano a sopprimere qualsiasi luce nell'occhio. Ma io le aprivo di tempo in tempo, e quella luce e il roseo di quella camicia mi davano altrettanto refrigerio che l'oscurità totale. Ma essa non volle prolungare di un solo minuto la sua assistenza e fui ripiombato nella notte a lottare da solo per la pace. Ricordai che da giovine, per affrettare il sonno, mi costringevo a pensare ad una vecchia bruttissima che mi faceva dimenticare le belle visioni che m'ossessionavano. Ecco che ora mi era invece concesso d'invocare senza pericolo la bellezza, che certo m'avrebbe aiutato. Era il vantaggio – l'unico – della vecchiaia. E pensai, chiamandole per nome, varie belle donne, desiderii della mia giovinezza, d'un'epoca nella quale le belle donne avevano abbondato in modo incredibile. Ma non vennero. Neppur allora si concedettero. Ed evocai, evocai, finché dalla notte sorse una sola figura bella: Anna, proprio lei, com'era tanti anni prima, ma la faccia, la bella rosea faccia, atteggiata a dolore e rimprovero. Perché voleva apportarmi non la pace ma il rimorso. Questo era chiaro. E giacché era presente, discussi con lei. Io l'avevo abbandonata, ma essa subito aveva sposato un altro, ciò ch'era nient'altro che giusto. Ma poi aveva messo al mondo una fanciulla ch'era ormai quindicenne e che somigliava a lei nel colore mite, d'oro nella testa e azzurro negli occhi, ma aveva la faccia sconvolta dall'intervento del padre che le era stato scelto: le ondulazioni dolci dei capelli mutate in tanti ricci crespi, le guance grandi, la bocca larga e le labbra eccessivamente tumide. Ma i colori della madre nelle linee del padre finivano con l'essere un bacio spudorato, in pubblico. Che cosa voleva ora da me dopo che mi si era mostrata tanto spesso avvinta al marito?

E fu la prima volta, quella sera, che potei credere di aver vinto. Anna si fece più mite, quasi ricredendosi. E allora la sua compagnia non mi dispiacque più. Poteva restare. E m'addormentai ammirandola bella e buona, persuasa. Presto mi addormentai.

Un sogno atroce. Mi trovai in una costruzione complicata, ma che subito intesi come se io ne fossi stato parte. Una grotta vastissima, rozza, priva di quegli addobbi che nelle grotte la natura si diverte a creare, e perciò sicuramente dovuta all'opera dell'uomo; oscura, nella quale io sedevo su un treppiedi di legno accanto ad una cassa di vetro, debolmente illuminata di una luce che io ritenni fosse una sua qualità, l'unica luce che ci fosse nel vasto ambiente, e che arrivava ad illuminare me, una parete composta di pietroni grezzi e di sotto un muro cementato. Come sono espressive le costruzioni del sogno! Si dirà che lo sono perché chi le ha architettate può intenderle facilmente, ed è giusto. Ma il sorprendente si è che l'architetto non sa di averle fatte, e non lo ricorda neppure quand'è desto, e rivolgendo il pensiero al mondo da cui è uscito e dove le costruzioni sorgono con tanta facilità può sorprendersi che là tutto s'intenda senza bisogno di alcuna parola.

Io seppi subito che quella grotta era stata costruita da alcuni uomini che l'usavano per una cura inventata da loro, una cura che doveva essere letale per uno dei rinchiusi (molti dovevano esserci laggiù nell'ombra) ma benefica per tutti gli altri. Proprio così! Una specie di religione, che abbisognava di un olocausto, e di ciò naturalmente non fui sorpreso.

Era più facile assai indovinare che, visto che m'avevano posto tanto vicino alla cassa di vetro nella quale la vittima doveva essere asfissiata, ero prescelto io a morire, a vantaggio di tutti gli altri. Ed io già anticipavo in me i dolori della brutta morte che m'aspettava. Respiravo con difficoltà, e la testa mi doleva e pesava, per cui la sostenevo con le mani, i gomiti poggiati sulle ginocchia.

Improvvisamente tutto quello che già sapevo fu detto da una quantità di gente celata nell'oscurità. Mia moglie parlò per prima: «Affrettati, il dottore ha detto che sei tu che devi entrare in quella cassa». A me pareva doloroso, ma molto logico. Perciò non protestai, ma finsi di non sentire. E pensai: «L'amore di mia moglie m'è sembrato sempre sciocco». Molte altre voci urlarono imperiosamente: «Vi risolvete[13] ad obbedire?» Fra

---

13. *risolvete*: decidete.

queste voci distinsi chiarissima quella del dottor Paoli. Io non potevo protestare, ma pensai: «Lui lo fa per essere pagato».

Alzai la testa per esaminare ancora una volta la cassa di vetro che m'attendeva. Allora scopersi, seduta sul coperchio della stessa, la sposa. Anche a quel posto ella conservava la sua perenne aria di tranquilla sicurezza. Sinceramente io disprezzavo quella sciocca, ma fui subito avvertito ch'essa era molto importante per me. Questo l'avrei scoperto anche nella vita reale, vedendola seduta su quell'ordigno che doveva servire ad uccidermi. E allora io la guardai, scodinzolando. Mi sentii come uno di quei minuscoli cagnotti che si conquistano la vita agitando la propria coda. Un'abbiezione![14]

Ma la sposa parlò. Senz'alcuna violenza, come la cosa più naturale di questo mondo, essa disse: «Zio, la cassa è per voi».

Io dovevo battermi da solo per la mia vita. Questo anche indovinai. Ebbi il sentimento di saper esercitare uno sforzo enorme senza che nessuno se ne potesse avvedere. Proprio come prima avevo sentito in me un organo che mi permetteva di conquistare il favore del mio giudice senza parlare, così scopersi in me un altro organo, che non so che cosa fosse, per battermi senza muovermi e così assaltare i miei avversari non messi in guardia. E lo sforzo raggiunse subito il suo effetto. Ecco che Giovanni, il grosso Giovanni, sedeva nella cassa di vetro luminosa, su una sedia di legno simile alla mia e nella stessa mia posizione. Era piegato in avanti, essendo la cassa troppo bassa, e teneva gli occhiali in mano, affinché non gli cadessero dal naso. Ma così egli aveva un po' l'aspetto di trattare un affare, e di essersi liberato dagli occhiali, per pensare meglio senza vedere nulla. Ed infatti, benché sudato e già molto affannato, invece che pensare alla morte vicina era pieno di malizia, come si vedeva dai suoi occhi, nei quali scorsi il proposito dello stesso sforzo che poco prima avevo esercitato io. Perciò io non sapevo aver compassione di lui, perché di lui temevo.

Anche a Giovanni lo sforzò riuscì. Poco dopo al suo posto nella cassa c'era l'Alberi, il lungo, magro e sano Alberi, nella stessa posizione che aveva avuto Giovanni ma peggiorata dalle dimensioni del suo corpo. Era addirittura piegato in due e avrebbe destato veramente la mia compassione se anche in lui oltre che affanno non ci fosse stata una grande malizia. Mi guardava di sotto in su, con un sorriso malvagio, sapendo che non dipendeva che da lui di non morire in quella cassa.

Dall'alto della cassa di nuovo la sposa parlò: «Ora, certamente, toc-

---

14. *abbiezione*: (più comunemente "abiezione")
meschinità, bassezza.

cherà a voi, zio». Sillabava le parole con grande pedanteria. E le sue parole furono accompagnate da un altro suono, molto lontano, molto in alto. Da quel suono prolungatissimo emesso da una persona che rapidamente si moveva per allontanarsi, appresi che la grotta finiva in un corridoio erto, che conduceva alla superficie della terra. Era un solo sibilo, ma un sibilo di consenso, e proveniva da Anna che mi manifestava ancora una volta il suo odio. Non aveva il coraggio di rivestirlo di parole, perché io veramente l'avevo convinta ch'essa era stata più colpevole verso di me che io verso di lei. Ma la convinzione non fa nulla, quando si tratta di odio.

Ero condannato da tutti. Lontano da me, in qualche parte della grotta, nell'attesa, mia moglie e il dottore camminavano su e giù e intuii che mia moglie aveva un aspetto risentito. Agitava vivacemente le mani declamando i miei torti. Il vino, il cibo e i miei modi bruschi con lei e con la mia figliuola.

Io mi sentivo attratto verso la cassa dallo sguardo di Alberi, rivolto a me trionfalmente. M'avvicinavo ad essa lentamente con la sedia, a pochi millimetri alla volta, ma sapevo che quando fossi giunto ad un metro da essa (così era la legge) con un solo salto mi sarei trovato preso, e boccheggiante.

Ma c'era ancora una speranza di salvezza. Giovanni, perfettamente rimessosi dalla fatica della sua dura lotta, era apparso accanto alla cassa, che egli più non poteva temere, essendoci già stato (anche questo era legge laggiù). Si teneva eretto in piena luce, guardando ora l'Alberi che boccheggiava e minacciava, ed ora me, che alla cassa lentamente m'avvicinavo.

Urlai: «Giovanni! Aiutami a tenerlo dentro... Ti darò del denaro». Tutta la grotta rimbombò del mio urlo, e parve una risata di scherno. Io intesi. Era vano supplicare. Nella cassa non doveva morire né il primo che v'era stato ficcato, né il secondo, ma il terzo. Anche questa era una legge della grotta, che come tutte le altre, mi rovinava. Era poi duro che dovessi riconoscere che non era stata fatta in quel momento per danneggiare proprio me. Anch'essa risultava da quell'oscurità e da quella luce. Giovanni neppure rispose, e si strinse nelle spalle per significarmi il suo dolore di non poter salvarmi e di non poter vendermi la salvezza.

E allora io urlai ancora: «Se non si può altrimenti, prendete mia figlia. Dorme qui accanto. Sarà facile». Anche questi gridi furono rimandati da un'eco enorme. Ne ero frastornato, ma urlai ancora per chiamare mia figlia: «Emma, Emma, Emma!»

Ed infatti dal fondo della grotta mi pervenne la risposta di Emma, il suono della sua voce tanto infantile ancora: «Eccomi, babbo, eccomi».

Mi parve non avesse risposto subito. Ci fu allora un violento sconvolgimento che credetti dovuto al mio salto nella cassa. Pensai ancora: «Sempre lenta quella figliuola quando si tratta di obbedire». Questa volta la sua lentezza mi rovinava ed ero pieno di rancore.

Mi destai. Questo era lo sconvolgimento. Il salto da un mondo nell'altro. Ero con la testa e il busto fuori del letto e sarei caduto se mia moglie non fosse accorsa a trattenermi. Mi domandò: «Hai sognato?» E poi, commossa: «Invocavi tua figlia. Vedi come l'ami?»

Fui dapprima abbacinato da quella realtà in cui mi parve che tutto fosse svisato e falsato. E dissi a mia moglie che pur doveva saper tutto anche lei: «Come potremo ottenere dai nostri figliuoli il perdono di aver dato loro questa vita?»

Ma lei, sempliciona, disse: «I nostri figliuoli sono beati di vivere».

La vita, ch'io allora sentivo quale la vera, la vita del sogno, tuttavia m'avviluppava[15] e volli proclamarla: «Perché loro non sanno niente ancora».

Ma poi tacqui e mi raccolsi in silenzio. La finestra accanto al mio letto andava illuminandosi e a quella luce io subito sentii che non dovevo raccontare quel sogno perché bisognava celarne l'onta. Ma presto, come la luce del sole continuò così azzurrigna e mite ma imperiosa ad invadere la stanza, io quell'onta neppure più sentii. Non era la mia la vita del sogno e non ero io colui che scodinzolava e che per salvare se stesso era pronto d'immolare la propria figliuola.

Però bisognava evitare il ritorno a quell'orrenda grotta. Ed è così ch'io mi feci docile, e volonteroso m'adattai alla dieta del dottore. Qualora[16] senza mia colpa, dunque non per libazioni[17] eccessive ma per l'ultima febbre io avessi a ritornare a quella grotta, io subito salterei nella cassa di vetro, se ci sarà, per non scodinzolare e per non tradire.

Scheda di analisi
a pagina 351

---

15. *tuttavia m'avviluppava*: continuava ad avvolgermi.

16. *Qualora*: nel caso in cui.
17. *libazioni*: bevute.

Carlo Cassola

Paura e tristezza

da *La visita*, 1942; ora Rizzoli.

Uno degli ultimi pomeriggi di settembre la solita comitiva fece una passeggiata alle Balze.[1] La campagna aveva ormai un aspetto autunnale:
dalla valle saliva, pieno e profondo, il rumore dell'acqua; una ragazza
cantava a un lavatoio lontano. Una vaga malinconia pungeva il cuore di
Fausto, preludio della paura e della tristezza che dovevano impadronirsi
di lui più tardi.

Apparvero le Balze nella luce ferma del pomeriggio. Le pareti si levavano vertiginosamente, e Fausto non poteva guardarle; il paese intorno
era ugualmente nudo e chiaro. Gli altri apparivano allegri: solo Fausto era
scosso dallo squallore del luogo. I giovanotti facevano i bravi sull'orlo
del baratro, e tiravano le coccole[2] alle ragazze. Una coccola finì addosso a
Fausto. «Poverino, ci hai rimesso tu» gli disse la ragazza a cui era destinata; e Fausto ebbe un vago sorriso di riconoscenza verso quella persona
grande che aveva badato a lui. Continuarono a scherzare così per un
tempo interminabile.

Su un'altura a destra del baratro si vedeva la Badia. Era un'antica
costruzione in abbandono che faceva da casa ai più poveri del luogo. I
frati erano andati via da tempo, in previsione di una nuova frana che
avrebbe dovuto inghiottirla.

«Una volta c'era un'altra Badia e molto più grande, anche» spiegò il
fratello con enfasi. «È finita nelle Balze.»

---

1. *alle Balze*: vasta e impressionante voragine
dovuta al franare del terreno, composto da
strati di sabbia compressa e di argille. Si trova
a circa due chilometri da Volterra (provincia
di Pisa). L'erosione delle Balze, che progredi-
sce inesorabilmente, ha già inghiottito molti
monumenti etruschi e medievali.
2. *coccole*: bacche.

Fausto rabbrividì: e si tese ad ascoltare il resto che, lo sapeva già, sarebbe stato terribile.

«Una notte il Priore ebbe una visione», continuò il fratello: «l'Arcangelo Gabriele in persona lo avvertiva che dovevano fuggire subito. Nella notte i frati fuggirono: quando intesero un rombo spaventoso: si voltarono, e la Badia non c'era più.»

«Dopo quanto si voltarono?» domandò Fausto.

«Eh... dopo un'ora.»

Due bambine spettinate giocavano lungo la via di cipressi. Il vento piegava visibilmente, a raffiche, la scarsa erba del pendio. I grandi sedettero addossati ai piedi dei cipressi, a dieci metri dall'abisso, e cominciarono il gioco del "paese".[3]

Fausto pensava ad Anna che era nata lassù, alla Badia; e gli tornavano alla mente i suoi racconti:

«Una notte un uomo cascò nelle Balze. Tornava a casa ubriaco e sbagliò viottolo... Quello che si ammazzò era un giovanotto che aveva il naso grossissimo. Stava fermo vicino alle Balze, a un tratto lo videro coprirsi gli occhi col fazzoletto e buttarsi in avanti».

Il fratello dirigeva il gioco. Fausto cercò di seguirlo, ma vanamente. Il gruppo dei grandi gli era lontano: non la solita lontananza data dalla loro condizione di grandi, ma un'estraneità che lo gelava. Con lo sguardo e col pensiero tornò alla Badia. La vita era triste, lassù. Anche perché triste era stata la vita di Anna. Oh, se avesse potuto essere felice! Nelle sue fantasie gli avvenimenti più straordinari erano potuti accadere per costruire questa felicità; e lacrime di liberazione s'erano accumulate nelle sue pupille. Ma un'ombra gravava triste su Anna. Un giorno si mise a piangere perché doveva partire: e Fausto empì invano la casa dei suoi urli disperati. Anna partì. Per dove? I suoi genitori erano morti da tanti anni: ella era sola al mondo.

Il gioco del "paese" era finito. I grandi rimasero in silenzio ad ammirare il tramonto, poi tutti si mossero. Scesero nella vallata opposta alle Balze; via via Fausto si voltava a guardare la Badia che scendeva anch'essa sul limitato orizzonte: finché scomparve. Quando furono in fondo alla valle, cominciarono a risalire. Altre volte, tornando di là, Fausto aveva visto casa sua emergere in alto segnata dalla luce in un'aria irreale e lontana: ed era un'immagine piena di dolcezza; ma questa volta

---

3. *paese*: è uno dei giochi più comuni tra i bambini; è simile, o identico, a seconda delle interpretazioni, al gioco detto "mondo". Consiste nel percorrere, saltellando su una gamba sola, una serie di riquadri disegnati per terra, senza toccare le linee divisorie e spingendo col piede un sasso o una piastrella.

la notte calava rapidamente e ben presto intorno a lui non ci furono che masse buie più o meno vicine a seconda che più o meno nere. Camminava fra gli altri, ma la compagnia, se arrivava a proteggerlo, non arrivava a rasserenarlo. Una volta a casa si cenò come sempre nel tinello, alla luce accecante del lume a petrolio. Lui faceva fatica a inghiottire, e la tovaglia, i bicchieri, i discorsi, i volti dei suoi cari, la stanza, i rumori della donna di là in cucina, lo sfrigolio della padella, tutto quello che aveva di familiare e di affettuoso, gli era allontanato da un freddo distacco. Quando la cena fu terminata, non ebbe il coraggio di andare subito a letto: aprì la porta e attraversando di corsa il piazzale entrò in casa dei contadini. Anche qui la cucina nera e fumosa gli apparve ugualmente lontana. Il capoccia dormiva con la testa sulla tavola, il gatto russava su una sedia e il cane ammusava[4] da un canto. Fine faceva la calza vicino al fornello. Fausto si mise a sedere e ricominciò a pensare alle Balze. Era un pensiero che non l'assorbiva: parlava con Fine e ne sentiva i discorsi, ma ogni frase detta o ascoltata restava senza effetto a causa di quel pensiero.

«È una cattiva annata» disse Fine tranquillamente.

Mentre discorreva continuava a infilzare col movimento ritmico del gomito.

«Eppure è piovuto» azzardò Fausto.

«Troppo poco» disse Fine. «Oh, ne verrà di pioggia, non dubiti, ma a guastarci le olive.»

«Allora io non ci sarò più.»

Presto il vento avrebbe cominciato a farsi cupo giù nella valle; gli olivi si sarebbero imbiancati voltandosi sotto le raffiche, e sarebbe scrosciata giù la pioggia, temporalesca prima, e poi monotona e diffusa per la campagna appannata. E come s'annunciava triste, pur nella sua vaga bellezza, la bacchiatura[5] delle castagne! Nell'aria infoschita[6] avrebbe aiutato le donne a raccogliere i ricci, guardando i bacchiatori agitare temerariamente le pertiche, e alla fine non ci sarebbero rimasti altro che il mucchio di ricci nell'aia desolata, e il castagneto spoglio. Il vento non sarebbe importato più. Scuotesse pure i castagni! I ricci erano nell'aia... come i morti nel cimitero.

Ma non erano finite le sensazioni paurose e tristi di quella giornata. Se ne accorse poco dopo quando Fine gli raccontò una storia avvenuta al suo babbo.

«Lei conosce il mio babbo, non è vero, Faustino? Allora saprà che è stato sempre un vagabondo. A diciott'anni faceva all'amore con una

---

4. *ammusava*: col muso si avvicinava, o toccava qualcuno.
5. *bacchiatura*: la raccolta, che si fa picchian-

do con un lungo bastone il fusto degli alberi, così da farne cadere i frutti maturi.
6. *infoschita*: oscurata.

ragazza dei Borghi, e il padre di lei aveva giurato di ammazzarlo se lo trovava con la figliola. Dopo un po' di tempo che le cose andavano a questo modo, la ragazza s'ammalò dal dispiacere ed era moribonda. Il mio babbo volle rivederla: montò su un cipresso vicino alla casa di lei, quando fu in cima diede una svettata,[7] ed entrò per la finestra nella camera della ragazza. Mentre stavano insieme sentirono dei passi per le scale, e il mio babbo si nascose in una cassa che era piena a metà di mele.»

A queste ultime parole, Fausto sentì un remoto terrore affiorargli nell'anima; e si mise ad ascoltare avidamente. Fine aveva smesso di lavorare, come le accadeva sempre quando raccontava qualche storia.

«A questo punto la ragazza cominciò a peggiorare, e ricevette l'estrema unzione. Allora mandò via tutti fuorché il padre e quando fu sola con lui gli disse: "Babbo, vuoi farmi morire contenta? Ebbene, appena sarò morta inchioda quella cassa: la porterete al camposanto insieme alla mia bara, perché voglio che siano sotterrate una vicino all'altra. Giurami che lo farai". Il padre giurò e lei subito morì.»

«Il giorno dopo vestirono la morta e la misero nella bara. Vennero gl'Incappati della Misericordia,[8] presero le due casse, e fecero il trasporto. Il mio babbo sentiva tutto: le preghiere con cui s'accompagnano i morti, i passi degli accompagnatori, e perfino il lezzo dei ceri. Di tanto in tanto ammorsava[9] una mela.»

«Ma perché non gridava che c'era lui dentro?» domandò Fausto.

«Perché il padre della ragazza l'avrebbe ammazzato» rispose Fine. «Una volta arrivati al camposanto portarono le due casse nella camera mortuaria, il prete diede la sua benedizione e se ne andarono via tutti lasciando soli i becchini. Rimasti soli, i due becchini cominciarono a chiacchierare. In una parola erano curiosi di sapere cosa ci fosse in quella cassa. Finalmente la curiosità ebbe il sopravvento: uno dei due prese un'accetta e con un colpo, plaf! spaccò la cassa in due. Il mio babbo, che stava sul chi vive, si levò in piedi: l'altro fece un passo indietro. Allora il mio babbo prese la rincorsa: il becchino tentò di dargli l'accettata nella schiena, ma le mele s'erano sparse in terra, mise il piede su una e andò lungo disteso sul pavimento. Il mio babbo infilò la porta e, svelto com'era, non fu ripreso più.»

A un urto del cane che gli aveva smosso la sedia, il capoccia s'era alzato. Sollevò la candela dalla mensola e l'accese. Fausto sentiva i suoi

---

7. *diede una svettata*: piegò la cima, la vetta dell'albero.
8. *Incappati della Misericordia*: sono coloro che portano il mantello, o cappa, della Misericordia. La Misericordia è un'istituzione

di carità, nata a Firenze nel XIII secolo e ancora oggi esistente, che si occupa di soccorrere i feriti e gli infermi, e di trasportare al cimitero i corpi dei defunti.
9. *ammorsava*: morsicava.

movimenti, ma non lo guardava: guardava fisso la pancia lustra del gatto alzarsi e abbassarsi soavemente. Senza nemmeno accorgersi della sua presenza, il capoccia uscì di cucina soffiando.

«Non ho capita questa dei becchini» disse Fausto respirando a fatica. «Perché lo rincorsero?»

«Volevano riprenderlo e sotterrarlo» rispose Fine che aveva ricominciato a fare la calza «perché non potesse dire a nessuno quello che avevano fatto.»

Fausto vide confusamente una figura giovanile nella sua corsa disperata verso l'uscita del camposanto. Pensò allo spasimo dei suoi movimenti per aprire il cancello o per scalare il muro, sotto l'inseguimento infernale dei becchini. Il raccapriccio gli gelò il sangue e, insieme, il corso dei pensieri.

Non fu più buono a parlare. Dopo un silenzio struggente, ebbe voglia di essere a casa sua; diede la buonanotte e uscì. Era buio fitto. Allora raggiunse al passo l'uscio di casa e restò seduto sulla soglia, voltandosi di tanto in tanto a guardare la luce che veniva dalla cucina, mentre l'ombra rassicurante del padre passeggiava per il piazzale. Una volta a letto non sarebbe riuscito ad addormentarsi. Avrebbe ascoltato gli altri andare a dormire, uno per uno, ultimo il padre che si chiudeva al cesso; poi sarebbe rimasto solo nel silenzio interminabile.

Non poteva non pensare al camposanto. Mentalmente distingueva il chiarore netto sulla linea del muro e, attraverso il cancello, i lumini tremolanti e le masse grigie delle cappelle che sembravano fantasmi in corsa. Il cancello rammentava un'altra storia di Fine. Uno per scommessa ci aveva dato una coltellata. La mattina dopo lo avevano trovato col pugno sul manico, morto. Com'era possibile che dopo avere infisso il coltello non fosse stato più capace di staccare la mano? Ma Fine s'era meravigliata di una domanda simile. «Io farei qualunque cosa», aveva aggiunto «ma mai per scommessa.»

Era pieno di quelle immagini, e non poteva scacciarle da sé. Nella notte senza stelle la melodia accorata dei grilli lo riempiva di tristezza. Canticchiando, si ridiceva all'infinito la canzoncina del grillo che doveva sposare la formicuzza:

> *Quando fu sera*
> *di là dal mare*
> *s'intese dire*
> *che il grillo stava male.*
> *Quando fu notte*
> *di là dal porto*
> *s'intese dire*
> *che il grillo era morto.*

Perché il grillo era voluto andare lontano? Anche Anna aveva fatto così.

Solo nelle fantasie poteva mutare le cose che lo addoloravano. S'immerse nella creazione di una vita dove si stesse sempre insieme con gli esseri amati, dove i morti vivessero ancora, dove non ci fossero più tutte le cose tristi della terra, il camposanto e le Balze e la morte e l'infelicità.

Scheda di analisi
a pagina 353

Vasco Pratolini

Vanda

da *Le amiche*, 1943; ora in *Diario
sentimentale*, A. Mondadori.

Vanda aveva gli occhi neri, e dentro una punta d'oro; i suoi capelli erano biondi. Io non riuscivo a dirle che l'amavo; non sapevo nemmeno che si chiamava Vanda. Una mattina fu essa a fermarsi a metà del Ponte;[1] aspettò che io trovassi il coraggio di fare altri due passi: «Senta è un'ossessione!» esclamò. «Da un mese lei è diventato la mia ombra. Mi dica ciò che mi deve dire e non parliamone più.» Io dissi: «Come? Non ha capito?» In quel momento passò una donna accanto a noi, teneva per mano una bambina e la costringeva a ripetere le lezioni; la piccina era ancora fra il sonno[2] e balbettava: «Sii, siate, siano». Noi due ci mettemmo a ridere; fu un modo di superare l'impaccio. Vanda si era appoggiata con una mano al parapetto, e così feci io; guardai il fiume, era verde e alto, sfiorava i finestroni dietro i quali lavoravano gli argentieri. Le indicai col dito in mezzo al fiume: «Guardi quello che va in sandolino». Mi sembrava la cosa più importante che le dovessi dire. Lei rispose: «Si vede che non ha altro da fare. Io lo invidio». Ai capi del Ponte c'erano le statue delle quattro stagioni che si voltavano le spalle. Avevamo diciotto anni; io ero apprendista in un giornale; lei commessa in un negozio di mode, guadagnava sette lire[3] al giorno; viveva col padre e con la nonna; suo padre faceva l'ufficiale giudiziario: andava a protestare le cambiali[4] a domicilio.

---

1. *Ponte*: si tratta del Ponte Vecchio, il più bello e antico dei ponti di Firenze, costruito nel 1345. Fu l'unico ponte di Firenze risparmiato dalle truppe tedesche durante la ritirata del 1944. Il Ponte Vecchio si sviluppa su tre arcate e ha su ogni fianco una fila di botteghe di orafi e argentieri.
2. *fra il sonno*: assonnata.
3. *sette lire*: meno di diecimila lire del 1993.

4. *protestare le cambiali*: la cambiale è un documento che registra un debito e l'impegno a pagarlo a una certa scadenza. In caso di mancato pagamento, il creditore si rivolge al tribunale, che, mediante l'ufficiale giudiziario, s'incarica di notificare al debitore la constatazione formale della mancanza: se il debito resta ugualmente non pagato, al protesto segue un procedimento giudiziario per il recupero del credito.

Ci demmo appuntamento sul Ponte, ogni mattina, per un anno. Lei stava di casa di là dal fiume, dalla parte della Primavera e dell'Estate. Si pigliava l'espresso al bar; c'erano le brioches appena sfornate; ne acquistavamo una dividendocela a metà; lei inzuppava la sua parte, la mangiava a piccoli morsi, succhiando il caffè prima di addentarla; mi rimproverava perché facevo tutto un boccone. L'accompagnavo fino al negozio; indugiavo un poco e lei trovava modo di riordinare la vetrina per salutarmi ancora una volta. A mezzogiorno e a sera passavamo di nuovo sul Ponte. I giorni si riflettevano sul fiume che scorreva sotto i nostri occhi: giallo, torbo,[5] quand'era in piena, a gennaio: portava i tronchi d'albero e le carogne dei suini travolti straripando nelle campagne; allora gli argentieri si affacciavano ai finestroni per controllare l'idrometro.[6] Col solleone emergevano isole di ghiaia, la Pescaia[7] era asciutta e i ragazzi vi giocavano nudi tutto il giorno; soltanto sotto il Ponte l'acqua aveva un moto impercettibile, trasparente che si vedeva il fondo. Ma a primavera era verde; la sera, quando indugiavamo, Vanda cantava; i gomiti appoggiati al parapetto, il volto incorniciato nelle mani, fissava il fiume cantando. Io le dicevo: «Amore» e la carezzavo, ma lei non mi ascoltava. Scherzando le dicevo: «Vuoi più bene al fiume che a me». Poi veniva l'estate, la gente sedeva sulle spallette,[8] passavano le compagnie suonando il mandolino e subito oltre il Ponte c'era il banco del cocomeraio.

Era il 1938; i rossi spagnuoli avevano perduto Brunete,[9] un marito aveva ammazzato la moglie, il Governo votava la legge sulla razza,[10] ma erano tutti fatti che passavano lontano da noi, titoli di giornali. Per noi contavano le ore sul Ponte, le passeggiate sui viali, e suo padre che rifiutava di conoscermi. «Lo convincerò, vedrai» diceva Vanda. «Del resto non ha nulla in contrario, è soltanto perché siamo minorenni.» Si faceva donna giorno per giorno, cresceva di statura; e via via che imparavamo a baciarci, era un'altra cosa. Le restava la irrequietezza, un modo ansioso di porre le domande, anche per le cose più insignificanti, come vivesse in un incubo continuo, di occasione in

5. *torbo*: torbido.

6. *idrometro*: sorta di metro, segnato sui muri e sugli argini di fiumi, canali, porti: serve a verificare il livello delle acque, e porta spesso annotati (per esempio proprio a Firenze) i livelli raggiunti in occasione delle piene più violente.

7. *Pescaia*: è una secca, non lontana dal Ponte Vecchio.

8. *spallette*: parapetti.

9. *Brunete*: cittadina spagnola nelle Asturie, dove il governo repubblicano tentò una controffensiva contro i ribelli nazionalisti di Francisco Franco (cfr. *Milano come in Spagna Milano come in Cina* di Vittorini, alle nn. 10 e 11). Questa azione, denominata appunto "Battaglia di Brunete", non ottenne però i risultati sperati e i repubblicani dovettero abbandonare la cittadina.

10. *la legge sulla razza*: la legge di discriminazione razziale nei confronti degli ebrei. Ricalcava, sia pure in forma attenuata, le analoghe leggi naziste del 1935: gli ebrei venivano esclusi da qualsiasi ufficio pubblico, le loro attività economiche venivano limitate e intralciate in vari modi, i matrimoni misti, cioè con non ebrei, erano proibiti.

occasione riacceso e assillante. «È un'ossessione» ripeteva allora, come la prima volta. «Perché accendono i lampioni così tardi? Perché ti sei fatto i capelli proprio oggi? Perché da tante sere è luna piena?» Sognavo la nostra casa, di noi sposi, e la radio a cuffia col detector[11] da manovrare, bella come un giocattolo. A giugno le regalai un fazzoletto amaranto; la sera quando rinfrescava se lo metteva sul collo, sopra l'abito bianco. «Non avrei voluto innamorarmi. T'investii a quel modo il primo giorno perché mi lasciassi in pace» diceva. «Lo so» le rispondevo scioccamente, e ridevo. Poi le chiedevo: «E il segreto quando me lo dici? Non credi che oramai ti voglia bene abbastanza perché non possa più farmi paura?» «Non ancora.» Mi guardava seria, e io non sapevo che baciarla.

Si faceva sempre più pallida e distratta, irrequieta. «Le faccende di casa ti affaticano troppo» le dicevo. Mi accarezzava: «Tanto mi vuoi bene?» chiedendo. E una sera disse: «Ma se tanto mi vuoi bene perché non cerchi di guardare più in fondo a me? Io aspetto quel momento per dirti il segreto». «So tutto di te, sei come l'aria che respiro. Ti conosco come un libro stampato» risposi. «Oh, grullo» essa disse, e v'era un tono nella sua voce, di affetto e di sconforto insieme, che dovevo poi ricordare. Eravamo appoggiati alla spalletta; tirava vento e il Parco era coperto dalla nebbia: vi si perdevano dentro le due file di lampioni. Il fiume era una massa nera in movimento che sbucava di sotto le arcate, si udiva il frangersi del suo continuo assalto ai piloni. Vanda disse: «È un'ossessione. Tu dici sempre: lo so, lo so. Non sai nulla, ecco. Perché sono bionda? Non dovrei esserlo. Questo lo sai?» «Sei bionda perché sì» dissi io. «Non dovrei essere bionda. È un'ossessione. E ti voglio bene. Perché anch'io ti voglio bene? Tu lo sai certamente, sentiamo. Perché? Io non lo so. So soltanto che ti voglio bene e non riesco a sapere il perché.» Era stranamente calma, solo il senso delle sue parole era disordinato, non la sua voce, piena anzi di tenerezza, ma della tenerezza di chi ha sofferto un torto e cerca di perdonare. «Tu sai tutto, naturalmente» ripeté. «Sai anche che il fiume arriva al mare. Ma non sai che io non ho mai visto il mare. Ecco, io ho vent'anni e non ho mai visto il mare, e non sono stata mai nemmeno in treno. Questo lo sai?» «Sciocchina» le dissi. «Questo era il segreto?» Si prese la testa fra le mani, teneva i gomiti sul parapetto, disse: «Ora tu credi che questo sia il segreto. È un'ossessione». Le misi un braccio attraverso le spalle, le girai il viso con la mano: mi accorsi che piangeva. Raccolsi una lacrima col dito e le inumidii le labbra. «Senti» le dissi. «Il mare è salato così.» La baciai sulla guancia. «Domenica andremo al mare. E proprio col treno. Faremo in tempo a

---

11. *detector*: manopola per la ricerca delle stazioni su cui sintonizzarsi.

tornare per la sera. Al babbo troverai una scusa.» «Non c'è bisogno» ella rispose, lentamente, guardando avanti a sé il fiume. «Il babbo è partito e starà fuori diverso tempo.» «È andato dai parenti?» «Sì» ella disse.

Mentre la riaccompagnavo verso casa, lasciando il Ponte si voltò a guardare le statue, poi disse: «Che ci sta a fare la Primavera di questa stagione? Questo lo sai?» Mi dette un pugno sul petto, affettuosamente, prima di porgermi la bocca; ma gli occhi erano di nuovo umidi di lacrime. Glieli asciugai col fazzoletto.

Quella notte mi svegliò la mamma entrando nella mia camera: «Sono venuta a vedere se avevi chiuso la finestra» disse. «Non senti che temporale?» L'acqua cadeva a scroscio, batteva a folate contro i vetri, portata dal vento. Andandosene mia madre disse: «Domani il fiume sarà in piena». La mattina c'era il sole sul Ponte; e sulle strade, sulle facciate delle case, quell'aria di nuovo che succede alla tempesta. Il fiume aveva raggiunto i finestroni degli argentieri, chiusi dalla saracinesca di ferro. Attesi Vanda e lei non venne; girai per il mercato senza incontrarla; pensai che il fresco della sera prima le avesse cagionato la febbre; decisi di salire da lei. Bussai e mi aprì una donna non più giovane, magra, con gli occhiali a pince-nez:[12] aveva indosso una vestaglia celeste, sbiadita; asciugava con un panno un recipiente di cucina. «Vanda non è in casa» mi disse, scortesemente e come annoiata. «Dev'essere uscita molto presto. È già venuto due volte a chiamarla un infermiere, ma lei non s'è vista.» «Un infermiere, perché?» chiesi. «Suo padre ha avuto una crisi più violenta, pare che questa volta...» Io ero ancora sulla soglia, smarrito, con la forza soltanto di domandare: «Suo padre è ammalato?» La donna posò il recipiente e lo straccio sul tavolo vicino; si riordinò la vestaglia, disse: «Lei non è della Polizia?» «No» dissi «sono un amico.» «Oh, mi deve scusare, vengono quasi tutti i giorni. Già, il babbo di Vanda è impazzito tre mesi fa, dopo che lo cacciarono dall'impiego perché ebreo. È impazzito dalla disperazione.» «E Vanda?» chiesi. «Non ho idea dove possa essere andata» mi rispose la donna. «Forse a cercare un prestito da qualche parte. Sa, facciamo il possibile per aiutarla, siccome anche lei ha perso il lavoro, ma noi pure non nuotiamo nell'oro...»

Due giorni dopo, lontano, prossimo alla foce, il fiume restituì il corpo di Vanda.

**Scheda di analisi
a pagina 354**

12. *pince-nez*: (francese; significa letteralmente "pinza-naso") occhiali senza stanghette, che si fissano al naso per mezzo di una molla.

Massimo Bontempelli

La spiaggia miracolosa ovvero
Premio della modestia (Aminta)

da *Donna nel sole e altri idillii*, 1928; ora in
Opere scelte, a c. di L. Baldacci, A. Mondadori.

Le strade di Roma alla prima minaccia avevano cominciato a spopolarsi,
poi in pochi giorni la paura s'era fatta generale e la città rapidamente
s'andava vuotando. Invasi da quello spavento i cittadini d'ora in ora avevano preso d'assalto le stazioni ferroviarie, e impadroniti violentemente
dei treni erano fuggiti lontano. I più ricchi avevan rimpinzato d'olio e
benzina le loro macchine e per tutte le tredici porte dell'urbe se n'erano
volati via tra la polvere verso i punti cardinali più remoti.

Così per dieci giorni. Poi d'un tratto si videro le stazioni deserte, e le
strade intorno a Roma non impolverarono che i carretti, i quali non hanno
paura di niente. Oramai non c'era più nessuno entro la città.

A custodirla erano rimasti pochi eroi e poche eroine. Gli eroi verso mezzogiorno giravano con padronanza le vie, senza giacca, lasciando che il sole
frustasse a sangue le loro camicie di seta e si specchiasse vanitosamente
nelle fibbie delle loro cinture. Incontrandosi si guardavano da un marciapiede all'altro, anche senza conoscersi, con un sorriso d'orgoglio. Sapevano
che il loro dominio dal Laterano a Monte Mario e da Valle Giulia a San
Paolo[1] sarebbe durato indisturbato e indiscusso almeno due mesi.

Ma le eroine non uscivano sotto il sole. Aspettavano nelle case ciascuna il suo eroe per asciugargli il sudore e stirare le sue camicie di seta.

---

1. *dal Laterano... a San Paolo*: la chiesa di
San Giovanni in Laterano, nella parte sud-est
della città, è la cattedrale di Roma; al suo
fianco è il Palazzo del Laterano, che fu residenza dei papi fino al XIV secolo. Monte
Mario è una collina, ancora oggi in gran parte
verde, che si trova nel settore nord-occidenta-
le. La Valle Giulia è ai piedi del colle Flami-
nio, dove si trova il parco di Villa Borghese,
nella parte occidentale del centro. San Paolo
fuori le Mura sta invece all'estremità sud-
ovest della capitale, ed è una delle quattro
grandi basiliche patriarcali romane, la più
grande dopo San Pietro. Ma è chiaro che le
indicazioni topografiche qui fornite dall'autore sono in sostanza un modo per dire "da un
capo all'altro della città".

Uscivano soltanto la notte, e dietro le spalle del compagno amoreggiavano a sguardi, per tenersi in esercizio, con gli occhi dei gatti errabondi.

Io ero nel numero di quegli eroi che non avevano fuggito la città all'assalto dell'estate; perché io seguo le leggi della natura, e amo il caldo del sole l'estate e quello della stufa l'inverno. L'eroina eletta ad asciugare i miei sudori si chiamava Aminta. Questo una volta era nome di maschio; ma il padre della mia donna non conosceva la storia letteraria,[2] e diciotto anni prima, fidandosi all'orecchio, aveva imposto quel nome alla sua figliola neonata. Il prete che l'aveva battezzata non osò avvertire il padre dell'errore innocente.

Aminta, ai primi calori di quell'estate, sùbito s'era arresa alle eccellenti ragioni che le avevo esposte per convincerla che dovevamo rimanere a Roma invece di andare ai monti o al mare.

Così trascorsero dolcemente i primi otto giorni della canicola.[3]

Non avevo mai sorpreso sulla bianca fronte di Aminta il menomo segno di pentimento, rimpianto, dispetto, o desiderio.

Perciò fui molto maravigliato al mezzodì del nono giorno quando, rientrando io dalla ronda sui lastrici infocati, Aminta dopo una festosa accoglienza, accostandosi a me nel profondo divano dello studio, con una mano sulla mia spalla disse tutt'a un tratto:

«Caro, dovresti farmi un piccolo regalo, dovresti farmi un bel costumino da bagno».

Mi sentii aggrottarsi le ciglia.

Il mio calunnioso animo maschile s'intorbidò di sospetto.

La guardai scuro:

«Perché, Aminta? Che ti piglia? Non stiamo divinamente bene a Roma? Non ti verrà l'idea che ce ne andiamo? che andiamo ai bagni? Oh ti avevo tanto bene spiegato che...»

«No no» m'interruppe sorridendo con gli occhi, la fronte, la bocca e tutta la persona «nemmeno per idea. Stiamo tanto bene a Roma, sì. Chi si sogna di andarsene? Vorrei un bel costumino da bagno così, per avere un bel costumino da bagno.»

«E poi che lo avrai?»

«Me lo metterò.»

«Quando?»

«Ogni tanto. Un po' tutti i giorni.»

---

2. *si chiamava Aminta... storia letteraria*: infatti Aminta è il pastorello protagonista dell'omonimo dramma pastorale (1573) di

Torquato Tasso (1544-1595).
3. *canicola*: il periodo più caldo dell'estate.

«E poi?»

«E poi dopo un po' me lo leverò.»

«È tutto?»

«È tutto. Te lo giuro.»

Era tanto limpida che il sospetto s'era dileguato dal mio animo.

Tacqui ancora un minuto per dare maggiore importanza alle parole che stavo per pronunciare, poi decretai:

«E allora sta bene. Sì, cara. Fatti un bel costumino da bagno».

Batté le mani e fece un gran salto per allegrezza, baciò teneramente tutto il sudore della mia faccia per gratitudine.

I giorni appresso ella era molto occupata. Non fui ammesso a conoscere i segreti delle sue ricerche, studi, tentativi, dubbi e risoluzioni, riguardo la costruzione del costume da bagno. Uscì qualche volta da sola, di giorno; e lunghe ore rimase chiusa nella sua camera con una sarta. Non permise che mai ne sapessi nulla: volle prepararmi la sorpresa davanti al capolavoro inaspettato. Il suo volto, a tutte le ore del giorno e della notte, era pieno di felicità.

Dopo qualche giorno, preso dai miei pensieri virili avevo quasi dimenticato quel giuoco della donna. Ma la mattina del mercoledì, quando mi fui levato la giacca per uscire, Aminta salutandomi disse:

«Tra un'ora, quando torni, è pronto».

«Che cosa?»

«Oh il costume da bagno.»

«Davvero?»

«Sì, fa' presto a tornare, vedrai, è riuscito una meraviglia.»

Rincasando, dopo meno d'un'ora, un'ombra di sospetto ancora cercava insinuarsi in me: «Davvero questa storiella del costume non preluderà a una campagna per farsi condurre al mare?»

Entrato nello studio, la voce sua di là dall'uscio della camera mi gridò:

«Non entrare qua. Sono pronta. Mettiti a sedere sul divano».

«Ecco, non entro. Ecco, sono seduto sul divano.»

Fissavo l'uscio della camera.

L'uscio della camera si aperse, nello studio entrò una gran luce, in mezzo alla luce era Aminta, Aminta vestita del suo costume da bagno. Il cuore mi impallidì.

Aminta si avanzò. Quella luce veniva da lei. Era tutta la luce dei cieli, e si avanzava con lei. Io non mi mossi, tremavo in una estasi. Aminta si fermò in mezzo alla stanza.

Era davvero meraviglioso. Giù dalla gola la seta colore di rosa pallida si tendeva a modellare il seno, si stringeva intorno ai fianchi in una cintura di minutissime pieghe, sbocciava in un gonnellino breve, che non osava più toccare la carne, e all'orlo increspato tremava di suggezione. Sul roseo di quel gonnellino un gran fregio girava, di triangoli acuti colore dello smeraldo. Aminta era in piedi in mezzo alla stanza; il roseo, nella luce che pioveva giù dagli occhi di Aminta, cangiava di minuto in minuto in mille riflessi di madreperla; il verde del fregio pareva un volo di cetonie[4] dorate traverso un tramonto.

Il candore delle braccia e delle gambe in mezzo a quell'effluvio di colori teneri impallidiva. I piedi scomparivano in due scarpette di raso verde. Ora Aminta rideva di allegrezza con tutte le carni morbide, con tutto il costume verde e rosato; rideva e si scrollava come una pianta nel giardino: e la stanza era piena di profumo di paradiso.

Io non avevo il coraggio di muovermi. Aminta era felice d'essere viva. Con un riso di campanelli d'argento che uscì dalla finestra e andò a correre via per il cielo, Aminta si buttò a sedere sul tappeto in mezzo alla stanza, con le braccia indietro e le gambe bianche ripiegate, il torso riverso e teso come offrendosi a Dio.

Riabbassò lo sguardo su me, che non m'ero più mosso e mi tenevo con le mani il cuore; allo spettacolo della mia commozione ella s'intenerì di gratitudine.

Me le accostai con tremore. Sedei sul tappeto quasi al suo fianco, e piano le presi una mano. La accarezzai tutta con uno sguardo, poi timidamente toccai con la fronte il rosa pallido della sua seta. Aminta aveva gli occhi pieni di sorrisi, ora quasi lacrimava per la tenerezza. Cercava con gli occhi qualche cosa da dirmi. E la voce le tremava dicendo:

«Vedi che è bello, senza bisogno di andare al mare?»

Sentii tutta la sua anima ingenua appoggiarsi a me. Fui pieno d'amore. Anch'io ora cercavo qualche cosa di semplice da dirle. Con una guancia adagiata sul suo braccio fresco, bisbigliai:

«La modestia dei tuoi desiderii merita un premio».

Allora lei si sciolse e di nuovo rise allegramente. Ma poiché non la seguivo in quel riso, lo interruppe e mi guardò come aspettando. Qualche cosa fremé nell'aria e venne a toccarmi. Vidi anche lei sentire qualche cosa nell'aria. E subito rabbrividì nelle spalle, e diceva:

«Che cos'è? Com'è bello!»

---

4. *cetonie*: coleotteri, in genere di colore verde con riflessi metallici; sono molto comuni tra i fiori di prati e giardini.

Tutta l'aria della stanza fu corsa da una specie d'alito leggero, che sùbito scomparve. Poi per tutt'intorno vidi un tremolìo di luce; anch'esso passò davanti ai miei occhi, poi davanti agli occhi di Aminta, e fuggì via.

«Come si sta bene!» mormorava Aminta.

Era seduta presso l'orlo del tappeto, e io un poco indietro, quasi alle sue spalle. Un rumore dolce e strano arrivò fino a noi, si spense ai piedi di lei. Vidi che ella tendeva l'orecchio.

Il suolo mormorò ancora, mentre tutte le cose della stanza sfumavano ai nostri occhi in una nebbia chiara, corsa d'ombre azzurre e di luci d'argento.

Frattanto i mormorii del suolo s'erano fatti regolari e frequenti, venivano di lontano, frusciavano appressando, morivano tutti ai suoi piedi. Poi divennero più lunghi: uno, così accostando, parve stendersi; tutt'a un tratto lei dette un grido acuto e ritirò il piede di scatto:

«Guarda guarda» gridò.

Guardai. La scarpetta verde era bagnata, e il piede anche, fino alla caviglia.

«E ancora, ancora...»

Il fiotto cresceva: ora continuo il rumore delle piccole onde arrivava a battere il margine del tappeto, e tutte si spingevano contro i suoi piedi, lungo le sue gambe. Ella senza paura si piegò in avanti, tuffò le mani in quei flutti, le rialzò stillanti acqua:

«Il mare, il mare».

La nebbia argentea e azzurra tutt'intorno s'era riempita di luce, il tappeto ardeva come le sabbie; Aminta si buttò stesa col seno giù fuori del margine, si rialzò, la seta bagnata si modellava sul suo petto, vi sollevava le piccole punte. Io estatico guardavo lei, ascoltavo il mare che era venuto a trovarci.

Improvviso un'onda più lunga mi raggiunse, sentii salirmi l'acqua su per i polpacci.

Saltai in piedi spaventato: «Aminta, è meglio che vada anch'io a mettermi un costume». «Sì» grida lei «ce n'è uno nel tuo cassettone, in basso; ma fa' presto.» Ed eravamo tutti e due molto felici.

Vitaliano Brancati

La noia nel '937

da *Il vecchio con gli stivali e altri racconti*,
Bompiani. 1945

Chi non conosce la noia, che si stabilì in Italia nel 1937, manca di una grave esperienza che forse non potrà avere più mai, nemmeno nei suoi discendenti, perché è difficile che si ripetano nel mondo quelle singolari condizioni.

Non che tutti in Italia si annoiassero, o almeno credessero di annoiarsi. La maggior parte anzi credeva il contrario, di star bene o addirittura di essere felice. I giovani, nati dopo il '15, non ricordavano una società diversa dalla propria; i vecchi, avviliti perché vinti, erano creduti soltanto quando non credevano più ai loro ideali, sicché essi dovevano mentire per acquistarsi la reputazione di veritieri. Le donne poi, le casalinghe contente che i loro mariti non fossero distratti dalla politica, le corrotte che i loro amanti non fossero indeboliti dal pensiero o resi freddi dagl'ideali, aiutavano in tutti i modi a tenere in piedi l'inganno. Sì, erano felici! Come, non erano felici? Chi è quel pazzo che sostiene che non siamo felici? Perdio, che bei tempi! Tempi meravigliosi!... I giornali, profittando di tanta ingenuità, si buttavano a domandare: «Perché siete contenti di vivere nella nostra epoca?» E i lettori su a rispondere con un sacco di ragioni.

Eppure sarebbe bastato che, dal mezzo di un giardino popolato di persone che si ritenevano felici, erompesse una risata dei vecchi tempi, una di quelle risate squillanti, energiche, di autentica e personale gioia, perché tutti trasalissero di stupore, d'invidia e infine di vergogna, come un'accolta di suonatori stonati alla pura arcata di un Paganini.[1]

---

1. *arcata di un Paganini*: l'arcata è il tocco dell'archetto sulle corde del violino per farne vibrare le corde. Niccolò Paganini (1782-1840) è il leggendario violinista e compositore che ancora oggi viene citato come vero e proprio simbolo del virtuosismo musicale.

La noia era grande. Non si poteva sfuggire alla brutalità senz'annoiarsi mortalmente. La vita dell'uomo onesto e, naturalmente, appartato e solitario, mandava di notte e di giorno il sottile stridio di un vecchio legno intarlato.

Proprio in quel periodo, capitò a Caltanissetta, e alloggiò nell'unico albergo riscaldato della cittadina, un uomo di appena trent'anni, chiamato Domenico Vannantò. Era alto, magro, il viso affilato e pallido sarebbe stato perfino tagliente se una luce ancora più pallida, piovendogli dagli occhi, non ne avesse estenuato[2] gli zigomi e il mento, e sostituito la durezza con la stanchezza; quando camminava, teneva sempre una mano sul dorso, una mano che si serrava e apriva di continuo, ciascun dito lottando con gli altri, specie il pollice che, dopo essersi cacciato fra l'indice e il medio, fra il medio e l'anulare, fra questo e il mignolo, soccombeva nella stretta dei suoi vicini e nemici.

Solo chi gli andava dietro, e osservava attentamente quella mano, poteva vantarsi di conoscere la qualità più delicata e repressa di Vannantò: i nervi e l'inquietudine, perché nel resto della persona egli era ineccepibile.[3] Chi gli sedeva accanto o di fronte, s'ingannava profondamente sull'indole di lui, al punto che persone colleriche, smaniose o irruenti, ma in sostanza poco sensibili, si riconobbero spesso il diritto d'invidiarlo: «Beato Lei, beato Lei che non ha nervi!»

Nel '37, come abbiamo detto, Vannantò, tornando da Roma, ove aveva perduto la prova scritta di un concorso, per esservi arrivato con un giorno di ritardo, si fermò a Caltanissetta, all'albergo Mazzoni. Vi si fermò col proposito di passarvi una giornata, ma sulla fine di febbraio erano già venti giorni ch'egli appariva, al tocco[4] in punto, nella sala da pranzo dell'albergo, facendo tacere la vasta tavola a cui sedevano i giudici del Tribunale, il Presidente e il Pubblico Ministero,[5] questi due ultimi con lo zucchetto[6] in testa e lo scialle addosso, la cui frangia andava continuamente a pescare nel fondo dei piatti e dei bicchieri. Tacevano, ma per un minuto, e subito riprendevano a tuonare, come se rigettassero tutta l'eloquenza avvocatesca ch'erano stati costretti a ingoiare la mattina. Assordati dalle proprie parole, accecati dai propri argomenti, essi non prestavano più attenzione ad alcuno, e Domenico Vannantò, che, poco prima, sentendosi guardato da tanti occhi, aveva stabilito di lasciare subito Caltanissetta, tornava sulla sua risoluzione e stabiliva di rimanere ancora un giorno.

2. *estenuato*: resi più magri, ma come consumandoli.
3. *ineccepibile*: non c'era niente da eccepire, da criticare.
4. *tocco*: l'una. Cfr. la nota 12 a *Nell'albergo è morto un tale* di Pirandello.
5. *Pubblico Ministero*: il magistrato che ha l'incarico di rappresentare la pubblica accusa.
6. *zucchetto*: berretto che ha la forma di una calottina semisferica.

Vannantò, se fosse vissuto nel '700, sarebbe stato un pensatore, e avremmo letto di lui un qualche articolo nella vecchia *Enciclopedia*;[7] se fosse vissuto nell'800, sarebbe stato un poeta, e avrebbe combattuto per l'indipendenza greca;[8] vivendo in Italia nell'epoca in cui gli era toccato di vivere, e avendo trent'anni nel '37, faceva l'unica cosa nobile che poteva fare un uomo come lui: si annoiava.

Ma come? si dirà, un rimedio alla noia si trova sempre! Perché non lavorava?

Il lavoro, a quei tempi, si riduceva a un còmpito da eseguire: Vannantò ne aveva ripugnanza.

Perché non meditava?

Nella fanciullezza e nell'adolescenza, aveva molto meditato, e l'aria del suo viso era stata quella di un ragazzo a cui dolesse fortemente il capo: il pensiero della morte lo aveva estasiato fino a togliergli il respiro, come un vento piacevole, ma che troppo crescesse di rapidità e violenza; i suoi mattini più felici erano stati quando si svegliava dall'aver sognato che uno sforzo fortissimo, quasi sanguinoso, della memoria gli aveva riportato un ricordo dell'al di là, di prima della nascita, ricordo che di nuovo s'era perduto, ma della cui dolcezza gli rimaneva una lacrima fredda all'orlo dell'occhio; una testa di lupo, premendo dall'esterno il vetro della finestra, non gli avrebbe dato il batticuore che gli dava, in quello stesso vetro, un cielo stellato; rimasto solo in un giardino, dopo essersi guardato attorno come chi si accinge a rovistare i cassetti in casa d'altri, s'inginocchiava davanti a un cespuglio, v'immergeva la mano, il braccio, e si dava a frugare e tastare in tutta fretta, sperando di premere per caso, in qualche ramo o sassolino, il tasto segreto dell'universo, per il quale si spalancasse la porta del mistero e gli angeli vi apparissero gloriosamente; poi a scuola, le prime notizie scientifiche sul moto di rotazione terrestre, le aveva prese tanto sul tragico da guastarsi il piacere di veder sorgere e tramontare il sole come gli altri uomini sogliono vederlo comunemente; e di un tramonto egli vide, non più l'apparenza, ma la realtà vertiginosa: il lato occidentale della terra si avventava sul sole, lo copriva, lo nasconde-

---

7. *Enciclopedia*: intitolata anche *Dizionario ragionato delle scienze, delle arti e dei mestieri*, è la prima, e la più importante, delle Enciclopedie europee; fu pubblicata in Francia fra il 1751 e il 1772 da Denis Diderot (1713-1784) e Jean-Baptiste d'Alembert (1717-1783). L'*Enciclopedia* cercò di fornire un quadro complessivo del sapere umano nell'ambito della filosofia illuministica, diventando un punto di riferimento non solo scien-

tifico ma anche politico, per il suo ottimismo progressista e per la critica costante a ogni tipo di pregiudizio e a ogni assolutismo.
8. *per l'indipendenza greca*: allude alla partecipazione di molti intellettuali e poeti romantici europei alle lotte per l'indipendenza dei greci dall'impero ottomano. Brancati pensa in particolare al grande poeta inglese George Byron (1788-1824), che in quel conflitto perse la vita, durante la battaglia di Missolungi.

va, il lato orientale invece precipitava lasciando scoperto un cielo bruno,
poi nero, e tutto l'orizzonte si rovesciava come un gran piatto dalla parte
della tenebra... ma alla fine questi pensieri e sogni e sensazioni gli si
aggrovigliarono in tal modo ch'egli disse: «Basta! Non sono più un bambino! Sono un uomo!», e pagò caramente l'aver meditato sul mistero
dell'universo da bambino, perché gli rimase il sospetto che il meditare su
quell'argomento fosse proprio cosa da bambini, per nulla degna di un
adulto. La lettura di alcuni filosofi del suo tempo lo confermò in questa
supposizione. Egli andò oltre, naturalmente, e smise la meditazione non
solo di quell'argomento, ma di qualunque altro di filosofia e scienza; e se
talvolta ne era riassalito, il suo cervello ormai l'accoglieva come un principio di stanchezza o di sonno, al quale seguiva o un vago immaginare o
il sonno vero e proprio.

E le donne? Perché non si dava alle donne, diamine? Donne ce
n'erano, donne non ne mancavano!

S'era dato alle donne... come no?... e con grande piacere le prime volte.
Quando «riuscì nel suo intento» con la signora Gallerati, gettò un urlo che
fu sentito in tutto quanto il caseggiato. Ma se il piacere gli piacque moltissimo, le donne finirono ad irritarlo. Le ragazze riflettevano, più di ogni
altra creatura al mondo, la sinistra luce dei tempi. Frasi sportive o scioc-
che, modi barbari o indifferenti, s'erano impadroniti di quei corpi delicati.
Vannantò perdette le staffe: egli non riusciva a sopportare uno sguardo
maschile o stupido in due occhi di fattura quasi divina, né una manata
cameratesca da una mano perfetta. La Bellezza, carica com'era di stupidità, gli divenne odiosa: egli prese una cattiva strada, cominciando a trovare voluttuoso il dare sfogo a uno strano sentimento di vendetta e di abbiezione; e fuggendo il più possibile dalla Gioventù e dalla Bellezza, andò a
nascondere il suo piccolo urlo supplichevole in seno ad alcune donne di
cui ci risparmieremo di ritrarre le sembianze e in ogni caso di rivelare
l'età. Ma questo non durò che tre anni: la castità più gelida venne a coprirlo dalla testa ai piedi come un sudario. Le donne del resto non lo degnava-
no di alcuna attenzione: la sua persona alta e magra, il suo sguardo lento e
chiuso, che nell'800, col solo apparire in una sala, avrebbero fatto steccare
una fanciulla che cantasse, non piacevano nel '937: bastava che gli sedes-
se accanto un giovane dalla testa rapata, le spalle quadre, macinando un
bocchino fra i denti scoperti dalle labbra sprezzanti, perché una ragazza
non rispondesse più ai suoi molti saluti, talmente le diventava invisibile.

Se odiava la tirannide, perché non sparava?

Contro chi, avrebbe dovuto sparare? Giudicava che la tirannide avesse
tante teste quante la servitù; che caduta la prima, tutte le altre, che le sonnecchiavano dietro, si sarebbero svegliate e rizzate più cupe che mai. «La

tirannide non si uccide!», soleva dire. «Si uccide la servitù! Ma io incontro, in ogni passeggiata, non meno di mille facce servili: non posso uccidere mille persone la volta!»

Avrebbe potuto fare un bel gesto, ne conveniamo. Ma le parole "bel gesto" con quell'aggettivo tronco *bel* le reputava adatte piuttosto a una donna che a lui: un bel gesto era una vanità di cui soltanto una persona vanitosa avrebbe trovato gusto ad ornarsi. Se egli lo avesse compiuto, la moltitudine lo avrebbe biasimato, questo non gl'importava gran che; ma ne avrebbe anche riso, e questo gl'importava molto, perché quell'infinito riso di sciocchi e di servi gli pareva il meno atto, fra i rumori del mondo, a lasciarlo dormire quietamente nel fondo della tomba, in cui di sicuro il bel gesto lo avrebbe gettato.

Insomma non gli restava che annoiarsi, annoiarsi nei modi più strani e diversi, ma unicamente annoiarsi. E questo egli faceva, passando da una noia avida e feroce, che divorasse quanto c'era all'intorno di odioso, a una noia sorda e plumbea, in cui si spegnesse, come grido nella nebbia, quanto c'era di vanitoso e petulante,[9] a una noia lugubre e nera che avvolgesse, nel pensiero castigatore della morte, quanto c'era di stupidamente giulivo.[10] Gli altri credevano di agire, ed egli si annoiava; gli altri credevano di godere, ed egli si annoiava. Gli si annoiava quasi in faccia, con la cattiveria di chi sbadiglia sul muso dell'oratore per fargli intendere che dice balordaggini.[11] Ma anche quand'era solo, il che gli accadeva spesso, e nessuno lo vedeva, quel suo annoiarsi tenace, occulto, profondo, gli pareva che lentamente, ma sicuramente andasse consumando tutto e tutti, specie la persona (e in questo non s'ingannava) che più di ogni altra col tempo gli era venuta in fastidio: se stesso.

S'era fermato a Caltanissetta perché aveva subito intuito che qui la noia toccherebbe un punto che altrove non aveva mai sfiorato. La cittadina di pietra gialla, sospesa su una squallida pianura; l'albergo affacciato sulla piccola stazione da cui trenini affaticati gettavano ogni tanto uno stridulo grido; i portoni chiusi di prima sera, ai piedi dei quali i cani roteavano su se stessi cercando di mordersi la coda; le nuvole che passavano di gran corsa, cacciate da un vento che non aveva tregua; la statua del Redentore in cima a un colle su cui piovevano gli sguardi dei carcerati dalle finestrine di un casamento livido; le fabbriche di chitarre ai piedi di vecchie chiese; il mantello del federale[12] zoppo nella nebbia del tramonto;

---

9. *petulante*: fastidiosamente insistente, invadente e arrogante.
10. *giulivo*: contento e tranquillo.
11. *balordaggini*: stupidaggini.

12. *federale*: nel periodo fascista il federale era il segretario di una sezione dei Fasci di Combattimento.

gli avvocati che gesticolavano davanti al portone di casa, mentre sul loro capo, stesa a un filo tra balcone e balcone, la loro camicia gesticolava anch'essa; le conferenze sull'impero, le paoline...[13] cosa gli mancava per portare la noia al grado dell'esultanza?

Come un gobbo, a cui venga presentato il più perfetto ed elegante degli abiti da gobbo, Vannantò, nel vedere quella città, ebbe un piccolo sorriso amaro. «Questa va bene!», si disse, e annunziò al portiere dell'albergo che si sarebbe fermato un poco... Che poco! Gennaio passò via, febbraio volò, era già la metà di marzo, e Vannantò non si risolveva ancora a partire. Passava le giornate solo, perché l'unica persona che avesse conosciuto, il Pubblico Ministero, s'era molto scandalizzato nel sentirlo parlare: «Ma perché vi annoiate? Si può sapere per quale ragione vi annoiate? Che vuol dire, scusatemi, che vi annoiate?... La sera, venite a giocare a dama con me!»

Quel buon vecchio del Pubblico Ministero s'era anche provato ad accompagnarlo in una passeggiata serale sul colle del Redentore. Il vento fischiava dentro i loro baveri, e Vannantò pareva ascoltarlo con tanto interesse, ora aggrottando le ciglia ora storcendo la bocca chiusa, che il compagno non osò disturbarlo con una sola parola. «Siete poco loquace!», gli disse per giunta Vannantò, alla fine della passeggiata. «Il diavolo che ti porti!», pensò il giudice. «Io parlo dalla mattina alla sera! Sei tu che fai cascare la parola di bocca!»

Vannantò era tornato a passeggiare solo. Leggeva poco, non scriveva nulla, osservava con attenzione cupida e vuota l'ultima mosca letargica che gli volava a mezz'aria nella camera, passeggiava... Chi sa quale poeta o eroe o filosofo moriva in lui piano piano, durante quelle passeggiate che lo portavano diecine di volte davanti al medesimo specchio lesionato del corso, ove sempre, malgrado i giuramenti di non farlo più, apriva le labbra e si guardava i denti?

Una mattina, la noia gli pareva così insopportabile che ne parlò in un telegramma scherzoso a un amico.

Due giorni dopo, fu bussato alla sua camera.

Vannantò, in quel momento, sedeva accavalcioni su una sedia, poggiando le braccia sulla spalliera, sulle braccia il mento, e guardando torpidamente la porta e il muro bianco.

«Chi sarà mai?», si domandò, e non aveva ancora terminato di domandarselo che uno sconosciuto entrò lesto lesto e richiuse la porta dietro di sé.

«Siete voi Vannantò Domenico di Pietro?»

13. *paoline*: nome di varie congregazioni religiose.

Vannantò era così annoiato che la novità, invece di scuoterlo, parve addormentarlo maggiormente come un fastidio che gli portasse al culmine la stanchezza. «Sono io!», mormorò.

L'altro, con un fare sfacciato e confidenziale, s'era seduto sul letto, e alzando un ginocchio per appoggiarvi un quaderno sul quale era pronto a scrivere, e scuotendo in aria la matita, domandò: «Posso darvi un consiglio?»

Vannantò non rispose nulla, ma il suo occhio, risalita lentamente la persona dello sconosciuto, gli arrivò in faccia così pieno di disgusto, che l'altro cambiò tono.

«Dunque», disse, «perciò...» Tossì due o tre volte, cavando dalla raucedine una voce sempre più severa. «Dunque, egregio camerata, è vostro il seguente telegramma? *Spero rivederti Roma... eccetera... partenza rimandata... eccetera... questi tempi noiosi...* Ecco, ci siamo! Chi vi ci porta a dire baggianate? Spiegatemi, che cosa avete voluto dire con *tempi noiosi*?»

Vannantò gli tenne a lungo gli occhi addosso, sbattendo ogni tanto le palpebre, come un cane più attento alla faccia di una persona che alle sue ingiunzioni.[14] Finalmente parve svegliarsi. «Chi siete, per favore?», domandò.

«Io? Come? Io?» Lo sconosciuto si mise a ridere, poi rovesciò il bavero della giacca e mostrò un dischetto di metallo: «Questura!» Aspettò che il suo gesto avesse un effetto notabile nel viso di Vannantò, ma poiché in quel viso non si disegnava nulla, fece una smorfia e riprese: «Dunque, abbiate la compiacenza di spiegarmi questi *tempi noiosi*! Cosa c'è, sotto? Chi si annoierebbe? Non vorrete mica dire che si annoiano tutti?»

Ci fu una nuova pausa. Poi Vannantò disse: «Come piace a voi!»

«Come mi piace, a me? Come vi piace a voi! E state attento a quello che rispondete perché potrebbero aversi, ehm mi capite? spiacevoli conseguenze! Dunque», aggiunse, scrivendo a matita con difficoltà, «dunque si annoiano tutti!» Alzò il viso accigliato: «Si annoia anche il popolo?... Certo, anche il popolo... E perché si annoia anche il popolo?»

«Che ne so io?»

«Andiamo al sodo: non avete voluto per caso fare lo spiritoso, e dare a intendere che il popolo è scontento, il popolo se la passa male, il popolo si annoia perché ha come Capo?...» Il poliziotto si alzò, buttandosi energicamente dietro le spalle la falda della sciarpa che gli pendeva sul petto, «perché ha come Capo Colui che sapete».[15]

Vannantò lo seguì con gli occhi amareggiati senza staccare il mento dalle braccia.

---

14. *ingiunzioni*: ordini.
15. *Colui che sapete*: è una perifrasi per indi-care il capo assoluto del fascismo, il duce Benito Mussolini.

«Ehi, dico a voi! Devo scrivere la vostra risposta!» Il poliziotto tornò a sedere sul letto. «E badate che dipendono da questa risposta le spiacevoli conseguenze a cui mi sono riferito... Dunque, perciò, poche chiacchiere! Perché si annoia il popolo?»

«Vi ripeto: non lo so!»

«Ma siete pronto a dichiarare che esso non è annoiato perché ha come Capo Colui che sapete, e che anzi è felice di averlo, ed è invidiato dagli altri popoli?... Ehi, dico a voi!»

«Ma che ne so io?», ripeté Vannantò, con lo stento di chi è costretto a parlare in mezzo al sonno. «Che ne so io, se è invidiato dagli altri popoli?»

«Qui non si tratta di saperlo o di non saperlo: si tratta di dichiararlo, scrivendo a matita le parole che vi detto io e firmandole!»

«Scrivendo a matita...», mormorò pesantemente Vannantò.

«Scrivendo, per esempio, questo: *Io sottoscritto*, ovvero meglio: *Il sottoscritto Vannantò Domenico di Pietro dichiara sul suo onore, e conferma*... ci mettiamo anche *conferma, e conferma che nel suo telegramma mandato all'amico*, eccetera, *non vuole dire che il popolo si annoia perché ha come Capo* eccetera... *ma per altre ragioni... si annoia perché...* anzi: *non si annoia...*» Il poliziotto era diventato rosso fin dentro gli occhi, una vena scura gli si era gonfiata nel mezzo della fronte e pareva divorargliela piuttosto che alimentarla di sangue. «La frase non va... no, non va! Rifacciamola da capo: *Il sottoscritto Vannantò* eccetera *dichiara che il popolo è felice di avere come Capo Colui che ha e contentissimo dei tempi presenti...* Però resta il fatto che voi (vi fosse cascata la mano, quando l'avete scritto!) che voi nel telegramma ci avete messo: *tempi noiosi...* Dunque perciò bisogna ritrarre[16] questo *noiosi* e dichiarare che le parole del telegramma vi sono scappate...»

Vannantò, che aveva infilato le mani nelle tasche, le tirò fuori indolentemente sollevando un arnese che s'appoggiò fra il collo e il mento, e poi d'un tratto fece esplodere con un fracasso che mandò a pezzi il vetro della finestra.

«Ehi, dico a voi: che avete fatto?» urlò il questurino, stravolto dalla paura.

«Credo di essermi ucciso!», rispose Vannantò, col consueto tono di noia, reso leggermente più roco dalla gola sfracellata.

**Scheda di analisi
a pagina 355**

---

16. *ritrarre*: ritirare.

Romano Bilenchi

Un errore geografico

da *Anna e Bruno*, 1936; ora in *Anna e Bruno e
altri racconti*, Rizzoli.

Gli abitanti della città di F. non conoscono la geografia; la geografia del
loro paese, di casa propria. Quando da G. andai a studiare a F. mi avvidi
subito che quella gente aveva un'idea sbagliata della posizione del mio
paese nativo. Appena nominai G. mi dissero:
    «Ohè, maremmano!»[1]

Un giorno, poi, mentre spiegava non ricordo più quale scrittore antico,
il professore d'italiano cominciò a parlare di certi pastori che alle finestre
delle loro capanne tenevano, invece di vetri, pelli di pecore conciate fini
fini. Chi sa perché mi alzai, dall'ultimo banco ove sedevo, e dissi: «Sì, è
vero: anche da noi i contadini appiccicano alle finestre delle loro casupole
pelli di coniglio o di pecora al posto dei vetri, tanto è grande la loro miseria». Chi sa perché mi alzai e dissi così; forse per farmi bello verso il professore; forse perché, spinto da un impulso umanitario per la povera
gente, volevo testimoniare ai miei compagni, tutti piccoli cittadini, che il
professore aveva detto una cosa giusta, che esisteva davvero nel mondo
una simile miseria; ma, a parte la miseria, l'affermazione era prodotto
della fantasia. In vita mia, e Dio sa se di campagna ne avevo girata, mi
era capitato una sola volta di vedere, in una capanna di contadini, un
vetro rattoppato con pezzi di carta; e la massaia, del resto, si era quasi
scusata dicendo che appena qualcuno della famiglia fosse andato in città
avrebbe comprato un bel vetro nuovo. Appena in piedi dinanzi alla classe
sentii ogni impulso frenato e m'accorsi d'averla detta grossa. Sperai che
il professore non fosse al corrente degli usi della mia provincia, ma lui, a

---

1. *maremmano*: nativo della Maremma, cioè
della regione costiera, un tempo paludosa, tra
la Toscana meridionale e il Lazio settentrionale.

quella uscita, alzò la testa dal libro e disse: «Non raccontare sciocchez-ze». Dopo un momento rise e tutti risero, anche per compiacerlo. «Ma aspettiamo un po'», disse poi «forse hai ragione. Il tuo paese, G., non è in Maremma? È probabile che in Maremma vadano ancora vestiti di pelle di pecora.»

Di nuovo tutti si misero a ridere. Qualcuno, forse per rilevare che tanto io quanto il professore eravamo allo stesso livello di stupidità, sghignazzò ambiguamente. Mi voltai per cogliere quella incerta eppure unica solida-rietà nei miei riguardi, ma il primo compagno che incontrai con gli occhi per non compromettersi mi disse: «Zampognaro» e fece il verso della zampogna. Un altro disse: «Hai mai guardato le pecorine?» e in coro gli altri fecero: «Beee, beee».

Cominciai, e questo fu il mio errore, a rispondere a ciascuno di loro, via via che aprivano bocca. Ero uno dei più piccoli e ingenui della classe, e ben presto fui preda di quella masnada.[2] Benché appartenessero a fami-glie distinte, c'era fra loro soltanto un figlio di bottegaio di mercato arric-chito come avevo potuto osservare dalle mamme e dai babbi che ogni mese venivano alla scuola, me ne dissero di ogni colore. Infine con le lacrime agli occhi, approfittando d'un istante di silenzio, urlai: «Professore, G. non è in Maremma».

«È in Maremma.»

«No, non è in Maremma.»

«È in Maremma» disse il professore a muso duro. «Ho amici dalle tue parti e spesso vado da loro a cacciare le allodole. Conosco bene il paese. È in Maremma.»

«Anche noi di G. andiamo a cacciare le allodole in Maremma. Ma dal mio paese alla Maremma ci sono per lo meno ottanta chilometri. È tutta una cosa diversa da noi. E poi G. è una città» dissi.

«Ma se ho veduto dei butteri[3] proprio al mercato di G.» disse lui.

«È impossibile. Sono sempre vissuto lì e butteri non ne ho mai ve-duti.»

«Non insistere. Non vorrai mica far credere che io sia scemo?»

«Io non voglio nulla,» dissi «ma G. non è in Maremma. Al mercato vengono venditori ambulanti vestiti da pellirosse. Per questo si potrebbe affermare che G. è in America.»

«Sei anche spiritoso» disse lui. «Ma prima di darti dello stupido e di buttarti fuori di classe dimostrerò ai tuoi compagni come G. si trovi in

---

2. *masnada*: compagnia rumorosa e violenta, banda.
3. *butteri*: sono i *cow-boy* della Maremma,

cioè i guardiani a cavallo delle mandrie di bovini.

Maremma.» Mandò un ragazzo a prendere la carta geografica della regione nell'aula di scienze, così anche lì seppero del mio diverbio e che ci si stava divertendo alle mie spalle. Sulla carta, nonostante non gli facessi passare per buona una sola delle sue affermazioni, abolendo i veri confini delle province e creandone dei nuovi immaginari, il professore riuscì a convincere i miei compagni, complici la scala di 1:1.000.000 e altre storie, che G. era effettivamente in Maremma.

«È tanto vero che G. non è in Maremma» ribattei infine «che da noi maremmano è sinonimo d'uomo rozzo e ignorante.»

«Abbiamo allora in te» concluse lui «la riprova che a G. siete autentici maremmani. Rozzi e ignoranti come te ho conosciuto pochi ragazzi. Hai ancora i calzettoni pelosi.»[4] E con uno sguardo mi percorse la persona. Gli altri fecero lo stesso. Sentii di non essere elegante come i miei compagni. Tacqui avvilito. Da quel giorno fui "il maremmano". Ma ciò che m'irritava di più era, in fondo, l'ignoranza geografica del professore e dei miei compagni.

Non potevo soffrire la Maremma. Ero stato preso da tale avversione al primo scritto che mi era capitato sotto gli occhi intorno a quel territorio e ai suoi abitanti. Avevo letto in precedenza numerosi libri sui cavalieri delle praterie americane, avevo visto al cinematografo infiniti film sulle loro strabilianti avventure; libri e film che mi avevano esaltato. Un paio di anni della mia vita erano stati dedicati ai cavalli, ai lacci, ai grandi cappelli, alle pistole di quegli uomini straordinari. Nel mio cuore non c'era stato posto per altri. Quando essi giungevano a liberare i compagni assaliti dagli indiani, sentivo che la loro piccola guizzante bandiera rappresentava la libertà; e mi sarei scagliato alla gola di coloro che parteggiavano per il Cervo Bianco e per il Figlio dell'Aquila. Quando i carri della carovana, costretta a disporsi in cerchio per fronteggiare l'assalto degli indiani assassini, tornavano allegri e veloci a inseguirsi per immense e deserte praterie e per profonde gole di monti, mi pareva che gli uomini avessero di nuovo conquistato il diritto di percorrere il mondo. I nomi di quei cavalieri – sapevo tutti i nomi degli eroi di tutti i romanzi a dispense e di tutti i film – erano sempre sulla mia bocca. Valutavo ogni persona confrontandola con loro e ben pochi resistevano al confronto. Quando lessi che a due passi, si può dire, da casa mia, c'erano uomini che prendevano al laccio cavalli selvaggi, che domavano tori, che vestivano come nel Far West o press'a poco, che bivaccavano la notte sotto il cielo stellato ravvolti in coperte intorno a grossi fuochi e con accanto il fucile e il cane fedele, risi di cuore. Neppure le storie dei cani fedeli, comuni e accettate

4. *calzettoni pelosi*: di lana grezza.

in ogni parte del mondo, riuscii a prendere sul serio. Guardai tante carte geografiche e sempre più mi convinsi che in quella zona così vicina a me, larga quanto una moneta da un soldo, non era possibile vi fossero bestie selvagge, uomini audaci e probabilità di avventure. Né le dolcissime donne brune che cantavano sui carri coperti di tela e che, all'occorrenza, caricavano le armi dei compagni. Una brutta copia degli eroi di mia conoscenza. I cavalieri dei libri e dei film combattevano continuamente contro indiani e predoni; ma lì, a due passi da me, che predoni potevano esserci? Lontano il tempo degli antichi famosi briganti, se mai erano esistiti: anche su di loro avevo i miei dubbi.

Quando andai a studiare a F. la pensavo proprio così. Perciò non potevo gradire il soprannome di "maremmano".

Giocavo al calcio con abilità, ma anche con una certa rudezza, nonostante fossi piccolo e magro. Mi feci notare subito la prima volta che scesi in campo coi miei compagni, e mi misero mezzala sinistra nella squadra che rappresentava il liceo nel campionato studentesco. Giocai alcune partite riscotendo molti applausi.

«Il maremmano è bravo,» dicevano «deve essersi allenato coi puledri selvaggi. I butteri gli hanno insegnato un sacco di diavolerie.»

I frizzi e le stoccate,[5] siccome ero certo contenessero una lode sincera, non m'irritavano affatto. Sorridevo e gli altri tacevano presto. Eravamo ormai vicini alla fine del campionato con molta probabilità di riuscirvi primi e mi ripromettevo, per i servizi resi all'onore del liceo, pensate che una partita era stata vinta per un unico punto[6] segnato da me, di non essere in avvenire chiamato "maremmano", quando nell'ultimo incontro accadde un brutto incidente. Durante una discesa mi trovai a voltare le spalle alla porta avversaria. Dalla destra mi passarono il pallone. Mi girai per colpire al volo. Il portiere aveva intuito la mossa e si gettò in avanti per bloccare gamba e pallone, ma il mio calcio lo prese in piena bocca. Svenne. Gli avevo rotto tre denti. I suoi compagni mi furono addosso minacciosi. Dissi che non l'avevo fatto apposta, che era stata una disgrazia, che ero amicissimo del portiere il quale alloggiava nella mia stessa pensione, ma gli studenti sostenitori dell'altra squadra, assai numerosi tra il pubblico, cominciarono a urlare: «Maremmano, maremmano, maremmano».

Persi il lume degli occhi, e voltandomi dalla parte del pubblico che gridava di più, feci un gesto sconcio. L'arbitro mi mandò fuori dal campo.

---

5. *I frizzi e le stoccate*: le prese in giro e le battute pungenti.

6. *punto*: rete, goal.

Mentre uscivo dal recinto di giuoco le grida e le offese raddoppiarono. Vidi che gridavano anche le ragazze.

«Maremmano, maremmano, maremmano; viene da G.»

Tra coloro che urlavano dovevano esserci anche i miei compagni. Infatti, come potevano tutti sapere che ero nato a G.? Mi sentii privo di ogni solidarietà e camminai a capo basso verso gli spogliatoi.

«Maremmano, maremmano, ha ancora i calzettoni pelosi.»

Che i miei calzettoni non piacessero agli altri non m'importava. Era questione di gusti. La roba di lana mi è sempre piaciuta fatta a mano e piuttosto grossa. Per me i calzettoni erano bellissimi e io non davo loro colpa dei miei guai, nonostante fossero continuamente oggetto di rilievi e di satira. Anche quella volta più che per ogni altra cosa mi arrabbiai per l'ingiustizia che si commetteva ai danni di G. continuando a crederla in Maremma. Andai fra il pubblico e cercai di spiegare a quegli ignoranti l'errore che commettevano, ma a forza di risa, di grida, di spinte e persino di calci nel sedere fui cacciato negli spogliatoi.

Il giorno dopo il preside mi chiamò e mi sospese per una settimana a causa del gesto fatto al pubblico, gesto che disonorava il liceo. Mi sfogai col preside sperando che almeno lui capisse che G. non era in Maremma. Egli mi ascoltò a lungo, ma sul volto aveva la stessa aria canzonatoria dei miei compagni e, alla fine del mio discorso, confermò la punizione. Forse mi credette un po' scemo.

Primo impulso fu quello di scrivere a casa e pregare il babbo e la mamma di mandarmi a studiare in un'altra città. Ma come spiegare le mie pene? Non sarei stato compreso, anzi mi avrebbero sgridato. Essi facevano dei sacrifici per mantenermi al liceo. Decisi di sopportare ancora. Al mio ritorno a scuola dopo la sospensione, le offese contro G. e contro di me si moltiplicarono. Però si avvicinava l'estate e con l'estate sarebbero venute le vacanze. A casa avrei pensato al da farsi per l'anno dopo; forse avrei abbandonato gli studi e sarei andato a lavorare. Ma proprio allora mi capitò il guaio più grosso.

Una domenica mattina, uscito di buon'ora dalla pensione per godermi i freschi colori della inoltrata primavera, vidi i muri pieni di manifesti vivaci e molta gente in crocchio che stava ad ammirarli. Le tre figure che campeggiavano nei manifesti mi fecero subito arricciare il naso: un toro a capo basso quasi nell'atto di lanciarsi nella strada, un puledro esile e scalpitante e un buttero che guardava le due bestie con un'espressione di sprezzante sicurezza. Mi avvicinai. I manifesti annunziavano che la prossima domenica, in un prato vicino all'ippodromo, per la prima volta in una città, i cavalieri di Maremma si sarebbero esibiti in emozionanti prodezze.

Non ero mai stato in Maremma, né avevo veduto butteri altro che nelle fotografie. Migliore occasione di quella per ridere di loro non poteva capitarmi. Inoltre mi piaceva immensamente il luogo ove si sarebbe svolta la giostra. Il fiume, uscendo dalla città, si allontana, con bizzarre svolte, nella campagna, finalmente libero da case e da ponti. Tra la riva destra del fiume e una fila di colline ci sono parchi molto belli, con caffè di legno e alberi enormi; e belli sono alcuni prati verdi circondati da ben curate siepi di bosso,[7] che si aprono all'improvviso in mezzo agli alberi. In uno di quei prati era allora l'ippodromo. I prati e le siepi verdi mi piacevano perfino più del lungofiume e non mancavo mai, nei pomeriggi in cui non avevo lezione, di recarmi a visitarli. Sedevo ai margini, accanto alle siepi, e di lì osservavo l'erba bassa e tenera che mi empiva l'animo di gioia.

«Ci andrò domenica» decisi e, a mezzogiorno, di ritorno alla pensione, invitai i miei compagni di tavola, il portiere che avevo ferito durante la partita di calcio e due alunni del mio stesso liceo, a recarsi con me allo spettacolo.

«Avevamo già veduto il manifesto» disse il portiere. «Verremo ad ammirare i tuoi maestri.» Anche gli altri accettarono e il giorno fissato c'incamminammo verso il luogo dello spettacolo. Vi era una grande folla quale non mi aspettavo, richiamata lì, pensai, più dalla splendida giornata che dai butteri e dalle loro bestie. Signore e ragazze belle, come alle corse. Avevo cominciato in quel luogo a guardare le donne andando a passeggiare la domenica nei pressi dell'ippodromo. Procedendo dietro alla folla entrammo in un prato, su un lato del quale erano state costruite alcune tribune di legno. Improvvisamente mi accorsi di non essere più con i miei compagni; forse la calca ci aveva diviso. Trovai un posto a sedere.

Entrarono nella lizza un puledro selvaggio e alcuni butteri vestiti alla maniera dei cavalieri d'oltre oceano. Ne fui subito urtato. Il puledro prese a vagare disordinatamente per il prato. Un buttero gli si precipitò dietro. Compito del buttero era quello di montare in groppa al puledro mentre correva e di rimanerci a dispetto delle furie della bestia. Ma il puledro, scorto l'uomo, si fermò e si lasciò avvicinare. Allora il buttero, forse impressionato dalla presenza di tanta gente, spiccò un salto andando a finire cavalcioni quasi sul collo del puledro. Era come montare su un cavallo di legno, eppure cavallo e cavaliere caddero a terra. Accorsero gli altri butteri. Il puledro non voleva alzarsi e teneva l'uomo prigioniero pre-

---

7. *bosso*: arbusto sempreverde, dalle foglie rigide e lucenti e dal legno durissimo.

mendogli con la pancia sulle gambe. Il pubblico cominciò a gridare. Finalmente il puledro si decise a rimettersi in piedi e, quieto quieto, si fece condurre fuori dal prato.

«Non è da domare» gridò uno spettatore. «È una pecora.»

Scoppiarono risate e clamori. Anch'io ridevo di gusto.

Entrò nello spiazzo verde un toro. Subito un buttero l'affrontò tentando di afferrarlo per le corna e di piegarlo. La folla tacque. Il toro sembrava più sveglio del puledro. Infatti ben presto le parti s'invertirono. Pareva fosse il toro che avesse l'incarico di atterrare il buttero. Cominciò la bestia ad agire con una specie di strana malizia: si produsse in una lunga serie di finte come un giocatore di calcio che vuole superare un avversario: infine caricò l'uomo mandandolo a gambe levate. Una carica però piena di precauzione, senza malanimo, quasi che il toro avesse voluto burlarsi del burbero[8] atteggiamento del nemico, e gli spettatori compresero subito che il cavaliere non si era fatto alcun male. Di nuovo gli altri butteri corsero in aiuto del compagno. Allora il toro prese a correre allegramente e quei poveri diavoli dietro. Si diresse verso le siepi, e compiuti due giri torno torno al prato, trovato un varco, si precipitò in direzione del fiume. I butteri, disperati, scomparvero anch'essi oltre la siepe fra gli schiamazzi del pubblico.

La folla gridava e imprecava. Infine, saputo che altre attrazioni non ci sarebbero state, cominciò a sfollare.

«Truffatori» urlavano.

«È uno scandalo.»

«Un ladrocinio.»[9]

«Abbasso i maremmani.»

«Vogliamo i denari che abbiamo pagato.»

Io urlavo con gli altri. Qualcuno tirò delle legnate sul casotto dove prima si vendevano i biglietti delle tribune. Io tirai una pietra sulle tavole di legno: avrei desiderato di vedere tutto distrutto. All'uscita i miei compagni mi circondarono.

«Ti cercavamo» disse uno.

«Ti sei nascosto, eh!»

«Belli i tuoi compaesani. Dovresti rendere a tutti gli spettatori i denari del biglietto.»

«È un maremmano anche lui» disse il portiere, indicandomi alle persone vicine.

«È proprio un maremmano come questi truffatori che ci hanno preso in giro.»

---

8. *burbero*: scortese.   9. *ladrocinio*: furto.

Numerosi ragazzi mi vennero addosso e cominciarono a canzonarmi come se mi avessero sempre conosciuto.

«Non credete che sia maremmano?» disse ancora il portiere. «Guardategli i calzettoni. È roba di Maremma.»

«Domani mi metterò i calzettoni di cotone» dissi. «Faccio così ogni anno quando viene il caldo.» Poi aggiunsi: «G. non è in Maremma».

Al nome di G. anche i grandi fecero causa comune con i ragazzi.

«Di' ai tuoi compaesani che sono dei ladri» disse un giovanotto. Gli altri risero. Con le lacrime agli occhi cercai allora di spiegare il gravissimo errore che commettevano credendo che G. si trovasse in Maremma.

«È un po' tocco?» chiese uno a un mio compagno.

«Altro che poco» rispose il mio compagno.

I ragazzi urlarono più di prima. Mi dettero perfino delle spinte, e i grandi non erano da meno di loro.

Sopraggiunse un giovane; rideva e raccontò di essere stato sul fiume. Il toro si era gettato nell'acqua e i butteri piangevano, bestemmiavano e pregavano i santi e il toro, ma non riuscivano a tirarlo fuori. A queste notizie raddoppiarono gli schiamazzi contro di me.

«Sarà il figlio del padrone dei butteri se li difende tanto» disse una ragazza.

«No» gridai. «Non li difendo. Li odio. Non c'entro nulla con loro. Mio nonno aveva poderi.[10] Mia madre è una signora. È lei che ha fatto questi calzettoni.»

«Sono di lana caprina» disse un vecchio signore. Un ragazzo fece: «Bee», un altro:«Muu» e un altro ancora mi dette un pugno.

Mi voltai. Stavo in mezzo a uno dei viali che portavano alla città. La gente mi veniva dietro a semicerchio. Piangevo. Forse era molto tempo che piangevo. Mi staccai dal gruppo e mi appoggiai a un albero. Lontano, sul greto del fiume, intravidi i miei compagni che correvano in direzione opposta. Forse andavano a vedere il toro che si era buttato nell'acqua.

Scheda di analisi
a pagina 356

10. *poderi*: terre e fattorie.

Elio Vittorini

Milano come in Spagna
Milano come in Cina

ora in *Le opere narrative*, a c. di M. Corti, vol. II,
Racconti, Einaudi.

Nell'agosto del 1943 anche Milano ebbe il suo Blitz[1] *come Varsavia e*
Rotterdam, come Belgrado, come le città della Spagna e della Cina, come
Londra. C'erano antifascisti a Milano. E parte di essi erano nelle prigioni.
Molti antifascisti s'erano scoperti per tali, al momento del colpo di stato di
Badoglio,[2] *e i generali di Badoglio li avevano arrestati. Altri antifascisti,*
che da anni si trovavano in reclusori[3] *del Piemonte e dell'Emilia, erano*
stati portati, per la revisione dei loro processi, a Milano, ed erano nelle
carceri di Milano. Nuove carceri erano state improvvisate, in quei giorni, a
Milano: anche l'Arena[4] *era diventata una prigione, tutto il primo piano del*

1. *Blitz*: parola tedesca che letteralmente significa "lampo". Durante la seconda guerra mondiale si diffuse in relazione all'uso da parte
nazista del termine *Blitz-Krieg*, cioè guerra
lampo, a indicare un conflitto risolto in poche
ore grazie all'uso di mezzi meccanici e in generale di una tattica basata su rapidissimi sposta-
menti. Qui però assume il significato di attacco
aereo. Nell'agosto 1943 Milano venne sottopo-
sta a pesantissimi bombardamenti da parte
dell'aviazione alleata; più in generale tutta la
parte centro-settentrionale della penisola italiana, da Roma in su, subì fra luglio e settembre
migliaia di incursioni. Ma il bombardamento di
Milano diventa per Vittorini il simbolo di tutti i
bombardamenti effettuati contro i civili in quello stesso periodo, e anche (come vedremo fra
poco) in altri conflitti, di poco precedenti, contro altre città europee e asiatiche.
2. *colpo di stato di Badoglio*: il 25 luglio del
1943 il Gran Consiglio del fascismo dichiarò
la sfiducia a Mussolini; il governo venne affidato al generale Pietro Badoglio, che avviò

trattative di pace con gli anglo-americani,
mentre però la guerra proseguiva. Contemporaneamente le truppe alleate erano sbarcate
in Sicilia (luglio 1943) e stavano progressiva-
mente riconquistando la nostra penisola, procedendo da sud verso nord. Quando, l'8 settembre dello stesso anno, fu reso pubblico
l'armistizio con gli anglo-americani (firmato il
3 settembre a Cassibile), l'Italia si trovò spez-
zata in due, con il sud controllato dagli alleati,
e il nord in mano ai nazi-fascisti, anzi di fatto
sempre più in balia dei soli tedeschi. In questa
situazione l'aviazione anglo-americana mise in
atto un piano di sistematici bombardamenti
delle città settentrionali, con lo scopo di cacciare definitivamente i tedeschi ma, è chiaro,
con conseguenze catastrofiche per la popolazione civile.
3. *reclusori*: prigioni.
4. *Arena*: costruita in epoca napoleonica,
l'Arena divenne lo stadio calcistico di
Milano, e fu poi riservata all'atletica leggera
dopo la costruzione dello stadio di San Siro.

Palazzo di Giustizia era una prigione, e gli antifascisti che vi erano chiusi dentro, senza una panca su cui sedersi, senza una coperta su cui, la notte, stendersi, avevano per la guerra gli stessi sentimenti e pensieri che avevano gli operai londinesi... Venne il Blitz dell'agosto '43 su di loro, e non ci furono nemmeno rifugi per loro: carabinieri e secondini si misero al sicuro lasciandoli sotto chiave, nelle celle o nelle gabbie, nelle camere di sicurezza improvvisate, nei cortili. Quale fu la reazione psicologica di quegli antifascisti al Blitz alleato su Milano?

Ci dava, la città, il calore di sé che bruciava, e la sua polvere, la sua cenere; ma non ci dava più niente della sua animazione, non rumori di folla, di tranvai, di automobili, di saracinesche tirate su o tirate giù, niente del suo mattino e del suo meriggio,[5] niente della sua sera; e questo debbo dire che ci conveniva, là dentro, poter pensare Porta Venezia[6] coi suoi platani incendiati, e tutti i caffè, tutti i negozi, tutti gli alberghi e i cinematografi chiusi, ferme le file di vetture tranviarie e i trolley[7] loro abbattuti, nessuno più a vender libri sotto un ombrellone, nessuno più a custodir biciclette, nessuno a risalire la scala delle ritirate[8] sotterranee e nessuna fioraia ad offrir gardenie, niente più banchi con cocomeri tagliati in fette, niente più edicole di giornali e nomi di Spagna o Cina, nemmeno ricordo di orchestre di sale da ballo, ma soltanto la rossa arena dell'asfalto negli incendi, nell'estate, e piccole prostitute che vanno e vengono dicendo ormai senza rabbia e solo con lamento «non c'è più un uomo, Cristo? non si trova, Cristo, più un uomo? nessuno più è un uomo?»

Vennero montagne[9] su Milano, passavano, e si aprivano, si rompevano su Milano, e la terra sotto si schiantava, terra si alzava dai cortili, terra ricadeva.
«Arriva» uno diceva. «Ecco che arriva.»
Schianti si avvicinavano, da trecento metri, da duecento, da centocinquanta, da cento, e il quinto doveva essere su di noi, ne avevamo sopra il cammino, e fu invece più in là di noi, in un cortile da cui sussultò fino a noi, crepitando, il cemento armato di tutto il palazzo.
«Passato» dissero. Ma dissero insieme: «Di nuovo». E di nuovo erano tuoni che si succedevano nella terra, schianti di nuovo, più vicini, più vicini, con uno che doveva essere in mezzo a noi e fu di nuovo poco più in là di noi, nel sobbalzo e il crepitìo di tutto il cemento armato.

---

5. *meriggio*: mezzogiorno e primissimo pomeriggio.
6. *Porta Venezia*: la porta nord-orientale di Milano.
7. *trolley*: asta posta sul tetto di tram e filobus:

serve a collegarne i motori elettrici ai cavi aerei da cui traggono l'energia motrice.
8. *ritirate*: gabinetti.
9. *montagne*: sono i pesanti aerei da bombardamento degli anglo-americani.

«Passato» di nuovo dicevano. Ma di nuovo dicevano: «Ancora». E ancora schianti ci correvano incontro da duecento o centocinquanta metri, un primo, un secondo, un terzo, ogni schianto più vicino, e uno ancora che doveva essere in mezzo a noi ma era ancora più in là di noi, in un sobbalzo e un crepitìo, e in un rovescio di terra.

Quell'incursione del 15 agosto non fu la più dura né la più lunga; la più lunga era stata il 12, giovedì, e la più dura la notte prima, sabato 14; ma fu la più cupa. Parve che volesse spegnere, coprire; rovesciava oscurità; terra d'oscurità e tuono d'oscurità; ed ogni suo colpo era una fossa che si colmava sul fuoco delle case. Niente più sobbalzò nel nostro cemento armato; solo si oscurò, si oscurò; e terra ci entrava nelle orecchie ad ogni tuono, era sempre più terra, e sempre meno tuono, dal centro di un cerchio che si allargava lasciando nella città un muggito spento.

Uno di noi disse che "li" odiava. Davvero odiava? E chi? I nemici dei nostri nemici?

«Sono i nostri nemici stessi» Gubbio ululò.

«Sono americani» disse un altro. «Sono nostri nemici gli americani?»

«Sono i fascisti» Gubbio ululò. Erano i fascisti che distruggevano Milano?

«Dobbiamo comprenderci» Molina disse.

«E ci comprendiamo» disse il Gubbio. «Io ho detto che sono i fascisti. Sono i fascisti. Sono i nazisti.»

Erano fascisti e nazisti che distruggevano Milano?

«Ma a Milano» uno disse «ci sono anche loro.»

«Dobbiamo comprenderci» Molina disse. «Qui non siamo a Milano.»

Non eravamo a Milano? Molina disse che non eravamo a Milano. E dove eravamo?

«A Madrid»[10] Bolaffio disse.

In Spagna, a Madrid? «Sì, e a Bilbao.»

In Spagna, a Bilbao? «E a Guernica» Bolaffio disse.

In Spagna, a Guernica? «In Spagna» Bolaffio disse. «A Santander e San Sebastiano.»[11]

---

10. *A Madrid*: per stabilire una comunanza tra le tragedie della guerra, Molina avvicina la situazione di Milano nell'agosto 1943 a quella della guerra civile spagnola (1936-1939), dove i fascisti del generale Francisco Franco, sconfitti nelle elezioni, riconquistarono il potere con la forza. Madrid, la capitale, controllata dalle truppe repubblicane, fu l'ultima città a cadere nelle mani di Franco.

11. *Bilbao… San Sebastiano*: sono tutte località della regione basca, nella Spagna settentrionale, che i nazionalisti di Franco sottoposero a pesanti attacchi. In particolare l'abitato di Guernica fu letteralmente polverizzato dai bombardamenti tedeschi e franchisti (26 aprile 1937). Proprio allo spaventoso bombardamento aereo di Guernica si riferisce il celebre quadro "Guernica" (1937) di Picasso, diventato simbolo degli orrori della guerra.

Dunque eravamo spagnoli.

«Certo che lo siamo» disse Bolaffio.

«Siamo anche cinesi» Manuele disse.

Eravamo anche cinesi? «Cinesi anche» Molina disse.

Ed eravamo in Cina, non a Milano? «A Sciangai» Manuele disse.

In Cina, a Sciangai? «Sì, e a Nanchino.»

In Cina, a Nanchino? Non a Milano? «E a Canton» Manuele disse. «A Fu Ciou e Su Ciou.»[12]

«Anche in Polonia» un altro disse.

A Varsavia? A Varsavia. A Belgrado? A Belgrado.

E dove anche? Anche a Londra? Certo anche a Londra. E in Grecia. In Russia. Certo anche in Russia.

In Russia a Smolensk? In Russia a Vitebsk? A Oriol, in Russia. A Dniepropetrovsk. A Kaluga. A Mosca e a Tula.[13]

In Russia e non a Milano?

In Russia e non a Milano.

E che facevamo in tutti quei posti, invece che a Milano? «Stiamo lì sotto le bombe» Bolaffio disse.

Sotto le bombe fasciste in Spagna? Sotto le bombe fasciste in Spagna.

«E sotto le bombe fasciste in Cina?» «Lo stesso» Manuele disse. «Siamo poveri cinesi in Cina.»

Ma non è solo degli antifascisti militanti che io posso dirlo. Di molto che era il popolo, in quei giorni, e di come era, posso dirlo. Queste sono pagine di un diario che ho scritto, su quei giorni.

All'indomani della quarta incursione i detenuti antifascisti del Palazzo di Giustizia furono portati fuori Milano, nelle carceri di Seregno.[14] Camion con carabinieri e soldati li presero su, e li trasportarono, attraverso Milano in fiamme, nella nuova residenza. Allora essi videro come fosse, e come reagisse ai bombardamenti, il nostro popolo.

---

12. *A Sciangai... Su Ciou*: le città cinesi qui nominate, nella parte est del paese, furono le prime a essere conquistate (1937-1938) dall'esercito giapponese, impegnato a mettere in atto il cosiddetto piano per la supremazia regionale, cioè il predominio su tutta l'area estremo-orientale. Dal 1936 i giapponesi avevano stipulato con la Germania nazista un patto antisovietico. Nel 1940 i giapponesi entrarono a Pechino, dove installarono un governo fantoccio.

13. *a Smolensk... a Tula*: sono tutti importanti centri urbani russi che, per la loro importanza economica e strategica, furono sede di scontri significativi tra l'esercito di Hitler e le truppe dell'Armata Rossa. In particolare a Smolensk, città della Russia Orientale posta lungo il corso del fiume Dnepr, ebbe luogo nel 1941 una delle più aspre battaglie di tutto il secondo conflitto mondiale.
14. *Seregno*: cittadina situata circa venti chilometri a nord di Milano.

Il camion svoltò, poi di nuovo svoltò; noi sopra eravamo in piedi tra carabinieri e soldati seduti, sulle spallette,[15] e ad ogni svoltata tutta la massa sbandava, tutta si piegava verso una spalletta o verso l'altra.

«Ma qui dove siamo?»

«Sul corso di Porta Vittoria...[16] Non lo vedi?»

«Qui sul corso di Porta Vittoria?»

«Non vedi lì il palazzo dei sindacati?»

«Quello il palazzo dei sindacati?»[17]

«Lo vedi dalla chiesa accanto.»

«Quella è la chiesa che c'era accanto?»

Due falde d'acqua s'erano aperte e si alzavano dalla terra, spruzzi venivano sulle facce.

«Piano, oh!» gridarono i soldati.

«Sono i pompieri?»

«Che cosa, i pompieri?»

«Dico se questi spruzzi vengono dalle pompe dei pompieri.»

«No» disse il carabiniere che aveva tirato Gino per il lembo della giacca. Egli disse a Gino di affacciarsi, se voleva.

«Qui è tutto allagato» disse il soldatino.

«Si sono rotte le condutture» disse il carabiniere.

Il camion aveva l'acqua fin quasi a metà delle ruote, e una ruota affondò di più.

«Ferma. Ferma» gridarono di dentro i marescialli.

«Sotto l'acqua ci sono le buche» disse il soldatino.

«Ce n'è una grande come tutto il camion» disse il carabiniere.

Il camion rinculò nell'acqua; tutti gli uomini all'impiedi sopra furono gettati indietro, e il camion sterzò, di nuovo rinculò, di nuovo sterzò, voltò, e sempre gli uomini sopra erano gettati in avanti, indietro o da una parte.

«Ma gli altri camion di dove sono passati?» diceva Gino.

«Saranno passati dai navigli[18] anche loro» il soldatino rispose.

«Certo saranno passati dai navigli» disse il carabiniere.

«Non ne abbiamo avanti nessuno?»

«Certo ne abbiamo avanti qualcuno.»

Gino si alzò sulla punta dei piedi, guardò di sopra al tetto della guida.

---

15. *spallette*: parapetti.

16. *corso di Porta Vittoria*: grande viale, che dal centro porta verso est; vi si trova il Palazzo di giustizia.

17. *il palazzo dei sindacati*: è la Camera del Lavoro di Milano, situata appunto in corso di Porta Vittoria.

18. *navigli*: canali, oggi in gran parte coperti; in particolare qui Vittorini si riferisce alla cosiddetta "cerchia dei navigli", cioè alla più interna delle sequenze di viali che dividono Milano in varie fasce concentriche.

«Ce ne sono» disse. «Ce ne sono.»

«I nostri?» disse il carabiniere.

«Immagino che siano i nostri» disse Gino.

E cercava di contare; contò uno, due, tre; vide più avanti un quarto che forse ne nascondeva un quinto che a sua volta ne nascondeva forse un sesto, e pensò una lunga fila che svoltava da una strada in un'altra.

«Siamo sui navigli» disse il soldatino. Questo Gino non lo vedeva. Vedeva l'ampia strada scorticata, pali di ferro spezzati, pali contorti, pali piegati, nere corde che pendevano da palo a palo, e grandi blocchi di pietra sulla strada. «Bombe grosse» disse il soldatino.

«Cento chili?»

«Altro che cento chili.»

«Duecento?»

«Altro che duecento.»

«Certo mille no.»

«Perché mille no?»

Il camion si era fermato, rinculava e sterzava, rinculava e sterzava, con gli uomini sopra che sbattevano a destra o a sinistra, avanti o indietro, tutti insieme.

«Guarda un po' tu che cosa succede.»

C'era una frana di blocchi attraverso la strada. Girarono attorno a una nera buca nell'asfalto; il naviglio scoperchiato; e infilarono una stretta via percorsa da binari, verso calore, verso fumo, verso odore di bruciato.

«Qui sembra quasi via Monforte.»

«E non è via Monforte? È via Monforte.»

«E Largo Augusto l'abbiamo già passato?»

«Ma se eravamo a momenti in corso Venezia!»

«Era un pezzo che l'avevamo passato.»

Erano usciti, ora, da via Monforte in San Babila; questo si poteva riconoscerlo; e girarono intorno a rosse macerie di cotto che rovinavano, tra rossa polvere, fuori dai portali della chiesa sventrata; entrarono in un calore più denso, in un'aria più oscura, in un più fitto e crepitante ronzio.

«È qui che brucia?»

«Qui bruciava ieri mattina. È dietro che brucia.»

«È corso Vittorio?»[19]

«Qui siamo in corso Vittorio. Qui bruciava ieri mattina.»

«Allora è il Duomo che brucia.»

«Che Duomo! Non è il Duomo!»

---

19. *via Monforte... corso Vittorio*: corso Monforte e largo Augusto, corso Venezia, corso Vittorio Emanuele sono tutte vie del centro di Milano.

«È giù di là. È via Torino.»

«È tutta via Torino.»

Una gialla nuvola stava bassa e calda, al secondo piano delle case, sul lungo spiazzo nel quale s'incontrano corso Venezia e corso Vittorio Emanuele; e il camion passò sotto la nuvola tra il grattacielo e il palazzo del Toro.

Lì era un tunnel sotto la gialla nuvola, ed era forse Madrid dove sono i grattacieli, andando verso Boadilla[20] un giorno di bombardamento dalle colline, Bolaffio poteva pensarlo; l'agosto del '36, il marzo del '37, in file di tram pieni di operai armati, folla armata sui due marciapiedi, camion in fila coi canti delle Brigate Internazionali.[21]

O era forse Nanchino in Cina, poteva pensarlo Manuele, subito dietro il porto sul fiume il giorno che nel porto sbarcarono i fascisti giapponesi, e mille giunche[22] bruciavano sul fiume, diecimila case bruciavano lungo il fiume, centomila cinesi bruciavano anche nell'acqua del fiume sotto il ferro e il fuoco di seicento aerei.

«Che cos'è questa folla?» chiese Gino.

Egli ora vedeva la grande folla, sotto la nuvola bassa tra casa e casa, e poteva vederla Bolaffio, poteva vederla Manuele, poteva vederla persino Bristol, muovendosi tutta in una direzione, come se fosse la grande folla ch'era stata a Madrid, in Spagna, fitta, nera, con armi in spalla e gridando «no pasaran»[23] tutta insieme, dalla Puerta del Sol alla Ciudad Universitaria.[24]

O come se fosse la più grande folla ch'era stata in tutti quei posti in Cina, recando materassi sulla testa, spingendo carrozzini, tirando carrettini, con bimbi legati dietro la schiena, pentole appese al collo, gabbie in mano, e piedi nudi, piedi nudi, lo scalpiccio d'un milione di piedi nudi che i giapponesi aspettavano, nascosti tra le canne, di udire sulla mota[25] in riva al fiume per dare un segnale alle mitragliatrici lungo venti chilometri di canneto e di fiume.

«Vanno tutti in un senso. Dove vanno?»

Era così ogni giorno, a quell'ora.

---

20. *Boadilla*: località nei pressi di Madrid.

21. *Brigate Internazionali*: le truppe costituite da combattenti di ogni parte del mondo, che affiancarono l'esercito regolare repubblicano. I paesi democratici avevano infatti dichiarato la loro neutralità, mentre i governi fascisti (a cominciare da quello italiano) avevano inviato truppe a sostegno di Franco.

22. *giunche*: caratteristiche piccole navi da trasporto cinesi, con il fondo piatto e vele quadre fatte di stuoie.

23. *no pasaran*: espressione spagnola che significa "non passeranno"; era lo slogan dei repubblicani, e si riferiva in particolare alla difesa di Madrid.

24. *dalla Puerta del Sol alla Ciudad Universitaria*: sono luoghi strategici della capitale spagnola.

25. *mota*: fango.

«Ma dove vanno?»

Dove la notte non ci fossero bombe. Come andavano i cinesi, poteva dire Manuele. «Ma dove?»

«So io dove? Nei campi. Nei fienili.»

Chi sapeva dove andavano i cinesi? E i polacchi di Varsavia? I serbi di Belgrado? Gli spagnoli di Guernica? Nei campi. Nei fienili.

«Il più lontano possibile da Milano.»

«Nei paesi intorno?»

«Un po' nei paesi intorno, e un po' anche più in là.»

«Un po' anche più in qua.»

Quella era l'ora in cui si muovevano: le cinque della sera.

Spingendo carrozzini, tirando carrettini, molti su biciclette, ma i più a piedi, con materassi in testa, fagotto in testa, fagotti sotto braccio, gabbie in mano, pentole e padelle appese a un bastone; quella era l'ora in cui si avviavano, e più andavano lontano meglio era. Certo non andavano dove fossero giapponesi tra i canneti. Ma fino a che non suonavano, nella notte della terra, le sirene, e non rombavano gli aerei nella notte del cielo, essi non si fermavano; andavano fino a quel momento, non si fermavano, e poi in quel momento si voltavano a guardare Milano e le case loro, quindici chilometri, venti chilometri, trenta chilometri dietro a loro, che bruciavano.

E ogni giorno andavano? Ogni giorno andavano.

Come mai erano tanti, dopo ogni giorno che andavano? «Ogni giorno sono tanti.»

«Allora anche tornano, ogni giorno?»

«Certo che tornano ogni giorno.»

«Ogni giorno vanno e ogni giorno ritornano.»

Si fermavano al grande rombo, guardavano Milano che bruciava, e subito si rimettevano in cammino per il ritorno, tornavano più in fretta di come non fossero andati.

A fare?

A guardare più da vicino le loro case che bruciavano, tentare di spegnere il fuoco ch'era sulle loro case, rovistare tra le macerie delle loro case, e raccogliere, portar via un secchio, un martello, una culla, un ferro da stiro, un rubinetto, un fornello che trovassero avanzati tra le macerie delle loro case.

**Scheda di analisi
a pagina 358**

Tommaso Landolfi

Il racconto del lupo mannaro

da *Il mar delle blatte e altre storie*, 1939; ora in
Opere, a c. di Idolina Landolfi, vol. I (1937-1959),
Rizzoli.

L'amico ed io non possiamo patire[1] la luna: al suo lume escono i morti
sfigurati dalle tombe, particolarmente donne avvolte in bianchi sudari,[2]
l'aria si colma d'ombre verdognole e talvolta s'affumica d'un giallo sinistro, tutto c'è da temere, ogni erbetta ogni fronda ogni animale, una notte
di luna. E quel che è peggio, essa ci costringe a rotolarci mugolando e
latrando nei posti umidi, nei braghi[3] dietro ai pagliai; guai allora se un
nostro simile ci si parasse davanti! Con cieca furia lo sbraneremmo,
ammenoché egli non ci pungesse, più ratto[4] di noi, con uno spillo. E,
anche in questo caso, rimaniamo tutta la notte, e poi tutto il giorno, storditi e torpidi, come uscissimo da un incubo infamante. Insomma l'amico ed
io non possiamo patire la luna.

Ora avvenne che una notte di luna io sedessi in cucina, ch'è la stanza più
riparata della casa, presso il focolare; porte e finestre avevo chiuso, battenti
e sportelli, perché non penetrasse filo dei raggi che, fuori, empivano e facevano sospesa l'aria. E tuttavia sinistri movimenti si producevano entro di
me, quando l'amico entrò all'improvviso recando in mano un grosso
oggetto rotondo simile a una vescica di strutto, ma un po' più brillante. Osservandola si vedeva che pulsava alquanto, come fanno certe lampade elet-
triche, e appariva percossa da deboli correnti sottopelle, le quali suscitavano
lievi riflessi madreperlacei simili a quelli di cui svariano[5] le meduse.

«Che è questo?» gridai, attratto mio malgrado da alcunché di magneti-
co nell'aspetto e, dirò, nel comportamento della vescica.

«Non vedi? Sono riuscito ad acchiapparla...» rispose l'amico guardan-

---

1. *patire*: sopportare.
2. *sudari*: lenzuola in cui si avvolgono i corpi
dei defunti.

3. *braghi*: fanghi, soprattutto di porcile.
4. *ratto*: rapido.
5. *svariano*: variano di aspetto e colore.

domi con un sorriso incerto.

«La luna!» esclamai allora. L'amico annuì tacendo.

Lo schifo ci soverchiava:[6] la luna fra l'altro sudava un liquido ialino[7] che gocciava di tra le dita dell'amico. Questo però non si decideva a deporla.

«Oh mettila in quell'angolo» urlai, «troveremo il modo di ammazzarla!»

«No,» disse l'amico con improvvisa risoluzione, e prese a parlare in gran fretta, «ascoltami, io so che, abbandonata a se stessa, questa cosa schifosa farà di tutto per tornarsene in mezzo al cielo (a tormento nostro e di tanti altri); essa non può farne a meno, è come i palloncini dei fanciulli. E non cercherà davvero le uscite più facili, no, su sempre dritta, ciecamente e stupidamente: essa, la maligna che ci governa, c'è una forza irresistibile che regge anche lei. Dunque hai capito la mia idea: lasciamola andare qui sotto la cappa, e, se non ci libereremo di lei, ci libereremo del suo funesto splendore, giacché la fuliggine la farà nera quanto uno spazzacamino. In qualunque altro modo è inutile, non riusciremmo ad ammazzarla, sarebbe come voler schiacciare una lacrima d'argento vivo.[8]

Così lasciammo andare la luna sotto la cappa; ed essa subito s'elevò colla rapidità d'un razzo e sparì nella gola del camino.

«Oh,» disse l'amico «che sollievo! quanto faticavo a tenerla giù, così viscida e grassa com'è! E ora speriamo bene»; e si guardava con disgusto le mani impiastricciate.

Udimmo per un momento lassù un rovellio,[9] dei flati[10] sordi al pari di trulli,[11] come quando si punge una vescia,[12] persino dei sospiri: forse la luna, giunta alla strozzatura della gola, non poteva passare che a fatica, e si sarebbe detto che sbuffasse. Forse comprimeva e sformava, per passare, il suo corpo molliccio; gocce di liquido sozzo cadevano friggendo nel fuoco, la cucina s'empiva di fumo, giacché la luna ostruiva il passaggio. Poi più nulla e la cappa prese a risucchiare il fumo.

Ci precipitammo fuori. Un gelido vento spazzava il cielo terso, tutte le stelle brillavano vivamente; e della luna non si scorgeva traccia. Evviva

6. *soverchiava*: vinceva, sopraffaceva.
7. *ialino*: vitreo, con aspetto e trasparenza di vetro.
8. *argento vivo*: mercurio.
9. *rovellio*: filiazione dotta di "rovello", che significa intimo tormento, spesso rabbioso; ma qui all'idea di sofferenza psicologica si aggiunge, e finisce per prevalere, quella di frastuono, chiasso.
10. *flati*: è il termine medico che indica l'emis-
sione non molto rumorosa di gas dalla bocca e dal sedere.
11. *trulli*: peti.
12. *vescia*: fungo che, quando è maturo, lascia uscire dalla sommità le sue spore, come per una silenziosa e quieta esplosione; ma in origine il termine "vescia" sta a indicare ciò che popolarmentte si chiama loffa, cioè, in termini medici, il flato rettale.

urrah, gridammo come invasati, è fatta! e ci abbracciavamo. Io poi fui preso da un dubbio: non poteva darsi che la luna fosse rimasta appiattata nella gola del mio camino? Ma l'amico mi rassicurò, non poteva essere, assolutamente no, e del resto m'accorsi che né lui né io avremmo avuto il coraggio d'andare a vedere; così ci abbandonammo, fuori, alla nostra gioia. Io, quando rimasi solo, bruciai sul fuoco, con grande circospezione, sostanze velenose, e quei suffumigi[13] mi tranquillizzarono del tutto. Quella notte medesima, per gioia, andammo a rotolarci un po' in un posto umido nel mio giardino, ma così, innocentemente e quasi per sfregio, non perché vi fossimo costretti.

Per parecchi mesi la luna non ricomparve in cielo e noi eravamo liberi e leggeri. Liberi no, contenti e liberi dalle tristi rabbie, ma non liberi. Giacché non è che non ci fosse in cielo, lo sentivamo bene invece che c'era e ci guardava; solo era buia, nera, troppo fuligginosa per potersi vedere e poterci tormentare. Era come il sole nero e notturno che nei tempi antichi attraversava il cielo a ritroso, fra il tramonto e l'alba.[14]

Infatti, anche quella nostra misera gioia cessò presto; una notte la luna ricomparve. Era slabbrata e fumosa, cupa da non si dire, e si vedeva appena, forse solo l'amico ed io potevamo vederla, perché sapevamo che c'era; e ci guardava rabbuiata di lassù con aria di vendetta. Vedemmo allora quanto l'avesse danneggiata il suo passaggio forzato per la gola del camino; ma il vento degli spazi e la sua corsa stessa l'andavano gradatamente mondando della fuliggine, e il suo continuo volteggiare ne riplasmava il molle corpo. Per molto tempo apparve come quando esce da un'eclisse, pure ogni giorno un po' più chiara; finché ridivenne così, come ognuno può vederla, e noi abbiamo ripreso a rotolarci nei braghi.

Ma non s'è vendicata, come sembrava volesse, in fondo è più buona di quanto non si crede, meno maligna più stupida, che so! Io per me propendo a credere che non ci abbia colpa in definitiva, che non sia colpa sua, che lei ci è obbligata tale e quale come noi, davvero propendo a crederlo. L'amico no, secondo lui non ci sono scuse che tengano.

Ed ecco ad ogni modo perché io vi dico: contro la luna non c'è niente da fare.

**Scheda di analisi
a pagina 360**

13. *suffumigi*: normalmente indica i fumi che si respirano a fini curativi, soprattutto nella terapia di malattie respiratorie. Qui con evidente valore ironico.

14. *il sole nero... il tramonto e l'alba*: si tratta di un mito classico.

Tommaso Landolfi

La spada

da *La spada*, 1942; ora in *Opere*, vol. I
(1937-1959), Rizzoli.

Una notte Renato di Pescogianturco-Longino, rovistando fra il retaggio[1]
degli avi... Occorre però dire brevemente in che consistesse questo retaggio. I Pescogianturco-Longino, a prescindere dagli avi crociati, erano stati
tutti gente più o meno solida (come suol dirsi), si erano occupati
dell'amministrazione dei propri beni, e della prosperità della famiglia in
generale; fino ad arrivare al padre di Renato, buon'anima, che rappresentava quasi l'anello di congiunzione fra quell'edificante serie di gentiluo-
mini e suo figlio. Questi, in poche parole, non era mai riuscito a combinare alcunché di buono, era fantastico[2] capriccioso estremamente sensibile,
e soprattutto pigro oltremisura: un malinconico scialacquatore. Insomma
la sua illustre prosapia[3] pareva destinata a corrompersi pienamente e da
ultimo a estinguersi in lui; poiché l'appare d'uno di questi cotali[4] danna
le più antiche famiglie a certa morte. È mirabile inoltre considerare in
quanto breve tempo la prosperità di cui dicemmo si tramutasse in istento
e poi in neghittosa[5] miseria: nel corso di due sole generazioni. Eppure fu
così; e, quanto a Renato, egli poteva benissimo considerare unico, o
quasi, retaggio degli avi il vario e preclaro ciarpame[6] sparso per le soffitte
del maniero, all'infuori del maniero stesso. Dove, per tagliar corto ai
preamboli, ormai s'era ridotto a vivere in penuria di mezzi.

Quella notte, si diceva, da un mucchio di armi e gualdrappe[7] polvero-

---

1. *retaggio*: eredità.
2. *fantastico*: bizzarro, eccentrico.
3. *prosapia*: stirpe, discendenza.
4. *cotali*: tali.
5. *neghittosa*: pigra, trascurata.
6. *preclaro ciarpame*: il latinismo "preclaro"
vale illustrissimo. Con "ciarpame" invece si

indica un mucchio di oggetti vecchi e privi di
valore, in genere anche in cattive condizioni.
7. *gualdrappe*: sono i drappi che si mettono
sulla groppa del cavallo, legandoli alla sella.
Possono avere funzione ornamentale o semplicemente riparare l'animale dal freddo.

se, tutta roba d'altri tempi, estrasse a un dato momento una spada inguainata,[8] che gli pareva di non aver mai visto prima. Alla luce del candeliere
osservò dapprima la guaina, e vide ch'era di nobili tessuti, quali velluti e
bissi,[9] tenuti insieme da costole di pelli preziose e pinte dei più vivaci
colori, da borchie e fermagli che parevano d'oro e d'argento, malgrado la
brunitura di che il tempo li aveva velati, opere di cesello.[10] Quello sembrava, infine, un prezioso arnese davvero, e ciò specialmente eccitò
l'attenzione di Renato: chissà che non se ne potesse cavar qualcosa? Egli
decise di portarsi la spada nei suoi appartamenti e d'esaminarla con
comodo.

Da qualche tempo Renato soffriva di strani turbamenti, di presenti-
menti che si rivelavano senza oggetto, ma che comunque lo angosciava-
no non poco. Confusamente si diceva egli che sarebbe stato tempo di far
qualcosa e di uscire da quella situazione; pure, a parte un tal vago senso
di rimorso, un bizzarro eccitamento lo pervadeva spesso, paragonabile a
quello del cercatore di tesori quando si sente, per virtù divinatoria,[11] prossimo a scoprirne uno. Gli pareva appunto d'avere una grande ricchezza a
sua disposizione, non sapendo tuttavia precisamente di che genere fosse
né come, ad ogni modo, avrebbe potuto servirsene. E adesso, quando fu
colla preziosa spada davanti al fuoco del camino, fu ripreso da questo
senso più forte che mai.

Appena un po' spolverata, la guaina si rivelò quale Renato l'aveva
intravista nel solaio. Inclita[12] arme davvero era quella, e d'egregio artefi-
ce! E non c'era ormai dubbio che le borchie fossero d'oro fino, o che le
pietre dell'elsa fosser topazi e smeraldi, sebbene quasi spenti dalla lunga
segregazione. Nondimeno Renato non si decideva a trarre la lama; quasi
un inesplicabile timore glielo impediva. Infine lo fece con moto brusco.

Le lame che il sole d'autunno allunga di tra le imposte socchiuse in
una buia stanza, i dardi acuti che avventa contro gli angoli riposti, le vivi-
de lingue che talvolta il fuoco leva, erano un nulla appetto[13] a quella lama
abbagliante! Renato socchiudeva gli occhi attonito perché il suo vivo
splendore non li ferisse; eppure in quell'antica sala non c'era molto chiaro! Gli è che la lama sembrava splendere di propria luce. Forbita,[14] intatta
dai tempi antichi, si sarebbe detta di foglia d'oro, se poi una qualche
cupezza, raggiante, per così dire, dall'interno (ché non ne ombrava nep-

8. *inguainata*: nel fodero.
9. *bissi*: tela finissima di lino, usata soprattutto
per vesti lussuose.
10. *opere di cesello*: in cui il metallo è stato
rifinito e decorato con una lavorazione a sbal-
zo, realizzata mediante una specie di punzone

quadrangolare che ha appunto il nome di
cesello.
11. *divinatoria*: profetica.
12. *Inclita*: illustre, gloriosa.
13. *appetto*: di fronte.
14. *Forbita*: pulita, lustra.

pure un poco la splendente trasparenza) non avesse imparentata la misteriosa materia di che era fatta al topazio stesso o forse a inusitate[15] pietre
d'oriente. Poiché era trasparente: Renato vi scorgeva, attraverso, le lingue
del fuoco nel camino, solo un poco deformate. E così sottile, era, che
pareva non avere spessore alcuno e tanto meno un filo e un dorso, o i due
tagli e la nervatura, come tutte le altre spade; così sottile, che si sarebbe
dovuta piegare e gualcire se un arcano procedimento di tempra non le
avesse attribuita rigidezza e flessibilità quanto a ogni altra lama di buon
acciaio.

«Capperi!» fece Renato a voce alta; e s'accostò la lama al pollice,
come usa per saggiare il taglio. Non l'avesse mai fatto! un crescente[16]
d'unghia e un minuscolo spicchio di polpastrello saltarono via prima
ancora, gli sembrò, che avesse esercitata la più lieve pressione. O meglio,
questo è il punto, parve che la lama fosse passata attraverso l'unghia e il
polpastrello come senza tagliare, certo senza suscitare dolore; e solo un
istante dopo, a un movimento di Renato, il preciso spicchiolino di dito si
distaccò e il bruciore si fece sentire. «Capperi!» disse ancora Renato
asciugandosi il po' di sangue; «ecco davvero un'arma tagliente!»

Riprese la spada e volle provarla su materia più consistente. L'allungò
su un ciocco rotondo che, nel camino, ardeva da un estremo, mentre
l'altro era sostenuto da un alare;[17] e ve l'aveva appena poggiata, senza
neppure premere, che il ciocco si fendé docile secondo un taglio straordinariamente preciso: il solo insensibile peso della spada era bastato a ciò.
Balenando di sbieco contro le fiamme essa infulvì,[18] pari a un vivo specchio di rame, e labili[19] parole parvero affiorarne, incise forse o contemprate,[20] parole leggere nel cuore della lama, non si sapeva dove tracciate,
come quelle che la polvere del sole può scrivere su un alito di vento.
Renato lesse: «Io Cavaliere Castaldo Di Pescogianturco-Longino
Temprai questa spada Più tagliente di quella d'Orlando Or tu non avrai
più nemico». Parevano versi e i caratteri erano molto antichi.

Qui Renato fu preso da grande concitazione[21] e vibrò la spada contro la
testa d'un alare, quasi disfida alle parole del suo remoto avo; e il pomo di
rame forbito, opera fina, ruzzolò all'istante fra le fiamme. Dunque la
spada tagliava colla stessa agevolezza anche il ferro! Abbandonando il

---

15. *inusitate*: inconsuete, rare.
16. *un crescente*: un pezzo a forma di falce di luna.
17. *alare*: l'arnese, generalmente di metallo, che serve a sostenere la legna nel camino.
18. *infulvì*: divenne fulva, cioè di colore giallo rossiccio.

19. *labili*: appena visibili, che paiono quasi dover svanire da un momento all'altro.
20. *contemprate*: letteralmente "temprate insieme", cioè marcate durante la fusione stessa della spada.
21. *concitazione*: agitazione.

camino e l'alare decapitato, Renato si levò e prese ad aggirarsi per l'antica sala roteando la spada e vibrandola contro qualunque oggetto gli venisse a tiro, e gridava, nel frattempo, parole sconnesse d'esultanza e malinconia, quali: «ohimè, ecco ogni fortuna mi s'apre! me misero ecco il mondo è mio, chi ormai potrà resistermi?» E, contro qualunque oggetto vibrata, quella lama di sole non sembrava conoscere ostacoli e s'apriva la sua via; essa ogni cosa trapassava, quasi spettro di lama. Né l'oggetto colpito rivelava fenditura alcuna, se, mancando l'equilibrio alle due parti e a seconda dell'obliquità del taglio non si scommettesse[22] invece al suolo; ma pure, quando anche non appariva,[23] la spada l'aveva tagliato e si sentiva che sarebbe ormai bastato un soffio, o il menomo movimento, a partirlo[24] del tutto.

Si aggirava dunque Renato per la sala gridando, e sul suo volteggiare rotolava al suolo ogni cosa, ove non tenesse in bilico. Rotolarono così le teste dei due busti di pietra fra le tre porte, illustri antenati, caddero con fracasso le spalliere di alcuni seggioloni e con frastuono di ferraglie dalla vita in su le quattro armature; una marmorea mano di donna si tendeva da una nicchia e fu mozzata; s'afflosciarono a terra le vecchie portiere[25] fendute in un lampo. Attirato dallo schiamazzo comparve stupito su una soglia il vecchione che faceva ormai tutta la servitù del maniero; Renato gli gridò qualcosa e il vecchione si ritirò subito, vedendo che il padrone non cessava di roteare la fiammeggiante spada.

Quella notte Renato dormì colla lama nuda accosto,[26] nell'antico letto col baldacchino. Ecco, pensava, la fortuna che presentivo, ecco il tesoro che cercavo senza saperlo, ecco la mia grande ricchezza e la felicità che attendevo. Questa spada può penetrare fra le intime particole d'ogni corpo, scommettendole segretamente, ogni cosa può penetrare. Con questa spada menerò grandi imprese; quali non so ancora, ma grandi di certo. E voleva addormentarsi, ma a lungo non poté: l'angosciava oscuramente la presenza di quella viva spada, che anche al buio gli splendeva accanto.

Ma passarono giorni su giorni senza che Renato potesse trovare un degno uso per la sua spada portentosa. E come, direte, possibile mai che di un'arma simile non ci sia nulla da fare? Pure, talvolta è così. Inoltre si sa bene che più egregia è un'arme, a più grand'uso ha da servire: quella

---

22. *scommettesse*: qui "scommettere" significa separare; da "commettere", nel senso di mettere insieme, con l'aggiunta del prefisso "s-", che indica separazione.
23. *appariva*: si vedeva.

24. *partirlo*: dividerlo, staccarlo.
25. *portiere*: pesanti tende, appese davanti alle porte, per riparare o per scopi ornamentali.
26. *accosto*: di fianco.

non era una spada comune, e a comune impresa non avrebbe saputo essere impiegata. In tal modo aspettando d'ora in ora la maggiore impresa, e le minori sdegnando, anche di queste alla fine si perde l'occasione e ci si ritrova da ultimo con un pugno di mosche. Renato poi, dové confessarselo a malincuore, nemici non aveva da distruggere e disperderne la schiatta;[27] mostri non v'erano più da pronare;[28] a che dunque gli sarebbe servita la spada? Strano certo, lo ripeto, apparirà a chiunque; ma provate voi stessi a immaginare un uso acconcio di questa spada e vedrete. Invece, nonché difenderlo dai suoi nemici, essa medesima di Renato era divenuta in alcuna maniera nemica (e ben più lo fu nel seguito!). Difatto, il non potersene, o sapersene, servire non gli toglieva già la responsabilità del possederla; tormentoso sentimento invero! Ecco, si diceva egli, io ho fra le mani un'arma meravigliosa e non so valermene; e questo pensiero lo privò del poco di pace che ancora gli rimaneva. Oggi, si diceva talvolta levandosi un limpido mattino, oggi farò una cosa... una cosa bellissima! Ma il mattino cedeva al meriggio e poi alla sera in questo inane proposito.[29] Egli portava bensì seco[30] la spada nelle sue passeggiate per i campi e decapitava a ogni passo i puri gigli selvatici che si dondolavano alla brezza del crepuscolo (fedele immagine della posteriore tragedia!); aveva bensì, per novella prova, fendute a mezzo il corpo due mucche che gli appartenevano; e non v'era più, al maniero,[31] una testa un braccio una spalla di statua o un morione[32] d'armatura che tenessero. Ma oltre a ciò non gli riusciva d'immaginare altro. Sì, la spada era quasi divenuta il suo nemico; e quasi avrebbe preferito non averla sortita in retaggio.[33]

E venne, un sera, la fanciulla bianca. Bionda era, d'inclita[34] bellezza, flessuosa come un giunco e schietta come un argenteo pioppo. Vestita fino ai piedi di seta bianca e spessa, un'alta cintura ne stringeva l'esile vita. Guardava timida e dolce.

«Che vuoi?» s'accigliò Renato quando la vide comparire. «So bene» rispose ella timorosa «che non vuoi vedermi; ma pure vivere senza di te ormai non saprei, l'ho sentito certo, in questi giorni. E ho pensato che avrei meglio affrontato mille morti.» Renato, che non si separava quasi mai dalla vivente spada, la prese senza riflettere dalla gran tavola di quer-

---

27. *schiatta*: razza, stirpe.
28. *pronare*: abbattere, stendere a faccia in giù.
29. *inane proposito*: vana intenzione, decisione senza seguito.
30. *seco*: con sé.
31. *maniero*: castello.

32. *morione*: elmetto d'acciaio che completa un'armatura leggera.
33. *sortita in retaggio*: ottenuta (per caso) in eredità.
34. *inclita*: letteralmente: illustre, gloriosa (cfr. la nota 12). Ma qui "inclita" è soprattutto sinonimo letterario di "straordinaria".

cia ove giaceva; e fra lui e la fanciulla si levò la lama fiammeggiante. «Vattene» replicò egli «va' via, lasciami. M'odi?» «Non andrò» disse ancora la fanciulla senza arretrare, solo un poco abbacinata dal fulgore della lama. Traverso cui Renato poteva scorgere la sua immagine lievemente appannata e torta, come in un'acqua appena turbata. «Non andrò per nulla al mondo, ormai.» «Ma io non voglio! non voglio essere amato,» rispose Renato pestando i piedi e roteando la spada. E, in una,[35] pensava: non sarebbe forse questa la grande impresa? «Odi» proseguì poi più dolcemente, «odimi, fanciulla: non veste il sole i campi dei suoi raggi d'oro, non cantano gli uccelli dei boschi, non mormorano foglie e ruscelli, non si discioglie libero il vento fra i gioghi dei monti? Che hai tu da fare con me e con questo nido di gufi?» «Il sole» rispose la fanciulla «è fuliggine, i campi cenere, e tutta la natura è lugubre e muta, non te n'avvedi Renato? se tu sei lontano.» «Bada a te, fanciulla!» gridò Renato e, in preda a una strana ebbrezza, pensava: questa è la grande impresa. «Io nulla ho da temere» disse ancora la fanciulla dolcemente.

E furono le sue ultime parole: levando l'arme all'improvviso, Renato appoggiò sulla fanciulla un gran fendente. La lama attraversò per lungo l'esile corpo senza incontrare resistenza; pure la fanciulla non cadde e, immobile, guardava fissamente il suo assassino coi dolci occhi, sorridendo tuttavia a fior di labbra. Splendeva la bianca fronte come un'alba contro una buia vetrata e lontane stelle della notte le erano sopra; né dell'orrenda ferita si scorgeva traccia. Ma la spada che Renato ancora reggeva sembrava aver abbandonato in quel corpo di giglio ogni fulgore; l'arme egregia s'era fatta di botto smorta come cenere, cupa come un tizzo spento, una malinconica e trista arme in verità! E Renato medesimo, caduta d'un subito[36] l'ebbrezza, contemplava allibito la fanciulla immobile e non osava credere a se stesso. Gettando lontano l'arme infeconda, «Dio!» gridò «che cosa ho fatto!»

Allora la fanciulla, sebbene trapassata nelle sue viscere, volle sorridere all'amato e rassicurarlo. E bastò questo. Il suo volto accennò a fendersi e lentamente prese a scomporsi. Una tenue, dapprima quasi invisibile riga rossa apparve, su dai capelli d'oro fino al collo, e giù giù per il seno e per la bianca seta; e questa fenditura ad allargarsi e il sangue a pullularne, gorgogliando appena specie tra i capelli. Il sorriso era ormai un'orribile smorfia, un ghigno ambiguo e spaventoso; la crepa del fragile corpo rapidamente s'apriva; la fanciulla crollava, partita[37] dall'implacabile spada. Traverso la fessura già ridevano le lontane stelle della notte; in men che

---

35. *in una*: contemporaneamente.
36. *d'un subito*: di colpo.

37. *partita*: divisa, separata.

non si dica la fragile fanciulla, inusitata vista, si scommise[38] al suolo sotto gli occhi del suo uccisore. E quelle sparse membra soltanto il placido sangue riuniva.

Fu così che l'arme inclita e portentosa, che Renato avrebbe potuto impugnare in difesa del bene o almeno per la sua felicità, gli servì invece a distruggere quello che aveva di più caro sulla terra.

Essa poi, così spenta, e sebbene tagliente come prima chi più l'avrebbe voluta? L'uomo che la raccolse, buttandola nella più profonda voragine della terra volle salvare il mondo dal suo funesto potere. Ma altri uomini o dei, ne la trassero, ad altri senza loro colpa fu data in sorte. E questi se la trascinarono dietro pel loro cammino terrestre come una croce, e così ancora sarà per la disgrazia di tutti.

Scheda di analisi
a pagina 360

38. *si scommise*: passato remoto di "scommettere", nel senso indicato dalla nota 22. Quindi vale: si ruppe, si spaccò.

1946-1962

1946

Vittorio Emanuele III abdica in favore del figlio Umberto.
Il referendum istituzionale dà la vittoria alla repubblica.
Viene eletta l'Assemblea costituente.

1948

Entra in vigore la Costituzione.
Nelle elezioni politiche la Democrazia cristiana ottiene il 49% dei voti.
Luigi Einaudi è eletto presidente della repubblica.
Attentato a Palmiro Togliatti.

1949

L'Italia aderisce al patto atlantico e alla Nato.

1950

Viene istituita la Cassa per il Mezzogiorno.

1951

L'Italia aderisce alla Ceca (Comunità Europea del Carbone e dell'Acciaio).

1952

Negli Usa entra in servizio il primo calcolatore elettronico adibito ad impieghi amministrativi.

1953

Watson e Crieck scoprono la struttura a doppia elica del Dna.

1954

Inaugurazione dei programmi televisivi in Italia.

1955

Il democristiano Giovanni Gronchi viene eletto presidente della repubblica.
L'Italia viene ammessa all'Onu.
Si tiene a Ginevra la prima conferenza internazionale sugli usi pacifici dell'energia nucleare.

1956

Rivolte in Polonia e in Ungheria, occupate dall'esercito sovietico.

1957

L'Italia entra a far parte della Cee (Comunità Economica Europea che costituirà il Mec, Mercato Comune Europeo) e dell'Euratom (Comunità Europea per l'Energia Atomica).
L'Urss lancia in orbita il primo Sputnik.

1959

Viene convocato il Concilio Vaticano II da papa Giovanni XXIII.

1961

Prime giunte comunali di centro sinistra (Dc e Psi) a Milano, Genova e Firenze.

1962

Antonio Segni eletto presidente della repubblica.
Fanfani forma il primo governo di apertura a sinistra.
Nazionalizzazione dell'energia elettrica: viene istituito l'Enel.

Beppe Fenoglio

Nove lune

da *I ventitré giorni della città di Alba*, Einaudi.

«Cos'hai fatto?» gli domandò sua madre a bruciapelo, senza dargli il tempo di chiudersi dietro la porta.

«Cosa c'è?» disse lui, in guardia.

«È stata qui quella ragazza Rita.»

«Rita? E per cosa è stata qui?»

«Voleva vederti ad ogni costo, ha chiesto a me dove poteva trovarti, ma io lo so così poco dove ti trovi tu. Era piena d'affanno, non riusciva a star ferma un momento, ha detto che andava a casa a mangiare e poi usciva di nuovo subito a cercarti. Cos'avete fatto tu e Rita? Qualcosa di storto?»

«Sempre filato diritto io e Rita,» disse lui, «non so proprio cosa le sia capitato. È diventata matta? Mangiamo tranquilli. Dopopranzo la cerco e le domando se è diventata matta.»

Dopo mangiato uscì, nel freddo fece due strade senza ben sapere perché avesse infilato quelle piuttosto che altre. Vide poi Rita per caso, ferma all'angolo della via degli stabilimenti, e tremava.

Ugo si fermò a guardarla da lontano, ma poi dovette muoversi e andare da lei.

C'era solo spavento negli occhi di Rita.

Prima che lui potesse aprire la bocca lei gli disse: «Mi hai messa incinta, Ugo».

«Cristo cosa mi dici,» disse lui piano.

Irresistibilmente le aveva puntato gli occhi sul ventre, aveva fatto un passo indietro per guardarglielo meglio, e doveva sforzarsi per tener le mani da scendere a scostarle un lembo del cappotto, sul ventre.

Gli occhi di lei si riempirono fino all'orlo di spavento vedendo lo spavento negli occhi di lui. Ugo la fissava atterrito, come se le avesse acceso una miccia nel profondo del corpo e ora aspettasse di vederla esplodere da un momento all'altro.

«Tu cosa dici?» gli domandò lei con la bocca tremante.

«Sei sicura?» disse lui rauco.

«Me l'ha detto il medico.»

«Sei già dovuta andare dal medico?»

«Avevo incominciato a rigettare.»[1]

Ugo fece una smorfia d'orrore, batté la mano sulla coscia e disse forte: «Non farmi sapere quelle cose lì!»

«Ugo!» lei gridò.

«E i tuoi?» disse lui dopo un po'.

«Non sanno niente. Ho ancora due mesi per nascondere, ma poi non potrò più. In questi due mesi devo trovare il coraggio di buttarmi nel fiume.

«Ci sono qua io,» disse lui senza guardarla.

Neppure lei lo guardò, sentì e scosse la testa.

Che freddo faceva, il freddo veniva proprio dal fiume, sorvolando i prati aperti.

Lui le mise un braccio intorno alle spalle, ma non sapeva guardarla negli occhi. Respiravano forte, uno dopo il respiro dell'altra, come se facessero per gioco ad alternarsi così.

«Che cosa devo fare?» disse poi lei.

«Eh?»

«Che cosa devo fare?»

Lui non rispondeva, lei aspettò e poi disse:«Tu cosa vuoi che faccia?»

Lui non riusciva nemmeno a schiudere la bocca. «Sei tu che devi decidere,» le disse poi.

«Io faccio quello che vuoi tu. Hai solo da dire.»

«Io non so cosa dire.»

«Parla, Ugo.»

«Non so cosa dire.»

Allora lei gli gridò di non fare il vigliacco.

Ugo ebbe come una benda nera sugli occhi, voltandosi la premette col petto finché la schiena di lei toccò il muro. Ma non diceva niente.

Lei gli puntò le mani sul petto e gli disse: «Parla, Ugo. Tu sei l'uomo. Fai conto di essere il mio padrone, decidi come se dovessi decidere per un motore rotto. Tu di' e io ti ascolto. Cosa vuoi che faccia?»

Non rispondeva, e allora lei gli disse molto piano: «Vuoi che vada a parlare con una levatrice?[2] Ma ci vanno tanti soldi per l'operazione».

---

1. *rigettare*: vomitare.
2. *levatrice*: donna che assiste le partorienti e presta a loro e ai neonati le prime cure e che, prima che l'aborto fosse legalizzato, si prestava anche a compiere clandestinamente interruzioni di gravidanza.

Lui si sentì a dire: «Io potrei farmeli imprestare tutti quei soldi che ci vanno,» ma guardandola per la prima volta vide lo spavento traboccare dagli occhi di lei. La vista gli si annebbiò, la prese con tutt'e due le braccia e le disse nei capelli: «Ma credi che io voglio che tu ti rovini?»

Lei fece per tirarsi indietro, poterlo guardare negli occhi, ma lui la tenne ferma, le disse: «Stai lì al caldo».

Rita gli piangeva sul collo, quel bagnato subito caldo e poi subito freddo lo indeboliva spaventosamente.

Poi lei gli disse nel collo: «Io lo vorrei il bambino».

«Il bambino lo avrai, te l'ho dato ed è tuo, lo avrai il bambino,» diceva lui, ma non sapeva uscire dal buio che era nel collo di lei, non voleva vedere la luce.

Lei si staccò, ma non gli tolse le mani dal petto, lo guardava muovendo la bocca. Allora Ugo sentì un calore dentro, che lo fece drizzare contro la corrente di freddo, aveva solo paura che quel calore gli cessasse, solo paura di risentir freddo dentro. Le disse: «Adesso che siamo d'accordo vai a casa. Sei un pezzo di ghiaccio».

Lei si spaventò di nuovo, gli tornò contro col corpo, gli disse nel collo: «Cosa faccio a casa?»

Lui si staccò e alzò il viso perché lei gli vedesse gli occhi, adesso erano fissi e duri, ma lui voleva solo che lei gli obbedisse.

Guardandola con quegli occhi le disse: «A casa parli, dici tutto, a tuo padre, a tua madre, a tutti di casa tua».

Rita gridò di no con un filo di voce.

«Glielo dici, devi dirglielo entro oggi perché stasera arrivo io a casa tua.»

«Tu sei matto, Ugo, t'ammazzano, t'ammazzano di pugni.»

Ma lui disse: «Glielo dici? Giurami che glielo dici».

Lei non giurò, batteva i denti.

Lui le disse: «Adesso io ti lascio, ma devo esser sicuro che quando suonano le quattro tu gliel'hai già detto. Giurami che glielo dici».

Batteva sempre i denti.

«Devi dirglielo. Dirglielo e poi sopportar tutto quello che ti faranno. Pensa a stasera, quando arrivo io a dar la mia parola che ti sposo. Fatti forza, pensa a stasera e diglielo. Sono solo quattro ore che saranno brutte, poi arrivo io e mi piglio io tutto il brutto. Rita, incomincio da stasera e lo farò per tutta la vita.»

Allora lei chinò la testa e disse: «Non so come farò ma glielo dico».

«Per le quattro.»

S'inclinò a guardarla, le disse: «Hai paura. Hai una paura matta. Hai paura ma io non voglio che tu abbia paura. Voglio che tu glielo dica senza paura. Fammi vedere come glielo dirai. Su, fammi vedere».

Lei si mise a piangere piano.

«Andiamo,» disse lui trascinandola, «andiamo insieme io e te a casa tua e parlo io.»

Lei si divincolò, tornò indietro di corsa. «T'ammazzano di pugni.»

Lui andò a riprenderla.

«Non m'ammazzano, me ne daranno quante non me ne son mai prese in tutta la mia vita, ma non m'ammazzano. Ma non lascio che tu abbia paura.»

Allora Rita disse: «Va bene. Glielo dico. Quando senti battere le quattro règolati che lo sanno già».

Cominciò ad allontanarsi camminando adagio all'indietro.

Lui da fermo la guardava, ogni tre passi le diceva: «Diglielo. Non aver paura. Hai paura. Hai paura».

La rincorse, le arrivò addosso, l'abbracciò. «Hai paura. Non voglio che tu abbia paura. Sei la mia donna e non voglio che tu abbia mai paura. Cristo, ho voglia di piangere. Cristo, io li ammazzo tutti i tuoi perché è di loro che hai paura.»

Lei si esaltò, disse: «Glielo dico. Ho paura, ma son contenta. Tu diventi il mio uomo davanti a mio padre e mia madre e io sono tanto felice che un po' devo ben piangere».

Lui le disse: «Diglielo. Io arrivo alle otto. Avete già finito di mangiare per le otto?»

Lei accennò di sì, non riuscivano a staccar le mani, si facevano male per non lasciarsi andare, poi si staccarono con una specie di strappo, se ne andarono oppostamente.[3]

Ugo girò per la città, aspettava che battessero le quattro e aveva davanti agli occhi, negli occhi, le mani del sellaio e dei suoi due figli. Si diceva che doveva pensare solo a Rita, a quello che doveva passare Rita prima che lui arrivasse a prendersi tutto il brutto, ma non poteva togliersi da davanti agli occhi quelle mani.

Quando finalmente suonarono le quattro, lui era in un caffè si tolse la sigaretta di bocca e guardò lontano dalla gente, in alto.

Poi pensò che gli uomini di casa di Rita potevano per il furore e la voglia di vendetta abbandonare il lavoro e mettersi in giro per la città a cercarlo dovunque. Non doveva succedere che lo trovassero, non era pronto, lo sarebbe stato per le otto della sera.

Mancavano quattro ore. Andò al fiume e rimase fino a scuro sugli argini a pensare.

Tornò, si avvicinava a casa come in guerra a quegli abitati dove non si

---

3. *oppostamente*: in direzione opposta.

sapeva se ci fossero o no nemici, nel corridoio e su per la scala cercò di sentire se in casa c'era qualcuno oltre suo padre e sua madre.

Entrò, c'era tavola preparata e suo padre che aspettava di mangiare e strofinava la mano sulla schiena al suo cagnino.

«L'hai vista?» gli domandò subito sua madre.

«Niente,» disse lui. Non era ancora pronto, avrebbe parlato tra venti minuti o mezz'ora, anche lui doveva parlare, come Rita. L'avrebbe detto alla fine della cena, se lo diceva in principio nessuno avrebbe mangiato più.

Finito, colto il momento che sua madre si muoveva per alzarsi a sparecchiare, allora parlò. Parlando guardava sua madre che lentissimamente tornava a sedersi. Le parole gli saltavan via di bocca, una dietro l'altra, come se per ognuna ci volesse uno spintone.

Suo padre aveva abbassato gli occhi fin da principio, sembrava cercare le briciole di pane sull'incerato.

Ma sua madre gridò: «Sei matto! Sei matto! Sei un maiale! Sei un delinquente!» finché suo padre batté un pugno sulla tavola e le gridò: «Non gridare, o strega, non far sentire le nostre belle faccende a tutta la casa!»

Lei gridò: «Allora parlagli tu, digli che porcheria ha fatto, diglielo tu!»

Ma dopo suo padre non disse più niente.

Allora sua madre che tremava tutta disse piano e guardando nel suo piatto: «Dovevi pensare a noi che siamo vecchi prima di pensare a far dei bambini».

Ugo gridò: «Io ci ho pensato? Io non ho pensato a niente! Per me è stato un colpo, è stata una disgrazia! Tu credi che io ci abbia pensato?» Poi disse più basso: «Ma non cambia mica niente tra me e voi quando io abbia sposato Rita e abbia una famiglia mia».

Ma sua madre scuoteva la testa, era talmente disperata che si mise a sorridere. Disse: «Quando si ha intorno gente fresca i vecchi si dimenticano in fretta. Vedrai che con la famiglia nuova avrai tante difficoltà che non potrai più pensare ai tuoi vecchi e a un certo punto ti convincerai che è un bene per te che entrino all'ospizio».

Ugo urlò: «Non parlare così, non parlare dell'ospizio, perché sai che non è vero, che io mi faccio ammazzare prima di vedervi entrare all'ospizio».

Gridava anche suo padre. Si era tutto congestionato in faccia[4] e gridava a sua moglie: «Ci sono io per te! C'ero quando tuo figlio non c'era ancora e ci sarò quando tuo figlio sarà lontano. Io sono un uomo fino a prova

4. *congestionato in faccia*: era tutto rosso, per la rabbia e l'agitazione.

contraria, e non ti ho mai fatto mancar niente di quello che ti spetta!»

Il cane era filato a rannicchiarsi nell'angolo del gas, di là li guardava e dimenava a loro la coda perché non lo facessero spaventare di più.

La madre scrollò la testa a lungo, sorrideva sempre come prima, ma adesso stava zitta.

Allora Ugo si alzò.

«Dove vai?» disse suo padre.

«Vado a casa di lei. Mi aspettano.»

Suo padre sbatté le palpebre per la paura, ma non disse niente, solo si mosse sulla sedia facendola scricchiolare.

Ugo si girò a guardare sua madre, gli dava le spalle e le spalle erano immote come la testa reclina.

Ugo andò in sua stanza.

Stette un momento a sentire se suo padre e sua madre si parlavano piano, ma non si parlavano. Andò a pettinarsi davanti allo specchio, si guardò la faccia, pensò a come l'avrebbe avuta tra mezz'ora, un'ora. «Sono un uomo», si disse poi togliendosi da davanti allo specchio.

Era tornato in cucina. Sua madre stava come l'aveva lasciata, niente si muoveva di lei. Suo padre teneva una mano sul collo del cane che gli si era drizzato contro i ginocchi, ma guardava un punto qualunque della parete, e quando Ugo rientrò suo padre si mise a guardargli i piedi.

Ugo sospirò, si mosse e allora suo padre scostò il cane, si alzò, tese una mano verso il suo giaccone. «Vengo anch'io.»

«No che tu non vieni!» disse forte Ugo.

Suo padre allungò la mano verso il suo berretto.

Ugo gli disse: «Non voglio che tu venga, io sono un uomo, la responsabilità è tutta mia, voglio aggiustar tutto da me, da uomo».

«Vengo anch'io, non voglio che ti facciano niente.»

«Non mi faranno niente.»

«C'è tre uomini in quella casa e tre uomini forti come tori. Vengo anch'io che son tuo padre.»

Ugo si tirò indietro. «Se ci vieni anche tu, non ci vado io.»

Allora sua madre alzò la testa come se si svegliasse e disse: «Lascia che venga anche tuo padre». Poi, mentre suo padre l'aveva preso per un braccio e lo spingeva fuori, lei disse ancora: «E non lasciate che tormentino quella povera figlia disgraziata».

Uscirono insieme, suo padre gli tenne il braccio fin sulla strada, Ugo pensava: «Devo entrare da solo, mio padre adesso me lo levo, che figura ci faccio a farmi accompagnare da mio padre? Non riuscirò più a sentirmi un uomo per tutta la vita».

Suo padre s'era messo al passo con lui, camminavano come militarmente sul ghiaccio e sulla pietra.

Poi Ugo disse: «Senti che freddo fa, adesso tu torna indietro».

Ma suo padre gli marciava sempre accanto, senza parlare.

All'angolo della casa di lei Ugo si fermò, si mise di fronte a suo padre, gli disse: «Ci siamo. Tu vai al caffè di Giors. Pigli qualcosa di caldo e m'aspetti. Io passo poi a prenderti».

«Entro anch'io.»

«Lasciami entrare da solo, lasciami fare la figura dell'uomo.»

«Vengo anch'io, non voglio mica che ti rompano, in tre contro uno, sei mio figlio.»

«Allora non entro io, piuttosco tradisco Rita. Capisci, padre, io voglio fare la figura dell'uomo, tu non m'hai messo al mondo perché io facessi l'uomo? Loro mi vedono entrare da solo, vedono che non ho avuto paura e pensano che in fondo io non devo averla fatta tanto sporca. Capisci? Sei d'accordo? Allora vammi ad aspettare al caffè di Giors.»

Suo padre pensò, poi disse: «Entra da solo. Io ti aspetto qui fuori, non mi muovo di qui. Ma tu fatti sentire se ti battono in tre contro uno. Adesso entra e fai l'uomo».

Ugo andò per il corridoio nero, poi si voltò a vedere dov'era rimasto suo padre, s'era fermato sulla soglia del corridoio, ben risaltando sul fondo della neve e della luce pubblica.

Andando alla porta del sellaio camminava senz'accorgersene in punta di piedi, non faceva rumore.

La porta non era ben chiusa, ne filtrava un filo di luce gialla, avrebbe ceduto a spingerla. Prese una profonda boccata d'aria e spinse.

La cucina era calda, bene illuminata, e c'era soltanto la madre di Rita che stava a pensare seduta accanto alla stufa e con le mani in grembo. Lui non guardò subito la donna, l'aveva preso uno stupore per quella che era la casa di Rita, guardò le quattro pareti e il soffitto, quindi guardò la donna.

Lei era stata a guardarlo, quando lui la fissò, lei chiamò: «Emilio,» ma piano, come se bastasse o come se non le fosse venuta la voce a raccolta. Poi alzandosi gridò: «Emilio!» e in fretta, quasi correndo, andò a una porta verso l'interno e vi sparì.

«Gliel'ha detto», si disse lui e si voltò, andò a chiudere a chiave la porta da dov'era entrato e poi tornò nel mezzo della cucina. Non sapeva dove e come tenere le mani, sentì oltre il soffitto un piccolo rumore come il gemito del legno, fu sicuro che era Rita segregata nella sua stanza, fu lì per mandarle una voce bassa.

In quel momento entrò il padre di Rita e dietro i due fratelli e dietro la madre. Gli uomini portavano tutt'e tre il grembiulone di cuoio del loro mestiere.

Ugo disse buonasera al vecchio e: «Ciao, Francesco. Ciao, Teresio,» ai giovani.

Non risposero. I due giovani si appoggiarono con le spalle alla parete e le mani stese sulle cosce.

Il vecchio veniva. Ugo si tenne dal guardargli le mani e solo le mani, guardargli gli occhi non poteva e così gli guardava la bocca ma non poteva capirne niente per via dei baffoni grigi che ci piovevano sopra. Quando il vecchio gli fu ad un passo allora Ugo lo guardò negli occhi e così vide solo l'ombra nera della grande mano levata in aria che piombava di fianco sulla faccia. Chiuse gli occhi un attimo prima che arrivasse, lo schiaffo detonò, il nero nei suoi occhi si cambiò in giallo, lui oscillò come un burattino con la base piena di piombo, ma non andò in terra. Fu il suo primo pensiero: «Non son andato in terra». La faccia gli ardeva, ma lui teneva le mani basse.

Il vecchio s'era tirato indietro di due passi, ora lo guardava come lo guardavano gli altri, e c'era silenzio, almeno così pareva a lui che aveva le orecchie che gli ronzavano forte.

La madre di Rita alzò al petto le mani giunte e cominciò a dire con voce uguale: «La nostra povera Rita. La nostra povera Rita. La nostra povera Rita. La nostra povera...»

Ugo disse: «Rita non è mica morta per parlarne così». Teresio, il più giovane, ringhiò di furore e corse contro Ugo col pugno avanti. Ugo non scartò, ma Teresio sbagliò lo stesso il suo pugno, che sfiorò la mascella di Ugo e si perse al disopra della spalla. Allora Teresio ringhiò di nuovo di furore, ritornò sotto il fianco, di destro colpì Ugo alle costole.

Ugo fece per gridare di dolore ma gli mancò netto il fiato. Da fuori bussarono. Ugo sentì, gli tornò il fiato per dire: «Non aprite, è soltanto mio padre».

Nessuno della casa si mosse e da fuori suo padre bussò ancora più secco.

«Va tutto bene. Parliamo. Vammi ad aspettare da Giors,» disse forte Ugo e suo padre non bussò più.

In quel momento entrò in cucina la sorella minore di Rita.

Francesco le gridò d'andare via e sua madre le disse: «Vai via e vergognati, tu che la accompagnavi fuori e poi li lasciavi soli insieme».

Prima di andarsene la ragazza scoppiò a piangere e disse: «Io non credevo che facessero le cose brutte!»

Allora Francesco s'infuriò in tutta la faccia, venne deliberatamente da Ugo, lo misurò e lo colpì in piena faccia. Ugo si sentì volare all'indietro, finché sbatté la schiena contro lo spigolo della tavola.

Si rimise su, aspirò l'aria tra dente e dente e poi disse: «Voi avete ragione, ma adesso basta, adesso parliamo. Io sono venuto a darvi la mia parola che sposo Rita. A voi lo dico adesso, ma a vostra figlia l'avevo detto fin da questo autunno. Adesso io aspetto solo che mi dite di sì e che poi mi lasciate andare».

Francesco disse: «Tu sei il tipo che noi non avremmo mai voluto nella nostra famiglia...» come se suggerisse il parlare a suo padre.

Difatti il vecchio disse: «Noi c'eravamo fatti un'altra idea dell'uomo che sarebbe toccato a Rita, credevamo che Rita si meritasse tutto un altro uomo, ma su Rita ci siamo sbagliati tutti. Adesso dobbiamo prenderti come sei e Rita ti sposerà, ha l'uomo che si merita».

La madre disse: «Ormai Rita non potrà avere altro uomo che te. Anche se si presentasse un buon ragazzo, sarei proprio io a mandarlo per un'altra strada».

«Quando la sposi?» domandò il vecchio.

«La sposo l'autunno che viene.»

La donna si spaventò, disse con le mani alla bocca: «Ma per l'autunno il bambino... Rita avrà già comprato».

«La sposi molto prima,» comandò il vecchio.

«Deve sposarla nel mese,» disse Francesco.

Ugo fece di no con la testa, Francesco bestemmiò e mise avanti un pugno.

Ma il vecchio disse: «Che idee hai?» a Ugo.

«La sposo quest'autunno perché prima non posso, non sono a posto da sposarmi. E se voi avete vergogna a tenervela in casa, avete solo da dirlo. Fatemela venir qui da dove si trova e io me la porto subito a casa da mia madre. Resterà in casa mia, ma non da sposa, fino a quest'autunno. Parlate.»

Allora Teresio urlò e pianse, si ficcava le dita in bocca, piegato in due si girava da tutte le parti, da così basso gridò piangendo: «Non voglio che Rita vada via, non voglio che ci lasci così, cosa c'importa della gente? le romperemo il muso alla gente che parlerà male, ma non voglio che Rita vada via così, è mia sorella...!» Troncò il gridare e il piangere, stette a farsi vedere coi capelli sugli occhi e la bocca aperta e le mani coperte di bava, sembrava un folle. Suo fratello andò a battergli la mano larga sulla schiena.

«Posso vederla?» disse Ugo dopo.

«No!» gridò il vecchio.

«Non me la fate vedere perché l'avete picchiata?» La voce gli sibilava un po', per via d'un dente allentato.

Teresio si mise a urlare e piangere. «Nooo! Non l'abbiamo picchiata, non le abbiamo fatto niente, non avevamo più la forza d'alzare un dito, c'è scappato tutto il sangue dalle vene quando ce l'ha detto!» Mandò un urlo, fece per mandarne un altro ma non poté perché sua madre corse da lui e gli soffocò la bocca contro il suo petto.

Il vecchio disse: «Non ti credere, adesso che abbiamo deciso per forza quello che abbiamo deciso, non ti credere di poterci venire in casa quando ti piace. Rita la vedrai una volta alla settimana, la festa, qui in casa nostra, alla presenza di sua madre e mai per più d'un'ora».

Ugo chinò la testa.

Fuori c'era suo padre che l'aspettava, andò verso suo figlio in fretta per incontrarlo prima che uscisse dal cerchio della luce pubblica, voleva vedergli la faccia.

Ugo rideva senza rumore, non si fermò, spinse suo padre lontano dal cerchio della luce.

«Padre.»

«Di'.»

«Rita è tua nuora.»

Scheda di analisi
a pagina 361

Alberto Moravia

Pioggia di maggio

da *Racconti romani*, Bompiani.

Uno di questi giorni tornerò a Monte Mario,[1] all'Osteria dei Cacciatori, ma ci andrò con gli amici, quelli della domenica, che suonano la fisarmonica e, in mancanza di ragazze, ballano tra di loro. Solo, non ne avrò mai il coraggio. Di notte, talvolta, mi sogno le tavole dell'osteria, con la pioggia calda di maggio che ci batte sopra, e gli alberi aggrondati[2] che gocciolano sulle tavole, e tra gli alberi, in fondo, le nuvole bianche che passano e, sotto le nuvole, il panorama delle case di Roma. E mi pare di udire la voce dell'oste, Antonio Tocchi, come la udii quella mattina, che chiama dalla cantina, furiosa: «Dirce, Dirce»: e mi pare di rivedere lei che mi lancia lo sguardo d'intesa, prima di avviarsi giù in cantina, con quel suo passo duro che risuona sugli scalini. Ci ero capitato per caso, venendo dal paese; e quando mi offrirono di fare il cameriere alla pari,[3] senza pagarmi, pensai: «Soldi non ne avrò, ma almeno starò in famiglia». Sì, altro che famiglia, invece della famiglia trovai l'inferno. L'oste era grasso e tondo come una palla di burro, ma di una grassezza cattiva, acida. Aveva una faccia larga, grigia, con tante grinze sottili che gli giravano tutt'intorno il viso per il verso della grassezza e due occhietti piccoli, puntuti, simili a quelli dei serpi: sempre in farsetto[4] e maniche di camicia, con un berrettino a visiera, grigio, calcato sugli occhi. La figlia Dirce, quanto a carattere, non era meglio del padre, anche lei dura, cattiva, aspra; ma bella: di quel-

---

1. *Monte Mario*: cfr. la nota 1 a *La spiaggia miracolosa ovvero Premio della modestia* (Aminta) di Bontempelli.
2. *aggrondati*: letteralmente vuol dire "imbronciati"; qui la parola assume un significato che sta tra "tristi" e "squallidi".
3. *alla pari*: si dice di chi svolge un lavoro pres-

so una famiglia (in genere come governante o baby-sitter), ricevendo in cambio il vitto e l'alloggio.
4. *farsetto*: corpetto imbottito che si portava sopra la camicia; fino a pochi decenni fa era molto comune nell'abbigliamento maschile, specie delle classi medio-basse.

le donne piccole e muscolose, ben fatte, che camminano battendo l'anca
e il piede, come a dire: «Questa terra è mia». Aveva una faccia larga, con
gli occhi neri e i capelli neri, pallida che sembrava una morta. Soltanto la
madre, in quella casa, forse era buona: una donna che aveva sì e no quarant'anni e ne mostrava sessanta, magra, con un naso da vecchia e capelli
penzolanti da vecchia; ma forse era soltanto scema, almeno c'era da pensarlo vedendola ritta davanti ai fornelli con tutta la faccia tirata in un suo
riso muto; se si voltava, si vedeva che aveva un dente o due e basta.
L'osteria si affacciava sulla strada con una insegna ad arco, colore sangue
di bue, con la scritta: "Osteria dei cacciatori, proprietario Antonio
Tocchi," a lettere gialle. Poi, per un viale, si arrivava alle tavole, sotto gli
alberi, davanti al panorama di Roma. La casa era rustica, tutto muro e
quasi senza finestre, col tetto di tegoli. D'estate era il tempo migliore;
veniva su gente dalla mattina fino a mezzanotte: famiglie coi bambini,
coppie di innamorati, gruppi di uomini, e sedevano ai tavoli e bevevano il
vino e mangiavano la cucina di Tocchi guardando il panorama. Non avevamo il tempo di rifiatare: noi due uomini sempre a servire, le due donne
sempre a cucinare e a risciacquare; e la sera eravamo stracchi e ce ne
andavamo a letto senza neppure guardarci. Ma l'inverno oppure anche
alla buona stagione, se pioveva, incominciavano i guai. Il padre e la figlia
si odiavano, ma odiare è poco dire, si sarebbero ammazzati. Il padre era
autoritario, avaro, stupido, e per ogni nonnulla allungava le mani; la figlia
era dura come un sasso, chiusa, sempre lei ad avere l'ultima parola, proterva.[5] Si odiavano, forse, soprattutto perché erano dello stesso sangue e,
si sa, non c'è nulla come il sangue per odiarsi; ma si odiavano anche per
questioni d'interesse. La figlia era ambiziosa: diceva che loro con quel
panorama di Roma avevano un capitale da sfruttare e invece lo lasciavano ai cani. Diceva che il padre avrebbe dovuto costruirci una pedana di
cemento per il ballo, e affittare un'orchestra e appendervi palloncini
veneziani, e trasformare la casa in ristorante moderno e chiamarlo
Ristorante Panorama. Ma il padre non si fidava un po' perché era avaro e
nemico delle novità; un po' perché era la figlia che glielo proponeva, e lui
si sarebbe fatto scannare piuttosto che darla vinta alla figlia. Gli scontri
tra il padre e la figlia avvenivano sempre a tavola: lei attaccava, con cattiveria, offendendo, su qualche cosa di personale, mettiamo sul fatto che il
padre mangiando faceva un rutto; lui rispondeva a parolacce e bestemmie; la figlia insisteva; il padre le dava un ceffone. Bisogna dire che
doveva provarci gusto a schiaffeggiarla, perché faceva una certa faccia
acchiappandosi coi denti il labbro di sotto e strizzando gli occhi. Ma alla

5. *proterva*: arrogante e testarda.

figlia quello schiaffo era come l'acqua fresca su un fiore: rinverdiva[6] d'odio e di cattiveria. Allora il padre l'acciuffava per i capelli e menava giù botte. Cascavano piatti e bicchieri, la madre ne toccava anche lei, mettendosi in mezzo, ma da scema, con quel riso eterno sulla bocca sdentata; e io, il cuore gonfio di veleno, uscivo e me ne andavo a spasso sullo stradone che porta alla Camilluccia.[7]

Sarei andato via da un pezzo se non mi fossi innamorato della Dirce. Non sono tipo da innamorarmi facilmente, perché sono positivo e le parole e gli sguardi non m'incantano. Ma quando una donna, invece che parole o sguardi, dà se stessa, tutt'intera, in carne e ossa e, per giunta, di sorpresa, allora uno ci rimane preso, come in una tagliola, e più sforzi fa per liberarsi e più si fa affondare i denti della tagliola dentro la carne. La Dirce doveva avere l'intenzione prim'ancora di conoscermi, o io o un altro per lei era lo stesso, perché, il giorno stesso del mio arrivo, mi entrò di notte in camera che già dormivo; e così, tra il sonno e la veglia, che quasi non capivo se fosse un sogno o realtà, mi fece trapassare di botto dall'indifferenza alla passione. Non ci furono insomma tra noi né discorsi, né occhiate, né toccatine di mani, né tutti gli altri sotterfugi cui ricorrono gli innamorati per dirsi che si vogliono bene; fu invece come una donna di malaffare,[8] da pochi soldi. Soltanto la Dirce non era una donna di malaffare e anzi era conosciuta per virtuosa e superba, e questa differenza fu per me, appunto, la tagliola in cui rimasi preso.

Sono di carattere paziente, ragionevole; ma sono anche violento e, se mi stuzzicano, il sangue mi monta alla testa facilmente. Lo si vede già nel fisico; biondo, con la faccia pallida, ma basta niente perché diventi scarlatto. Ora la Dirce mi stuzzicava e presto capii perché: voleva che mi mettessi contro suo padre. Diceva che ero un vigliacco a tollerare che in mia presenza suo padre la schiaffeggiasse e poi l'acciuffasse per i capelli e magari, come avvenne una volta, la buttasse a terra e la prendesse a calci. E non dico che non avesse ragione: eravamo amanti e dovevo difenderla. Ma io capivo che altro era il suo scopo; e tra la rabbia che mi faceva quell'insulto di vigliacco e la rabbia di sapere che lo diceva apposta, non campavo più. Poi, un bel giorno cambiò discorso: come sarebbe stato bello se avessimo potuto sposarci e mettere su il Ristorante Panorama, io e lei, soli. Era diventata buona buona, gentile, amorosa, dolce. Fu quello il tempo migliore del nostro amore; ma io non la riconoscevo più e pensavo: gatta ci cova. E infatti, tutto ad un tratto, cambiò musica una terza volta e disse che, sposati o non sposati, non potevamo sperar nulla finché ci fosse stato il padre;

---

6. *rinverdiva*: tornava verde, cioè ritrovava energia.

7. *Camilluccia*: area a nord-ovest di Monte Mario.

8. *una donna di malaffare*: una prostituta.

e, insomma, me lo disse francamente: dovevamo ammazzarlo. Fu come la prima notte che era entrata in camera mia, senza preparazione né infingimenti:[9] buttò lì quella proposta e se ne andò lasciandomi a ripensarla da solo.

Il giorno dopo le dissi che si sbagliava se credeva che l'aiutassi in una cosa come quella e lei mi rispose che in tal caso facessi conto di andarmene via subito perché per lei non esistevo più. E tenne parola perché da quel giorno manco mi guardava. Quasi non ci parlavamo e di rimbalzo presi ad odiare il padre perché mi pareva che fosse colpa sua. Per una combinazione, in quel tempo, il padre ne faceva una ogni giorno e pareva che lo facesse apposta a farsi odiare. Si era di maggio che è la buona stagione e la gente sale all'osteria per bere il vino e mangiare la fava fresca; ma invece non faceva che piovere a rovesci su quella campagna verde e folta: all'osteria non ci veniva un cane e lui era sempre di malumore. Una mattina, a tavola, lui spinge indietro il piatto dicendo: «Lo fai apposta a darmi questa schifezza di minestra attaccata». E lei: «Se lo facessi apposta, ci metterei il veleno». Lui la guarda e le dà un ceffone, forte, che le fa saltare via il pettine. Eravamo quasi al buio per via della pioggia e il viso della Dirce in quel buio era bianco e fermo come il marmo, con i capelli che da una parte, dove era caduto il pettine, si disfacevano lenti lenti, simili a serpenti che si sveglino. Io dissi al Tocchi: «Ma la vuole piantare una buona volta?» Lui rispose: «Non sono fatti tuoi,» ma stupito perché era la prima volta che intervenivo. Io provai allora quasi un senso di vanità, come a difendere un essere debole, che non era proprio il caso; e pensai che così l'avrei riavuta e che era il solo modo per riaverla e dissi forte: «Piantala, hai capito, non te lo permetto». Ero rosso di fuoco, col sangue agli occhi, e la Dirce sotto la tavola mi prese la mano e capii che ci ero cascato, ma ormai era troppo tardi. Lui si alzò e disse: «Vuoi vedere che te ne do uno anche a te?» Mi prese sulla guancia, un po' di traverso, e io afferrai un bicchiere e gli tirai tutto il vino in faccia. A quel bicchiere e a quel vino, si può dire che ci pensavo da un mese, tanto mi piaceva il gesto e tanto odiavo il Tocchi. E ora lui il vino l'aveva sulla faccia e io il gesto l'avevo fatto e scappavo su per la scala. Lo udii gridare: «Ti ammazzo sai, vagabondo, pezzente;» allora chiusi la porta di camera mia e andai alla finestra a guardare la pioggia che cadeva e dalla rabbia presi un coltello che avevo nel cassetto e lo piantai nel davanzale con tanta forza che si ruppe la lama.

Basta, eravamo lassù, su quel Monte Mario del malaugurio, e forse, se stavo a Roma, non avrei accettato, ma lassù tutto diventava naturale e

---

9. *infingimenti*: finzioni.

quello che il giorno prima era impossibile, il giorno dopo era già deciso. Così io e la Dirce ci mettemmo d'accordo e stabilimmo insieme il modo e il giorno e l'ora. Tocchi, la mattina, scendeva in cantina a prendere il vino per la giornata, insieme con la Dirce che gli portava il bottiglione. La cantina era sottoterra e per scenderci c'era una scaletta montata su un telaio e appoggiata al muro: saranno stati sette scalini. Decidemmo che li avrei raggiunti e, mentre il Tocchi si chinava a spillare il vino, gli avrei dato sulla testa con un paletto corto, di ferro, che serviva ad attizzare i carboni. Poi avremmo ritirato la scaletta e avremmo detto che lui era cascato e si era rotto la testa. Io volevo e non volevo; e dalla rabbia dissi: «Lo faccio per mostrarti che non ho paura... ma poi me ne vado e non torno più». E lei: «Allora è meglio che non fai niente e te ne vai subito... io ti voglio bene e non voglio perderti». Sapeva, quando voleva, fingere la passione: e così io dissi che l'avrei fatto e poi sarei rimasto e avremmo aperto il ristorante.

Il giorno fissato Tocchi disse alla Dirce che prendesse il bottiglione e si avviò verso la porta della cantina, in fondo all'osteria. Pioveva, al solito, e l'osteria era quasi al buio. La Dirce prese il bottiglione e seguì il padre; ma prima di scendere, si voltò e mi fece un gesto d'intesa, chiaro. La madre, che stava davanti il fornello, vide il gesto e rimase a bocca aperta, guardandoci. Io mi alzai dalla tavola, andai al fornello e presi l'attizzatoio sotto il camino, passando davanti alla madre. Questa mi guardava, guardava la Dirce, e faceva tanto d'occhi, ma si capiva di già che non avrebbe parlato. Il padre urlò dalla cantina: «Dirce, Dirce,» e lei rispose: «Vengo». Ricordo che mi piacque fisicamente per l'ultima volta, mentre si avviava giù per la scala, con quel suo passo duro e sensuale, piegando il collo bianco e tondo sotto l'architrave.

In quel momento, la porta che dava sul giardino si aprì ed entrò un uomo con un sacco bagnato sulle spalle: un carrettiere. Senza guardarmi, disse: «Giovanotto, mi dia una mano?,» e io, macchinalmente, quel ferro in mano, lo seguii. Lì accanto, in un podere, ci costruivano una stalla, e il carro carico di pietre si era interrato[10] al passo del cancello e il cavallo non ce la faceva più. Questo carrettiere sembrava fuori di sé, un uomo storto e brutto, quasi una bestia. Posai il ferro sopra un paracarro, misi due pietre sotto le ruote e spinsi; il carrettiere tirava il cavallo per la cavezza. Pioveva a dirotto sulle siepi di sambuco[11] verdi e folte e sulle acacie[12] in

---

10. *interrato*: era sprofondato per il peso e il terreno un po' molle.
11. *sambuco*: alberello che produce grandi infiorescenze bianche profumate e piccole

bacche nere.
12. *acacie*: alberi o arbusti della stessa famiglia delle mimose, con fiori bianchi e gialli dal caratteristico intenso profumo.

fiore che odoravano forte; il carro non si muoveva e il carrettiere bestemmiava. Prese la frusta e menò al cavallo col manico; poi, inferocito, afferrò quel ferro che avevo posato sul paracarro. Si vedeva che era fuori di sé non per quel carro, ma per tutta la vita sua, e che odiava il cavallo come una persona. Pensai: «Ora l'ammazza» e feci per gridare: «No, lascia quel ferro». Ma poi pensai che se lui avesse ammazzato il cavallo, io ero salvo. Mi pareva che tutta la mia furia stesse passando in corpo a quel carrettiere che sembrava un ossesso; e infatti lui si buttò sulle stanghe, spinse ancora e poi menò al cavallo, in testa, con il ferro. Io, al colpo, chiusi gli occhi, e sentii che lui continuava a colpire, e intanto io mi svuotavo e quasi svenivo, e poi riaprii gli occhi e vidi che il cavallo era caduto sulle ginocchia e che lui sempre gli menava, ma ora non per farlo alzare, proprio per ammazzarlo. Il cavallo cascò giù di fianco, scalciò all'aria, ma debolmente e poi abbandonò la testa nel fango. Il carrettiere ansimante, la faccia sconvolta, gettò il ferro e diede uno strattone al cavallo, ma senza convinzione: sapeva di averlo ammazzato. Io gli passai accanto, senza neppure sfiorarlo, e presi a camminare per lo stradone. Passò il tram che andava a Roma e io ci salii di corsa e poi guardai indietro e vidi per l'ultima volta l'insegna: "Osteria dei Cacciatori, proprietario Antonio Tocchi", tra il fogliame di maggio, lavato dalla pioggia.

**Scheda di analisi
a pagina 362**

Domenico Rea

Capodimorte

da *Gesù, fate luce*, 1950; ora Einaudi.

Con la cacciata delle truppe italiane dall'Africa nel Mediterraneo, il malcontento che dal quarantadue, di sconfitta in sconfitta, s'accresceva, in alcuni uomini, ancor prima del 25 luglio,[1] si trasformò in un miscuglio di dubbi, timori e paura dell'avvenire.

Anche i più fanatici cercavano di riparare nel silenzio e le stesse spie tentavano di servire il nemico. Dall'altra parte, nei fascisti in uniforme e in carica presso le federazioni provinciali e i fasci dei paesi, si sviluppava uno spirito di odio e di vendetta contro i fascisti anonimi, che, godutisi per venti anni i beni comuni, ora non volevano sopportare le colpe e le disgrazie.

Fu, dunque, decretato l'ordine di portare sempre il distintivo all'occhiello, la camicia nera il sabato, la presenza personale nelle più sfacciate rappresentazioni di piazza. Ma i traditori non si contavano più. Si scusavano con finte malattie, adoperavano sotterfugi, voltafaccia, dimagrimenti; e il loro grande numero li rendeva invulnerabili.

I capi già si trovavano nella condizione di dire:

«Dopo faremo i conti!» e di aspettare un tempo, che poteva anche non venire. Per cui non sapevano se esercitare una vendetta approssimativa, sfruttando le ultime ore di comando, o cedere e abbandonare ogni cosa al destino.

Ma per alcuni fascisti, come Carmine Pirone, tirarsi indietro era impossibile. Capodimorte, come lo chiamavano a Nofi,[2] era conosciuto e

---

1. *25 luglio*: del 1943; cfr. la nota 2 del racconto *Milano come in Spagna Milano come in Cina* di Vittorini.
2. *Nofi*: cittadina che ricorre costantemente

nelle opere di Rea. Anche se non esiste nessun luogo con questo nome, di fatto Nofi ha caratteristiche che ce la fanno identificare con Nocera Inferiore (provincia di Salerno).

malvisto da tutti, anche dai cani, che sapevano[3] la punta del suo bastone quando volevano annusare il gattopardo[4] di sua moglie. Tutti ne sapevano una sul suo conto: ch'era stato brigante, evaso, ardito, stupratore e, infine, martire della rivoluzione.

Gli stessi capi fascisti di Nofi, dopo che l'ebbero usato, sfruttato e consumato per le imprese punitive del '22, lo vedevano da anni con gli occhi storti o cercavano di non vederlo.

Pirone era analfabeta e ignorante, ma presuntuoso e ambizioso. In ogni cerimonia o parata, eccolo lì, impalato, con la camicia nera, la testa di morte lucidata col sidol[5] sul petto, il fez con lo scopettino[6] e il bastone, al quale si appoggiava. Era mutilato a una gamba, che aveva di legno e che mandava avanti e indietro come un pendolo d'un pezzo. Aveva una testa rapata a zero e di dietro della forma di limone appuntito, davanti tagliata netta e piatta dove occhi bocca e naso erano scavati come in un bassorilievo. Di sopra ci stavano solo i mustacci,[7] alla gendarme dell'ottocento; ed egli, credendo che fossero un simbolo di feroce bellezza, non sapeva che erano la correzione in paesano di quel volto dagli occhi d'argento.

E, infatti, Capodimorte era un povero diavolo. Non avendo un mestiere vero e proprio, con una moglie e tre figli a carico, per venti anni si era impegnato a sfruttare il suo unico bene: la gamba mutilata, che non gli diede mai fastidio, ed era come l'avesse sana, a detta di tutti e della stessa moglie. E, per la verità, il governo non gli si era dimostrato avaro: gli aveva assegnato una pensioncina, con la quale sarebbe vissuto bene da solo non in compagnia dei consanguinei. Doveva quindi ingegnarsi a sfruttare ancora la gamba, con le buone e le cattive, per avere una casuccia, e scaricarsi della pigione, il collegio gratis a due dei tre figli perché gli crescessero educati e istruiti, e nel '42, la vita rincarata,[8] non potendo ottenere più nulla, brigava[9] per ottenere il titolo e il posto di presidente dell'Associazione dei Mutilati di Nofi, cosa impossibile perché era analfabeta.

Dal dispiacere, economico e morale, il 28 ottobre,[10] ricorrenza che

3. *sapevano*: conoscevano.
4. *gattopardo*: felino simile al gatto domestico, ma di dimensioni maggiori; ha pelo giallastro con macchie brune. Proprio per questo si credeva che nascesse dall'incrocio di una gatta con un leopardo: di qui il nome.
5. *sidol*: nota sostanza per lucidare l'argento e in genere oggetti metallici.
6. *il fez con lo scopettino*: il cappello rosso a tronco di cono, tipico dei paesi musulmani, che divenne parte della divisa fascista; lo "scopettino" è il fiocchetto di cordoncini neri che pende

dal centro del fez.
7. *mustacci*: baffi.
8. *la vita rincarata*: participio costruito come un ablativo assoluto latino; qui con valore causale: "poiché la vita era rincarata".
9. *brigava*: si dava da fare, tramava.
10. *28 ottobre*: in quella data, nel 1922, si era conclusa la marcia su Roma dei fascisti, iniziata il 24 dello stesso mese. Il 28 ottobre era perciò una fondamentale ricorrenza del regime mussoliniano, che vi celebrava la propria nascita.

doveva celebrare con una grande parata politico-militare, al suono dell'attenti, invece di comparire sul cavallo bianco il generale del quartiere, dopo essersi fatto largo tra la folla a colpi di bastone, comparve Pirone sopra una cavalla da tiro, che lui, per farla giovane e furiosa, stuzzicava nel deretano col pomo del bastone, che tratteneva e manovrava dalla punta ferrata.[11] Portatosi davanti alla tribuna d'onore, piena di baldi[12] ufficiali, signori e signore di quelle dai tacchi alti, si mise a gridare:

«Siete una manica di traditori e ladri e se non mi date il posto di presidente dirò tutte le corne[13] che so su di voi che mi ha detto il cameriere del duce, mio intimo amico».

I carabinieri e i militi di guardia volevano arrestarlo, ma non potevano. Egli era un grande invalido; e per quanti filetti d'oro o d'argento, lasagne, quaglie, aquile o greche[14] avessero al cappello, nessuno poteva farlo. Pirone era l'unico martire della rivoluzione che si stava celebrando, alla fine dei conti!

E intanto Pirone sgolava:[15]

«Non mi avete nemmeno invitato per celebrare questo fausto giorno della mia festa!» E rivolgendosi alla gente comune, ch'era venuta a guardare la rivista: «Voi, povera gente, che dite dell'offesa fatta a un vostro fratello in povertà? Non mi hanno nemmeno invitato alla mia stessa festa. E io vi domando: è più importante saper mettere una firma o perdere una gamba? Vorreste un padre con la firma o mutilato di un piede?»

Sebbene Pirone fosse un crudele, la gente si commosse al caso in sé, senza, d'altra parte, trovare un là[16] per battere le mani, che fu intonato da un altro squadrista plebeo e escluso, il quale, dal fregio rosso sul polso,[17] aveva cavato una manciata di pane, e dietro lui, tutti gli altri, che la piazza barcollò di applausi.

Al colmo dell'estasi, Capodimorte, sulla cavalla mandata avanti e indietro a furia di deretanate, inneggiando al duce, si pavoneggiò per un pezzo, mentre dall'altro lato della piazza stavan pronti a entrare in campo le cento gambe della prima riga del plotone dei soldati.

Dopo questa sfuriata, che fu rapportata alle superiori autorità di S., Pirone fu scomunicato e minacciato di arresto. Ma era tardi. Il fascismo

---

11. *dalla punta ferrata*: tenendolo per la punta ferrata.
12. *baldi*: energici e sicuri di sé.
13. *corne*: malefatte.
14. *filetti d'oro... aquile o greche*: sono tutte denominazioni, appropriate o deformate dall'ironia popolare, dei galloni e delle mostrine (applicate su berretti, spalline o maniche) che indicano il grado nella gerarchia militare.

15. *sgolava*: gridava a squarciagola.
16. *un là*: nel senso di "dare il là", cioè di trovare una nota d'avvio, un motivo per cominciare ad applaudire.
17. *fregio rosso sul polso*: era il segno distintivo dei cosiddetti "squadristi della prima ora", di coloro cioè che avevano aderito subito al fascismo, prima che prendesse il potere.

stava pelle e ossa,[18] come uscito da un acido. E, come si è detto, ciascuno pensava di non far male e di cancellare, se possibile, il malfatto.

Lo stesso Pirone non aveva più il coraggio di andare al mattino con la cesta vuota al mercatino della verdura per riempirlo di quanto gli piacesse; cocomeri, limoni, pesche, pere, fagiolini, polli, conigli; terrore di quella povera gente; a cui, per la verità, poi, rendeva dei buoni servigi.

Per farli ricevere dal segretario del fascio faceva scrivere il suo nome sul cartoncino dell'usciere e li accompagnava dentro, spiegando lui i casi loro, presentandoli come suoi cugini, cognati, nipoti, e, certo, dietro nuove ricompense, perché diceva:

«I frutti me li dovete dare, per la gamba che mi son fatto tagliare per voi, la mazzetta[19] perché ora sono come l'avvocato». Ancora diceva: «È un vero bene che sia stato mutilato io a Nofi e non un signore, perché ho sempre una parola in più o meglio una gamba in più sul piatto della bilancia dei riguardi che mi si devono».

Ma i bei tempi delle chiacchiere, mazzette, furti, bene e male in un solo pasticcio, andavano calando. Pirone lo sentiva, guardandosi intorno. Prima, nel discendere da Grotti al Corso, lungo piazza d'Armi, la Rendola, il Mercato, il Ponte, armato di tutto punto, con la testa rasata a zero come quella dei generali sconfitti, era un continuo passare tra gli inchini dei poveri, che mormoravano:

«Beato lui, mica è fesso, come sembra. Dà il tu a Mussolini, che gli disse: "Pirone mio, tu sai che sei un martire? Sei dunque un superuomo, hai da darmi il tu e hai da darlo a tutti!" Ah, me la fossi fatta tagliare io la gamba nel '22!»

Ora, rifare la gloriosa strada, era percorrere un deserto. Gli sbattevano le porte in faccia. Gli stessi colli sembravano più piccoli, più scuri, rincantucciati[20] nelle spalle, come per dire: «Noi non c'entriamo». E nessuno gl'invidiava più la maledetta gamba. Per cui gli conveniva restare in casa a pensare e a studiare la carta dell'avvenire, torturato dalle imprese del passato che sembrava ieri.

L'ultima impresa non gli dava pace. Di ritorno da Codola a Nofi, in carrozzella d'affitto, per la strada si ruppe l'asse di una ruota, e poiché era tardi, scuro, e la via di campagna, disse al carrozziere:

«Sai che vogliamo fare? Me ne vado sul cavallo io e la mia signora e tu aspetti la notte in carrozzella. Alzi il mantice, ti pare?»

«Voi siete pazzo!» rispose il carrozziere.

---

18. *stava pelle e ossa*: era pelle e ossa; l'uso di "stare" al posto di "essere" è caratteristico del napoletano e di altri dialetti dell'Italia meridionale.

19. *la mazzetta*: la tangente.
20. *rincantucciati*: rannicchiati.

«Secondo te, allora, io e questa signora facciamo cinque chilometri a piedi di notte coi banditi in giro? Ma sai chi sono?»

«Siete uno che non contate più, l'ha detto il brigadiere che ho portato l'altro giorno. Non conti più!» aggiunse con ferocia.

«Ripeti» disse Capodimorte, facendoglisi addosso con il fiato.

«Non conti più!» cantò il cocchiere.

«Guarda che ti do con la mazza.»

«E da'.»

E Pirone cominciò a dare. Il cocchiere, con la scuriada,[21] non era da meno, anzi gliele diede tanto bene e aggiustate[22] in quella strana scherma dove si vedevano solo le figure non le persone, che la moglie di Pirone, intuita la fine, smettendo di gridare aiuto e prendendo frustate e bastonate, mise lo sgambetto al vecchio cocchiere, che cadde, sopraffatto, stordito di botte e indi legato mani e piedi da Pirone e dalla moglie.

Accaduta dieci o cinque anni fa, l'impresa sarebbe stata dimenticata. Ma, fresca di due mesi della prima metà del '43, fece un chiasso in tutta Nofi; e a lui tolse la pace.

I figli del cocchiere, una razza di malviventi, gli avevan fatto sapere che si sentivan ben forti di dirgli che aveva poco da vivere ancora. La moglie, dimagrendo, scongiurava:

«E come faremo? Non uscire più. Deh, fatti dimenticare!» E lui lo avrebbe fatto, e lo faceva, distribuendo sorrisi, parole di aiuto, consigliando la gente di raccomandarsi solo al Duce, buono e padre, senza sapere che la gente, che non godeva i suoi benefici, aveva solo la fregola[23] di vedere com'eran fatti gli americani, pieni di grano, pasta, latte, burro, come si favoleggiava.

Il piagnisteo della moglie Pirone andava a ripeterlo rivoltato al segretario del fascio, al seniore[24] della milizia, al presidente del dopolavoro, ai dottori, che lo evitavano e che lui doveva appostare[25] sotto i portoni e assalirli a mano armata per farsi ascoltare.

«Mi sfuggi, fetentone! Dove hai messo la divisa? Mi volete lasciare solo come nel '22, che voi ordinavate e io davo purghe e mazzate. Ah, no! Noo! Vi siete fottuto tutto. Io ho preso le molliche, senza sapere che la gente a me non farà niente» malmenandoli di santa ragione.

Da queste imprese ritornava stanco, sconfortato, con le mani idealmente ammanettate e in consegna al destino, schifato dal cinismo dei dottori, che gli dettavano dentro parole di compatimento per il suo Mussolini

---

21. *scuriada*: o scuriata: è lo scudiscio, cioè una frusta di cuoio.
22. *aggiustate*: ben assestate, centrate.
23. *fregola*: desiderio eccitato, frenesia.
24. *seniore*: anziano.
25. *che lui doveva appostare*: a cui lui doveva fare la posta.

buono e padre e un desiderio infinito che si perdesse davvero, peggio per Pirone, purché fossero massacrati tutti i traditori del giuramento.

Sperava che schiaffeggiare e picchiare i fascisti gli acquistasse, se non il perdono, la comprensione della gente, ma essa ormai rispondeva che fra pochi giorni, anzi, stando a Radio Londra, tra poche ore, lo avrebbero potuto far fuori. E dopo poche ore la notizia della cattura di Mussolini estirpava dai petti ignavi dei nofinesi, a torto o a ragione, un grido immortale.

Pirone con la moglie e i figli barricò il portoncino e le finestre con casse, comò, pali, e insieme spiavano la strada. Giungevano voci terribili. La moglie e i bambini pregavano. Lui levava l'occhio dal balcone e vi sostituiva l'orecchio per riempirlo di paurosa baraonda.

Pensò a una fuga. E dove? Pensò di uccidersi: un enorme calore di speranza si levò dal sangue, lo stesso sangue che, al colmo della passione, restò freddo e fermo al grido:

«*Vogliamo la testa di Capodimorte! Vogliamo la testa di Capodimorte!*» della gente armata di mazze e bandiere di tutti i colori.

In un attimo di felice follia Pirone, spalancato il balcone, vi uscì con l'intera persona e, gettato il bastone alla folla, con una voce d'uomo che solo questa ha, confessa:

«Gente, non sono zoppo!» e mostra la gamba scoperta e pelosa. «Ho finto, ho finto per questa povera madre» che stava scapigliata di paura e in ginocchio sul balcone tra i figli in ginocchio, «e questi miseri figli da sfamare. Gente, anche voi siete padri di figli, veniteci a uccidere insieme.»

E tutti e cinque, con le facce cacciate tra i ferri del balcone, piangevano. Si udiva solo piangere.

La gente ascoltò voluttuosamente il pianto e al grido solitario di uno che chiedeva:

«La testa! La testa!» risposero, in un coro esaltato:

«Viva Capodimorte! Viva Capodimorte!» che, per tutti, aveva saputo fregare il governo.

Scheda di analisi
a pagina 364

Cesare Pavese

Le feste

da *Feria d'agosto*, 1946; ora in *Racconti*, Einaudi.

Pino non s'era mai levato di mente il cavallo di Ganola e qualche volta me ne parlava. Una sera che tornavamo da Pozzengo fece per prendere la stradetta e a me che lo guardo dice: «Torno stanotte». Tornò infatti l'indomani a prima luce e passò dal fienile. Quel giorno in campagna gli dissi: «Va' a dormire nelle canne,»[1] e lui stava seduto e rideva. «Almeno lavora»; ma Pino guardava la collina e disse: «Girerei tutto il giorno, se quel cavallo fosse mio». Io pensai che un cavallo non era una vigna, ma non si può ragionare con un fratello che invece che alle ragazze parla ai cavalli. Dissi invece: «Non dormono i cavalli di notte?» E Pino, sempre con quell'aria incantata: «Ho girato, sono andato alle Rocche».

Nel vallone di Ganola mi toccava passarci ogni tanto, perché salva[2] il giro di mezza collina. Alla cascina sopra il bosco, cintata di canne vive, era un pezzo che non salivo, da quando l'ultima figlia di Ganola se n'era andata per il mondo.[3] Adesso si passava là sotto, e mai che intorno si muovesse una voce o qualcuno. Le colture erano mezzo in selvatico; il vecchio Ganola aveva abbandonato la vigna e dicevano che tutto il resto fosse a prato.[4] Terra buona com'era, si aspettava soltanto che Ganola morisse. Ma i vecchi non muoiono. Quando Pino era piccolo, ci venivamo a spannocchiare:[5] allora c'erano le ragazze, c'era Bruno,[6] si stava allegri le giornate intiere. La cascina era dei giovani; Ganola già vecchio andava a caccia e lo sentivamo sparare di là dai coltivi, nei boschi sulle Rocche. Allora mettevamo insieme le capre e si saliva sui prati di punta;[7] veniva

---

1. *nelle canne*: fra le canne.
2. *salva*: circonda, contorna.
3. *se n'era andata per il mondo*: era scappata di casa.
4. *a prato*: usato come pascolo.

5. *spannocchiare*: togliere le pannocchie dalle piante di mais.
6. *Bruno*: è il figlio del Ganola, come vedremo meglio più avanti.
7. *prati di punta*: quelli sulla cima della collina.

sera che ancora non ne avevamo abbastanza e tornavamo rotolandoci e gridando fin sulla strada. Ganola già allora ci faceva paura e comandava tutti con gli occhi; ma se aveva ammazzato bene si metteva a ridere e ci lasciava toccare gli uccelli insanguinati che portava a tracolla. Per darli alle donne li staccava e li buttava in terra, e bisognava vedere il cane che in due non si riusciva a tenerlo. Io a casa dicevo che avrei voluto andare a caccia, ma più acceso di me era Pino che non si staccava da quel cortile se non m'incamminavo minacciando di lasciarlo tornar solo. Poi venne l'età che non avemmo più paura a girare di notte, e allora con Bruno andavo a ballare e chi pensava più alla caccia; ma Bruno bisognava sentirlo quando diceva novità ai forestieri per attaccar lite. Qui era tutto suo padre, e nell'estate che girammo insieme per queste feste, venni a sapere che Ganola da giovane era peggio di noi perché allora nessuno li teneva e portavano in tasca il coltello. Molto presto lasciai Bruno andare solo, perché gli piaceva da una festa passare in un'altra traversando[8] giorno e notte per fare a tempo, e cercar da mangiare nelle case come un ladro. Con lui non si sapeva, partendo, fin dove si sarebbe arrivati.

Bruno montava[9] già in quell'anno. Alla festa di Popolo la cavalla s'era fatta ingravidare da qualche demonio del circo mentre, staccata dal biroccino,[10] mangiava l'erba dietro al baraccone, e aveva figliato un rosso pezzato che Ganola disse subito: «Questo lo facciamo correre». Bruno s'impratichì con la vecchia su e giù per il prato di cresta,[11] e quando fu tempo montò il cavallino. Saranno cinque anni fa. Noialtri, specialmente Pino, eravamo frenetici, tutto il giorno sulla strada per vederlo passare, ma qui c'era di mezzo Ganola che accompagnava Bruno nel prato e ci diceva che non voleva spie. Certi giorni invece, quando Bruno arrivava tempestando chino sulla criniera, Ganola gridava anche a me di guardare, di acchiappare quel vento. Pino allora era un maschiotto che nessuno gli faceva caso. Poi c'erano i giorni che il cavallo non voleva saperne e allora su quel cortile si trattavano a calci e strapponi[12] e non bastava la forza di Bruno a domarlo. Le ragazze scappavano. Ganola s'imbestialiva e dava lui di mano al morso, e il cavallo saltava e menava la coda, e neanche Pino gli restava intorno. Nostro padre diceva che avrebbero fatto meglio a legarlo all'aratro e che a non lavorare anche le bestie si guastano.

In quella casa erano a posto soltanto le donne; pareva che sapessero

---

8. *traversando*: viaggiando da una proprietà all'altra.
9. *montava*: andava a cavallo.
10. *biroccino*: carretto.
11. *prato di cresta*: situato cioè sul rialzo, pia-

neggiante o comunque con una pendenza dolce, che unisce il pendio di due colline.
12. *strapponi*: strappi violenti (sul modello della parola "strattone").

come andava a finire. Pino adesso non vuol ricordarsene, ma da bambini lui e Carmina si parlavano. E Carmina morì proprio quell'autunno dopo che Bruno fece la corsa. Era già in letto alla Madonna di settembre e sua sorella per stare a vegliarla non venne alla festa; quando i suoi tornarono cantando e gridando, dicono che dalla stanchezza lei voltò la faccia al muro e piangeva, povera ragazza.

Venne anche Pino, si capisce: era la prima festa fuori paese che nostro padre gli lasciava vedere; e per tutto quel giorno non si staccò né da Bruno né dalla stalla del parroco dove avevano chiuso i cavalli: ballare non ballava ancora. Io li andai a cercare verso sera. Bruno era già sul prato da due giorni e maneggiava,[13] vestito con gli stivali e il fazzoletto al collo, e Ganola sorvegliava il cavallo. Avevano fatto al mattino una corsa di prova ch'era andata male, e adesso si chiusero insieme nella stalla e Ganola era cattivo in faccia: voleva che uscissimo tutti, io mi fermai contro una scala. Anche Pino guardava. Allora Ganola stappò una bottiglia di vino buono, riempì una scodella e la ficcò sotto la lingua del cavallo che si scrollava. Il cavallo bevve tutto. Poi si fecero indietro, e Ganola, dato mano alla frusta, gli menò sui garetti[14] e sull'osso del culo tre o quattro botte del manico, che lo fecero scattare come una biscia. Prese subito un'aria slanciata, da gatto: si capiva che il vino gli era arrivato dappertutto. Ganola ghignava. «Non ne avresti bisogno» gli disse. E allora il cavallo si drizzò ringhiando. Faceva paura.

La corsa la vinsero loro. Mi ricordo la sera su quel prato, dopo che la gente si era dispersa, e veniva il fresco della luna, i baracconi al fondo accendevano l'acetilene,[15] e il ballo aveva smesso di suonare. Trovo Pino dietro una pianta, solo, che piangeva e non voleva farsene accorgere. «Va',» gli dico, «cerca qualcuno, parla con le ragazze». Allora credevo che pensasse a Carmina. Macché, piangeva dalla rabbia di non essere un cavallo anche lui. «Restiamo con Bruno,» diceva. L'aveva già preso la malattia di girare di notte, e mica per ballare o divertirsi, ma per fare da solo il mattino e trovarsi il giorno dopo chi sa dove. Quella notte cenammo dal parroco, una tavola[16] di gente: Ganola beffeggiava i padroni degli altri cavalli e tutti lo lodavano, e lodavano Bruno che mangiava gobbo sul piatto come se fosse ancora in corsa, e io pensavo che aveva l'età di Pino. Dalla finestra della stanza entrava la musica e il baccano della gente. Noi

13. *maneggiava*: addestrava il cavallo.
14. *garetti*: o garretti: la parte tra la tibia e il piede degli arti posteriori dei quadrupedi.
15. *acetilene*: idrocarburo gassoso e incolore; bruciando produce una luce bianca molto viva,

ed è per questo che ancora oggi lo si usa per illuminare (per esempio nelle lampare dei pescatori o nelle lampade da campeggio).
16. *tavola*: tavolata.

parlavamo delle corse degli anni passati e di quelle da farsi. Fu una bella notte. La luna durò fino a casa.

Quella notte Ganola non sapeva il suo destino. Carmina morì verso i Santi, e nell'inverno la madre le andò dietro[17] dalla disperazione. Non mangiava più da un pezzo. «Donne,» disse Ganola, tornando dal funerale. L'altra figlia, Linda, ch'era sempre stata più fiera e teneva le parti della vecchia, si mise a urtare i due uomini tutte le volte che poteva. Facevano voci che si sentivano dalla strada. Non so Pino, ma da allora io ci andai più di rado. Quell'autunno Ganola non lavorò neanche mezze le terre. Andava a caccia con Bruno e pensavano soltanto al cavallo. Ogni tanto prendevano il treno per andare a comprargli qualcosa. Poi comperarono gli speroni.

Dicono che quel giorno Bruno non voleva metterli, perché il cavallo era tranquillo. Ma Ganola ridendo:«Meglio che impari e sappia subito». Gli tenne il morso fin che Bruno fu salito, poi gli diede l'abbrivo.[18] Si vide uno scarto e il cavallo drizzarsi come una biscia, poi saltarono in aria e Bruno volò nel cortile. Restò là come un sacco. Se il cavallo non si ficcava come un matto nel portico che aveva davanti, Ganola non lo avrebbe acchiappato mai più.

Così Bruno era morto, e Linda adesso voleva ammazzare il cavallo. Ganola in quei giorni, dicono che tralasciava ogni tanto di accendere il fuoco o parlare col prete o chiudere la stalla, per picchiarla come si picchia il grano. S'era fatto strabico, una barba come la stoppia, i calzoni sbottonati, e da quel giorno né alla barba né ai calzoni non ci pensò più. Finché Linda scappò di casa.

Storie vecchie. Da allora io, potendo, giravo alla larga. Anche Pino, mancandogli Bruno, s'andò a mettere per altre colline. L'anno dopo dicevano che parlava a una ragazza[19] del Ponte. Nell'estate, alle feste ci andò per conto suo e tornavamo qualche volta insieme, ma più sovente lui spariva e si metteva per lo stradone e ritornava l'indomani. Non sembravamo neanche fratelli. Di Ganola me n'ero dimenticato. Ne parlava qualche volta nostro padre. Contò che uno di Odalengo[20] era andato nell'inverno per comprare la riva di bosco che aveva sopra il vallone, e non era neanche riuscito a entrare in discorso. Ganola l'aveva tenuto sulla porta come un vagabondo e congedato in due parole, senza posare un secchio che portava nella stalla. Da quando Linda se n'era andata, non si muoveva quasi più di casa: per paura che gli rubassero il cavallo, sembra, ma, dice-

<hr/>

17. *le andò dietro*: la seguì, morì anche lei.
18. *abbrivo*: spinta.
19. *parlava a una ragazza*: la corteggiava. Cfr.

Vino generoso di Svevo, nota 1.
20. *Odalengo*: località pochi chilometri a sud del Po, fra Chivasso e Casale Monferrato.

va la gente, perché sapeva di dover morire. So che Pino in quell'anno e negli altri l'aiutò a vendere e a comprare roba e qualche volta gli tagliava il fieno. Pino diceva che per esempio le belle giornate Ganola staccava il cavallo, e lo montava come poteva e girava su e giù per la collina. Sul mezzogiorno poi, quando il sole spaccava e tutti mangiavano, se ne andava di cresta in cresta anche lontano. Tanto che, sul lavoro, se era l'ora bruciata,[21] Pino guardava la collina e diceva: «Il cavallo passeggia».

Un giorno m'era toccato andare da Ganola a cercare una botte che gli avevamo imprestato in altri tempi. Non so perché non ci andasse Pino, ma insomma attaccai la vacca e andai io. Era una sera di nebbia e salendo quella strada mi ricordavo di quando venivamo con le capre e c'era Bruno, c'era Carmina, e Ganola tornava con gli uccelli, noi con le castagne, e Linda senza parlare ci portava la fascina, e mettevano la padella al fuoco. Proprio a quell'ora, perché la nebbia poi tappava strade e boschi e bisognava essere a casa. Mi fermai nel cortile e cercai nello stanzone già scuro. Non c'era nessuno, e così nella stalla. Invece di chiamare, mi sedetti alla porta, e guardavo la nebbia.

Ganola arrivò poco dopo, tirandosi a mano il cavallo. Spuntò dalla nebbia prima il collo e la testa di quel demonio, che non era bardato[22] e sollevava in su la mano di Ganola stretta al morso. In quattr'anni era cresciuto come un platano; di pelo sembrava[23] le foglie dei platani che cadono rosse; quando fu tutto nel cortile si vide che Ganola si era fatto più piccolo, curvo, e lui lo dominava di una testa. Con Ganola parlammo come ci fossimo veduti il giorno prima. Nella stalla dove condusse il cavallo era tutto vuoto, neanche una capra. Lo legò alla sua stanga, gli gettò il fieno e, prima di uscire, gli batté la mano sul collo. Mentre portavamo la botte al carro non disse tre parole. Sputava soltanto, nella barba.

Quando gliela raccontai, Pino mi disse che in quei giorni Ganola lavorava la coltura sotto il pozzo, perché quell'anno voleva seminare. «Se non fosse che è vecchio, si dovrebbe sposare un'altra volta» dissi; «cosa fa, solo, giorno e notte?» «La compagnia non gli manca,» disse Pino. «E tu ce l'hai la compagnia?» chiesi ridendo. Pino scrollò la testa.

Pino adesso lavorava con me, e nostro padre era contento. Ma c'erano i giorni che tornava dallo stradone, e allora era a me che toccava aprir l'occhio e aspettarmi un bel momento qualche novità. La sentivo venire. Finché una sera, a tavola, Pino dice che è stufo di zappare la terra e vuole

21. *l'ora bruciata*: le ore tra mezzogiorno e il primissimo pomeriggio.
22. *non era bardato*: non aveva la sella e tutti i finimenti.
23. *di pelo sembrava*: per il colore del pelo assomigliava a.

andare a lavorare alle Cave:[24] è un lavoro anche questo e nel mondo bisogna cambiare. Nostro padre lo guarda. Io sto zitto perché sapevo che,
quando Pino ha una cosa in mente, non gliela leva nessuno. Ma Pino
diceva le Cave per dire: non piace a nessuno chiudersi sotto terra per il
gusto di starci. Quel che voleva era girare, vedere qualcosa. «Ci andrai
quest'inverno,» rispose mio padre, «imparerai quel che vuol dire.»

Pino lasciò le Cave in primavera: ne aveva abbastanza. Tornò, magro
come un chiodo, con un vagabondo di Pozzengo,[25] uno zoppo dalla cacciatora[26] strappata che aveva conosciuto alle Cave, e dormirono qualche
notte sul nostro fienile. Parlavano poco e giravano insieme sulla strada.
Non mi piaceva quel tipo, ma mio padre lo prese in burla e lui se ne andò.
Pino stette tranquillo.

Più nessuno adesso diceva di quella ragazza del Ponte: io credo non ci
fosse mai stata. La gente incontrava Pino sulla strada della stazione, dove
lui aveva dei soci delle Cave e la domenica si chiudevano nelle osterie.
Poi guardavano il treno arrivare e si conoscevano coi ferrovieri e sapevano quel che era successo fino a Genova. Mai una volta che attaccassero
una lite su un ballo per le ragazze di casa o che assaggiassero il vino
nuovo in un cortile. Erano un'altra razza. Di quelli come noi ridevano.

Venne così l'estate passata,[27] e cominciando le feste, Pino non lo tenne
più nessuno. Stavolta s'era messo con un tale magrolino, che girava per
le fiere a far scommesse. Ma denari Pino non ne aveva gran che: solo
quei pochi per fumare e pagarsi la festa. Questo tale era più furbo di
quell'altro di Pozzengo; a non sapere del mestiere che faceva, bisognava
dargli credito, tanto incantava di parole. Era stato per il mondo, ma sapeva dar risposta anche intorno alla campagna. Era bassotto, gambe storte,
coi capelli profumati. Si chiamava Roia.

Parlava di tutto e diceva che Pino non sapeva la sua fortuna di esser
nato agricoltore. Diceva che meglio di noi non sta nessuno. «Tu però la
campagna la lavori in piazza,» disse Pino. Con Roia scherzava. «Si capisce,» ribatteva. «Ci vuole l'uno e l'altro.» Era sveglio, ma a me non piaceva.

Son sicuro che Pino gli parlò di Ganola fin dalla prima volta, perché
quel giorno nel cortile Roia guardava la collina delle canne e mi chiese
chi ci stava lassù. «Ci sta un uomo e una bestia,» dissi, e lui a ridere
piano, come chi sa già tutto.

---

24. *andare a lavorare alle Cave*: cioè in una
miniera, sempre di quella zona.
25. *Pozzengo*: paese situato pochi chilometri a
nord-est di Odalengo.

26. *cacciatora*: giaccone di fustagno, o di velluto pesante, con ampie tasche, che all'origine
dovevano servire per riporre le prede.
27. *passata*: scorsa.

Lo vedemmo qualche volta per la festa di Odalengo, e Pino lo invitò in mia presenza a venire da noi la Madonna d'agosto. Presi Pino da solo e gli chiesi se era matto a portarci in casa quel tipo. «Che cos'ha?» chiese lui mezzo ridendo. «Hai provato a dirlo al Pa'?»[28] gli feci. «Dillo al Pa' e te ne accorgi.» Pino mi guardò cattivo e stette fuori un'altra notte.

Avevamo appena battuto il grano,[29] che venne un temporale di Dio: spianò mezza la vigna e portò via certe piante come fossero fascine.[30] Esce Pino dal portico e dice: «Vado fino alla stazione». «Come?» fa nostro padre incarognito, «e la vigna?» «La vigna è bell'e andata,» dice Pino, «sono stufo di lavorare per niente.» Io dissi ch'era sera e che tanto valeva aspettare l'indomani; nostro padre entrò in casa ad asciugarsi le scarpe, ma s'era capito che Pino l'aveva ripreso l'idea delle Cave. Soltanto che stavolta non parlava più di Cave.

Venne agosto e, tra il soffoco di giorno e la luna di notte, chi pensava più a lavorare. Quest'anno il comune ci aveva promesso i fuochi,[31] e sembravano ragazzi anche i vecchi. Si diceva che i fuochi portano il bel tempo. Io non so, ma se fosse vero li terrebbero pronti tutte le volte che tuona. «Sarete contenti,» dico in casa, «qual è il paese che quest'anno fa i fuochi?» «Non ci manca che la corsa di Ganola,» borbotta nostro padre. «Matti.» Pino stava zitto; finiva il piatto e se ne andava in campagna.

Viene quella sera e la passai in piazza a guardare la festa. Non s'era mai visto tanta gente. Erano scesi da tutte queste colline, dalle Rocche, di là dai boschi; neanche i cani mancavano. C'erano tutti i baracconi. Vidi anche Roia, che teneva un banchetto di dadi. Lo lasciai coi suoi trucchi e me ne andai sul ballo.

Quando fu notte, accesero i fuochi. Sul più bello vedo a un riverbero le facce di tre o quattro della stazione che guardano in su, ma niente Pino. Penso «Dove sarà?» ma poi torno a guardare e sentire le botte.

Ce ne fu per mezz'ora, e appena finito ripigliano i balli. Tornai a casa intronato, fischiando come un passerotto, e dormire non si poteva perché sulla strada era un passare continuo di ubriachi, di carri, di gente che cantava. Pino non c'era ancora, al solito.

Allora mi misi sullo scalino a fumare, e guardavo le stelle che sembravano un'aia di grano. Poso l'occhio sulla collina di Ganola e vedo luce alla finestra. «To', fa festa anche lui», penso ridendo. Ma poi la luce traballava; era rossa. Allora capii che bruciava e salto in piedi.

---

28. *al Pa'*: a papà.
29. *battuto il grano*: per staccare i chicchi dal resto della spiga.
30. *portò via certe piante come fossero fascine*:

portò via tronchi interi come fossero fasci di sterpi o di legna di piccolo formato.
31. *i fuochi*: d'artificio.

Era già quasi mattino, e il passaggio sulla strada cessato. Andai di corsa fino al giro, non pensando che ero solo, perché credevo che molti avessero veduto la fiamma e corressero là. Ma via via che salivo il vallone, mi prendeva paura. Alle canne mi fermo e riaccendo la cicca. Sento allora la voce di Pino che mi chiama per nome. Mi prende il braccio e dice: «Non andare, non andare».

Parlava tremando, come un ragazzo. «Cosa c'è?» «Roia ha ucciso Ganola e il cavallo è scappato.»

Disse ch'erano andati per comprare il cavallo. Il giorno prima, si capisce. Roia era andato con lui per vedere il cavallo e comprarlo. Dovevano vivere insieme e girare i paesi. Ganola li aveva condotti nella stalla, ma testardo diceva che prima di venderlo l'avrebbe ammazzato. Tornando a casa Roia aveva detto che i vecchi sono tutti così ma un rosso più bello non l'aveva mai visto. E poi stanotte eran tornati perché Roia diceva che ci vuole costanza. E che prima di svegliare il vecchio, erano entrati nella stalla. Ma mentre il cavallo sbuffava, Ganola era arrivato in camicia. Roia gli aveva detto qualcosa ridendo, poi, volandogli addosso l'aveva ammazzato.

Scannato. Poi aveva staccato il cavallo, e gridava a Pino di aiutarlo; lui diceva soltanto: «volevamo comprarlo, perché l'hai ammazzato?» e scappava, e allora il cavallo s'era messo a drizzarsi, a ringhiare, a spaccare le stanghe, e non l'avevano più visto.

Io chiesi a Pino se aveva davvero creduto che Roia comprasse quella bestia. Gli dissi che Roia voleva servirsi di lui per entrare in casa, non altro, e che il cavallo voleva poi venderlo, non girare i paesi.

«E adesso Roia dov'è?»

Corremmo alla cascina. Il fuoco aveva preso tutta la stalla e non si poteva entrarci. «È Roia che l'ha acceso.»

«Andiamo via,» diceva Pino, «andiamo.»

Stavolta non aveva torto. Non bisognava essere i primi lassù. E poi tremava come uno straccio. Era tutto graffiato. Lo presi e, passando dai boschi, andammo a chiuderci in casa.

Il fuoco lo spensero gli altri. Si vede che Roia sapeva il suo mestiere, perché di Ganola non trovarono gran che. Ma del cavallo meno ancora e si spiegavano l'incendio dicendo che aveva ammazzato Ganola con un calcio e rovesciato la lanterna. Lo cercarono un pezzo per queste colline, ma io sono convinto che Roia l'ha acchiappato e se l'è portato via. La gente invece, e Pino con loro, dicono che il cavallo gira i boschi, e certi giorni lo sentono passare sulle creste.

Scheda di analisi
a pagina 366

Italo Calvino

Ultimo viene il corvo

da *Ultimo viene il corvo*, Garzanti.

La corrente era una rete di increspature leggere e trasparenti, con in mezzo l'acqua che andava. Ogni tanto c'era come un battere d'ali d'argento a fior d'acqua: il lampeggiare del dorso di una trota che riaffondava subito a zig-zag.

«C'è pieno di trote,» disse uno degli uomini.

«Se buttiamo dentro una bomba vengono tutte a galla a pancia all'aria,» disse l'altro; si levò una bomba dalla cintura e cominciò a svitare il fondello.[1]

Allora s'avanzò il ragazzo che li stava a guardare, un ragazzotto montanaro, con la faccia a mela. «Mi dài,» disse e prese il fucile a uno di quegli uomini. «Cosa vuole questo?» disse l'uomo e voleva togliergli il fucile. Ma il ragazzo puntava l'arma sull'acqua come cercando un bersaglio. «Se spari in acqua spaventi i pesci e nient'altro,» voleva dire l'uomo ma non finì neanche. Era affiorata una trota, con un guizzo, e il ragazzo le aveva sparato una botta addosso, come l'aspettasse proprio lì. Ora la trota galleggiava con la pancia bianca. «Cribbio,» dissero gli uomini.

Il ragazzo ricaricò l'arma e la girò intorno. L'aria era tersa e tesa: si distinguevano gli aghi sui pini dell'altra riva e la rete d'acqua della corrente. Una increspatura saettò alla superficie: un'altra trota. Sparò: ora galleggiava morta. Gli uomini guardavano un po' la trota un po' lui. «Questo spara bene,» dissero.

Il ragazzo muoveva ancora la bocca del fucile in aria. Era strano, a pensarci, essere circondati così d'aria, separati da metri d'aria dalle altre

---

1. *fondello*: la parte posteriore di un proiettile o, come qui, di una bomba. In certi tipi di bombe a mano la sicura si toglie appunto svitando il fondello.

cose. Se puntava il fucile invece, l'aria era una linea diritta ed invisibile, tesa dalla bocca del fucile alla cosa, al falchetto che si muoveva nel cielo con le ali che sembravano ferme. A schiacciare il grilletto l'aria restava come prima trasparente e vuota, ma lassù all'altro capo della linea il falchetto chiudeva le ali e cadeva come una pietra. Dall'otturatore[2] aperto usciva un buon odore di polvere.

Si fece dare altre cartucce. Erano in tanti ormai a guardarlo, dietro di lui in riva al fiumicello. Le pigne in cima agli alberi dell'altra riva perché si vedevano e non si potevano toccare? Perché quella distanza vuota tra lui e le cose? Perché le pigne che erano una cosa con lui, nei suoi occhi, erano invece là, distanti? Però se puntava il fucile la distanza vuota si capiva che era un trucco; lui toccava il grilletto e nello stesso momento la pigna cascava, troncata al picciòlo. Era un senso di vuoto come una carezza: quel vuoto della canna del fucile che continuava attraverso l'aria e si riempiva con lo sparo, fin laggiù alla pigna, allo scoiattolo, alla pietra bianca, al fiore di papavero. «Questo non ne sbaglia una,» dicevano gli uomini e nessuno aveva il coraggio di ridere.

«Tu vieni con noi,» disse il capo. «E voi mi date il fucile,» rispose il ragazzo. «Ben. Si sa». Andò con loro.

Partì con un tascapane[3] pieno di mele e due forme di cacio. Il paese era una macchia d'ardesia,[4] paglia e sterco vaccino in fondo alla valle. Andare via era bello perché a ogni svolta si vedevano cose nuove, alberi con pigne, uccelli che volavano dai rami, licheni sulle pietre, tutte cose nel raggio delle distanze finte, delle distanze che lo sparo riempiva inghiottendo l'aria in mezzo.

Non si poteva sparare però, glielo dissero: erano posti da passarci in silenzio e le cartucce servivano per la guerra. Ma a un certo punto un leprotto spaventato dai passi traversò il sentiero in mezzo al loro urlare e armeggiare. Stava già per scomparire nei cespugli quando lo fermò una botta del ragazzo. «Buon colpo,» disse anche il capo, «però qui non siamo a caccia. Vedessi anche un fagiano non devi più sparare.»

Non era passata un'ora che nella fila si sentirono altri spari. «È il ragazzo di nuovo!» s'infuriò il capo e andò a raggiungerlo. Lui rideva

---

2. *otturatore*: meccanismo posto sulla parte posteriore (detta culatta) delle armi a retrocarica; serve a introdurre i proiettili e, quando lo si chiude, a sigillare ermeticamente la culatta contro l'esplosione dei gas della carica di lancio.
3. *tascapane*: borsa a tracolla, solitamente per portare il cibo.

4. *ardesia*: roccia argillosa di colore grigio o verdastro, che si presenta in natura in lastre sottili facili da separare. Usata spesso, specie nell'Italia settentrionale, per costruire i tetti (come nel paese rappresentato dal racconto), serve, fra le altre cose, a fabbricare le lavagne.

con la sua faccia bianca e rossa, a mela. «Pernici,» disse, mostrandole. Se n'era alzato un volo da una siepe.

«Pernici o grilli, te l'avevo detto. Dammi il fucile. E se mi fai imbestialire ancora torni al paese.» Il ragazzo fece un po' il broncio; a camminare disarmato non c'era gusto, ma finché era con loro poteva sperare di riavere il fucile.

La notte dormirono in una baita da pastori. Il ragazzo si svegliò appena il cielo schiariva, mentre gli altri dormivano. Prese il loro fucile più bello, riempì il tascapane di caricatori e uscì. C'era un'aria timida e tersa, da mattina presto. Poco discosto dal casolare c'era un gelso. Era l'ora in cui arrivavano le ghiandaie. Eccone una: sparò, corse a raccoglierla e la mise nel tascapane. Senza muoversi dal punto dove l'aveva raccolta cercò un altro bersaglio: un ghiro! Spaventato dallo sparo, correva a rintanarsi in cima ad un castagno. Morto era un grosso topo con la coda grigia che perdeva ciuffi di pelo a toccarla. Da sotto il castagno vide, in un prato più basso, un fungo, rosso coi punti bianchi, velenoso. Lo sbriciolò con una fucilata, poi andò a vedere se proprio l'aveva preso. Era un bel gioco andare così da un bersaglio all'altro: forse si poteva fare il giro del mondo. Vide una grossa lumaca su una pietra, mirò il guscio e raggiunto il luogo non vide che la pietra scheggiata, e un po' di bava iridata. Così s'era allontanato dalla baita, giù per prati sconosciuti.

Dalla pietra vide una lucertola su un muro, dal muro una pozzanghera e una rana, dalla pozzanghera un cartello sulla strada, bersaglio facile. Dal cartello si vedeva la strada che faceva zig-zag e sotto: sotto c'erano degli uomini in divisa che avanzavano ad armi spianate. All'apparire del ragazzo col fucile che sorrideva con quella faccia bianca e rossa, a mela, gridarono e gli puntarono le armi addosso. Ma il ragazzo aveva già visto dei bottoni d'oro sul petto di uno di quelli e fatto fuoco mirando a un bottone.

Sentì l'urlo dell'uomo e gli spari a raffiche o isolati che gli fischiavano sopra la testa: era già steso a terra dietro un mucchio di pietrame sul ciglio della strada, in angolo morto. Poteva anche muoversi, perché il mucchio era lungo, far capolino da una parte inaspettata, vedere i lampi alla bocca delle armi dei soldati, il grigio e il lustro delle loro divise, tirare a un gallone, a una mostrina. Poi a terra e lesto a strisciare da un'altra parte a far fuoco. Dopo un po' sentì raffiche alle sue spalle, ma che lo sopravanzavano e colpivano i soldati: erano i compagni che venivano di rinforzo coi mitragliatori. «Se il ragazzo non ci svegliava coi suoi spari,» dicevano.

Il ragazzo, coperto dal tiro dei compagni, poteva mirare meglio. Ad un

tratto un proiettile gli sfiorò una guancia. Si voltò: un soldato aveva raggiunto la strada sopra di lui. Si buttò in una cunetta, al riparo, ma intanto
aveva fatto fuoco e colpito non il soldato ma di striscio il fucile, alla
cassa. Sentì che il soldato non riusciva a ricaricare il fucile, e lo buttava in
terra. Allora il ragazzo sbucò e sparò sul soldato che se la dava a gambe:
gli fece saltare una spallina.

L'inseguì. Il soldato ora spariva nel bosco ora riappariva a tiro. Gli bruciò il cocuzzolo dell'elmo, poi un passante della cintura. Intanto inseguendosi erano arrivati in una valletta sconosciuta, dove non si sentiva
più il rumore della battaglia. A un certo punto il soldato non trovò più
bosco davanti a sé, ma una radura, con intorno dirupi fitti di cespugli. Ma
il ragazzo stava già per uscire dal bosco: in mezzo alla radura c'era una
grossa pietra; il soldato fece appena in tempo a rimpiattarcisi dietro, ran-
nicchiato con la testa tra i ginocchi.

Là per ora si sentiva al sicuro: aveva delle bombe a mano con sé e il
ragazzo non poteva avvicinarglisi ma solo fargli la guardia a tiro di fucile,
che non scappasse. Certo, se avesse potuto con un salto raggiungere i
cespugli, sarebbe stato sicuro, scivolando per il pendio fitto. Ma c'era
quel tratto nudo da traversare: fin quando sarebbe rimasto lì il ragazzo? E
non avrebbe mai smesso di tenere l'arma puntata? Il soldato decise di
fare una prova: mise l'elmo sulla punta della baionetta e gli fece far capolino fuori dalla pietra. Uno sparo, e l'elmo rotolò per terra, sforacchiato.

Il soldato non si perse d'animo; certo mirare lì intorno alla pietra era
facile, ma se lui si muoveva rapidamente sarebbe stato impossibile prenderlo. In quella un uccello traversò il cielo veloce, forse un galletto di
marzo. Uno sparo e cadde. Il soldato si asciugò il sudore dal collo. Passò
un altro uccello, una tordella: cadde anche quello. Il soldato inghiottiva
saliva. Doveva essere un posto di passo, quello: continuavano a volare
uccelli, tutti diversi e quel ragazzo a sparare e farli cadere. Al soldato
venne un'idea: «Se lui sta attento agli uccelli non sta attento a me. Appena
tira io mi butto». Ma forse prima era meglio fare una prova. Raccattò
l'elmo e lo tenne pronto in cima alla baionetta. Passarono due uccelli
insieme, stavolta: beccaccini. Al soldato rincresceva sprecare un'occasione così bella per la prova, ma non si azzardava ancora. Il ragazzo tirò a un
beccaccino, allora il soldato sporse l'elmo, sentì lo sparo e vide l'elmo saltare per aria. Ora il soldato sentiva un sapore di piombo in bocca; s'accorse appena che anche l'altro uccello cadeva a un nuovo sparo.

Pure non doveva fare gesti precipitosi: era sicuro dietro quel masso,
con le sue bombe a mano. E perché non provava a raggiungerlo con una
bomba, pur stando nascosto? Si sdraiò schiena a terra, allungò il braccio
dietro a sé, badando a non scoprirsi, radunò le forze e lanciò la bomba.

Un bel tiro; sarebbe andata lontano; però a metà della parabola una fucilata la fece esplodere in aria. Il soldato si buttò faccia a terra perché non
gli arrivassero schegge.

Quando rialzò il capo era venuto il corvo. C'era nel cielo sopra di lui
un uccello che volava a giri lenti, un corvo forse. Adesso certo il ragazzo
gli avrebbe sparato. Ma lo sparo tardava a farsi sentire. Forse il corvo era
troppo alto? Eppure ne aveva colpito di più alti e veloci. Alla fine una
fucilata: adesso il corvo sarebbe caduto, no, continuava a girare lento,
impassibile. Cadde una pigna, invece da un pino lì vicino. Si metteva a
tirare alle pigne, adesso? A una a una colpiva le pigne che cascavano con
una botta secca.

A ogni sparo il soldato guardava il corvo: cadeva? No, l'uccello nero
girava sempre più basso sopra di lui. Possibile che il ragazzo non lo
vedesse? Forse il corvo non esisteva, era una sua allucinazione. Forse chi
sta per morire vede passare tutti gli uccelli: quando vede il corvo vuol
dire che è l'ora. Pure, bisognava avvertire il ragazzo che continuava a
sparare alle pigne. Allora il soldato si alzò in piedi e indicando l'uccello
nero col dito, «Là c'è il corvo!» gridò, nella sua lingua.[5] Il proiettile lo
prese giusto in mezzo a un'aquila ad ali spiegate che aveva ricamata sulla
giubba.

Il corvo s'abbassava lentamente, a giri.

**Scheda di analisi
a pagina 368**

5. *nella sua lingua*: veniamo così a sapere che
non è italiano: dunque si tratta di un soldato
tedesco, e non di un fascista.

Beppe Fenoglio

Il trucco

da *I ventitré giorni della città di Alba*, Einaudi.

Gli irrequieti uomini di René presero un soldato in aperta campagna e lo rinchiusero nella stalla di una cascina appena fuori Neviglie.[1] E René spedì subito una staffetta[2] a prender la sentenza per quel prigioniero dal Capitano, che per quel giorno era fermo nell'osteria di T..., ed era il più grande capo delle basse Langhe e aveva diritto di vita e di morte.

Ma a T... la staffetta non vide la faccia del Capitano né sentì la sua voce; dopo una lunga attesa venne fatto montare su una macchina coi partigiani Moro, Giulio e Napoleone.

Sulla macchina che correva al piano verso Neviglie, Giulio sedeva davanti a fianco di Moro che guidava, Napoleone dietro con la staffetta di René.

A metà strada, Giulio si voltò indietro, appoggiò il mento sullo schienale, guardò Napoleone in modo molto amichevole e infine gli disse: «Allora, Napo, come l'aggiustiamo?»[3]

Napoleone, per non fissare Giulio, si voltò a guardare il torrente a lato della strada e disse: «Io dico solo che stavolta tocca a me e non c'è niente da aggiustare».

«Questo lo dici tu,» rispose Giulio. «Io non ne posso niente se l'ultima volta tu eri malato con la febbre. Causa tua o no, hai perso il turno e stavolta tocca di nuovo a me. Ma stai tranquillo che la volta che viene non ti taglio la strada.»

A Napoleone tremava la bocca per la rabbia. Parlò solo quando fu sicuro di non balbettare e disse: «La volta che viene non mi interessa. È oggi che mi interessa e staremo a vedere».

---

1. *Neviglie*: località del Piemonte meridionale, situata qualche chilometro a est di Alba, nella regione delle Langhe.

2. *staffetta*: corriere, incaricato di portare lettere e comunicazioni varie.

3. *l'aggiustiamo*: gergale per "l'ammazziamo".

Giulio sbuffò e si voltò, e Napoleone si mise a fissargli intensamente la nuca.

La staffetta capiva che i due discutevano su chi doveva fucilare il prigioniero. Napoleone gli premeva la coscia contro la coscia, ne sentiva il forte calore attraverso la stoffa. Scostò con disgusto ma con riguardo la gamba e guardò avanti. Vide nello specchietto del parabrezza la faccia di Moro: sorrideva a labbra strette.

Arrivarono presso Neviglie che la guarnigione[4] era già tutta all'erta per quel rumore d'automobile che avviluppava la collina.

La macchina di Moro scendeva in folle verso l'aia della cascina. Gli uomini di René allungarono il collo, videro chi portava, li riconobbero e la sentenza per loro non era più un mistero.

René mosse incontro alla macchina. Svoltava in quel momento nell'aia e prima che si fermasse, cinque o sei partigiani di Neviglie saltarono sulle predelle per godersi quell'ultimo moto. Moro li ricacciò giù tutti come bambini, si tolse un biglietto di tasca, senza dire una parola lo diede a René e con uno sguardo all'intorno chiese: «Dov'è?»

Nessuno gli rispose, fissavano tutti René che leggeva il biglietto del Capitano. Dovevano essere appena due righe, perché alzò presto gli occhi e disse: «È chiuso nella stalla. Aprite pure a Moro».

Spalancarono la porta della stalla. Due buoi si voltarono a vedere chi entrava. Non si voltò un uomo in divisa che stava lungo tirato sulla paglia. Moro gli comandò di voltarsi e l'uomo si voltò, non per guardare ma solo per mostrare la faccia. Ce l'aveva rovinata dai pugni e strizzava gli occhi come se avesse contro un fortissimo sole.

Quando Moro si volse per uscire, urtò nel petto di Giulio e Napoleone che s'erano piantati alle sue spalle.

Per il sentiero che dall'aia saliva alla cima della collina già s'incamminava in processione il grosso del presidio di Neviglie. Il primo portava una zappa sulle spalle.

Moro cercò René e lo vide sul margine dell'aia, appartato con due che parevano i più importanti dopo di lui. S'avvicinò: i tre dovevano aver discusso fino a quel momento sul posto della fucilazione.

Uno finiva di dire: «... ma io avrei preferito a Sant'Adriano».

René rispondeva: «Ce n'è già quattro e questo farebbe cinque. Invece è meglio che siano sparpagliati. Va bene il rittano[5] sotto il Caffa.[6]

4. *guarnigione*: non si tratta di truppe regolari, ma del gruppo di partigiani che presidiano l'abitato di Neviglie.
5. *rittano*: scarpata ripida e profonda tra le pareti di due colline; caratteristico del panorama delle Langhe, il rittano ha in genere folta vegetazione e un torrente sul fondo.
6. *Sant'Adriano... il Caffa*: sono nomi di luoghi della zona.

Cerchiamo lì un pezzo di terra selvaggio che sia senza padrone».

Moro entrò nel gruppo e disse: «C'è bisogno di far degli studi così per un posto? Tanto è tutta terra, e buttarci un morto è come buttare una pietra nell'acqua».

René disse: «Non parli bene, Moro. Tu sei col Capitano e si può dire che non sei mai fermo in nessun posto e così non hai obblighi con la gente. Ma noi qui ci abbiamo le radici e dobbiamo tener conto della gente. Credi che faccia piacere a uno sapere che c'è un repubblicano[7] sotterrato nella sua campagna e che questo scherzo gliel'han fatto i partigiani del suo paese?»

«Adesso però avete trovato?»

René alzò gli occhi alla collina dirimpetto e disse gravemente: «In fondo a un rittano dietro quella collina lì».

Moro cercò con gli occhi i partigiani sulla cima della collina. Fece appena in tempo a vederli sparire in una curva a sinistra. Poi guardò verso la stalla e vide Giulio e Napoleone appoggiati agli stipiti della porta. Gridò verso di loro: «Giulio! Nap! Cosa state lì a fare?»

I due partirono insieme e insieme arrivarono davanti a lui. Moro disse: «Perché non vi siete incamminati con gli altri? Partite subito e quando arriva René col prigioniero siate già pronti».

Giulio disse: «Dov'è con precisione questo posto?»

«È a Sant'Adriano,» e siccome Giulio guardava vagamente le colline, aggiunse: «Avete notato il punto dove sono spariti i partigiani di Neviglie?»

Giulio e Napoleone accennarono di no con la testa.

«No? Be', sono spariti in quella curva a destra. Voi arrivate fin lassù e poi scendete dall'altra parte fino a che vi trovate al piano. Sant'Adriano è là.»

Napoleone fece un passo avanti e disse: «Adesso, Moro, stabilisci una cosa: chi è che spara? L'ultima volta ha sparato lui».

Moro gridò: «Avete ancora sempre quella questione lì? Sparate tutt'e due insieme!»

«Questo no,» disse Napoleone e anche Giulio scrollò la testa.

«Allora spari chi vuole, giocatevela a pari e dispari, non sparatevi solo[8] tra voi due!»

---

7. *repubblicano*: qui vale come repubblichino, cioè fascista della Repubblica di Salò. Il 23 settembre 1943 Mussolini aveva costituito nel nord-Italia un nuovo stato fascista, denominato Repubblica di Salò dal nome della cittadina (sulla riva ovest del lago di Garda) che ne fu proclamata capitale. Per le notizie su questo momento storico cfr. anche la nota 2 *Milano come in Spagna Milano come in Cina* di Vittorini.
8. *non sparatevi solo*: vale "soltanto non sparatevi"; cioè "l'unica cosa che non dovete fare è spararvi".

Per un momento Giulio fissò Moro negli occhi e poi gli disse: «Tu non vieni a Sant'Adriano? Perché?»

Moro sostenne lo sguardo di Giulio e rispose: «Io resto qui vicino alla macchina perché quelli di René non ci rubino la benzina dal serbatoio».

Giulio e Napoleone partirono di conserva.[9] Giulio teneva un gran passo, Napoleone sentì presto male alla milza e camminava con una mano premuta sul ventre, ma in cima alla collina arrivarono perfettamente insieme.

Si calarono giù per il pendio e dopo un po' Napoleone disse: «A me non pare che son passati da questa parte».

«Come fai a dirlo?»

«Io sento, io annuso. Quando passa un gruppo come quello, non si lascia dietro una morte come questa.»

Non c'era un'eco, non c'era un movimento d'aria.

Continuarono a scendere, ma Napoleone scosse sovente la testa.

Quando posarono i piedi sul piano, Giulio si fermò e fermò Napoleone stendendogli un braccio davanti al petto. Un rumore di zappa, ben distinto, arrivava da dietro un noccioleto a fianco della cappella di Sant'Adriano. «Senti, Nap? Questa è una zappa. Son loro che fanno la fossa.»

Napoleone gli tenne dietro verso quei noccioli e diceva: «Ma com'è che non si sente parlare? Possibile che quelli che non zappano stanno zitti?»

«Mah. Certe volte, a veder far la fossa, ti va via la voglia di parlare. Stai a vedere e basta.»

Mentre giravano attorno al noccioleto, quel rumore cessò e, passate quelle piante, scorsero un contadino tutto solo con la zappa al piede e l'aria d'aspettar proprio che spuntassero loro. Li guardò sottomesso e disse: «Buondì, patrioti».

Una lunga raffica crepitò dietro la collina.

Giulio si orientò subito e si voltò a guardare dalla parte giusta, Napoleone invece guardava vagamente in cielo dove galoppava l'eco della raffica.

Partirono. Invano quel contadino tese verso loro un braccio e disse: «Per piacere, cos'è stato? C'è la repubblica[10] qui vicino? Se lo sapete, ditemelo e io vado a nascondermi». Non gli risposero.

Risalirono la collina, Giulio velocemente e Napoleone adagio, perché non aveva più nessun motivo di farsi crepare la milza. Ma quando arrivò su, Giulio era lì ad aspettarlo.

---

9. *di conserva*: insieme.

10. *la repubblica*: cioè la Repubblica di Salò; cfr. la nota 7.

Guardarono giù. Videro i partigiani di Neviglie salire dal rittano sotto il Caffa, ma come se battessero in ritirata. Salivano anche dei borghesi che si erano mischiati a vedere e adesso ritornavano con le spalle raggricciate[11] come se rincasassero in una sera già d'inverno. Passarono vicino a loro e uno diceva: «Però l'hanno fucilato un po' troppo vicino al paese».

Giulio e Napoleone scesero per il pendio ormai deserto fino al ciglio del rittano. Videro giù due partigiani che stavano rifinendo la fossa. Uno calava la zappa di piatto e l'altro schiacciava le zolle sotto le scarpe.

Quello della zappa diceva a quell'altro: «Vedrai questa primavera che l'erba che cresce qui sopra è più alta d'una spanna di tutta l'altra».[12]

L'ombra dei due sopraggiunti cadde su di loro ed essi alzarono gli occhi al ciglio del rittano.

«Chi è stato?» domandò subito Giulio.

Rispose quello della zappa: «Chi vuoi che sia stato? È stato il vostro Moro».

Napoleone lo sapeva già da un pezzo, ma gridò ugualmente: «Cristo, quel bastardo di Moro ci toglie sempre il pane di bocca!»

Dopo un momento Giulio indicò la fossa col piede e domandò: «Di', com'è morto questo qui?»

«Prima si è pisciato addosso. Ho visto proprio io farsi una macchia scura sulla brachetta e allargarsi.»

Giulio si aggiustò l'arma sulla spalla e si ritirò d'un passo dal ciglio del rittano. «Be', se si è pisciato addosso son contento,» disse: «Moro non deve aver goduto granché a fucilare uno che prima si piscia addosso. Ti ricordi invece, Napo, quel tedesco che abbiamo preso a Scaletta e che poi hai fucilato tu? Dio che roba! Vieni, Napo, che Moro è anche capace di lasciarci a piedi».

---

11. *raggricciate*: rattrappite, contratte.

12. *Vedrai questa primavera... tutta l'altra*: perché il cadavere decomposto farà da concime.

Dino Buzzati

Il mostro

da *Paura alla Scala*, A. Mondadori.

In fondo a un ripostiglio oscuro della soffitta dove le serve degli inquilini usavano gettare le cose inservibili e troppo voluminose per seguire la sorte delle immondizie, in un pomeriggio di giugno, certa Ghitta Freilaber,[1] domestica e istitutrice presso la famiglia Goggi, salita in soffitta a gettarvi un pacco di vecchi giornali che le ingombravano la camera, trovò un mostro orrendo. Era un corpo oblungo, pressoché claviforme,[2] senza arti apparenti, che se ne stava come accucciato verticalmente in un angolo; fatto di una carne – ma si può dire carne? – nerastra e viola, molle e insieme compatta, palpitante, simile a certi tumori; e in cima c'era come una protuberanza difforme con dei pertugi[3] che potevano essere occhi, o bocche, oppure niente. Cosicché la Freilaber che da principio nella penombra non aveva capito che cosa fosse e si era avvicinata per vedere meglio, non appena ebbe toccato l'oggetto e sentito la viscida tepida carne ritrarsi (senza riuscire a farsene un'idea chiara, nel qual caso è probabile sarebbe morta sul colpo, ma immaginando di aver toccato un rospo o una salamandra), gettò un grido e cadde svenuta. Ma, coraggiosa come era, allorché ebbe ripreso i sensi, invece di lasciarsi dominare dalla paura, riuscì ad alzarsi, chiuse col catenaccio esterno la porta dello sgabuzzino (non senza aver gettato all'ultimo istante uno sguardo fuggitivo, ma appena un minimo baleno, alla novità che ora le apparve, nonostante la precipitazione, per quello che veramente era, riempiendole l'animo di sgomento); quindi si riassestò il vestito, spolve-

---

1. *Ghitta Freilaber*: nel corso del racconto la protagonista verrà chiamata anche Maria. Quanto al cognome, d'indubbie origini tedesche, rimanda all'aggettivo *frei*, che significa "libero", e alla congiunzione "ma": come dire che Ghitta è "libera, ma".
2. *claviforme*: a forma di clava.
3. *pertugi*: buchi.

randolo un poco, e discese le scale, domandandosi se fosse vero o no ciò che aveva visto.

Siccome in casa Goggi a quell'ora non c'era nessuno, tranne la cameriera con cui aveva poca dimestichezza, Ghitta scese in portineria e qui finalmente il terrore ebbe su di lei il sopravvento. Ansimando, si afferrò alle spalle della portinaia, balbettando: «Mio Dio, su in soffitta... su in soffitta...» E non seppe dire altro. La portinaia, vedendola in quello stato, la fece sedere su di un piccolo divano e, supponendo fosse successo qualcosa che richiedeva il suo intervento, staccò la spina del ferro elettrico con cui stava stirando, poi si sedette a fianco della Freilaber e dandole dei piccoli colpetti sulle mani a scopo di incoraggiamento, le chiedeva: «Su, su, ma che cos'è successo?»

Alla fine la Ghitta, dopo un lungo sospiro, riuscì a spiegarsi in qualche modo: «In soffitta, nello sgabuzzino... c'è una bestia» disse «un mostro, le dico... un mostro...» e scoppiò definitivamente in lacrime.

Ma in quel mentre un autista entrò a chiedere che venisse aperto il cancello perché doveva esser portata dentro della merce. La portinaia, con un cenno di scusa, lasciò la Freilaber sola. Quel brusco richiamo alla pratica realtà della vita fu però di sollievo alla istitutrice; nella quale, dissipatosi[4] il primo spavento, si affacciava il dubbio di aver travisto.[5] Bastava del resto ragionare. La Ghitta si disse, sia pure con scarsa convinzione: "Che bestia mai poteva essere? Un rettile immenso e deforme? Ma in una soffitta? E senza che mai in natura se ne fosse visto altro esemplare? O era forse un segreto" le venne anche questo sospetto "un segreto noto solo a un esiguo gruppo di scienziati i quali di generazione in generazione lo nascondevano per non offendere i sentimenti del mondo? O era lei ignorante a non conoscere certe disgustose possibilità della fauna?"

Rientrò la portinaia, un tipo allegro: «Oh, la mia povera signorina. Ha visto un mostro in soffitta? Sarà stato un topo, che cosa vuole d'altro sia stato?»

«È ancora là. È fermo» disse la Freilaber. C'era, nella condiscendenza della portinaia verso di lei, un po' di quel disprezzo e commiserazione che tutte le donne sposate tendono ad avere per le zitelle. E benché la Ghitta fosse ancora giovane e fresca, la portinaia aveva il vago dubbio che si fosse alquanto inaridita nella verginità e avesse fatto un temperamento un po' isterico.

«Be', andiamo a vedere, appena viene mio marito, ché non posso lasciare la portineria senza nessuno, andiamo a vedere.»

---

4. *dissipatosi*: svanito, dissolto. 5. *travisto*: visto male.

«Oh! io non ci torno di certo» fece la Freilaber riuscendo a sorridere un poco.

Così fu che il marito della portinaia, Enrico, di professione falegname, salì più tardi in soffitta, da solo, con una torcia elettrica perché ormai si era fatta sera, assolutamente convinto che la Freilaber avesse avuto una allucinazione. E difatti, aperto l'uscio dello sgabuzzino e perlustrato l'interno, non vide nulla di sospetto. Nell'angolo dove la istitutrice aveva visto il mostro c'era un sacco di tela gommata, colore bruno scuro, conte- nente vecchi attrezzi da pesca di un inquilino parecchi anni prima dedito a questo esercizio ed ora infermo. Lo toccò, lo scosse, non si muoveva. Dentro dovevano esserci una canna smontata che lo teneva così ritto e probabilmente una rete, o una coperta, o cosa del genere che lo rendeva soffice. Per nulla meravigliato che il mostro non esistesse, Enrico, dopo aver sprangato la porta, ridiscese.

«Un sacco, ecco cos'era il suo mostro» disse alla Freilaber, ridendo, appena rientrato in portineria. E quella arrossì vivamente, ridendo anche lei. «Un sacco?» «Un sacco di tela gommata. Ci sono dentro attrezzi da pesca.» «Ma io l'ho toccato. Si muoveva!» «Brava!» eclamava lui diver- tito, «si sarà mosso perché lei l'ha toccato. Chissà che cosa aveva per la testa!» «Che cosa vuole che avessi? Ho preso una paura, le dico.» «Ah, l'ho ben visto» fece il portinaio ridendo a più non posso. «E adesso? È tranquilla adesso?»

Sì, la Ghitta era tranquilla e se n'andò di sopra, mentre i due coniugi si davano degli sguardi molto significativi. Tutto dunque rientrava nella banalità di una illusione ottica. Tuttavia la rassicurante constatazione del portinaio non poteva cancellare, così all'improvviso, la scossa ricevuta. Per tutta sera la Ghitta fu sovrappensiero, spesso tormentata dalla tenta- zione di risalire in soffitta, a constatare pure lei l'inganno. Forse le avreb- be fatto bene raccontare l'episodio ai Goggi. Ma avendo lei l'esclusiva cura dei tre bambini pensò che fosse meglio tacere: se poi la signora si fosse messa in mente che la Ghitta era una visionaria, una isterica?

D'altra parte, proprio per far finire in niente quella storia, non pregò neppure la portinaia di tacere. Cosicché tutto il caseggiato lo seppe e ne rise, cameriere e serve trovarono ottimo lo spunto per denominarla "quel- la del mostro" e la signora Goggi stessa, rincasando alla sera, le chiese: «E allora, Ghitta? come è andata la faccenda del mostro? c'era davve- ro?» La ragazza, presa alla sprovvista, impallidì: non già per timore di imbarazzanti richieste e ironie ma perché d'improvviso, sebbene assurda, rinacque in lei, chissà perché, la certezza che il mostro esistesse davvero. Dominandosi, sorrise e si schermiva: «Che cosa vuole, signora? Ho avuto una così brutta impressione. Mi era parso che ci fosse una specie di

bestia, proprio una bestia mostruosa. Così al buio, può capitare». «Già, lei
è sempre stata un poco fantastica,[6] ma a questo punto!» fece la signora
con un'ombra di fastidio. «Un'altra volta, vuol dire, se c'è da tornare in
soffitta, è meglio che ci vada l'Anna, quella almeno i mostri non li vede...
neanche se ci sono davvero!» «Ma perché?» chiese la giovane timidamente, «lei pensa che ci possano essere sul serio?» «Io? ci mancherebbe
anche questa!» disse la signora, finalmente ridendo. E la cosa fu voltata
in pieno scherzo, facendo la Freilaber di tutto per associarsi alle celie[7] e
alle ironie, protrattesi nell'ambito dell'intera famiglia fino all'ora di andare a dormire. Il mostro, gli attrezzi da pesca del vecchio dottor Verolini, il
dottore stesso con la sua asma, le sue abitudini ritiratissime e presunte sue
pratiche demoniache, la paura della Ghitta, l'ispezione del portinaio, le
chiacchere dei casigliani,[8] tutto fu sfruttato giocondamente, con intenzionale insistenza e facili paradossi, dai commenti familiari; tanto che alla
fine la Freilaber si sentì presa da quell'ondata di affettuoso buonumore.

Ma poi di notte quando si è soli certi pensieri rinascono e si fanno
grandi cancellando il resto del mondo; quando le risate furono spente,
l'intera casa addormentata e la luna salita sopra le cupole e i solitari tetti
e le amorose ombre smarrite nei parchi e negli ospedali ricominciati i
dolori nei visceri degli ammalati e gli uccelli notturni del suburbio[9]
appesi a dondolo sopra i marci[10] canali si furono staccati in volo e ogni
tanto un fischio di treno o un richiamo misterioso a cui risponde il silenzio delle lunghe strade o negli insonni il pensiero della vita che va, e sul
letto, seduta, la ventottenne Maria Freilaber che tende le orecchie a sentire, su nelle perdute soffitte, se qualche cosa si muova. Perché la Maria
è una ragazza coraggiosa che ha bravamente[11] respinto molte tentazioni
della vita ma non riesce a vincere questa; che l'ha circondata alla sprovvista appena lei si fu accorta ch'era sola: la tentazione di salire nuovamente a vedere, e non domani o dopodomani ma subito prima dell'alba,
immediatamente, ché altrimenti capiva bene non sarebbe riuscita a dormire. E doveva essere ben grande perché appena fu sicura che tutti dormivano, sola soletta con una vestaglia indosso sgusciò dalla stanza e poi
su, passo per passo, con un candeliere in mano, su per la scala di servizio, benché misurasse il pericolo a cui si esponeva. E un gran sollievo
furono per lei, in quella tensione, le geometriche chiazze di luna che
entravano dai vuoti finestroni illuminando poeticamente gli anditi[12] della

---

6. *fantastica*: bizzarra.
7. *celie*: scherzi.
8. *casigliani*: inquilini.
9. *suburbio*: periferia.
10. *marci*: inquinati; Buzzati qui non dà riferi-

menti topografici precisi, ma quasi certamente
sta pensando ai Navigli milanesi.
11. *bravamente*: valorosamente.
12. *anditi*: stretti corridoi.

scala, perché veniva da pensare a certe vecchie mura di case di campagna, sicuramente illuminate a quell'ora dalla medesima lúce tra i silenzi delle praterie, profumi di fienagioni, sottile canto di grilli e ciò richiamava alcuni cari ricordi d'infanzia.

E se il mostro ci fosse davvero? se Enrico avesse mentito? se lei non sapesse dominare il terrore? Sciocchezze – si rispondeva la Freilaber – per esserci, non c'è di sicuro; ma io ho bisogno di vedere, devo constatarlo io coi miei occhi, non resisto fino a domani mattina. Così saliva passo passo cercando di non provocare rumore. Però tutto era silenzio e notte di giugno, quieta, col sonno immenso di migliaia e migliaia di uomini e dolce respiro di bambini addormentati. E se la signora l'avesse sorpresa, se si fosse accorta che alle due di notte se n'era andata a spasso? Che pretesto si sarebbe potuto trovare? *Brozzesi* lesse in quel mentre sull'etichetta smaltata di una porta: era dunque arrivata all'ultimo piano; la scala si faceva più ripida e stretta.

Eccola sull'ultimo pianerottolo. In fondo era stato così facile. Ascoltò a lungo. Silenzio. Lentamente portò la destra alla maniglia del catenaccio, la fiamma della candela tremolava un poco, un'automobile giù in fondo nella via, ma ormai era già lontana. D'improvviso lei fece scorrere il catenaccio – grazie a Dio non fu un gran rumore – poi spinse con decisione il battente.

Ma la porta non cedette. Si aprì per un paio di centimetri, poi si bloccò con un suono metallico. La ragazza ebbe un soprassalto. Restò immobile e il suo cuore batteva. C'era qualcuno di dietro? Poi si accorse che una catena con lucchetto era stata fissata a due anelli, da lei mai osservati, uno sullo stipite e l'altro sul battente; e questo impediva di aprire.

La Maria si tirò indietro spaventata. Chi era stato a chiudere lo sgabuzzino? E perché proprio quella sera, se prima era sempre rimasto aperto? L'ordine da chi era venuto? E come mai tanta premura? Forse che dentro...? Eppure che silenzio veniva di là, spaventoso silenzio.

Ridiscese, rientrò in camera senza che nessuno se ne accorgesse, la casa continuava a riposare. Chi aveva chiuso la porta? Forse non c'era niente di straordinario, forse Enrico aveva per consegna di tenerla chiusa, solo che lui non andava quasi mai lassù e le donne si dimenticavano regolarmente; e poteva darsi che i due anelli ci fossero sempre stati e la catena del lucchetto anche, appesa allo stipite, senza che lei l'avesse mai notata. Si poteva anche pensare che l'ordine lo avesse dato la signora Goggi, appena aveva avuto sentore della faccenda, per impedire che la Freilaber tornasse lassù a montarsi la testa; le padrone sono fatte così, basta una sciocchezza per metterle in sospetto nei riguardi dei dipendenti; oppure la signora lo aveva fatto a fin di bene per evitare a Maria altre emozioni. Poteva essere stato pure il dottor Verolini, geloso dei suoi attrezzi da pesca: come escludere che il pettegolezzo fosse giunto fino a lui? Ad ogni modo la chiave doveva trovarsi in portineria a disposizione degli inquilini e l'indomani lei avrebbe...

Ma poteva anche darsi un'altra cosa, pensava Maria, un'altra cosa. E il fatto che la porta era stata chiusa significava allora che qualcuno aveva interesse a nascondere l'oggetto schifoso. Se era un mostro, non era più un'intrusione a cui tutti si sarebbero rivoltati. Bensì un segreto tenebroso occultato con mille cure, protetto da ignote complicità. Perché per esempio Enrico avrebbe mentito? bisognava supporre che fosse già al corrente della cosa e proprio per questo fosse salito lui alla soffitta. Enrico, un così brav'uomo? E in favore di chi l'avrebbe fatto? E anche ammesso questo, che cosa poteva significare la sua manovra? E allora perché lui non si era mostrato affatto infastidito? Non avrebbe dovuto tremare vedendo il suo segreto in pericolo? Invece non aveva perso neppure per un attimo il suo simpatico buonumore. Come era possibile? Oppure lui veramente non aveva visto che un sacco, da quel semplice uomo che era? E altri invece erano i difensori di quella turpitudine?[13]

Basta, si diceva Maria sentendosi perdere in un labirinto. A me in fin dei conti che importa? Non si trattava né di un orco né di un drago che la mettesse in pericolo. Se qualcuno aveva da nascondere certe sue sozze cose, peggio per lui. Pure la ragazza sentiva che l'intera casa ne restava ammorbata.[14] E sarebbe stato il sospetto che il mostro esisteva ad avvelenarle la vita tra quelle mura. Andarsene allora? Ma dove? Abbandonare la famiglia Goggi che in fin dei conti aveva per lei tanta bontà e i tre bambini a cui si era già affezionata? E altrove poi, si sarebbe liberata? Forse che le altre case, le altre città non potevano contenere orrori del genere?

Il mattino, come succede, dissolse come per miracolo tutti questi pensieri. Le paure, la scappata notturna, i propositi di mettere in chiaro la cosa e di andarsene le parvero assolutamente ridicoli. La liberazione, che prevedeva così difficile, le venne data dai raggi di sole che filtravano dalle imposte.

Eppure, quando nell'uscire a passeggio coi due bambini maggiori, chiese, come per caso, la chiave dello sgabuzzino per portarci delle altre vecchie carte e la portinaia (anziché meravigliarsi della domanda essendo stato quel locale sempre aperto) rispose che non sapeva, che forse ce l'aveva suo marito, il quale però era fuori, ma poteva anche darsi che

---

13. *turpitudine*: orrore, mostruosità.   14. *ammorbata*: insudiciata, contaminata.

fosse stata data temporaneamente a qualche inquilino – e tutto questo corrispondeva in modo strano alle sue ipotesi notturne – ricominciò per Maria l'inquietudine. Benché nulla la autorizzasse a pensarlo, si mise in mente che con un pretesto o con un altro la chiave dello sgabuzzino le sarebbe stata negata; che avendo lei casualmente dato ieri l'allarme, varie forze di provenienza diversa si fossero messe in azione per cancellare lo scandalo, voltare tutto in riso, quasi tutto fosse nato dalla fantasia di una ragazza troppo nervosa e sensibile: una correttissima macchinazione dunque combinata proprio per lei, e le sarebbe stata usata ogni indulgenza e riguardo ma in seguito, se lei avesse insistito per sapere, potevano intervenire aperte ostilità e punizioni.

Era tanto più semplice pensare che il mostro fosse una fantasia, che Enrico avesse detto la verità e chiuso la porta perché lo riteneva regolare, che la chiave ora fosse in mano di Enrico stesso o di qualche inquilino, insomma che non ci fosse sotto niente di niente. Chissà perché Maria Freilaber ad ogni costo si ostinava a inseguire quei sospetti, a interpretare ogni innocuo segno come sintomo inquietante, a immaginare pazzeschi complotti. Il suo orgoglio poi la incitava a non cedere. Avrebbe voluto parlarne, ma con chi? Stefano, il suo fidanzato, era lontano. Don Angelo, il suo confessore? Non sarebbe servito a niente, non sarebbe stata creduta. La signora Goggi? L'ultima a cui confidarsi; la Freilaber conosceva troppo bene le signore della buona società e le loro diffidenze meschine.

Quando però stava per rincasare, a una ventina di metri dal portone, Maria e i due bambini incontrarono il signor Gerolamo, padre della portinaia, tipo di vecchietto gioviale, preoccupato esclusivamente di far passare in qualche modo le ore e perciò incline alle chiacchiere. Veniva dalla portineria proprio allora e pareva specialmente contento di avere incontrato la Freilaber.

«Ah, signorina, signorina» esclamò andandole incontro «non mi dica niente, mi ha già detto tutto la Gina... Ma cosa le è venuto in mente, cara la mia signorina?» E strizzava stupidamente un occhio come chi fosse bene al corrente. Poi, con atto di affettuosa confidenza, e quasi di solidarietà, all'orecchio: «E non è mica la prima sa, lei!»

Maria, dapprima infastidita da quegli sfoghi che parevano del tutto gratuiti, si voltò a guardarlo. «No, no» fece lui sempre con la medesima ilarità «non mi guardi così!» E spiegò, come fosse una simpatica barzelletta, che un giorno il precedente padrone di casa, sette anni prima, quando ancora il portinaio era lui, padre di Gina, era disceso dalla soffitta pallido come un morto e, richiesto di che cosa fosse successo, aveva risposto evasivamente ma la stessa sera aveva manifestato al suo ragioniere il proposito di vendere la casa; ciò che aveva fatto in realtà con una fretta sorprendente. Tanto che per qualche tempo si era parlato di spiriti o cose del genere che avrebbero indotto il proprietario alla vendita.

In quel momento la Freilaber, impressionata dal racconto, si persuase che era meglio far finta di niente. Perciò accolse la rivelazione con scherzosa incredulità e, col pretesto dei bambini, riuscì ad accomiatarsi[15] dal vecchio. Rincasata, rinunciò a chiedere nuovamente la chiave (il fatto che la portinaia, rivedendola, non le parlasse più dell'argomento le parve del resto sintomatico) e il giorno stesso ebbe la bella pensata di mandare alla Questura una lettera anonima così concepita. «Vi consiglio, per il vostro interesse, di dare un'occhiata nella soffitta della casa in via Raimondi 38 (la porta appena in cima alle scale e non il corridoio a destra). Può darsi che vi troviate qualcosa di molto strano. Un amico.»

Solo dopo averla impostata, si rese conto che era un passo falso. Infatti se la Questura non si muoveva, lei non avrebbe più potuto segnalare personalmente il sospetto senza tradirsi; o ne sarebbe nato un pasticcio, con ogni probabilità la signora Goggi, ritenendola una esaltata, le avrebbe dato il congedo; senza contare le reazioni del padrone di casa, dei portinai, dei coinquilini. Le visite della polizia non fanno mai piacere a nessuno.

Ma la polizia non si fece vedere, i giorni passavano, nessuno più in casa Goggi né in portineria – quasi fosse passata una parola d'ordine – accennava al mostro della soffitta e anche questo serviva ad accrescere il malessere della Freilaber. Oramai era difficile dormire la notte e nessun ragionamento più bastava a negare la presenza dell'incubo nella soffitta. Adesso lo struggente[16] ricordo, che l'agitazione iniziale aveva in certo modo sconvolto e attenuato, risorgeva con grande precisione; Maria rivedeva l'incredibile corpo in tutta la minuzia calligrafica[17] dei contorni, delle pieghe, del colore nauseabondo, al punto che cadevano gli ultimi dubbi di una allucinazione. Le pareva che in cima alla casa gravasse un peso pressoché insostenibile; di notte lo sentiva premere, attraverso i soffitti fin su di sé, mentre gli altri, complici o inconsapevoli, dormivano beatamente.

Finché, passata una quindicina di giorni, ritenne di poter chiedere nuovamente la chiave dello sgabuzzino senza destare sospetti. La portinaia le rispose che il locale non era più a disposizione dei coinquilini; lo aveva occupato una ditta come piccolo magazzino; e quanto c'era dentro era stato trasportato da suo marito in un'altra parte del solaio; per questo la

---

15. *accomiatarsi*: congedarsi, andare via.
16. *struggente*: dolorosamente appassionato, che consuma.

17. *minuzia calligrafica*: come se fosse disegnato con un eccesso di attenzione ai particolari e alle forme.

porta era stata chiusa col lucchetto.

«Ma come è possibile?» esclamò la Freilaber, nascondendo l'inquietudine sotto un sorriso, «si ricorda quel giorno che ho preso quella paura? Era aperto allora. E la sera stessa era già stato messo il lucchetto...» (non aveva finito la frase che si era già pentita misurando l'imprudenza commessa). La Gina infatti la guardava sorpresa.

Ed ecco dalla camera adiacente entrare il marito. «Di', Enrico» fece la portinaia. «Ti ricordi quando la signorina qui ha preso quello spavento in soffitta? Dice che la sera stessa è stato messo il lucchetto. Tu ti ricordi?» «Il lucchetto la sera stessa?» disse Enrico con il suo imperturbabile buon umore. «Ma come fa lei a saperlo? Non si ricorda, signorina, che sono salito io su a vedere ch'era già buio? No, no, lei si confonde... Precisamente adesso non le saprei dire, ma lo sgabuzzino dobbiamo averlo sgomberato il giorno dopo, o due giorni dopo, o un altro di quei giorni... Ma perché, signorina? è andata persa qualcosa dei signori Goggi?... oppure vorrebbe andar su e dare un'occhiata al suo mostro?» Ma erano proprio sincere quelle sue risate?

«Signorina, aveva forse bisogno di qualche cosa?» insisteva Enrico.

«No, no, niente, si parlava così» rispose Maria, rinfrancata. Si erano dunque allarmati un poco, i portinai. Forse avevano capito i suoi sospetti, ma ne avevano anche paura. E per incarico di chi mai agivano? Per conto di chi si industriavano tanto a evitare ogni inchiesta o visita alla soffitta? E perché Enrico faceva ora quella faccia indecisa? Perché non scherzava più? Sorrideva Maria, adesso. Guardò l'orologio. «Santo Dio, che tardi» disse «arrivederci.» E sentì come se il mondo si fosse messo contro di lei, stupida e indiscreta, lei che ne aveva per caso scoperto i segreti e non aveva saputo tacere.

Carlo Emilio Gadda

Il primo libro delle favole
nn. 61, 115, 180

da *Il primo libro delle favole*, il Saggiatore e
Garzanti.

61 – Il dinosauro, che dormicchiava al Museo, si sentì vellicar la[1] groppa
da zampini di lacertola, sendoché[2] d'un osso in altro quella vi andava
scintillando a diporto,[3] nell'esercizio mattutino. Disse: «Oggi a me,
domani a te».

Questa favoletta ne adduce:[4] che i piccoli vivi amano rampicare i grandi morti.[5]

115 – Un gentiluomo lombardo era pervenuto alla sordità[6] e amava teneramente un suo pappagallo nonagenario,[7] cioè poco più giovane di lui.
Rimbrottava[8] egli del continovo[9] il suo cameriere. Questi, nel porgergli
mantello, cappello e mazza, faceva ogniqualvolta un leggero inchino e
con impeccabile distinzione dimandàvalo:[10] «Quan l'è ké té crèpet?»[11] Il
gentiluomo, coccolando il suo loro,[12] offerivagli con i labbri dissecati
un'aràchide o una nocciuola parimente secca, che vi teneva nell'atto di
chi dà il bacio: e il loro s'ingegnava, col rostro e con una zampa, a distoglier[13] dai labbri del gentiluomo quell'aràchide (o nocciuola), senza far
male: torcendo tutto, da un lato, il suo bellissimo e verde capo, e a tratti
velando i due occhi, con le sue sei palpebre al centesimo di secondo,[14] che

---

1. *vellicar la*: fare il solletico alla.
2. *sendoché*: dal momento che, poiché.
3. *scintillando a diporto*: correndo come una
scintilla, mentre andava "a diporto", cioè a spasso, a zonzo.
4. *ne adduce*: ci offre la seguente morale.
5. *rampicare i grandi morti*: arrampicarsi sui
grandi morti.
6. *pervenuto alla sordità*: diventato sordo.

7. *nonagenario*: di novant'anni.
8. *Rimbrottava*: rimproverava.
9. *del continovo*: di continuo.
10. *dimandàvolo*: gli domandava.
11. *Quan l'è ké té crèpet?*: quand'è che crepi?
12. *loro*: pappagallo.
13. *distoglier*: togliere, levare.
14. *con le sue… di secondo*: i pappagalli hanno
effettivamente sei palpebre, coordinate fra loro.

pareva si morisse d'amore. Cincischiata e rimuginata[15] a lungo l'aràchide (o nocciuola) e con il becco e con la lingua ancora inturpiti[16] dalle bricciolette e pellicole, e anco un po' di saliva, rognava[17] di poi dolcemente: «Quan l'è ké té crèpet?» Il gentiluomo lombardo credeva che fosse: «À revoir, mon enfant!»:[18] e al tutto beàvasi.[19]

180 – Il passero, venuta la sera, appiccò lite a' compagni da eleggere ognuno la su' fronda, e 'l rametto,[20] ove posar potessi.

Un pigolio furibondo, per tanto, fumava fuore[21] dall'olmo: ch'era linguacciuto da mille lingue a dire[22] per mille voci una sol rabbia.

D'un'aperta fenestra dell'ipiscopio[23] com'ebbe udito quel diavolìo,[24] monzignor Basilio Taopapagòpuli arcivescovo di Laodicea se ne piacque assaissimo:[25] e dacché scriveva l'omelìa,[26] gli venne ancora da scrivere: «inzino[27] a' minimi augellini,[28] con el vanir[29] de' raggi, da sera, e nel discolorare de le spezie universe,[30] e' raùnano a compieta:[31] rendono a l'Onnipotente grazie di chelli ampetrati benefizi[32] ch' Ei così magnanima mente[33] a lor necessitate ha compartìto,[34] et implorando de le lor flebile boci[35] contro a la paurosa notte sopravvenenti[36] el Suo celeste riparo,[37] da sotto l'ala richinano 'l capetto, e beati e puri s'addormono».

Ma i glottologi del miscredente ottocento e'[38] sustengono che 'n sua favella,[39] cio è delli storni e de' passeri, quel così rabbioso e irreverente schiamazzo che fuor d'onnei fronda vapora, o tiglio o càrpine od

---

15. *Cincischiata e rimuginata*: sbecchettata e masticata.

16. *inturpiti*: sporchi.

17. *rognava*: brontolava, diceva con voce roca.

18. *À revoir, mon enfant*: (francese) arrivederci, bambino mio.

19. *al tutto beàvasi*: assolutamente si beava, era tutto beato.

20. *appiccò lite... e 'l rametto*: fece attaccare lite ai compagni sul problema dello scegliere ("eleggere") ciascuno la sua fronda e il suo rametto.

21. *fuore*: fuori.

22. *a dire*: che dicevano.

23. *ipiscopio*: vescovato.

24. *diavolìo*: chiasso, confusione.

25. *se ne piacque assaissimo*: ne fu contentissimo.

26. *l'omelìa*: la predica.

27. *inzino*: sino.

28. *augellini*: uccellini.

29. *el vanir*: lo svanire, il venir meno.

30. *nel discolorare de le spezie universe*: nel restare al buio (letteralmente "nel perdere colore") di tutte le speci del mondo.

31. *e' raùnano a compieta*: si radunano a celebrare l'ultima delle ore canoniche (la compieta), secondo la divisione liturgica della giornata.

32. *chelli ampetrati benefizi*: quei benefici impetrati, cioè richiesti e ottenuti.

33. *magnanima mente*: magnanimamente, generosamente.

34. *a lor necessitate ha compartìto*: ha distribuito secondo le loro necessità.

35. *et implorando de le lor flebile boci*: e implorando con le loro deboli voci.

36. *sopravvenenti*: che sta sopraggiungendo.

37. *el Suo celeste riparo*: la Sua (cioè di Dio) celeste protezione.

38. *e'*: essi. L'uso del pronome personale sarebbe qui inutile, ma Gadda intende riprodurre la sintassi del fiorentino medievale, dov'era invece ammesso.

39. *'n sua favella*: nella loro lingua.

olmo, non è se non:

«di sò, el mi barbazzàgn, fatt bèin in là...»[40]

«ditt con me?»[41]

«proppri con te, la mia fazzòta[42] da cul!...»

«mo fatt in là te, caragna d'un stoppid...»[43]

«t'avèi da vgnir premma,[44] non siamo mica all'opera qui...»

«sto toco de porséo...»[45]

«va a remengo ti e i to morti!...»[46]

«quel beco de to pare...»[47]

«e po' taja, se no at mak el grogn,... tel dig me,... a te stiand la fazza...»[48]

«in mona a to mare...»[49]

«lévate 'a 'lloco,[50] magnapane a tradimento!...»

«né, Tettì, un fa' o' bruttone...»[51]

«i to morti in cheba...»[52]

«to mare troja...»

«puozze sculà!...»[53]

«'sta suzzimma, 'e tutte 'e suzzimme!»[54]

«piane fforte 'e loffie!...»[55]

«chitarra 'e stronze!...»

«mammete fa int' 'o culo...»

«e soreta fa int' e' rrecchie...»

«a tte te puzza 'u campà...»[56]

«lèati,[57] porco, 'e cc'ero prima io...»

«e cc'ero io, invece!... l'è mmaiala!»[58]

«... mandolin 'e mmerda!...»

«... sciu' 'a faccia tua!...»[59]

---

40. *di sò, el mi barbazzàgn, fatt bèin in là*: (dialetto romagnolo) dài su, caro il mio barbagianni, fatti bene in là.

41. *ditt con me?*: dite a me?

42. *fazzòta*: faccetta.

43. *caragna d'un stoppid*: stupido e piagnucolone.

44. *t'avèi da vgnir premma*: dovevi venire prima.

45. *sto toco de porséo*: (veneto) questo pezzo di maiale.

46. *va a remengo ti e i to morti*: va' al diavolo tu e i tuoi morti.

47. *quel beco de to pare*: quel becco (cornuto) di tuo padre.

48. *e po' taja... a te stiand la fazza*: (romagnolo) e poi levati dai piedi, se no ti spacco il muso... garantito... ti spiaccico la faccia.

49. *a to mare*: (veneto) a tua madre.

50. *lévate 'a 'lloco*: (napoletano) lèvati di qui.

51. *un fa' o' bruttone*: non fare il cattivone.

52. *i to morti in cheba*: (veneto) i tuoi morti in gabbia.

53. *puozze sculà!*: (napoletano) che tu possa crepare. Letteralmente "sculà" vale "colare goccia a goccia" (sottinteso: "il sangue").

54. *'sta suzzimma, 'e tutte 'e suzzimme!*: questa sozzeria di tutte le sozzerie!

55. *piane fforte 'e loffie!*: pianoforte di loffe!

56. *te puzza 'u campà*: letteralmente: il campare ti puzza; cioè: non hai più voglia di vivere.

57. *lèati*: (fiorentino) lèvati.

58. *l'è mmaiala*: è maiala.

59. *sciu' 'a faccia tua*: pfui (onomatopea per indicare il gesto di sputare) alla faccia tua.

«chiàveco!...»[60]

«sfacimme!...»[61]

«recchio', te ne metti scuorno o no!»[62]

«è 'ttrasuta[63] donn'Alfunsina!»

«e cc'ero io, maledetta befana, costassù costì[64] l'è la mi casa!...»

«vaffangul' a mammeta!»

«abbozzala,[65] pezzo di merda, o ti faccio fori...»

«levate da' ccoglioni... accidenti a la buhaiòla 'he tt'a messo insieme!...»

«to màae...»[66]

e altre finezze, e maravigliose e dolci istampite del trobàr cortés.[67]

Scheda di analisi
a pagina 370

60. *chiàveco*: letteralmente: fogna; si può tradurre con "disgraziato". In napoletano ha un suo affine in "fetente".

61. *sfacimme*: letteralmente significa "sperma"; è molto usato a Napoli come insulto (assai volgare) che equivale a "feccia", "carogna" e simili, ma anche in un senso che sta tra "cattivo" e "furbo".

62. *recchio', te ne metti scuorno o no!*: finocchio (letteralmente: orecchione), ti vergogni oppure no!

63. *è 'ttrasuta*: è entrata.

64. *costassù costì*: (fiorentino) proprio lì; "costassù" e "costì" sono sinonimi, e indicano a rigore un luogo vicino a chi ascolta e non a chi parla.

65. *abbozzala*: (romanesco) smettila.

66. *to màae*: tua madre.

67. *istampite del trobàr cortés*: le "estampidas" erano un genere poetico della poesia provenzale, il comporre poesie ("trobàr") ispirandosi alle regole dell'amore cortese.

1963-1978

1963

Entra in vigore la riforma scolastica che istituisce la scuola media unificata e prolunga l'obbligo scolastico fino ai 14 anni.
Aldo Moro (democristiano) forma un governo di centro-sinistra.
Esce il primo "long playing" dei Beatles.
Enciclica *Pacem in terris* di papa Giovanni XXIII.
Viene assassinato negli Usa il presidente John Fitzgerald Kennedy.

1964

Giuseppe Saragat, socialdemocratico, viene eletto presidente della repubblica.

1966

L'Arno in piena inonda Firenze.

1968

Con l'occupazione di varie università ha inizio la contestazione studentesca.
In Cecoslovacchia l'opposizione al regime comunista sfocia nella cosiddetta "Primavera di Praga".
Assassinati negli Usa Martin Luther King e Robert Kennedy.

1969

"Autunno caldo" nelle fabbriche.
Attentato terroristico alla Banca nazionale dell'Agricoltura in piazza Fontana a Milano.
Sbarco sulla luna degli austronauti americani.

1970

Entra in vigore lo Statuto dei lavoratori.

1971

Giovanni Leone viene eletto presidente della repubblica.

1973

Periodo di forte inflazione per la crisi petrolifera mondiale.
Enrico Berlinguer, segretario del Pci, propone una forma di collaborazione ("compromesso storico") fra le grandi forze popolari.

1974

Vittoria dei sostenitori del divorzio nel referendum popolare.
Le Brigate rosse inaugurano la stagione del terrorismo rosso con il rapimento del giudice Sossi.
Strage a Brescia in piazza della Loggia.
Attentato, rivendicato da Ordine Nero, sul treno "Italicus".

1976

Le elezioni politiche anticipate segnano un forte spostamento a sinistra dell'elettorato italiano.
La fuoriuscita di una nube tossica (diossina) da un impianto di Seveso provoca un disastro ecologico.

1975

Dopo quindici anni di combattimenti termina la guerra in Vietnam.
Viene approvata dal parlamento la legge che ammette al voto i diciottenni e la riforma del diritto di famiglia.

1978

Il presidente della Dc Aldo Moro viene rapito (16 marzo) e ucciso (9 maggio) dalle Brigate rosse.
Si dimette il presidente della repubblica Giovanni Leone e viene eletto il socialista Sandro Pertini.
Viene individuato clinicamente negli Usa l'AIDS.

Elsa Morante

Il cugino Venanzio

da *Lo scialle andalusò*, Einaudi.

Il cugino Venanzio aveva sulla tempia sinistra un piccolo segno bianco, in forma di virgola, che la zia Nerina, sua madre, affermava essere una voglia[1] di luna. Ella raccontava infatti di aver guardato una sera, nel tempo che aspettava il cugino Venanzio, la luna nuova; e di aver contemplato con tanta passione quell'aureo[2] seme di luce buttato nel cielo, che esso aveva germogliato in lei, rispuntando in forma rimpicciolita e spenta sulla tempia del cugino Venanzio.

Con quella voglia di luna in testa, il cugino Venanzio era minuscolo, e così magro che le sue scapole sporgevano simili a due piccole ali mozze, e tutto il suo corpo, sotto la pelle sottile e fragile come scorza di cipolla, mostrava le giunture minute, i tremanti ossicini. Aveva riccioli neri, ma sempre tanto impolverati da parer grigi, e occhi neri e spalancati, pieni di malinconia; e i suoi movimenti erano sempre nervosi e frettolosi, come di leprotto in fuga sotto la luna. Il cugino Venanzio non piangeva mai; in luogo di piangere, inghiottiva, e subito si poteva vedere quell'amaro boccone di lagrime ingrossargli la gola, come un nodo, e andare in su e in giù. E il cugino Venanzio faceva un piccolo sorriso, mettendo in luce fra le labbra sottili i dentini radi e ombrati. Ma, per la fatica d'inghiottire quel nodo, si faceva assai pallido.

La zia Nerina, madre del cugino Venanzio, aveva sempre un gran da fare la mattina, prima di andare all'ufficio dei telefoni dov'era impiegata; e ciò per causa dei suoi boccoli. La sera, ella aveva diviso i propri capelli in tanti ciuffi abboccolati chiudendoli in cartocci di giornale; e la mattina

---

1. *voglia*: macchia sulla pelle, solitamente di colore rosso o violaceo. Può essere di varia natura; secondo la tradizione popolare derive-

rebbe da una "voglia" non soddisfatta della madre durante la gravidanza.
2. *aureo*: dorato.

doveva scartocciarli. Questa dei boccoli era la massima cura che ella consacrasse alla sua persona; per il resto, infatti, era tutta infagottata,[3] e tenuta insieme a forza di spille. I suoi tacchi altissimi di legno erano sempre storti, ed essa si vantava di non usare la cipria, avendo sugli zigomi il dono di un colorito naturale vagamente scarlatto. Era sempre agitata al punto che le sue risate parevano singhiozzi, e la sua voce che chiamava «Venanzio! Venanzio!» squillante e tremula, ci dava un raccapriccio strano.

Tutti i fratelli di Venanzio si occupavano di qualche cosa: il maggiore scriveva romanzi d'appendice; il secondo giocava al calcio ed era fornito di muscoli robusti; il terzo andava a scuola, e sempre era promosso con lo scappellotto, diceva la zia Nerina. Ma il quarto, Venanzio, non faceva niente: a che serviva mandarlo a scuola? Egli stava zitto nel suo banco, è vero, ma non ascoltava affatto quel che diceva il maestro. Se questi d'improvviso gli gridava con voce da Giudizio Universale: «Che cosa ho detto? Rossini, ripeti!» Venanzio allargava la bocca in quel suo sorriso confuso e interrogativo, e le sue orecchie un po' sporgenti tremavano in un modo tanto curioso. Mai come in questi momenti egli pareva un leprotto. Era evidente che si vergognava di esser uno che si dimentica di tutte le cose. Le idee gli si staccavano dalle mente come gocciole di rugiada da un albero: stavano un momento sospese, brillavano vagamente, e cascavano.

Solo una cosa egli sapeva a memoria, ed era la canzone seguente, fatta di due soli versi, che aveva inventata lui stesso:

Emidio il marinaio
che va e va e va.

E sempre la cantava, con una vocettina stonata.

Inoltre, egli conosceva i superlativi, che usava con grandissima soddisfazione. Quando la zia Nerina, di ritorno dall'ufficio dei telefoni, gli diceva: «Amore mio, sei stato buono oggi?» egli garantiva: «Ottimo». «... Il contrario di pessimo», aggiungeva, dopo essere rimasto un momento sopra pensiero. E infine: «il più buonissimo», concludeva, strizzando gli occhi per la fatica.

Tutte le mattine, prima di avviarsi all'ufficio dei telefoni, la zia Nerina prendeva il battipanni e picchiava il cugino Venanzio. Infatti, ella spiegava, il cugino Venanzio ne faceva tante durante la giornata, e tutti i giorni

---

3. *infagottata*: avvolta malamente in abiti vecchi e malandati.

ne faceva tante, che si era sicuri di non sbagliare picchiandolo tutte le mattine appena sveglio. Così per tutto il resto della giornata non ci si pensava più. Dunque, la zia Nerina prendeva il battipanni e si accostava al letto del cugino Venanzio; e il cugino Venanzio faceva il suo sorriso e inghiottiva: «Venanzio», diceva allora la zia Nerina, «tirati su la camicia da notte, perché devo picchiarti». E poi se ne andava all'ufficio dei telefoni, dopo avere scartocciato i suoi boccoli, s'intende.

E il papà andava in giro a cercare assicurazioni per gli incendi, e il fratello maggiore in tipografia, e il secondo all'allenamento, e il terzo a scuola: in casa restava solo il cugino Venanzio. Egli girava intorno alla casa, e di corsa su e giù per le scale, e si affacciava alle finestre cantando la canzone di Emidio e combinava centinaia di guai. Se di mezza dozzina di bicchieri lui ne toccava uno, proprio quell'uno cascava. E i ladri di galline, sapendo che in casa era rimasto solo il cugino Venanzio, si davano appuntamento a casa sua e gli rubavano le galline sotto il naso. Una sola incombenza egli aveva: e cioè di accendere il gas a mezzogiorno e di mettere su l'acqua per la pasta; ma la cosa riusciva rarissime volte, perché, ad esempio, il cugino Venanzio metteva su la pentola con l'acqua senza accendere il gas, oppure accendeva il gas e metteva su la pentola vuota.

Egli portava una camiciola senza bottoni, e un paio di calzoni che arrivavano a lui dopo aver appartenuto successivamente ai fratelli più grandi: il tutto tenuto su con spilli da balia. I suoi piedi erano nudi e, a furia di camminare nudi, avevano fatto i ditini piatti e a ventaglio, come le zampette di un anatroccolo.

Ma non basta: il cugino Venanzio era sonnambulo. Per questa ragione i suoi fratelli, dopo avergli dato molti calci, si rifiutavano di dormire nella stessa camera con lui; e dunque lui dormiva sopra un lettuccio pieghevole nel corridoio. Di là si levava nel mezzo della notte, e camminava nel sonno. Gli accadeva di svegliarsi d'improvviso, come in fondo ad una vallata, in angoli remotissimi che il buio gli rendeva infidi e stranieri. E, coperto di sudore per la paura, a tastoni andava in cerca del suo letto. Gli capitava poi di fare nel sonno cose strane, delle quali alla mattina si era dimenticato. E qui torna a proposito la storia delle bandierine.

Un giorno, la zia Nerina si comperò un bel vestito di crespo[4] marocchino tutto stampato a bandierine su fondo nero. Si trattava di bandierine non più grandi di un francobollo, eppure magnifiche. C'erano quelle di tutti i paesi, con disegni di stelle minute, o di gigli rossi su fondo bianco,

---

4. *crespo*: tessuto fine, ondulato e granuloso; può essere di filo di seta, lana, cotone o nylon.

o di bianche croci in campo rosso. Per il piacere che gli dava la vista di quelle bandierine, il cugino Venanzio saltò intorno al vestito ridendo a gola spiegata. E la zia Nerina gli disse: «Non ti venga in mente, cocchino mio, di ritagliarle giro giro, eh?»

Ebbene, il cugino Venanzio, in quella notte vide, com'egli raccontò, una ridda volante di bandierine che a migliaia sventolavano nel suo sonno. Cercò di scacciarle credendole zanzare, ma quelle tornavano. E, sempre dormendo, si alzò e andò nel salotto dov'era il vestito nuovo, ben composto sul divano buono; e accese la luce e, accovacciato in un angolo del salotto, con un grosso paio di forbici cominciò a ritagliare accuratamente le bandierine. La zia Nerina racconta che in quel punto ebbe un avvertimento celeste e, svegliatasi di soprassalto, corse nel salotto. Ma già il cugino Venanzio aveva ritagliato tutto il davanti del vestito dove, al posto delle bandierine, c'erano tanti buchi quadrati.

Il cugino Venanzio non aveva ancora otto anni quando morì. La gente diceva che i suoi cigli eccessivamente voltati in su, le orecchie sporgenti e le unghie ovali che parevano staccarsi dalle dita, tutto faceva capire fin da prima che sarebbe morto. Non aveva ancora otto anni quando fu preso da un forte mal di testa e, dopo essere stato qualche giorno addormentato con una borsa di ghiaccio sopra, fece un gran respiro e si spense. Si vide, per le finestre spalancate, la zia Nerina correre su e giù per le scale gridando: «Figlietto mio! Venanzio! Aiutatemi! Aiutatemi!»; tutta spettinata, senza cartocci né boccoli, così che i suoi capelli, com'ebbe a dire la nostra cameriera Valchiria, parevano quattro zeppi[5] in croce. E il cugino Venanzio, con zampette di anatroccolo e riccioli impolverati, ma vestito dalla testa ai piedi, stavolta, di un elegantissimo completo turchino, fu messo nella cassa e sulla carrozza da morto.

Addio, Venanzio. Tutti i cugini biancovestiti partecipavano al funerale, ma non piangevano, stupiti piuttosto e alquanto gelosi per quel grande lusso di fiocchi d'oro, cavalli e cocchiere in livrea[6] in onore del solo Venanzio. Soltanto una cugina, che seguiva assieme agli altri, vestita, in mancanza di un vero abito bianco, del suo grembiule bianco di scuola con su ricamato: *Seconda B*, soltanto costei piangeva. Il fatto è che una volta il cugino Venanzio, per amore di un nastro ch'ella portava nei capelli, l'aveva chiesta in moglie. Ed ella, in mancanza di altri pretendenti, si era promessa a lui; e adesso era disperata, all'idea di restare zitella.

**Scheda di analisi
a pagina 371**

5. *zeppi*: rametti, bastoncini.   6. *livrea*: uniforme.

Anna Maria Ortese

L'incendio

da *La luna sul muro*, Vallecchi.

> *Un bel dì vedreeemo*
> *levarsi un fil di fuuumo*
> *sull'estreeemo*
> *confin del maaar!*[1]

cantava a voce spiegata, da mezz'ora, Rafiluccio[2] Caso, detto Papele,
chiuso nel gabinetto in fondo al terrazzino, da dove si vedeva tutta
Napoli.

Lo faceva più perché si era dimenticato di uscire, che per dispetto a
sua sorella Assuntina, che si struggeva dietro la porta, e ogni tanto urlava:

«Esci, ché devo entrare io, hai capito? Esci, fetente!»

Macché! Papele aveva perduto le orecchie. Se ne stava lì, come un
gatto sul tetto, guardando un pezzo di cielo color manto della Madonna
splendere nella finestrella, sulla cedrina[3], dietro la buatta[4] rossa del pomo-
doro, con una bella donna dal petto sporgente e la camicia scollata,
l'Italia, e ad uscire non ci pensava. Dietro la buatta si vedevano navi e
navi e arrivava il rumore confuso del porto di Napoli, in una mattina di
maggio.

Era bella la vita, bella assai. A scuola non ci doveva andare, quella
mattina, perché mammina era andata a ritirare il passaporto, e lui doveva
badare ad Assuntina che si era purgata. Ma non era contento solo per
questo. Certe mattine era contento senza che ci fosse la più piccola ragio-

---

1. *Un bel dì... del maaar!*: è l'attacco di una
celebre aria del II atto della *Madama Butterfly*
(1924) di Giacomo Puccini (1858-1924).
2. *Rafiluccio*: diminutivo di Raffaele.

3. *cedrina*: piccolo arbusto dal caratteristico
profumo simile al limone.
4. *buatta*: (napoletano) scatola di latta; deriva
dal francese "boîte".

ne: come quando il cielo della pioggia si apre, e in mezzo a tante goccioline trasparenti compare il sole, e uno respira. Gli sembrava di sentire una musica in mezzo a tutto quel fracasso, e vedere una lampa di luce[5] in mezzo a quel celeste. Era la voce di Nonno Pasquale, ch'era morto due anni prima, di questa stagione, e gli diceva:

Papele, il padre tuo tornerà!

e gli diceva anche:

Papele, non dare dispiaceri a mammina!

Lui, dispiaceri a mammina gliene dava, perché era ragazzo, però lui e mammina erano una cosa sola, e questo Assuntina non glielo poteva perdonare. Quando era nato, mammina era là, con la sua voce giovane, a gridare: «Papele!» Poi lo aveva tenuto in braccio, come il mare tiene la barca, e tutto era celeste intorno. Anche quando diventava nera come il mare in tempesta, e lui si faceva piccolo piccolo, mammina era bella. Guai a chi gliela toccava! Solo una persona era bella quanto mammina, e a pensarla Papele si sentiva rimescolare di passione: e questa era Michele Caso, il padre loro, che stava all'America[6] da otto anni, e solo una volta, con le navi della pesca, era tornato: portava la tuta grigia del macchinista, e in fronte un sorriso amaro. Poi era andato prigioniero in un'isola... Non ne voleva più sapere, dell'Italia. Ma adesso mammina partiva, la settimana prossima, andava a chiamarlo. C'era da diventare pazzi a pensare che il padre, dopo tanti anni, tornava. Mammina avrebbe smesso di gridare e di piangere, e la domenica sarebbero andati al molo tutti insieme, coi loro vestiti buoni, a guardare il mare che sbatte contro le pietre.

Di colpo, le parole in bocca, e il tono, gli mutarono:

jammo, jammo, jammo, jammo jà![7]

si mise a strillare in falsetto, in piedi davanti alla finestra, mentre si aggiustava in testa una vecchia coppola nera di Michele Caso, che portava sempre, quando mammina non c'era, insieme a un cinturino. Completamente indifferente ai calci che tempestavano la porta.

---

5. *una lampa di luce*: un bagliore, uno splendore.
6. *all'America*: l'uso errato della preposizione ricalca la sintassi del dialetto napoletano.

7. *jammo, jammo... jà*: è il ritornello di *Funiculì, funicolà*, una delle più famose canzoni napoletane.

Assuntina, là dietro, si abbandonava a una vera crisi di lacrime, con le mutandine in mano:

«Esci, ché sto morendo... Ah, mammina mia, sto morendo. Esci, delinquente!»

Era bella la vita, bella assai; era una cosa buona, come i pesci, come il mare, ora che il padre loro tornava. Anche lui sarebbe diventato buono, avrebbe messo giudizio, non come ora, che si sentiva mezzo pazzo a non potersi specchiare nel padre.

Gli venne voglia di uscire, afferrare Assuntina, sollevarla con le braccia in alto, e dirle:

«Che vuoi, un palazzo di casa? Che vuoi, un giardino? Che vuoi, diventare una *reggina*?[8] Ecco, il fratello tuo ci ha pensato».

Aprì la porta, cauto, e ricevette un calcio negli stinchi.

Assuntina, con un viso altamente drammatico, gli occhi fuori dalle orbite, la bocca spalancata nell'urlo che il disappunto aveva troncato, la frangetta di traverso, si precipitò in gabinetto. Non che avesse tanta urgenza, anzi ne poteva fare a meno, ma le dispiaceva che quello scemo di Papele stesse cantando tanto.

Ma che cantava a fare? Ma non lo sapeva che mammina si faceva il passaporto per andare a rintracciare il padre loro, che la famiglia se l'era scordata? Che donna Olimpia Caputo si faceva la croce a mano smerza,[9] quando sentiva parlare di Michele Caso, il loro babbino? Per la verità, Assuntina Caso, coi suoi cinque anni e mezzo (era nata tre anni dopo Papele), non si rendeva del tutto conto della gravità di queste cose. Per lei, mammina era mammina, e babbino era babbino, anche se stava all'America e soldi non ne mandava. Era che lei, a Papele, non lo poteva sopportare. Era come uno di quei cani che se ne vanno per le strade, tutti contenti, col cuore negli occhi. Era contento, lui! Cantava, lui! E perché era contento? E perché cantava? Sempre una fame, e un sorriso tenero a mammina che lo adorava, e ciance, con gli occhi, a tutti! E il pane in bocca, e la mano che solleva sfacciatamente la mela più grossa; e a scuola l'ultimo, perché di questa vita non gli importava.

Confin del maaar![10]

ricominciava a cantare a squarciagola, felice, Papele.

Un lungo silenzio.

---

8. *reggina*: regina; l'uso della doppia riproduce la pronuncia dialettale.

9. *smerza*: sinistra.

10. *Confin del maaar!*: cfr. la nota 1.

«Sì, e poi vengono le guardie, e ti mettono le manette, e ti portano carcerato, e muori!» concluse sardonica,[11] dal gabinetto, Assuntina.

Si meravigliò che Papele non rispondesse.

«Starà *rubando* il pane», pensò.

Papele, in cucina, stava proprio rubando il pane, e anche un po' di zucchero, ritto su una sedia che aveva accostato alla credenza; quando dietro il barattolo dello zucchero vide la lettera, certo nascosta o dimenticata lì da mammina, mentre usciva in fretta per andare a prendere il passaporto, e lesse le parole che scriveva il padrino, Almirante Andò, cugino di mammina, a mammina: "Amore mio dolce, lascia fare a Dio e al tuo Almirante che ti adora, e non ti appenare[12] per le creature.[13] Ad Assuntina avrei già pensato: c'è qui un collegio di monache che ha più di cento signorinelle, e tutte trattate bene. E questo lo dico perché non è bene per una bimba vivere tra due coniugi. In quanto a Papele, quello è ancora ragazzo (seguivano alcune parole indecifrabili), e non devi preoccuparti. Vedrai che a Catania ci troveremo bene, e col tempo il dolor tuo svanirà".

Avrebbe voluto divorare la lettera, ma non vedeva più bene, e, strano, neppure sentiva. Così non sentì lo scroscio dell'acqua nel gabinetto, in fondo al terrazzino, e la porta del gabinetto che si riapriva, e Assuntina Caso che entrava in cucina.

«Eh! ti ho scoperto, eh! Col cucchiaio grande, eh? perché mammina va a rubare, eh?» diceva con uno strano trionfo negli occhi, curiosamente benevoli e sorridenti, ora, le manine puntate sui fianchi.

In testa, sui capelli neri neri, come una parrucca, aveva un nastro rosso, a farfalla. Com'era rosso e grande quel nastro, e com'era piccola piccola Assuntina!

«Non ridi più, eh?»

"Lascia fare a Dio e al tuo Almirante che ti adora... e non ti appenare per le creature... Amor mio dolce..." Chissà se aveva scritto "amore mio dolce" prima o dopo "creature". Ora non poteva più leggere. Si lasciò scivolare dalla sedia come una pezza della polvere.

«Tengo male 'e capa»,[14] disse.

«Prima non lo tenevi», fece Assuntina ironica.

«E ora lo tengo!» fece Papele tutto bianco. «Vattene!»

Assuntina stette un momento in forse, se spalancare la bocca per fare un'altra tragedia, o andar vicino al fratello e dargli uno schiaffo in fronte: poi ci ripensò. Non aveva mai visto Papele in quel modo, che sembrava

---

11. *sardonica*: beffarda, sarcastica e maligna.
12. *appenare*: preoccupare.

13. *creature*: bambini.
14. *Tengo male 'e capa*: ho mal di testa.

non la vedesse, non vedesse niente. Gli doveva essere venuta la noia –
Papele o era allegro, o era annoiato – e non si poteva scherzare, quando
era annoiato. Sembrava un altro, proprio.

Perciò, a piccoli passi, quasi per non farsi sentire, Assuntina tornò
indietro, fino alla porta del corridoio, e di là disse, titubante: «Io vado un
momento da *donna Olimpia a porta*,¹⁵ perciò, se mammina torna, chia-
mami, hai capito?»

Si aspettava, come sempre quando Papele era arrabbiato, e lei gli faceva qualche proposta, che il fratello si mettesse a urlare improvvisamente,
senza nessun motivo, solo per fare la parte del padre: «Nooooo!», che era
un bello scocciante.

Ma Papele la guardava, la guardava, e non diceva niente.

Forse teneva veramente male di capa, o stava diventando intelligente.

Rimasto solo, Papele voleva tornare vicino alla credenza, e riprendere
la lettera, ma non se la sentiva. Le gambe erano diventate molli, come
quando aveva avuto il tifo, e nelle orecchie c'era adesso un grande vocìo
dolce, tale e quale quando uno, buttato sulla spiaggia, si mette all'orecchio una conchiglia. Era la voce di Dio che diceva: «Papele, è niente!
Papele, guarda che palomba¹⁶ in cielo!», le parole di mammina quando
lui stava male, e la febbre se lo portava via. Ora mammina non c'era più.
Era andata a ritirare il passaporto, anzi non c'era andata, non lo avrebbe
ritirato più, sarebbe andata a Catania. Anche quando sarebbe tornata, fra
un'ora o due, non c'era più. Non era più la stessa mammina di ieri, che si
aggirava per la cucina, stretta nel suo scialletto nero, come avesse la desolazione addosso, perché mancava il suo uomo, il padre di lui, Papele, e di
Assuntina. No, quel padre non lo aspettavano più.

«Papele, è niente! Papele, guarda che palomba in cielo!» continuava a
dire Dio, seduto all'altro capo della tavola, mangiando pane e formaggio.
Era come il Nonno Pasquale, quando viveva, tutto bianco, con gli occhi
azzurri e ridenti di bambino, mentre mangiava pane e formaggio. Anzi,
Dio era proprio come il Nonno. Tutti e due erano buoni e miti, e il mondo
li ignorava.

«Hai visto cosa vuol dire essere malamente,¹⁷ figlio mio? Ora lo hai
visto», diceva quello strano Dio-Pasquale. «Ora, mammina se ne va con
don Almirante. E da chi aveva consolazione, la povera mamma vostra?
Passati la mano sulla coscienza, Papele, e guarda quante volte l'hai fatta

---

15. *a porta*: alla porta, cioè: che sta alla porta
accanto.
16. *palomba*: colomba.

17. *malamente*: avverbio con valore di aggettivo; significa "cattivo".

disperare! E non volevi andare a scuola, e sempre a litigare con tua sorella! Anche stamattina sei rimasto mezz'ora nel gabinetto, a cantare, e quella disgraziata stava male!», così disse Dio, «ed ecco le conseguenze: mammina se ne va.»

Poi Dio si fece in disparte, e rimase solo Nonno Pasquale, a capo tavola.

«Perché», disse seguitando il discorso di Dio, «tutte le cose se ne vanno, figlio mio, prima o poi, anche l'amore della mamma passa, come passano le belle nuvole bianche nel cielo. Perché, figlio mio, tutto passa...»

Si ripeteva sempre, Nonno Pasquale, come un cerchio che va e viene, e diventa sempre più grande e più fino, e con gli occhi sbarrati Papele lo guardava, finché toccò la porta della cucina; e nella porta della cucina, ora, stavano dipinte cento bambine, vestite da orfane, col cappellino nero, che tenevano per mano Assuntina Caso, e dicevano:

«Ave Maria gratia plena!»

«Ave Maria gratia plena!»

«Ave Maria gratia plena!»

Sempre più gravemente.

«No! No! No!» cominciò a urlare a un tratto, come un pazzo, Papele. «No! No! No! Assuntina, non andare! Mammina mia bella non andare! La sorellina mia non se ne deve andare, avete capito?»

E si strappava i capelli, senza una lagrima, con la faccia rimpiccolita della miseria.

Di là, nel quartino[18] accanto, donna Olimpia Caputo, seduta davanti alla finestra, con uno asciugamano sulle spalle e uno specchietto d'argento in mano, mentre la "capera",[19] con le forcine in bocca, le lisciava la lunga treccia grigia, cercava di sapere da Assuntina, cautamente, quanto c'era di vero nella storia di don Almirante, e del viaggio di mammina a Catania, e se avevano pensato pure all'avvenire di Assuntina e Papele. Don Almirante da poco era rimasto vedovo, con tre figli grandi, e ai soldi teneva più che alla salvezza dell'anima.

«Ma come mai vostra madre si sarebbe decisa a un tratto», disse blandamente, riferendosi in apparenza all'America e alla ricerca del padre, ma col pensiero a Catania e alla nuova sistemazione (la verità, quelle creature, secondo Gioia Caso, non la dovevano sapere, come se non fossero creature normali, gliela voleva dire poco alla volta). «E poi, *là*, non si può andare senza il visto, non è vero, Brigidella?»

18. *quartino*: appartamento.
19. *capera*: parrucchiera, o comunque donna che si occupa della "capa", cioè della testa e dunque dei capelli.

«Così era una volta», disse Brigidella che sapeva tutto dalla portiera, e si preoccupava per i ragazzi. «Ora sembra che il visto non lo cercano più. È uscita una legge.»

«Questa è bella! Io tengo mio nipote alla Pretura, e non mi aveva detto niente.»

«Chi? Antoniuccio?»

«Precisamente.»

Assuntina, che fino a quel momento non aveva fiatato, intenta ad ammirare i lunghi capelli grigi di donna Olimpia, disse:

«Mammina tiene una maniglia[20] forte assai. Mammina all'America ci può andare».

«Chi sarebbe? Mister Più?»[21]

Assuntina fece col capo, gravemente, cenno di sì.

«Guardate, Brigidella, che memoria tiene questa creatura», disse con un fine sorriso la signora Caputo. «Sono passati tanti anni da quando la guerra è finita, gli americani è mo'[22] che se ne sono andati, siamo tornati nuovamente al borbone,[23] e questa figlia si ricorda ancora di Mister Più, e della casa del Vomero, dove la madre andava a lavare i piatti. Tiene proprio una memoria buona.»

Donna Olimpia Caputo con Gioia Caso ce l'aveva, perché non si era mai voluta rassegnare alla sua condizione, faceva la serva, dopo la scomparsa del marito, come fosse un castigo, e le rispondeva da pari a pari, senza considerare che se il Signore le aveva dato quel destino, qualche ragione ci doveva essere. Perciò, quando parlava con Assuntina, non si lasciava sfuggire mai l'occasione di mortificare mammina: e che non teneva le idee chiare, che ai figli non ci aveva mai pensato realisticamente, che loro due, anzi, madre non ne tenevano e potevano dirsi orfani. Ogni passo che la vicina faceva per sollevare la testa, lei si sentiva tutta turbata, e la prendeva una grande agitazione. Ma il peggio era stato quando un maggiore americano e la sua signora avevano preso a benvolere quei disgraziati, li colmavano di attenzioni e trattavano mammina come una di loro. Per fortuna, già da qualche anno se n'erano tornati a casa loro. Assuntina, però, non se li era mai dimenticati.

«Mister Più era buono», disse la figlia di Gioia Caso, come seguendo il filo di un ricordo. «Anche la signora Più era buona. Erano veri cristiani, e non potevano veder soffrire la gente. Mister Più diceva sempre che

---

20. *maniglia*: aggancio, amicizia.
21. *Mister Più*: l'identità di questo misterioso personaggio verrà chiarita poche righe più avanti.
22. *è mo'*: letteralmente "è adesso", cioè: è da poco.

23. *al borbone*: come ai tempi del dominio dei re Borboni, prima che la spedizione di Garibaldi (1860) consentisse il ricongiungimento del sud al resto d'Italia.

quando tornava all'America, voleva andare a parlare col padre nostro, per farlo tornare a casa, e per qualunque cosa gli dovevamo scrivere una lettera, gli dovevamo raccontare tutto... veramente.»

Nei suoi occhi gravi passò come un tremolìo, una lagrima.

«Dicevano tante cose... poi se ne sono scordati», osservò con lo stesso sorriso la signora Caputo. «Si sono ritirati nei loro reali appartamenti, non è vero, Brigidella? E noi siamo rimasti qui a combattere.»

«Così è stato», disse Brigidella.

«*E chi ha avuto ha avuto, chi ha dato ha dato*»,[24] concluse la signora Caputo.

Si era fatto buio, nella stanza. Benché fuori ci fosse il sole, qui era buio, triste. Fissava i capelli stinti della signora Caputo, Assuntina, l'orlo grasso della sua vestaglia, seguiva con lo sguardo le mani nere della "capera" intorno alla treccia, e la sua bella sicurezza di prima, quando disprezzava Papele, se n'era andata. Le pareva che mancasse qualcosa di bello, chissà che, nella loro vita. Si andava ricordando, ma come l'avesse vista in un libro illustrato, la casa del Vomero, e un giorno che erano tutti nella stanza da pranzo, e i signori Più tenevano abbracciati Assuntina e Papele, e mammina piangeva e rideva raccontando la sua disgrazia. E anche Assuntina e Papele ridevano, come se la paura fosse finita. Il signor Più non aveva barba, la sua voce era dolce, rassomigliava a Gesù Bambino; la signora Più, invece, era alta, energica, era come l'angelo Gabriele. Dicevano sempre «sì, sì», con una voce fina, anzi «yes yes, bambino». Quanto era bello! Poi, chissà perché, come si rompe una bolla di sapone, la casa del Vomero si era squagliata, ed era rimasta una goccia d'acqua. I signori Più se n'erano andati, ed era rimasta Napoli, e la loro vita di tutti i giorni, e mammina che andava e veniva, e per niente gridava con le mani nei capelli, e Papele come un pazzo, sempre affacciato al balcone, che cantava e pensava a quell'America inesistente.[25] E faceva anche freddo, ora.

«Con don Almirante questi discorsi non li farete» disse a modo di conclusione la signora Caputo. «Don Almirante è uomo pratico. Don Almirante malinconie non ne vuol sentire. Fin troppe ne ha avute. E bada ai figli suoi, ora.»

Ormai era fatta. Si era lasciata sfuggire queste parole imprudentemente, però non le sarebbe dispiaciuto se Assuntina qualcosa capiva.[26]

---

24. *E chi ha avuto... ha dato*: è il ritornello di *Simmo 'e Napule, paisà*, un'altra celebre canzone napoletana.
25. *inesistente*: che non esisteva, nel senso che non era come lui se la immaginava; ma è chiaro che l'aggettivo "inesistente" è un commento fatto

dal punto di vista del narratore, non di Papele.
26. *qualcosa capiva*: avesse capito; ma, di nuovo, anche la scorrettezza nella concordanza dei tempi e dei modi verbali serve a riprodurre la sintassi del parlato napoletano.

Guardò di sfuggita la sorella di Papele. Sembrava assorta.

«Ora viene l'estate», disse dopo un poco. «Si fanno i bagni, l'estate. Noi ne facciamo solo due o tre... poi partiamo. Prima mammina, poi noi. Così ha scritto nostro padre... ha scritto una lettera», terminò quietamente.

«Uh!... E quando sarebbe arrivata? Mammina non ci ha detto niente!» fece donna Olimpia, togliendosi l'asciugamano dalle spalle, perché il tuppo[27] era terminato.

«Stamattina, è arrivata. C'erano tanti bolli. C'erano pure i denari. Dice: state buoni, dice; non fate arrabbiare a mammina, dice; dice che l'America è grande assai, e ha veduto pure Mister Più. Anche Mister Più ci manda a salutare, e dice che non ci ha dimenticati mai... ci aspetta sempre... sempre...»

«Quanto è bravo! Quello Mamma del Carmine[28] lo deve rimeritare!»,[29] fece ironica la signora Caputo.

Ormai, la speranza di appurare qualche cosa, l'aveva perduta. Per Assuntina e Papele la realtà non esisteva, non voleva dire niente, vedevano solo quello che desideravano. Tenevano la verità sotto gli occhi – il vuoto, il lutto della loro casa, perché il padre era finito, e fantasticavano. Stavano cambiando amministrazione, anzi l'avevano cambiata dal tempo dei tempi, la famiglia era distrutta, la loro vita era passata in mano a un estraneo, e fantasticavano. Pensò ch'era venerdì: faceva ancora in tempo a giocarsi tre numeri: la morte, la stupidità e la speranza.[30] Voleva vedere se uscivano.

Ora la "capera", con la faccia scura, perché aveva compassione di quei figli, sistemava l'ultima forcina. E disse:

«E il fratello tuo, che dice?»

«Chi? Papele?»

«Papele. La sa la bella notizia?»

«Non la sa. Stava nel gabinetto, quando è arrivata, e cantava.» Gli occhi di Assuntina si fecero stranamente teneri, lucidi. «Quello, Papele, o sta nel gabinetto, o canta. La vita ancora non la conosce.» Sorrise curiosamente: «Quello è ragazzo».

---

27. *il tuppo*: la crocchia, cioè quell'acconciatura femminile che raccoglie i capelli a spirale o in cerchio, fermandoli sulla nuca.
28. *Mamma del Carmine*: accostamento sarcastico, perché a Napoli si venera moltissimo la "Madonna del Carmine", quella cioè della chiesa di Santa Maria del Carmine, tra il lungomare e la piazza del Mercato.
29. *rimeritare*: premiare.
30. *la morte, la stupidità e la speranza*: l'Ortese si riferisce qui alla "smorfia", cioè alla superstizione popolare secondo cui i numeri del lotto (o

della tombola) corrisponderebbero a certi eventi fondamentali dell'esistenza. In base a questa credenza, al verificarsi di certi fatti dovrebbe seguire nel gioco l'uscita di certi numeri; sarebbe perciò necessario andare rapidamente a giocarseli, prima che gli eventi diventino, per così dire, inattuali. La "smorfia" ha numerose varianti, per cui non è possibile dire con assoluta certezza quali numeri è andata a giocare la signora Caputo: probabilmente il 37 o il 47 ('o muorto), il 23 ('o scemo) e il 72 ('a speranza).

«Nooooo!», si sentì in quel momento, dietro la parete, dove c'erano le stanze di Gioia Caso, la voce di Papele. «No! No! No! Hai capito?»

Brigidella rimase con la forcina in mano, e il mento alzato, come la gallinella, mentre raspa, se sente dal pollaio la voce dei pulcini. Donna Olimpia Caputo, invece, corse a mettere la faccia al muro, da dove veniva quel grido, perché era un grido, ora, come strozzato, con certi silenzi meravigliati.

«La sorellina mia non se ne deve andare, avete capito? La sorellina mia non la dovete chiudere. Con le monache non ci deve andare, Assuntina!»

Certo, Gioia Caso era rientrata e aveva trovato il gabinetto otturato e la cucina allagata. Quando Papele stava a casa, questo era il meno che poteva succedere, perché non teneva mai che fare e si divertiva a complicare la vita della gente. Allora, quella bellezza di sua madre perdeva il lume degli occhi, gridava ch'era una disgraziata, che Dio l'aveva punita non solo nel marito, ma pure nel figlio, facendole nascere un deficiente. Ma adesso basta, l'avrebbe schiaffato in collegio, se ne voleva liberare per sempre. A queste minacce, Papele rideva, sapeva che mammina sarebbe morta prima di separarsi da Assuntina e Papele. Ed ecco, invece, quella mattina si disperava. Forse voleva fare uno scherzo ad Assuntina – la tormentava sempre, perché era invidioso della sua intelligenza – oppure veramente sua madre era arrivata, e gli aveva parlato del loro nuovo destino. Fissava il parato, pensando questo, la signora Caputo, e si accorgeva per la prima volta che le rose e le viole della tappezzeria erano impallidite. Avrebbe dovuto far rinnovare la carta. Il tempo – e come! – passava. Sembrava mo'[31] che era entrata in quella casa, e se n'erano volati trent'anni. E la voce di Gioia Caso che non si sentiva!

Assuntina con le mani vicine alle orecchie, per non sentire la nuova voce di Papele – una voce terribile – tremava impercettibilmente, e si sforzava di sorridere.

«Hai fatto arrabbiare il fratello tuo... senti come piange, povero Papele», disse la "capera" scotendo il capo, perché la curiosità della signora Caputo, e in genere questa vita, non le piaceva. E infilava i pettini nella borsa.

«Io non l'ho fatto arrabbiare... quello tiene male di capa», disse con un filo di voce Assuntina. Ma era spaventata, perché Papele diceva che Assuntina non la dovevano chiudere. E chi la voleva chiudere, Assuntina?

---

31. *mo'*: adesso.

Quando mai mammina aveva detto questo? Solo a Papele volevano chiudere, perché non era intelligente. Prova pietà di Papele, ma anche di se stessa, non capiva perché. Gridi così, di Papele, non si erano mai sentiti: «Con le monache non ci deve andare, Assuntina! Non se,ne deve andare, Assuntina mia bella».

E poi, di colpo, mobili rovesciati, sedie gettate a terra.

Donna Olimpia staccò la faccia dal muro.

«Sapete che vi dico, Brigidè?», fece con aria estatica, come l'avesse colpita il tuono. Di Assuntina non si curava. «Il ragazzo, veramente la testa non l'aiuta. Sta parlando solo. In casa non c'è nessuno. Gli è venuta una crisi.»

«Voi... qua'[32] crisi», rispose la "capera", e strizzò l'occhio ad Assuntina che si era fatta rossa rossa, e guardava fisso il muro. «Il ragazzo pazzèa,[33] e voi ancora non l'avete capito.» Ma dentro di sé era triste, e la pena del suo cuore era aumentata. Andò alla finestra, perché sentiva delle carrozze che passavano, e non si capiva se era per nozze o un convoglio funebre.

«La crisi gli è venuta al mondo», soggiunse parlando sola. «Al mondo gli è venuta, dove la faccia del padre se n'è andata. E come può crescere un figlio senza la faccia del padre, ditemelo! A chi deve rassomigliare! Parla solo! Perché sta in compagnia, qualche volta! Tiene la morte per compagnia, oggi, l'infanzia. E siamo noi, la morte!»

Ma già donna Olimpia non le badava più. Tenendo Assuntina per mano, tutta tremante, era corsa alla porta delle scale, da dove veniva un brusìo di voci allarmate.

Sempre parlando tra sé, amareggiata, la "capera" la seguì.

Sul pianerottolo, a quell'ora, saranno state le dieci, scendeva dal lucernaio un bel raggio di sole, e andava a illuminare le porte aperte, i bidoni della spazzatura, le teste che si affacciavano, le vicine che passavano con la borsa della spesa e si fermavano a curiosare. I gridi di Papele, quel «no! no! no!», quella disperazione, sembravano ancora più strani, irragionevoli, in quella lieta desolazione.

I commenti s'incrociavano:

«Gesù! Voi sentite!»

«Prima canta, poi urla! Ma che sarebbe?»

«È da stamattina, che mi sta rompendo la capa», si lamentava il Professore Spirito, un maestro disoccupato, dalle mani terribilmente deboli, affacciandosi come in sogno dietro le spalle alte della sorella. Teneva il bavero della giacca alzato, per nascondere la camicia lacera, e anche per-

---

32. *qua'*: quale.   **33.** *pazzèa*: impazza, dà i numeri.

ché, malgrado fosse maggio, aveva sempre freddo, e sul suo viso diafa-no[34] c'erano rassegnazione, dolcezza e un sentimento d'impotenza. Non aveva niente contro Papele, parlava solo per compiacere la sorella. «Prima *"un bel dì vedremo"* che sembrava veramente stessero arrivando tutti i bastimenti dell'America col padre suo sopra, poi urla e piange come un dannato. Ma l'educazione nessuno gliel'ha data? nessuno gliel'ha data?...»

«Questa è cosa da guardie!... è cosa da commissariato!», gridava, agi-tando le braccia lunghe un metro, sua sorella Olinda. «Si vede e non si crede! Un ragazzo che sta tutto il giorno con la bocca aperta, a tormentare i cristiani. E un libro non lo prende! E un mestiere non lo impara! E ce lo dobbiamo sorbire noi! Ma la madre sua si è sbagliata!... Qui avvertiamo il commissariato!... Lo facciamo mandare al riformatorio!»

Olinda Spirito, a cinquant'anni, era sempre agitata, sempre triste. Dal vestitino grigio le usciva il collo lungo, e la faccia dall'espressione sem-pre allarmata, dolorosa. Non si era sposata per rimanere vicino al fratello, che considerava una mente superiore, ma adesso si era pentita. Gli anni erano passati, e il maestro aveva perduto tutti i concorsi, uno per uno, ed era rimasto l'eterno supplente. Soldi non ne entravano più, e la loro vita declinava. Quando lui parlava, lei non gli rispondeva mai direttamente. Il maestro viveva ormai isolato, chiuso nella sua stanza dove rivedeva con-tinuamente dei vecchi compiti, ed uscendone soltanto quando gli sembra-va che la sorella fosse distratta da un altro rancore. In questi casi provava un po' di sollievo.

«La gioventù, oggi, così è fatta, e noi, purtroppo, ci dobbiamo rasse-gnare...», osservò, con una punta di malignità, Carolina di Bello, la madre della portiera, una vecchietta dalla faccia color carota, perché stava sem-pre al sole, e gli occhi verdi sorridenti. Stava scendendo dall'attico,[35] dov'era andata a ritirare i panni, e sentendo quel chiasso, si era fermata: non capiva mai niente, perché le importava solo di mangiare, ma per Olinda Spirito provava un'antipatia particolare.

«Provate a bussare voi, Professò...», disse una serva.

«E quello non aràpe...[36] non aràpe...», si lagnava dolcemente il vecchio.

«Ma la madre sua, Gioia Caso, non c'è», chiese, dal piano di sopra, un'altra donna.

«È andata in questura a ritirare il passaporto... deve andare a Catania», rispose affacciandosi, con Assuntina per mano, la signora Caputo. Gli occhi le brillavano nella speranza che qualcuno la interro-

---

gasse: avrebbe risposto che adesso, per andare a Catania, ci voleva il passaporto, facendo capire che non poteva dire di più per la presenza di Assuntina. Ma nessuno le badava. Dall'interno, il chiasso era aumentato.

«Ve ne dovete andare, avete capito? Ve ne dovete andare! Tutti quanti!»

«Sentite! Sentite!», mormorò, canterellando ironica, la signorina Spirito. «Soffre d'oppressione! Il palazzo lo vuole tutto per lui!»

«Tiene il comizio!» fece una donna.

«Abbiate pazienza... il ragazzo tiene male di capa» disse triste Brigidella, andando a bussare, con tutte e due le mani (la borsa l'aveva posata un momento a terra), alla porta della famiglia Caso.

A queste parole, chissà perché, la signorina Olinda perse la testa.

«E il male di capa noi glielo facciamo passare!», si mise a gridare improvvisamente, diventando rossa in faccia, «perché il male suo a noi non c'interessa. Lo teniamo pure noi, il male di capa, lo teniamo da una vita intera! E non ne parliamo!... E non diciamo niente!...»

Come le fosse entrato il diavolo in corpo, tremava e si dibatteva tutta, mentre il fratello, pieno di vergogna, la voleva spingere dentro. E lei si riaffacciava:

«Da una vita intera! Il Commissariato! Il Commissariato!»

Tutti risero. Anche Assuntina, debolmente.

«Papè, aràpe questa porta!», implorava Brigidella, sempre più nervosamente. In tutto quel trambusto, si era ricordata che alle dodici in punto si doveva trovare al Monte di Pietà, per il rinnovo di un pegno[37] che scadeva proprio quel giorno, ma prima doveva passare dalla cognata, in Vico Lungo Gelso, per farsi prestare almeno cinquecento lire. Donna Olimpia Caputo non l'aveva pagata. «Papè, aràpe...»

Dall'interno non si sentiva più niente. Poi un colpo di tosse. Se la porta fosse caduta, si sarebbe visto Papele Caso che andava avanti e indietro, per la casa buia, con le mani alla schiena, come faceva suo padre, e la coppola ancora in testa. Ma la faccia, sotto la visiera, neppure si vedeva, tanto era raggrinzita e spaventata. Parlava a *schiovere*,[38] come diceva sua

---

37. *il rinnovo di un pegno*: il Monte di Pietà è una sorta di istituto di credito, che concede prestiti in denaro (solitamente a interessi piuttosto alti) dietro la cessione temporanea di un "pegno", cioè di un oggetto prezioso, o comunque di un valore che il prestatore ritiene adeguato alla somma da dare a credito. A una scadenza stabilita il debitore deve riportare il denaro del prestito (più gli interessi passivi accumulati nel frattempo), per ottenere la resti-

tuzione del pegno; se non è in grado di restituire il denaro, il creditore diventerà proprietario dell'oggetto. È però anche possibile rinnovare il prestito, cioè pagare soltanto una parte del debito, ottenendo così il rinvio della scadenza definitiva del prestito a una data successiva. È questo appunto quanto Brigidella si propone di fare.
38. *a schiovere*: a vanvera, a casaccio; letteralmente: a spiovere.

madre, parlava continuamente, senza nessun senso, parlava e piangeva, fermandosi ogni tanto come se soffocasse.

«Io queste cose non le voglio sentire! Queste cose a me non mi riguardano! Io voglio stare alla casa mia! Assuntina e io dobbiamo stare alla casa nostra, ad aspettare il padre nostro. Quello, fra un momento arriva... Eccolo che arriva!»

Andò in cucina a prendere un bicchiere d'acqua, e anche bevendo l'acqua parlava, anzi singhiozzava. Mai aveva parlato con tanto garbo, sebbene singhiozzasse:

«La casa nostra! la casa nostra!»

Il Professore Spirito riuscì a spingere dentro la sorella, che cominciò a rinfacciargli tutto quanto gli aveva sacrificato, e la vita sua che era passata senza sapere, e intanto sbatteva il capo nella parete, e si spettinava tutta.

«E che cosa dovevate sapere, sentiamo! Che cosa dovevate sapere! Io vi avvertii, se ve lo ricordate... io ve lo dissi che il concorso non si poteva dare! che i posti erano limitati...» diceva il maestro tremando.

«La vita mia! Se n'è passata la vita mia!», continuava a ripetere monotonamente la sorella.

Si sentì aprire una porta, di sopra, e il pianto stizzito di un neonato, e voci complimentose di donne, e la voce della signora De Libero, la moglie della guardia, che diceva:

«Senza complimenti signora mia, ritiratevi! senza complimenti!»

Si sentirono anche delle campane, di un suono profondo e malinconico, perché l'indomani era l'Ascensione, e le funzioni cominciavano fin dal giorno prima, e la luce del lucernaio si era un poco velata. Certo, stavano passando delle nuvole, sul sole. Da qualche giorno faceva bel tempo tutto il mattino. Poi pioveva. Era in questo modo che cominciava l'estate.

Adesso, di Papele e Assuntina la gente si era scordata, tutta intenta ad ascoltare i lamenti della signorina Spirito. Certo, da qualche tempo, la sorella del maestro appariva mutata, la mente le si era indebolita, per niente dava in smanie e parlava di denunzie... di commissariato! Come se si potesse denunziare la vita! Quella era come la gatta della portiera, che si era mangiata i figli, non una, ma quattro volte, senza accorgersene.

Ci fu, sul pianerottolo, come un sospiro, un silenzio.

«Quello, il fratello, una volta o l'altra le fa venire i vermi, a questa creatura», disse appunto la madre della portiera, indicando Assuntina: «Guardate che faccia tiene! E si era pure purgata!»

Si fermò, a sentire queste parole, De Libero Maria, la moglie della guardia. Scendeva le scale a un gradino per volta, perché teneva in braccio il settimo figlio, Salvatore, che si era appena addormentato, e purtroppo era già incinta di un altro. Il marito diceva che i figli sono abbondanza, e non ci pensava due volte a ordinarne, anche se in casa cominciava a mancare tutto, e lei doveva ricorrere alle vicine anche per un grano di sale. Ma gli uomini così sono. Già di sopra, parlando con Pupata,[39] un'amica sua, che si lagnava proprio di questo, aveva sentito pianti e gridi, e le era parso di capire che stavano litigando Assuntina e Papele.

«Ma la madre sua, Gioia Caso non c'è?» chiese fermandosi a guardare con bontà Assuntina.

«È andata in Questura a ritirare il passaporto», fece prontamente, illuminandosi tutta, la signora Caputo.

«Come sarebbe a dire? Parte?», chiese la moglie della guardia.

«Negli Usa, va», rispose in fretta donna Olimpia. E guardando con un sorriso Assuntina: «Ma si ferma per qualche giorno a Catania. Deve portare un cero di ringraziamento a quella morte liberatrice».

La signora De Libero non capiva, perché il suo stato la rendeva di giorno in giorno più sonnolenta, e del resto, anche quando stava bene, non parlava mai per sottintesi, limitandosi a dire «sì» e «no», com'è consigliato nel Vangelo. Ma adesso, vedendo la faccia di Assuntina, mal lavata nella luce smorta del lucernaio, con gli occhi fissi a quella porta chiusa, le tornò in mente, rievocata dalle parole della signora Caputo, la vera situazione di quei figli, e disse vagamente:

«Certo, se potevano andare all'America e ritrovare il padre loro, era un'altra cosa. Ma tutto è destino, a questo mondo, e Dio così ha disposto. Adesso Michele Caso pregherà per loro...»

«Parlate piano... la creatura[40] capisce tutto», mormorò la signora Caputo, con l'aria di dire una cosa qualunque, sorridendo. E fissava Assuntina, che abbassò gli occhi.

Brigidella, adesso, si era stancata di bussare, e del resto, là dentro non si sentiva più una voce, un fiato. Si era fatta una grande pace.

«Ee... ee... ee...», fece Salvatore svegliandosi.

«Io me ne vaco...[41] statevi bene», disse la moglie della guardia, con quella sua espressione attonita,[42] allontanandosi.

Anche Brigidella se ne andava:

«Statevi bene... Il ragazzo si è calmato».

«Si è calmato... se Dio vuole», disse la signora Caputo. Ma lo disse con dolore, perché non desiderava che Papele si calmasse – non voleva

---

39. *Pupata*: è probabilmente un soprannome, visto che a Napoli "pupata" significa "bambola".
40. *la creatura*: cfr. n. 13.
41. *vaco*: vado.
42. *attonita*: stordita.

che qualcuno si calmasse – e poi, sul pianerottolo, era rimasta solo Assuntina.

Continuavano a passare delle nuvole, sul lucernaio. Ogni tanto la vetrata diventava d'argento, ma subito dopo si oscurava. Poco a poco la luce non tornò più. Chissà se Assuntina aveva capito.

Veramente, in cucina, Papele si era calmato, un poco perché era stanco, un poco perché Nonno Pasquale era riapparso nuovamente. Se n'era stato chissà dove, fino adesso, completamente silenzioso, forse fumando la pipa, in terrazza; ed ecco che rientrò, e andò difilato a posarsi sulla cornicetta bianca, sopra l'acquaio,[43] dove stava la sua fotografia; e di là disse:

«Figlio mio, invece di piangere, perché non mi accendi un lumino?»

«Perché, che succede?», chiese con un fil di voce, singhiozzando, Papele.

«Succede che ti faccio la grazia. Sono stato senza lumino notte e giorno. In questa casa l'olio si mette pure sul pane, ma per un lumino al Nonno non c'è mai. Voi i morti li abbandonate, li lasciate all'oscuro notte e giorno, e perciò viene il momento che vi disperate.» Certo parlava in modo diverso da prima: come se stando in terrazza, passeggiando, ragionando, gli fosse venuto un pensiero. «Il lumino sta nella credenza, e i fiammiferi di legno vicino al sale», soggiunse.

Papele andò a prendere il lumino, e sperava che si attaccasse da solo al muro. Ma non si attaccava e perciò lo mise proprio sopra il ritratto del Nonno. E dopo averlo guardato un momento, con gli occhi gonfi, prese un fiammifero e accese.

Ci fu una fiamma grande grande, perché il lumino si era rovesciato, e l'olio aveva preso fuoco, però niente di male, dato che tutto questo era capitato dentro l'acquaio.

Papele guardava le fiamme, e il fumo nero che saliva come una bestia dentro l'acquaio, e riempiva la cucina, e gli pareva, improvvisamente, di non essere più ammalato, di capire.

C'era stata la guerra, tutto era venuto di là, c'era stato fumo e fuoco, e nel fumo e nel fuoco i padri erano spariti. Napoli era sparita, la gioia era sparita, e le madri avevano pensato il tradimento. Di colpo, gli si fece tutto chiaro, e capì che anche il Nonno aveva mentito. Non succedeva niente ad accendere il lumino, solo il fuoco. Come debolmente, come una memoria, gli ritornavano nella testa momenti di pace, in cui il fuoco non c'era, solo il mare e una grande frescura, e il sorriso di mammina. Capì

---

43. l'acquaio: il lavello.

che non doveva più gridare né piangere, solo riflettere. Se gridava e piangeva, solo il fuoco divampava, e si portava via anche lui e Assuntina. Perciò avrebbe voluto spegnere, ma non sapeva da che parte cominciare, e del resto si soffocava, lì.

Piano piano, senza riuscire a pensare più niente, ritornò verso l'ingresso, e lì, barcollando, s'imbatté in sua madre che rientrava tenendo per mano Assuntina.

Veramente, non la teneva per mano, la trascinava, e la bocca di Assuntina era aperta, ma non ne usciva niente.

«Ma-mmi-na!» gli parve di gridare, ma neppure dalla sua bocca uscì niente.

Gli caddero sulla testa tanti di quei colpi, che non sapeva da che parte ripararsi, ma gli fecero bene, perché adesso fuoco e fumo se ne stavano andando.

Gioia Caso, senza una parola, come si vede nei film quando si è guastata la macchina del parlato, era corsa al balcone e l'aveva spalancato, era andata all'acquaio e aveva aperto tutti e due i rubinetti. Poi si era tolto il fazzoletto dalla testa – un fazzoletto nuovo, celeste, lucido – ma neppure adesso parlava. Si era seduta sulla sedia vicino al tavolo, era molto pallida, e sembrava che stesse calcolando rapidamente qualche cosa. A memoria li faceva sempre, i conti.

Alla fine, come se si fosse ricordata non so che cosa, o uno spavento che aveva subito, o un dolore lancinante le attraversasse la testa, si piegò in due, fin quasi a toccare terra, e prendendosi la fronte in una mano:

«Ch'è stato? ch'è stato?... Io di voi sono stanca...» disse.

Né Papele né Assuntina fiatarono. Assuntina stava con la testa contro le ginocchia di sua madre, una gamba allungata in fuori, come se dormisse. Papele, in un angolo, presso la credenza, stracciato, incredulo, la guardava dalla sua piccolezza, la guardava intensamente, come in altri tempi aveva fatto suo padre, che non le dava requie[44] con la gelosia e i rimproveri muti. Però, non era proprio in questo modo, che la guardava. Gli nasceva un sorriso, sulla faccia, infelice, enigmatico. Era come se avesse dormito, e si fosse risvegliato, ma il giorno era già passato, già scuro.

«Io non ve lo avevo detto, non ve lo volevo dire che il padre vostro non c'era più», proseguì stancamente, rialzando la testa, Gioia Caso, e anche queste parole non meravigliarono Papele, gli parve di averle sempre saputo, solo Assuntina gemeva. «Ma vedo che siete informati... meglio così. Prima fu ferito, e stette in ospedale cinque mesi. Poi lo rila-

---

44. *requie*: tregua, tranquillità.

sciarono, ma la testa non lo aiutava più, e cominciò a scrivere che non lo interessavamo, e che si sposava nuovamente. E così è finito.»

Qualcuno, dal gabinetto in fondo al terazzino, cominciò a strillare:

confin del maaar!

e poi, di colpo, come se fosse fuggito chissà dove, ammutolì.

Né Gioia Caso né Papele, benché ci pensassero tutti e due, affrontarono il discorso di Catania. Gioia Caso disse:

«Ora lo sapete. Siete grandi».

Scostò da sé Assuntina, e andò a rileggersi la lettera di don Almirante. Non vi capiva gran cosa, perché era turbata, ma pensava che voleva mettere i punti sugli i. Doveva firmare una carta, che la casa la lasciava a Assuntina, e il negozio a Papele; e non se li voleva allontanare troppo, i figli, specialmente Papele, che era quasi deficiente.

A Papele, il male di capa gli era passato. Era come morto e risorto nuovamente, ma non era più quello di prima.

Andò vicino al balcone, e vedeva i particolari di tutte le cose, anche una donna, in una stanza, che s'infilava una calza, e sentiva ancora quelle navi. Ma tutto era come muto, passato, e non significava più niente.

Dopo un poco, sentì una cosa calda che gli fiatava accanto, ed era Assuntina che non si reggeva sulle gambe, e cercava un posto conosciuto dove rifugiarsi.

«La sorellina mia bella... bel-la», disse quietamente.

**Scheda di analisi
a pagina 372**

Ignazio Silone

Un pezzo di pane

da *Racconti italiani 1969*, Selezione del
Reader's Digest, A. Mondadori.

Caterina non era affatto una contadina selvatica, né stupida, né grossola-
na, anche se di difficile comunicativa. Ma le pene che si erano accumulate per anni e anni nella sua anima, avevano finito con l'acquistare la soli-
dità la cupezza il peso d'un macigno. Nessuno avrebbe potuto rimuover-
lo. Legata alla catena della quotidiana ricerca di alimenti per sé e i suoi, la
donna era arrivata sulle soglie della vecchiaia ignorando le complicazioni
più comuni di altre esistenze. Era rimasta semplice scontrosa sottomessa
come una povera ragazza.

Nell'ultimo terremoto Caterina aveva perduto il marito la casa e tre
figli (oltre all'asino). Era rimasta con un figlio e un fratello vedovo. Non
era la prima scossa che sconvolgesse la valle. Infatti sulla montagna si
possono vedere, ancora adesso, ruderi di case crollate per terremoti d'altri
tempi. Quando ciò capita, siccome nessuno è senza peccato, nessuno osa
stupirsi, protestare. E siccome non è la prima volta che succede, ognuno
sa quello che c'è da fare. Si sgombrano le macerie, si seppelliscono i
morti, si ricomincia da capo. Si rifanno le famiglie le abitazioni i villaggi.
Le rondini che ogni primavera tornano ai propri nidi, non trovandoli perché crollati assieme alle vecchie case, sanno anche loro quello che devono fare. Rifabbricano i nidi sotto le grondaie delle nuove abitazioni.

Assieme al figlio e al fratello Cosimo, in due anni, Caterina si rife-
ce la casa. Il fratello aveva una terra vicino al torrente, quella che poi
gli fu rubata, ma conosceva anche un po' la muratura. Durante il giorno Cosimo lavorava la sua terra, oppure la terra degli altri. La sera e
nei giorni festivi, invece di riposare, con l'aiuto di Caterina e del
figlio alzava la casa. La casa era piccola, con la stalla per l'asino al
pianterreno, la cucina e due stanzette al primo piano. Oltre a ciò, a
Caterina rimaneva un pezzetto di orto, nel vallone tra la Fornace e

Sant'Andrea.[1] Scorreva in fondo al vallone un filo d'acqua che serviva a dissetare la terra. Quando Caterina non si trovava in casa, né in chiesa, era certamente a zappettare o irrigare il suo orto. Era una gran fatica scendervi e risalirne più d'una volta al giorno. Vista dall'alto del paese nel suo orticello, Caterina sembrava una formica sopra una zolla. Un argine di tronchi e sassi proteggeva il pezzo di terra dai capricci stagionali del rio.[2] Era terra fertile, grassa, senza un sasso ma poca. Nei giorni che l'orto non l'occupava, Caterina cercava legna nei borri[3] del torrente o tra i cespugli e le macchie della montagna. Verso sera la si incontrava spesso, carica d'una pesante fascina di rami e frasche, piegata in due, faccia a terra, come una bestia da soma. Con qualsiasi tempo, al lavoro andava scalza. Conservava ancora le scarpe comprate per lo sposalizio. Varie volte risuolate, esse avevano un valore più che altro rituale. Le metteva solo per andare in chiesa.

La prima volta che le autorità si dovettero occupare di Caterina, avvenne in un modo strano. Caterina e Cosimo stavano mangiando una minestra di fave, seduti fuori casa. Davanti alla loro casa, accanto alla porta, c'era una vecchia panca bassa, fatta di una tavola inchiodata su quattro pioli. Fratello e sorella tenevano le scodelle sulle ginocchia, quando si presentò un carabiniere.

«C'è contro di te una denunzia abbastanza grave» disse il carabiniere alla donna senza tante cerimonie.

Caterina alzò gli occhi dal piatto, guardò prima il carabiniere e poi il fratello.

«Parlo con te» disse il carabiniere alla donna. «Non ti chiami Caterina?»

Caterina avvicinò la sua testa all'orecchio del fratello.

«M'avrà confuso con Caterina la fornara»[4] gli disse sottovoce. «Dovresti indicargli la casa della fornara. Non fargli perdere tempo.»

«No, no» insisté il carabiniere. «Conosco la fornara. La denunzia riguarda te.»

Caterina non s'occupava più del carabiniere come se ne ignorasse la presenza; ascoltava però le sue parole.

«Si tratterà di Caterina la scopina»[5] disse al fratello. «Si è sbagliato. Dovresti indicargli la casa della scopina.»

«Parlo invece con te» disse il carabiniere alzando la voce. «Non può esserci sbaglio. Questo pomeriggio, tornando giù dalla cava con

---

1. *tra la Fornace e Sant'Andrea*: località dell'entroterra marchigiano, tra Senigallia e Fossombrone.
2. *rio*: torrente.

3. *borri*: crepacci.
4. *fornara*: panettiera.
5. *scopina*: spazzina.

l'asino carico di breccia,[6] non sei stata avvicinata da un forestiero?»

Cosimo guardò la sorella che aveva già ripreso a mangiare la sua minestra e l'interrogò con gli occhi. La sorella, dopo aver riflettuto, gli fece cenno di sì.

«Non gli hai dato un pezzo di pane?» riprese a domandare il carabiniere. «Non gli hai indicato la strada? Nel tuo interesse ti prego di rispondere la verità.»

Caterina posò la scodella vuota accanto a sé sulla panca e poi domandò al fratello:

«È un peccato quello di cui mi accusa? Fare la carità adesso è un peccato? Non sapevo che fosse un peccato».

«Secondo voi, dare un pezzo di pane è proibito?» domandò Cosimo al carabiniere. «Da quando?»

«Perché l'hai fatto?» insisté il carabiniere rivolto a Caterina.

La donna guardava il fratello impaurita e sorpresa.

«Cosa dice?» gli domandò.

«Probabilmente quell'uomo aveva fame» suggerì Cosimo al carabiniere. «Non credi che forse aveva fame? Se non avesse avuto fame, non avrebbe chiesto l'elemosina.»

«Non ti sei accorta» riprese il carabiniere rivolto a Caterina, «che quell'uomo era un soldato nemico? Un prigioniero evaso?»

«Cosa dice?» domandò Caterina al fratello. «Cosa sta dicendo?»

Cosimo le fece cenno di non aver paura.

«Scusa» egli domandò al carabiniere, «nemico di chi?»

«Nemico nostro» spiegò il carabiniere adirandosi. «Nemico anche vostro.»

Cosimo credette di aver capito e cercò di spiegare il fatto alla sorella.

«Era un nemico?» egli le domandò. «Caterina, dimmi la verità senza aver paura.»

«Non l'avevo mai visto prima d'oggi» gli confessò Caterina.

«Era un nemico?»

«Cosa vuol dire?»

«Che aspetto aveva?»

«Un aspetto di uomo.»

«Non ti sei accorta» gridò il carabiniere, «che non era uomo di questa contrada? Parlava forse il dialetto della Fornace? Potevi dunque immaginare che fosse straniero. Perché gli hai dato il tuo pezzo di pane e gli hai indicato la strada?»

---

6. *breccia*: roccia frantumata e sassi di piccole dimensioni.

Cosimo cominciò anche lui ad aver paura.

«Perché l'hai fatto?» disse rivolto alla sorella. «Non potevi riflettere prima di farlo? Non ha riflettuto» egli disse al carabiniere.

Caterina gli confermò di no con un cenno degli occhi.

«Avrei dovuto riflettere?» ella domandò al fratello sottovoce. «Cosa c'era da riflettere? Anche quello è un figlio di madre. Aveva fame. Cosa c'era da riflettere?»

«In altre parole» cercò di concludere il carabiniere, «tu ammetti il fatto.»

Ma egli venne bruscamente interrotto da Cosimo, che si alzò in piedi tremante di paura e di collera.

«Caterina non ammette niente» egli disse balbettando. «Proprio niente. Lo vuoi sapere? Noi siamo stanchi e adesso andiamo a dormire. All'infuori di questo non ammettiamo altro.»

Il carabiniere rimase un po' sovrapensiero, poi disse:

«Mi dispiace, ma sul fatto non potrò fare a meno di scriverci sopra un rapporto».

Non doveva poi essere tanto cattivo quel carabiniere. Non si fece più vedere. Per conto suo Caterina, con tutte le altre sue pene, finì col non pensarci più. Ma dopo alcuni mesi, nelle medesime circostanze della volta precedente, mentre Caterina e Cosimo mangiavano la minestra seduti sulla panca davanti alla casa, il carabiniere riapparve in fondo al vicolo. Caterina fu ripresa dal batticuore.

«Si avvicina di nuovo l'ombra nera» ella mormorò a Cosimo. «Madonna mia, solo tu ci puoi proteggere.»

Il carabiniere si fermò proprio davanti a loro.

«Sai» egli disse sorridendo a Caterina, «nel frattempo sono mutate varie cosette. Quel fatto di cui ti si incolpava, adesso non è più una colpa, anzi.»

Caterina avvicinò la testa all'orecchio del fratello e gli chiese impaurita:

«Parla con me quest'uomo? Digli che certamente si è sbagliato. Mandalo via».

«Con chi parli?» gli chiese Cosimo.

«Sì, parlo con te» ripeté il carabiniere sorridendo rivolto a Caterina. «Voglio dire che nel frattempo le cose sono cambiate.»

«Cos'è cambiato?» gridò Cosimo.

«Tutto» disse il carabiniere di buon umore. «Non leggete i giornali? Non leggete gli affissi sui muri?»

«Niente di quello che mi riguarda è cambiato» disse Cosimo. «Le pietre sono rimaste dure. La pioggia è sempre umida.»

«La situazione in città è però cambiata» spiegò il carabiniere.

«Cosa dice?» domandò Caterina al fratello.

«Noi non leggiamo le carte» rispose Cosimo al carabiniere. «Dobbiamo faticare per mangiare, non abbiamo tempo per le carte.»

«Digli che si è sbagliato di indirizzo» suggerì Caterina al fratello. «Fa' in modo che se ne vada.»

«Le cose sono cambiate» insisté a spiegare il carabiniere. «Ve lo assicuro sul mio onore. Quelli che erano i nostri nemici, adesso sono i nostri alleati; e i nostri alleati invece sono i nostri nemici. Perciò quello che alcuni mesi fa sembrava un vostro delitto...»

«Cosa dice?» domandò Caterina al fratello.

«Siamo da capo con quella storia del pezzo di pane» le spiegò Cosimo.

«Ancora?» disse Caterina tutta intimorita. «Ancora? Da capo con quel povero pezzo di pane? Era un pezzo di pane scuro, come usiamo noi contadini. Un pezzo di pane qualsiasi. L'uomo aveva fame. Anche lui era un figlio di madre. Doveva morire di fame?»

«Dunque, siamo da capo?» disse Cosimo al carabiniere. «Non finirà più questa storia? Non avete proprio da pensare ad altro?»

«Al contrario» cercò di chiarire il carabiniere, «Caterina è ora una benemerita. Essa aiutò un nemico che adesso è però un alleato. Per il suo atto di coraggio adesso merita un onore.»

«Cosa dice?» domandò Caterina al fratello. «Non potresti persuaderlo a lasciarci in pace?»

«Non fu un atto di coraggio» disse Cosimo al carabiniere. «Né di paura. Fu un semplice pezzo di pane. L'uomo aveva fame.»

«Parlate così perché siete ignoranti» rispose il carabiniere ridendo. «Ma per le autorità di oggi quello fu un atto di eroismo. Vi ripeto, le cose nel frattempo sono cambiate. Anche il modo di decidere se un fatto è bene o male.»

«Cos'è cambiato?» domandò Caterina al fratello. «Il bene e il male?»

Il fratello stava però riflettendo per conto suo.

«Va bene» egli disse al carabiniere. «Tu ci assicuri che le cose sono diverse. Ma se cambiassero di nuovo?»

Il carabiniere rimase a bocca aperta. Per nascondere la sua confusione ebbe uno scatto d'ira.

«Insomma, donna ignorante» egli disse a Caterina, «rinunzi alla medaglia?»

«Cosa ha detto?» domandò Caterina al fratello. «Hai capito qualcosa di quello che sta dicendo?»

«Potresti avere una medaglia» Cosimo le spiegò. «Adesso distribuiscono le medaglie.»

«Perché? Che specie di medaglie? Le medaglie dei santi?»

«Non credo che sia una medaglia di santi. Una medaglia per quel pezzo di pane» le spiegò Cosimo.

«Ancora? Ne parla ancora? Madonna mia, era un pezzo di pane qualsiasi. Non glielo hai spiegato?»

«Non lo vuole capire. Adesso, dice, distribuiscono le medaglie.»

Caterina si mise a riflettere, ma poi fece di no con la testa.

«Gli devi spiegare che una medaglia l'ho già» ella disse al fratello. «La medaglia dell'anno santo 1900, che ricevetti a Roma come pellegrina, da ragazza. Una medaglia non basta? Gliela mostrerei, ma adesso, gli devi dire, la tiene al collo Bonifazio, per la sua protezione. Ad ogni modo, una medaglia in famiglia l'abbiamo già.»

Il carabiniere si allontanò scoraggiato. Il racconto di quel suo incontro fece ridere parecchio gli impiegati del municipio.

Primo Levi

Zolfo

da *Il sistema periodico*, Einaudi.

Lanza agganciò la bicicletta al telaio, bollò la cartolina,[1] andò alla caldaia, mise in marcia l'agitatore[2] e diede il fuoco. Il getto di nafta polverizzata si accese con un tonfo violento e una perfida fiammata all'indietro (ma Lanza, conoscendo quel focolare, si era scansato a tempo); poi continuò a bruciare con un buon fragore teso e pieno, come un tuono continuato, che copriva il piccolo ronzio dei motori e delle trasmissioni. Lanza era ancora pieno di sonno, e del freddo dei risvegli improvvisi; rimase accovacciato di fronte al focolare, la cui vampa rossa, in un succedersi di rapidi bagliori, faceva ballare la sua ombra enorme e stravolta sulla parete di dietro, come in un cinematografo primitivo.

Dopo una mezz'ora il termometro cominciò a muoversi, come doveva: la lancetta d'acciaio brunito, scivolando come una lumaca sul quadrante giallastro, andò a fermarsi sui 95°. Anche questo andava bene, perché il termometro era falso di cinque gradi: Lanza fu soddisfatto, e oscuramente in pace con la caldaia, col termometro e insomma col mondo e con se stesso, perché tutte le cose che dovevano accadere accadevano, e perché in fabbrica c'era lui solo a sapere che quel termometro era falso: magari un altro avrebbe spento il fuoco, o si sarebbe messo lì a studiare chissà cosa per farlo salire fino a 100° come stava scritto sul buono di lavorazione.

Il termometro rimase dunque fermo a lungo sui 95°, e poi riprese a camminare. Lanza stava vicino al fuoco, e poiché, col tepore, il sonno ricominciava a premere, gli permise di invadere dolcemente qualcuna delle camere della sua coscienza. Non però quella che stava dietro gli occhi e sorvegliava il termometro: quella doveva restare sveglia.

---

1. *bollò la cartolina*: timbrò il cartellino.
2. *agitatore*: apparecchio usato nei laboratori per mantenere in agitazione un liquido o una sospensione.

Con un solfodiene[3] non si sa mai, ma per il momento tutto andava regolarmente. Lanza gustava il soave riposo, e si abbandonava alla danza di pensieri e d'immagini che prelude al sonno, pur evitando di lasciarsene sopraffare. Faceva caldo, e Lanza vedeva il suo paese: la moglie, il figlio, il suo campo, l'osteria. Il fiato caldo dell'osteria, il fiato pesante della stalla. Nella stalla filtrava acqua ad ogni temporale, acqua che veniva dal di sopra, dal fienile: forse da una crepa del muro, perché i tegoli (a Pasqua li aveva controllati lui stesso) erano tutti sani. Il posto per un'altra mucca ci sarebbe, ma (e qui tutto si offuscò in una nebbia di cifre e di calcoli abbozzati e non conclusi). Ogni minuto di lavoro, dieci lire che gli venivano in tasca: adesso gli pareva che il fuoco strepitasse per lui, e che l'agitatore girasse per lui, come una macchina per fare i quattrini.

In piedi, Lanza: siamo arrivati a 180°, bisogna sbullonare il boccaporto[4] e buttare dentro il B 41;[5] che è poi proprio una gran buffonata dover continuare a chiamarlo B 41 quando tutta la fabbrica sa che è zolfo, e in tempo di guerra, quando tutto mancava, parecchi se lo portavano a casa e lo vendevano in borsa nera ai contadini che lo spargevano sulle viti. Ma insomma il dottore è dottore e bisogna accontentarlo.

Spense il fuoco, rallentò l'agitatore, sbullonò il boccaporto e mise la maschera di protezione, per il che si sentì un po' talpa e un po' cinghiale. Il B 41 era già pesato, in tre scatole di cartone: lo introdusse cautamente, e nonostante la maschera, che forse perdeva un poco, sentì subito l'odore sporco e triste che emanava dalla cottura, e pensò che magari poteva anche aver ragione il prete, quando diceva che nell'inferno c'è odore di zolfo: del resto, non piace neanche ai cani, tutti lo sanno. Quando ebbe finito, affrancò[6] di nuovo il boccaporto e rimise tutto in moto.

Alle tre di notte, il termometro era a 200°: bisognava dare il vuoto. Alzò la manetta nera, e lo strepito alto ed aspro della pompa centrifuga[7] si sovrappose al tuono profondo del bruciatore. L'ago del vuotometro,[8] che stava verticale sullo zero, cominciò a declinare strisciando verso sinistra. Venti gradi, quaranta gradi: buono. A questo punto ci si può accendere una sigaretta e stare tranquilli per più di un'ora.

C'era chi aveva il destino di diventare milionario, e chi il destino di

---

3. *solfodiene*: nome immaginario di un prodotto chimico a base di zolfo. Anche il personaggio Lanza è immaginario, e la vicenda che qui si racconta, in sé verosimile, è da situarsi in un tempo ormai lontano, poco dopo la seconda guerra mondiale, come accenna Lanza medesimo. Oggi non si userebbero tecnologie così primitive (n.d.a.).
4. *boccaporto*: il portello della caldaia.

5. *B 41*: in molte fabbriche, per ragioni sia di segretezza sia di meccanizzazione della contabilità, materie prime, prodotti intermedi e prodotti finiti vengono indicati con sigle (n.d.a.).
6. *affrancò*: liberò, e poi chiuse.
7. *pompa centrifuga*: la pompa che deve aspirare l'aria per produrre il vuoto nella caldaia.
8. *vuotometro*: apparecchio per misurare il raggiungimento o meno del vuoto pneumatico.

morire d'accidente. Lui Lanza, il suo destino (e sbadigliò rumorosamente, per tenersi un poco compagnia) era di fare di notte giorno. Neanche se l'avessero saputo, in tempo di guerra l'avevano subito sbattuto a fare quel bel mestiere di starsene di notte in cima ai tetti[9] a tirare giù gli aeroplani dal cielo.

Di scatto fu in piedi, gli orecchi tesi e tutti i nervi in allarme. Il fracasso della pompa si era fatto di colpo più lento e più impastato, come sforzato: e infatti, l'ago del vuotometro, come un dito che minacci, risaliva sullo zero, ed ecco, grado dopo grado, cominciava a pendere sulla destra. Poco da fare, la caldaia stava andando in pressione.

«Spegni e scappa». «Spegni tutto e scappa». Ma non scappò: acchiappò una chiave inglese, e menava colpi sul tubo del vuoto, per tutta la sua lunghezza: doveva essere ostruito, non c'era altra ragione possibile. Picchia e ripicchia: niente di fatto, la pompa continuava a macinare a vuoto, e la lancetta ballonzolava intorno a un terzo di atmosfera.

Lanza si sentiva tutti i peli in piedi, come la coda di un gatto in collera: ed in collera era, in una rabbia sanguinaria e forsennata contro la caldaia, contro quella bestiaccia restia seduta sul fuoco, che muggiva come un toro: arroventata, come un enorme riccio a spine dritte, che non sai da che parte toccarlo e prenderlo, e verrebbe voglia di volargli addosso a calci. A pugni stretti e a testa calda, Lanza andava farneticando di scoperchiare il boccaporto per lasciare sfogare la pressione; cominciò ad allentare i bulloni, ed ecco schizzare friggendo dalla fenditura una bava giallastra con soffi di fumo impestato: la caldaia doveva essere piena di schiuma. Lanza richiuse precipitosamente, con una tremenda voglia in corpo di attaccarsi al telefono e chiamare il dottore, chiamare i pompieri, chiamare lo spirito santo, che venissero fuori della notte a dargli una mano o un consiglio.

La caldaia non era fatta per la pressione, e poteva saltare da un momento all'altro: o almeno così pensava Lanza, e forse, se fosse stato giorno o non fosse stato solo, non l'avrebbe pensato. Ma la paura si era risolta in collera, e quando la collera sbollì gli lasciò la testa fredda e sgombra. E allora pensò alla cosa più ovvia: aprì la valvola della ventola d'aspirazione, mise questa in moto, chiuse il rompivuoto[10] e fermò la pompa. Con sollievo e con fierezza, perché l'aveva studiata giusta, vide l'ago risalire fino a zero, come una pecora smarrita che ritorni all'ovile, e inclinarsi di nuovo docilmente dalla parte del vuoto.

Si guardò intorno, con un gran bisogno di ridere e di raccontarla, e con

9. *in cima ai tetti*: l'avevano arruolato nell'Antiaerea: sulla sommità di molti edifici urbani erano installate mitragliere antiaeree, che tut-tavia si rivelarono di scarsa efficacia (n.d.a.).
10. *rompivuoto*: è una valvola della pompa centrifuga.

un senso di leggerezza in tutte le membra. Vide per terra la sua sigaretta ridotta ad un lungo cilindretto di cenere: si era fumata da sola. Erano le cinque e venti, spuntava l'alba dietro la tettoia dei fusti vuoti, il termometro segnava 210°. Prelevò un campione dalla caldaia, lo lasciò raffreddare e lo saggiò col reattivo:[11] la provetta rimase limpida qualche secondo, poi diventò bianca come il latte. Lanza spense il fuoco, fermò l'agitazione e la ventola, ed aperse il rompivuoto: si sentì un lungo fischio rabbioso, che piano piano si andò placando in un fruscio, in un mormorio, e poi tacque. Avvitò il tubo pescante,[12] mise in moto il compressore,[13] e gloriosamente, in mezzo a fumi bianchi ed all'aspro odore consueto, il getto denso della resina andò a placarsi nella bacinella di raccolta in un nero specchio lucente.

Lanza si avviò al cancello, ed incontrò Carmine che stava entrando. Gli disse che tutto andava bene, gli lasciò le consegne e si mise a gonfiare le gomme della bicicletta.

Scheda di analisi
a pagina 373

---

11. *reattivo*: sostanza chimica che dà una certa reazione a contatto con il materiale che si deve ottenere; si usa per verificare la purezza del prodotto.

12. *tubo pescante*: tubo che pesca, cioè che s'immerge in un liquido, convogliandolo in questo caso verso la bacinella di raccolta.
13. *compressore*: macchina che serve a comprimere fluidi gassosi.

Lucio Mastronardi

Il compleanno

da *L'assicuratore*, Rizzoli.

Mi sono ricordato che era il mio compleanno, mentre a scuola tenevo una lezione di Educazione Morale. Spiegavo agli scolari la differenza che passa fra beni caduchi e beni eterni. Denaro, bellezza, spiegavo, è tutta robaccia caduca; i veri valori sono i valori dello spirito.

Entrò il seminarista che viene nella mia classe una volta la settimana, a tenere la lezione di catechismo. Sentì le mie ultime parole, e, compiaciuto, mi strinse la mano. Gli lasciai l'aula e uscii sul corridoio. Andai nello sgabuzzino del bidello. Il bidello dormiva, la testa reclinata sul tavolo. Sedetti senza far rumore e presi a leggere il giornale. Ogni tanto levavo su gli occhi, guardavo per il corridoio, casomai comparisse il direttore. Non si può difatti lasciare la scolaresca, nemmeno nelle mani dei preti. Il corridoio brulicava di seminaristi, che entravano e uscivano dalle aule.

Poco dopo è venuto in bidelleria il collega Benedetti. Ci scambiammo i giornali. Io prendo il *Tuttosport*, Benedetti *La Gazzetta dello Sport*: ogni giorno ce li scambiamo, così possiamo leggerci due giornali, comprandone uno.

Benedetti mentre legge, si arrabbia.

«Perché, diomadonna, non dicono la verità com'è! Lo so io che K ha una cirla[1] che lo spompa tutte le notti. Come si fa darci una vittoria al Milan, diomadonna!»

Tiriamo fuori le schedine e cominciamo a pensarci sopra. Io e Benedetti giochiamo sistemi a socio: al lunedì mattina cominciamo a fare le brutte copie.

---

1. *cirla*: ragazza; parola forse gergale o dialettale, ma che non compare in alcun dizionario. È perciò abbastanza probabile che si tratti di un neologismo inventato dallo stesso Mastronardi.

«Inter-Bologna. La ragione dice uno; ma, diomadonna, come si fa mettere uno, con I che tromba come un toro?»

Benedetti sa la vita privata di tutti i giocatori. Diomadonna: mogli, morose, amanti dell'uno e dell'altro giocatore, tutte le sa. Uno ics uno, due due ics, uno uno uno. Il fattore campo battuto dal fattore letto.

«Stiamo qui tanto logorarci il cervello, e quelli è una trombata unica. Diomadonna!»

«Genoa-Lazio?»

«Nel Genoa c'è O che deve soddisfare un'africana, diomadonna; però nella Lazio c'è I che deve soddisfare una svedesina che deve essere peggio dell'africana. Non c'è meridiano che tenga con le donne, diomadonna! Uno ics.»

Nonostante che si parli a voce alta, e che Benedetti gridi, il bidello seguita dormire tranquillo.

«Diomadonna. Quel bidello qui, proprio lui: al principio dell'anno gli ho detto d'andarmi a prendere le sigarette, e mi ha detto di no. Ha avuto questa faccia, diomadonna. Ai tempi di Mussolini, diomadonna, c'era ordine. Disciplina!»

Fuori dalla scuola mi viene incontro un padre di scolaro: col maschietto da una parte e la bambina dall'altra.

«Insomma, siur maestar, mè dell'enciclopedia ne ho piene le sfere!»[2] dice.

«È la migliore enciclopedia che c'è», dico.

«Discuto no.[3] Però ogni mese mi tocca piantare lì di lavorare, correre alla Posta, la fila al botteghino per pagare la cambialetta,[4] tornare indietro... Quando mi va bene sono venti minuti che perdo!»

«Ci mandi sua moglie!» dico.

«Grazie del consiglio. La mia donna ci mette dei tre quarti d'ora!» dice. Esce il portafoglio.

«Mi dica quant'è che la finiamo fuori!»

«Non si può», dico. «La casa editrice dell'enciclopedia non è a carattere commerciale: quindi le impone addirittura, se è il caso di parlare d'imposizione, la facilitazione di pagamento!»

L'operaio mi guarda sospettoso.

«Sicché mè, per settanta mesi devo spettarmi la cambialetta di mille e passa lire ogni volta!» mormora.

Mentre accenno di sì, dalla borsa esco dei pieghevoli[5] dell'*Enciclope-*

---

2. *siur maestar... le sfere!*: signor maestro, io dell'enciclopedia ne ho piene le scatole.
3. *Discuto no*: non discuto.

4. *cambialetta*: la cambiale delle rate per l'enciclopedia.
5. *esco dei pieghevoli*: tiro fuori dei *dépliant*.

dia della Fanciulla. Ne dò qualcuno alla bambina: ne apro uno davanti all'operaio.

«Questa è un'opera indispensabile per la sua signorina», dico, mentre l'operaio fa una smorfia, «c'è su tutto quanto una donna deve sapere, vede?... cucina, moda, conversazione, guardi...»

«Siur maestar, le sfere mi girano...»

«Io penso che lei ci terrà che sua figlia in un domani sappia come comportarsi in società, abbia una sensibilità artistica, soprattutto abbia una vera salda cultura che le faciliterà gli studi, e naturalmente le promozioni. La casa editrice che rappresento ha studiata quest'opera apposta per i figli del popolo. Quando la bambina maneggerà questi volumi (vede che stupende rilegature?) per forza diventerà la prima della classe, non solo, ma non avrà bisogno né di ripetizioni, né di niente. Anzi sarà in grado lei di darne. Come vede, si può dire che, alla distanza, sia un'economia. Sapesse cosa ne ho vendute! E tutte a operai tecnici come lei.»

Vidi che gli fece piacere essere chiamato tecnico. La bambina batteva i piedi:

«Anch'io l'enciclopedia; la voglio, la voglio...»

«Gliene ho già comprata una!» disse l'operaio.

«Si è pentito?» dissi.

«Mah! I primi giorni il ragazzo ce l'aveva sempre in mano; adesso la guarda neanche più!» disse.

«Non vuol dire. L'enciclopedia è opera di consultazione!»

«Voglio l'enciclopedia; me la comperi, papà, l'enciclopedia?»

«Del resto è un affare che fa», dissi. «La casa editrice gliela dà con lo sconto del venti, perché è la seconda che prende, con una rateazione di mille lire il mese, senza altre spese. Nemmeno quattro pacchetti di sigarette, insomma. Ci sono inoltre dodici libri omaggio che potrà scegliere in questo elenco!» dissi, voltando un pieghevole. «Libri da mille lire l'uno che la casa regala. Basta leggerne un paio o tre, perché s'imprenda lo stile dello scrivere bene!»

«Papà, me la comperi? A lui l'hai comprata e perché a me no?» diceva la bambina, guardando in tralice[6] il fratello.

«Diventeranno tutti scienziati!» disse l'operaio fra i denti.

«Sono enciclopedie valide per tutti; anche per chi ha studiato!» dissi.

L'operaio scrolla le spalle.

«Proverbi. Io ho cercato una cosa sola e non l'ho trovata!» disse.

«Non avrà avuto pazienza di guardare bene!» dissi.

---

6. *in tralice*: di traverso.

«Ci ho perso un'ora e un quarto, un'ora e un quarto!»

«Cosa cercava?»

«Niente!»

«Parli!»

L'uomo, impacciato, cominciò a dire che cercava se è vero che a usare il bidè si fa peccato. «A Pasqua è venuto il prete benedirci la casa. Gliel'ho fatta vedere tutta. Quando è arrivato in quel posto ha detto che no, che quel bidè si fa peccato usarlo!»

«Il bidè?»

«Il bidè, sicuro. Il nostro è ultimo tipo, non di quelli che ci hanno lo sciacquone, no. Il nostro bidè», ripeté compiaciuto, «è di quelli che hanno come una specie di rubinetto che proprio entra dentro. A me non me ne fa niente, alla mia donna nemmeno: peccato più peccato meno... ma è per i bambini, sa com'è! Il prete ci ha messo in guardia: dice che si possono prendere dei vizi...»

«Allora, cambiate bidè!» dissi.

«Allora, papà, me la prendi l'enciclopedia?»

L'uomo sbuffò.

«Mè ce ne ho piene le sfere! E la rata per il condominio, e la rata della mobilia, e la rata della macchina; lavora e paga, paga e lavora. Adesso ci vuole anche questa. Ma sa cosa viene un bidè?»

«Lo so!» dissi, superiore.

«Neh, papà, che me la prendi l'enciclopedia, neh, papà?»

Io dissi alla bambina:

«Fai vedere le reclam alla tua mammina, perché l'enciclopedia non è solo per te ma anche per la tua mammina!»

Nel salutare l'operaio gli dissi:

«Chi è quel padre che non spende mille lire per il bene della sua bambina?»

«Ho le sfere che girano a elica!» rispose, sgarbato.

Lasciato l'operaio andai di filato in una trattoria poco distante da casa mia. Mia moglie infatti lavora e fatti i conti ci conviene mangiare fuori casa: la differenza che si spende si guadagna in tempo. Andai a sedermi al nostro solito tavolo. La trattoria era vuota: il cameriere stava sparecchiando. Mia moglie se n'era già andata. Angela va a mangiare a mezzogiorno in punto: dice che se si va dopo, si finisce col mangiare gli avanzi. Io finisco la scuola all'una meno un quarto pressapoco: da ora che sono in trattoria è l'una. Quando arrivo, lei di solito è alla mela.

Mentre mangio penso alle famiglie che potrebbero prendere l'enciclopedia. Ne segno i nomi su un notes. Fino a qualche tempo fa ero solo io a fare questo lavoro; ma adesso c'è concorrenza. In genere la gente non ha preferenza per nessuna enciclopedia, quindi l'affare lo fa il rappresentante che arriva per primo.

Mentre bevo il caffè abbozzo un sistemino. Mi sono accorto che Benedetti, oltre a fare sistemi con me, ne gioca per conto suo. E io faccio lo stesso.

Mia moglie lavora nello scantinato del condominio dove abitiamo. Lavora da sola alla trancia.[7] Il suo lavoro sta nel tranciare dalla pelle lingue di scarpe e quelle ali dove ci si infilano le stringhe. Lavora per artigiani e industrialotti che hanno così la possibilità di risparmiarsi un operaio tranciatore. Nel laboratorio ci sono due trance: abbiamo appena finito di pagarne le rate. Mia moglie guadagna trenta lire per ogni servizio, come lo chiama: cioè per ogni due paia di ali e una lingua, che corrispondono a cinque colpi di trancia. Le pareti del laboratorio sono nude, così spicca il quadretto dell'orario di lavoro che Angela ha appeso dietro la porta: 7-12, 13-19; orari che lei si è imposta e che non rispetta quasi mai; difatti incomincia a lavorare sempre qualche ora prima e finisce un paio d'ore dopo. Quando ha molto lavoro va avanti fino oltre la mezzanotte. Vicino ai due macchinari c'è un tavolo, dove c'è fogli di pellame, e lingue e ali che Angela ha tranciato stamattina. L'unico soprammobile è un posacenere con la scritta: «Cortesia a tutti. Credito a nessuno».

Mentre Angela continua nel suo verso, io, con un gesso, numero le linguette, accoppio le ali, divido il lavoro fatto per un cliente da quello dell'altro. Inoltre ricevo i clienti che portano il lavoro, e incasso il dovuto per conto di Angela. Con lei parlo poco mentre lavora. Angela, quando è presa, non dà ascolto, risponde seccata o non risponde per niente.

Dopo qualche ora ho finito quello che c'era da fare; per non stare con le mani in mano (Angela si innervosisce a lavorare mentre io sto lì a far niente), mi metto nell'altra trancia e con gli stampi e il pellame mi metto a lavorare.

È da molto tempo che trancio, ma non sono ancora abile. Il tempo che io impiego per un servizio, Angela ne ha già fatti tre e anche quattro. Quando lavoriamo insieme alle trance ho intuito che lei s'impegna per darmi dei distacchi.

Dopo un paio d'ore devo smettere.

---

7. *trancia*: taglierina, o macchina per tagliare (generalmente materiali in fogli sottili, come il cuoio o la carta).

La casa editrice dell'enciclopedia mi ha fatto avere una giardinetta, col sessanta per cento di sconto. Ogni settimana mi passa coupons[8] per duecento chilometri che io mi sono impegnato a fare per la città, e soltanto in città. La giardinetta porta sulle portiere le iscrizioni pubblicitarie dei prodotti della casa editrice. Questi chilometri – il contratto parla chiaro – li devo fare un poco ogni giorno tutti i giorni. Ci sono gli ispettori della casa che controllano. Io, comunque, unisco l'utile al dilettevole; carico la giardinetta di lavoro, e lo vado a consegnare ai clienti di mia moglie; mi facilita anche la vendita delle enciclopedie. Difatti entro nei fabbrichini[9] e nei cortili, e distribuisco pieghevoli a operai e famiglie.

Mentre guido penso che il mio stile di vendita si è ormai logorato. Una volta bastava dire a un operaio o a un contadino, o anche a un impiegato: chi è quel padre che si rifiuta di spendere mille lire al mese per la cultura del suo figliolo? perché loro si sentissero in dovere di firmare il contratto. Ma, a furia di adoperarla, la frase non funziona quasi più.

Alla sera ceniamo verso le nove. Angela compra scatolame, formaggio, delle uova, del salame, e ci si arrangia così. È il momento che possiamo parlarci con respiro.

«Quante enciclopedie hai fatto oggi?» domanda Angela.

«Due!» dico, mortificato.

«Non ti dài da fare!»

«Vendere enciclopedie non è come vendere scarpe, neh!» dico risentito.

«Ma va' là!»

«Però ho seminato. Ho messo le pulci nel naso a parecchia gente: prima o poi finiranno per prenderla, vedrai!»

Angela non è convinta.

«Per vendere bisogna essere insistenti, più insistenti dei nani da circo; seguitare a ritornare: così si fa!»

«È ben quel che faccio!»

«L'è no asé!»[10] dice.

«Scherzerai, spero!»

«Sicché oggi in totale hai tirato su quindici e quindici, trenta sacchi...»

«Chiamaci niente!»

«Ah seh seh; basta contentarsi!»

«Buttali via, cosa vuoi che ti dica!»

«Trenta sacchi tutti in una volta!» fa lei, superiore.

---

8. *coupons*: (francese) sono buoni per pagare la benzina.

9. *fabbrichini*: fabbrichette.

10. *L'è no asé*: non è abbastanza.

Finito di mangiare, Angela, sbrogliata la tavola, esce[11] il suo quadernetto di appunti.

«Incò[12] ho fatto novanta donzene[13] di servizi. Insomma! Non è stata una giornata muffa,[14] proprio da dire: muffa; si poteva farne anche di più. Domani cercherò di recuperare!»

Mentre sfoglia il quaderno, ogni tanto si ferma su qualche pagina, dov'è segnato il nome di qualche cliente e il suo credito.

«Questo figlio di sua madre non si vede ancora. Mè paziento ammò[15] una settimana, ma, se fra otto giorni oggi[16] non viene, glieli vo a cercare...»

Volta un'altra pagina.

«E questo qui, ci dici niente a questo qui? Oltre non darmi soldi che mi deve, cià la faccia di venirmi a cercare ancora lavoro...»

Volta un'altra pagina.

«Questo qui sono andata a casa sua e non c'era. Mi ha fatto perdere mezz'ora per niente. Ah ma mè, me ne insogno neanche:[17] ce la metto in conto, che dica quello che vuole!»

Insieme mettiamo in ordine la contabilità. Dato che Angela lavora per parecchi, questo lavoro ci prende quasi sempre un paio d'ore.

Angela ripete fra i denti:

«Seguitiamo a dire: crediti a nessuno, e poi... Adesso ci chiedo l'anticipo a tutti e basta. Spodanò fidarsi[18] di nessuno, ormai. Va bene, ciascuno fa il suo pane, ma qui si esagera... E poi trenta lire per servizio è un po' poco. Dico: tutto è cresciuto, persino il pane, dico: mettiamoci in regola col tempo... Sai cosa penso di fare?»

«Cosa?»

«Cresaria[19] non di tanto, di uno scudo appena. Cinque lire. Cosa sono cinque lire incò? Sta' tranquillo che me le danno senza fare storie. Sedinò,[20] chiuso. Andassero a cercarsi un'altra tranciatora... Non gli conviene mica, veh, ai clienti: gli conviene tenermi cara, che io sono puntuale. In fin dei conti le scarpe le hanno ben aumentate... Insomma dimmi il tuo parere!» grida.

«Hanno aumentato le paghe agli operai e così hanno aumentato le scarpe!» dico.

«E allora aumento anch'io!»

«Ci penseremo su.»

---

11. *esce*: tira fuori.
12. *Incò*: oggi.
13. *donzene*: dozzine.
14. *muffa*: moscia, inutile.
15. *ammò*: ancora.
16. *fra otto giorni oggi*: fra una settimana, oggi a otto.
17. *ma mè, me ne insogno neanche*: ma io, non me lo sogno neppure.
18. *Spodanò fidarsi*: non ci si può fidare.
19. *Cresaria*: aumenterei.
20. *Sedinò*: altrimenti.

«Io ci ho già pensato: io aumento e amen. Trentacinque lire e l'antici-po!»

«Non esagerare adesso!»

Angela mi guardò irritata.

«Dico: parlo con uno che ragiona o che roba? Trentacinque lire; no un fènico[21] di più, non uno di meno: trentacinque lire.»

«D'accordo!» dissi.

Ci affacciammo al balcone.

Il balcone dà per una strada dove ci sono due semafori. Io conto i lam-peggiamenti del semaforo più distante; Angela, di quello più vicino. È il nostro divertimento. Ci sono sere nelle quali il mio semaforo ha più lam-peggiamenti; altre volte è quello di Angela.

Siamo stati per qualche mezz'ora sul balcone; poi ci siamo ritirati nella stanza da letto.

Mentre ci svestivamo, le ho domandato quanti lampeggi ha contato. «Io ne ho contati mille e...»

«Io neanche uno!» disse Angela. «Insomma, cinque lire in più per ser-vizio ci si può fidare mettere giù altre due trance, prendere sotto un paio di ragazze. Sai che cosa ci viene in piedi?»

Io spensi la luce. Le dissi:

«Angela, oggi era il mio compleanno!»

«Cosa vuoi di regalo?»

Dopo qualche esitazione dissi:

«Sarebbe quasi il momento di mettere al mondo un erede; che ne dici?»

«Ci tieni proprio? Perché anch'io, neh, ci tengo, ma adesso mi pare un po' presto ancora!»

«Sono entrato nei trentaquattro!» dissi.

«Non sono mica poi tanti. Aspettiamo ammò un po': abbiamo tanto tempo davanti. Godiamoci la vita ancora un po'... Pensa te: quattro trance che vanno... È che qui faranno storie i vicini: cominceranno a dire che il verso delle trance rovina i muri. Lo dicono già adesso... Be', si va da un'altra parte. Appena cala il lavoro, che ne n'è poco, faremo sanmiche-le[22] in un altro laboratorio. E da domani si cambia musica: trentacinque lire, e l'anticipo...»

**Scheda di analisi
a pagina 374**

21. *no un fènico*: non un soldo, un centesimo.
22. *faremo sanmichele*: trasloccheremo. Espres-sione che deriva dalla consuetudine, diffusa soprattutto nell'Italia settentrionale, di traslo-care per l'appunto il giorno di san Michele (29 settembre).

Giorgio Bassani

Ravenna

ora in *Il romanzo di Ferrara*, A. Mondadori.

Il ricordo più lontano che ho di Ravenna è dei tempi immediatamente successivi alla prima guerra mondiale.

Avrò avuto sei anni.

A Ravenna, patria di Francesco Baracca,[1] era stata indetta una manifestazione aerea per onorare la memoria del grande aviatore caduto sul Montello[2] alla vigilia dell'armistizio.[3] E mio padre, che soltanto da poco aveva smesso la divisa di ufficiale, e che in tutto, inclusa la politica, era pronto ad apprezzare il lato sportivo, aveva subito avuto l'idea di una "automobilata".[4]

Di quella gita a Ravenna rammento parecchi particolari: una sosta a Lavezzola,[5] all'andata, per cambiare una gomma; l'erba fresca, dura, del prato dell'aeroporto; gli aviatori dagli occhi violenti, quasi tutti bruni e con baffetti come Baracca e Ruffo di Calabria[6] – e come lo zio Giacomo, anche, l'unico fratello della mamma –, rigidi tutti sull'attenti davanti alle grosse eliche immobili degli apparecchi schierati sul campo per la parata d'apertura; il rombo spaventoso di un caccia da combattimento che più tardi, improvvisamente, aveva puntato sulla folla provocando un fuggi-fuggi generale... C'è però un episodio che ricordo con speciale vivezza. È il tramonto, siamo ormai lungo la via del ritorno. Superati gli argini del

---

1. *Francesco Baracca*: pilota di caccia (1888-1918), asso dell'aviazione italiana durante la Prima guerra mondiale.
2. *Montello*: monte a ridosso del fiume Piave; fu un punto strategico nel corso della Grande Guerra.
3. *armistizio*: l'Italia firmò l'armistizio con l'Austria-Ungheria il 3 novembre 1918.

4. *automobilata*: gita in automobile.
5. *Lavezzola*: piccolo paese, situato qualche chilometro a sud di Argenta (cfr. la nota 7).
6. *Ruffo di Calabria*: Fulco Ruffo di Calabria (1884-1946) fu un altro abilissimo pilota della nostra aviazione da caccia, discendente di un'antichissima famiglia nobiliare calabrese.

Reno, stiamo avvicinandoci a Argenta.[7] Quand'ecco, da un gruppo di giovani braccianti agricoli che occupa il lato sinistro della carrozzabile[8] si leva un grido:

«Pescicani!»

Un braccio nerboruto, cotto dal sole, agita minacciosamente una falce. Ricurva, scintillante, la lama si erge alta sopra le teste. Come una bandiera.

«Boia di pescicani!»

La delicata mano del papà, una mano da signore e da chirurgo, si stacca rapidamente dal volante, apre il cassettino del cruscotto e, nientemeno!, ne estrae un revolver. Siamo già passati, il gesto non ha più nessun valore, neanche dimostrativo, tanto è vero che di lì a un momento il revolver torna a sparire nel suo ripostiglio. Ma da quel preciso istante io so che i braccianti romagnoli, detti in famiglia "bolscevichi",[9] ce l'hanno con noi perché possediamo una Fiat, una Fiat tipo Due. A lasciarli fare, i bolscevichi sarebbero anche capaci di portarcela via, la nostra bella macchina. Tuttavia non ci riusciranno. Dalla nostra parte, a difendere il nostro diritto a possedere l'automobile, stanno gli assi di guerra con i quali abbiamo fraternizzato stamattina all'aeroporto di Ravenna. E poi, che cosa potrebbe mai combinare una falce, alla peggio, contro un revolver nero, un revolver che spara?

Se uno esce da Ferrara per Porta San Giorgio,[10] dopo una trentina di chilometri si trova dinanzi a una sorta di muro che sembra sbarrargli il cammino, impedirgli di procedere. È il Reno, l'argine di sinistra del Reno. Di là comincia la Romagna: una pianura non meno piatta di quella ferrarese, ma tagliata da stradoni lisci, dritti, interminabili, che conducono a Ravenna e poi al mare.

Avevo dieci, undici anni. Le estati avevamo già cominciato a trascorrerle a Viserba, a Rimini, a Riccione, a Cattolica, a Cesenatico,[11] e sempre, per spostarci, viaggiavamo in qualcuna delle altre macchine che possedemmo via via dopo la Fiat tipo Due (ricordo una O.M., una Ansaldo, una S.P.A. bianca), stipati fra valige, sedie a sdraio, masserizie e suppellettili varie. Le strade prima del '30 non erano ancora asfaltate. Il centi-

7. *Argenta*: centro agricolo tra Ferrara e Ravenna.

8. *carrozzabile*: all'origine era una strada abbastanza larga da essere percorsa da carrozze; in seguito le "carrozzabili" divennero le strade per le automobili.

9. *bolscevichi*: la parola "bolscevico" deriva dal russo "bol'ševik", e indicava alle origini

l'ala sinistra del Partito socialdemocratico di Lenin, ch'era anche l'ala maggioritaria. In seguito "bolscevico" divenne, più genericamente, sinonimo di rivoluzionario socialcomunista.

10. *Porta San Giorgio*: a sud-est.

11. *a Viserba... a Cesenatico*: sono tutte località balneari della riviera adriatica romagnola.

naio di chilometri che divide Ferrara dalle spiagge romagnole ci si metteva a coprirlo una intera mattinata.

Si sbucava nella piazza principale di Ravenna – una città di case piccole, anche più basse di quelle di Ferrara, con vie strette, tutte curve e giravolte –, verso mezzogiorno, nel sole a picco del mezzogiorno di luglio. E
specie nei primi anni era lì, nella piazza principale, dopo aver parcheggiato la macchina all'ombra, accanto a un caffè affollato di uomini grossi,
dalle facce abbronzate e dai vellutati occhi neri, come febbricitanti, era
proprio lì che ci concedevamo una mezz'ora di riposo. Entravamo nel
caffè a prendere qualcosa: il papà e la mamma un espresso, il meccanico[12]
Dino un *sandwich* di mortadella e un bicchiere di Albana,[13] e noi ragazzi
un gelato che per paura del tifo non poteva mai essere che di limone.[14]
Vasto, in penombra, risuonante di voci stentoree,[15] di esclamazioni perentorie, il locale era quello dove, pressoché in permanenza, stazionavano gli
squadristi del posto. E mio padre, che aveva già cominciato fin da allora a
staccarsi dal fascismo (definitivamente non l'avrebbe ripudiato che moltissimi anni più tardi, all'epoca delle leggi razziali),[16] mio padre li guardava con un'espressione curiosa, mista di orgoglio ammirato e di ripugnanza.

«No» diceva alla mamma sottovoce: «in confronto a questi qui, i
nostri di Ferrara erano stati niente. Quello là in fondo, per esempio» continuava, accennando col mento, «doveva essere il console Braga.»[17] Nel
'20, forse addirittura nel '19, un giovane socialista aveva buttato una
bomba a mano dentro il caffè dove ci trovavamo adesso, la quale bomba
a mano, scoppiando, aveva ammazzato diverse persone. Ebbene lui,
Braga, quantunque ferito a una gamba, aveva trovato la forza di trascinarsi all'aperto, di tirare fuori dalla tasca della giacca il revolver, e da terra,
sicuro, coricato pancia a terra, aveva preso con tutta calma la mira, e,
pam!, aveva sparato. L'attentatore si trovava già lontano, a non meno di
cento metri di distanza, ma la pallottola di Braga gli aveva trapassato il
cranio, freddandolo. Eh, erano famosi gli squadristi di Ravenna per i giochetti che inventavano! Gare in automobile a marcia indietro; sfide notturne di tiro alla pistola, coi lampioni del viale della stazione, a Ravenna,
oppure, a Cesenatico, quelli del lungomare, adoperati come bersagli;

---

12. *il meccanico*: allora era normale che i possessori di un'automobile andassero in giro con
un meccanico. Sia perché le vetture erano
assai poco affidabili, sia perché l'auto era un
privilegio ancora riservato a pochi ricchi.
13. *Albana*: vino bianco, aromatico e frizzante, tipico dell'Emilia Romagna.

14. *di limone*: perché i limoni hanno proprietà
disinfettanti.
15. *stentoree*: forti, potenti.
16. *leggi razziali*: cfr. la nota 10 a *Vanda* di
Pratolini.
17. *console Braga*: gerarca fascista ravennate.

grandi cene, magari in *smoking*,[18] durante le quali poteva succedere che una bella signora della migliore società, intervenuta in abito lungo insieme col marito, uscisse a un dato punto in escandescenze scandalose, e ciò perché nel piatto di risotto che le avevano dato da mangiare avevano messo in precedenza chissà quali porcherie...

Più tardi, dopo il '30, invece che in piazza usavamo fermarci fuori città, a Sant'Apollinare in Classe.[19]

Si usciva dalla Porta Cesarea[20] in un paesaggio bruscamente diverso da quello di un verde torrido attraverso il quale eravamo passati fino a poco prima: un paesaggio immenso, percorso da brezze che sapevano già di sale, e delimitato da una parte dalla nera riga ininterrotta delle foreste di Classe e di Cervia, e, dall'altra, dai velari azzurri delle colline di Bertinoro, di Verucchio e di San Marino.[21] Adesso non viaggiavamo più tutti quanti insieme. Di regola, ormai, io e mio fratello Ernesto adoperavamo le biciclette. Eravamo partiti da Ferrara alle prime luci dell'alba, con almeno tre ore di anticipo sulla grossa, soffocante berlina O.M. a bordo della quale, il papà come sempre al volante, era imbarcato il resto della famiglia.

Il patto era il seguente. I primi che avessero raggiunto Sant'Apollinare in Classe, quattro o cinque chilometri dopo Ravenna, là avrebbero aspettato gli altri. E c'era sempre sottintesa fra noi e il papà una sorta di scommessa. Chi sarebbe arrivato prima? Noi a forza di gambe e di fiato, oppure lui alla guida della sua O.M. ancora nuova nuova?

Impolverati, madidi di sudore, qualche volta ce la facevamo a varcare la soglia della basilica per primi. E ogni volta il refrigerio dell'interno, la luce tra verde e celeste che lo pervadeva, ci apparivano i medesimi che sapevamo di ritrovare di lì a poco in riva al mare.

Sempre mi ha colpito, in Ravenna, l'intensità drammatica dei contrasti, la possibilità di coesistenza, nell'ambito di un solo agglomerato urbano, di cose, di persone, di sentimenti così radicalmente diversi.

A Cesenatico, dove andammo in villeggiatura per otto estati consecutive, ci legammo di amicizia con molte famiglie di Ravenna: coi Cagnoni-Bitti, in particolare, e coi Baldelli. I Cagnoni-Bitti erano cattolici pratican-

---

18. *smoking*: abito maschile da sera, in genere di panno nero con risvolti di seta.
19. *Sant'Apollinare in Classe*: splendida basilica bizantina, a cinque chilometri da Ravenna, in direzione di Rimini. È l'unico resto dell'antica città di Classe, che era il porto di Ravenna.

20. *Porta Cesarea*: la porta meridionale di Ravenna.
21. *da una parte... San Marino*: sono tutte località che s'incontrano sulla riviera romagnola e nel suo immediato entroterra, procedendo da Ravenna verso sud.

ti e militanti; i Baldelli anarchici mangiapreti. Moderatamente antifascisti i Cagnoni-Bitti, violentemente i Baldelli, cos'era che li induceva, sulla spiaggia, ad appartenere allo stesso giro di ragazzi e ragazze se non la comune città di provenienza?

Nullo Baldelli usciva a volte, senza alcun motivo apparente, in atroci, elaborate bestemmie alle quali Libero, il fratello minore, faceva subito eco. A udirle, io ed Ernesto ce ne scandalizzavamo. Ma i sette fratelli Cagnoni-Bitti, maschi e femmine, niente affatto. Benché andassero a messa tutte le mattine, le tre ragazze sopportavano le bestemmie di Nullo e Libero Baldelli senza battere ciglio. Era chiaro: le bestemmie per loro non avevano la minima importanza. Importava l'ardore segreto, la cupa, ribollente lava interiore che le forzava a un dato punto a venire fuori, a esplodere. Il lampo iracondo che accendeva ad ogni occasione gli occhi bruni, vellutati, febbrili di Nullo e Libero, era evidentemente della stessa qualità di quello che traluceva in fondo agli occhi dei cinque maschi di casa: dei quattro fratelli, e del padre, l'avvocato Luigi, ex deputato del P.P.[22]

Di Ravenna, nel '35, conobbi anche certo Buscaroli, Vezio Buscaroli.

Sebbene villeggiasse a Cervia, di lui mi erano già state riferite molte cose: primo, che abitava in una bella casa in mezzo alla pineta con annesso campo di tennis; secondo, che aspirava a diventare un letterato, e anzi, l'anno precedente, aveva pubblicato un libretto di poesie; terzo, che nel giro dei vecchi squadristi ravennati, il *pistolero* Braga in prima linea, godeva di forti simpatie: e ciò da quando aveva sposato una magnifica ragazza di Massa Lombarda.[23] Ma sì – avevo sentito dire sulla spiaggia dai ragazzi più anziani del gruppo, Nullo Baldelli e Minto Cagnoni-Bitti: la moglie, una brunona formidabile, gliene combinava di tutti i colori a quel povero Buscaroli. E sotto gli occhi. Ma intanto chissà. Nonostante che avesse regolarmente la testa nelle nuvole, o magari proprio per quello, niente di più facile che un giorno o l'altro la Federazione[24] gli desse da fare qualcosa, una rivista, un giornale, roba del genere. E che così si mettesse a posto.

Invitati proprio da lui, Buscaroli, che quantunque non praticasse nessuna specie di sport si era fatto promotore di un incontro di tennis fra la squadra rappresentativa di Cesenatico e quella di Cervia, un pomeriggio

---

22. *P.P.*: Partito Popolare. Fondato nel 1919 da don Luigi Sturzo, intendeva coniugare democrazia parlamentare e cristianesimo. Venne messo fuori legge dal fascismo, con cui aveva inizialmente tentato di collaborare (1922-1923). Nel dopoguerra si ricostituì, con mutate prospettive, con il nome di Democrazia cristiana.

23. *Massa Lombarda*: paese romagnolo, situato nell'interno, presso Lugo, una trentina di chilometri a ovest di Ravenna.

24. *la Federazione*: la Federazione fascista.

di agosto, verso le tre, noi di Cesenatico ci presentammo dinanzi a casa sua. Eravamo sei o sette, tutti in bicicletta e vestiti da tennis. Buscaroli sedeva in giardino, all'ombra. Sprofondato in una *chaise longue* stava leggendo un libro.

Aperto un cancelletto di legno, ci avvicinammo. E siccome lui non diceva niente, nemmeno si alzava, limitandosi a guardarci di sotto in su con azzurri occhi imbambolati, fummo costretti a spiegare perché mai fossimo lì. Morale: dopo aver promosso il *match*, seccando mezzo mondo a forza di cartoline postali-espresso e di telefonate, Buscaroli se ne era dimenticato. Totalmente. Ne dava testimonianza, là, fra i pini del giardino, il campo di tennis con la rete a brandelli e col terreno chiaramente impraticabile.

«Che stupido!» diceva intanto Buscaroli di se stesso, le mani nei capelli e senza trovare la forza di levarsi in piedi. «Che fesso! Bella figura che aveva fatto!»

Distrutto, non gli riusciva di aggiungere altro. Ma ecco lei, la moglie bellissima, reduce dalla spiaggia in Jantzen[25] nero e zoccoli, sopraggiungere proprio in quel momento a fare gli onori di casa, e con un semplice sorriso circolare a togliere il marito dall'imbarazzo...

Ci sposammo nell'agosto del '43,[26] durante il periodo badogliano.

Mentre i carri armati tedeschi calavano da nord sempre più numerosi e i bombardamenti alleati si moltiplicavano, noi passavamo la nostra luna di miele tra Ravenna, Marina di Ravenna, Cervia, Rimini. Ero stato io a scegliere quei posti. Desideravo mostrarli a Val,[27] che li conosceva poco e male. Il futuro era così incerto! Bisognava che glieli facessi vedere adesso, subito.

A Marina di Ravenna restammo otto giorni filati, ospiti in casa di un macellaio socialista assieme col quale, la sera, sotto la lampada di un afoso tinello, facevo lunghe, noiose discussioni politiche. Ma durante il giorno eravamo sempre per mare. Su, giù, avanti, indietro. Con una *batàna*[28] presa a nolo per poche lire arrivammo una volta fino a Cesenatico, un'altra addirittura a Comacchio.

Veleggiavamo abitualmente a due, tre chilometri di distanza dalla riva, con gli occhi sempre rivolti alle foreste di pini che si levavano come bruni spalti[29] dietro il bianco profilo ondulato delle dune. Dal largo di Marina, attraverso il varco del porto-canale, poteva anche succedere che,

25. *Jantzen*: accappatoio.
26. *nell'agosto del '43*: cfr. la nota 2 a *Milano come in Spagna Milano come in Cina* di Vittorini.
27. *Val*: è la moglie del narratore.
28. *batàna*: pattìno.
29. *spalti*: mura di fortificazione.

velati per la lontananza, riuscissimo a scorgere i tetti delle case di Ravenna, le tozze torri campanarie e le larghe cupole delle sue chiese.

Nel cielo violetto della sera (tramontato alle spalle delle selve litoranee, il sole infilava fra gli scabri tronchi secolari spade di una luce verde, dolcissima), piccoli, argentei aeroplani da caccia facevano evoluzioni di prova. Talora, e non si sarebbero rialzati che all'ultimo istante, scendevano giù in picchiata, puntando decisi sulla nostra piccola vela. E il loro rombo lacerante, quando sfrecciavano sulle nostre teste accostate, ci riempiva di un'allegria infantile, alla quale, in me, seguiva una segreta tristezza tutta intrisa d'addio.

Leonardo Sciascia

Giufà

da *Il mare colore del vino*, Einaudi.

Giufà vive in Sicilia dai tempi degli arabi. Per come allora si scriveva, il suo nome era un piccolo uccello dalla coda dritta, crestato, un acino nel becco: ♮. Sono passati mille anni; e ancora Giufà va ciondolando per le strade, senza età come tutti i babbei, a combinarne una più grossa dell'altra. E la gente ci si arrabbia; o ci ride su a compatirlo; o nell'ozio, sui gradini della chiesa come un tempo su quelli della moschea, gli si fa intorno a suggerirgli scempiaggini, a fargli credere cose dell'altro mondo. La madre, povera vedova di un uomo che era poco meno stupido del figlio, ma almeno lavorava come un asino, di tanto in tanto esce di casa per andare in cerca di Giufà: e se lo tira dietro per mano, lo trascina con le poche forze che le restano; ché Giufà di stare in casa non vuole saperne, ma a saperlo fuori la madre si sente in testa, per l'apprensione, una cicala che stride e dice Giufà Giufà Giufà, ♮, ♮, ♮. Quello che le ha fatto vedere, povera vecchia, in una vita lunga un millennio! Cose da far morire di schianto ogni altra madre, spaventi da giuocarseli[1] per tutte le ruote del lotto, rovine da piangerci sopra per un secolo. E sbirri sempre per casa, ogni sorta di sbirri: quelli del caíd[2] e quelli del viceré, compagni d'arme di re Ferdinando[3] e carabinieri di re Vittorio.[4] Come la volta che Giufà ammazzò un cardinale: e la fece franca o per troppa stupidità o per troppa malizia, poiché la stupidità va d'accordo con la malizia sempre, e stupido com'è Giufà sa essere maliziosissimo. O come la volta che

1. *spaventi da giuocarseli*: Sciascia fa riferimento alla tradizione popolare della "smorfia" (cfr. la n. 30 a *L'incendio* dell'Ortese). In tutte le varianti della "smorfia" la paura corrisponde al numero 90.
2. *caíd*: funzionario governativo musulmano, specie nel nord Africa.
3. *re Ferdinando*: Ferdinando II di Borbone (1810-1859), ultimo sovrano del Regno di Napoli.
4. *re Vittorio*: Vittorio Emanuele II (1820-1878), primo re d'Italia.

per ammazzare una mosca che era andata a posarsi sulla faccia di un giudice, un giudice di quelli grossi, gli diede un tale schiaffo che il giudice fece su se stesso tre giri e cadde tramortito; e quando rinvenne voleva fare impalare Giufà, ma Giufà come sempre se la cavò. Se ne possono contare tante, di Giufà. La più bella è però la storia del cardinale: ché davvero Giufà stava per finire, insieme a sua madre che poveretta non aveva colpa, alle forche. E vero è che nemmeno Giufà, balordo com'era, aveva colpa: perché gli sfaccendati, che si divertivano a mettergli in testa cose strambe, e pericolose anche, gli avevano dato consiglio di darsi alla caccia, col vecchio archibuso che era ricordo di un suo avo o di un suo discendente, non si sa, ché il conto degli anni e dei secoli, del prima e del dopo, con Giufà non si può tenere; il vecchio archibuso che stava appeso al muro, a capo del suo letto, col corno della polvere e quello della lupara, la pietra focaia e gli stoppacci. Giufà trovò buona l'idea: e domandò informazioni sul modo di caricare l'arma e di andare a caccia, e sugli animali da ammazzare, e quali fossero i più gustosi. Gli spiegarono tutto, a modo loro e a modo di Giufà: e che i migliori da mangiare erano quelli con la testa rossa, cioè gli uccelli che i contadini chiamano testarossa e sono invece piccoli e magri, un pugno di ossicini, e mai i cacciatori li ammazzano. Detto e fatto: Giufà profittò che sua madre era andata a messa, la prima messa, quella dell'alba; staccò l'archibuso, lo caricò con tutta la polvere, tutta la stoppa e tutta la lupara che c'era; e si mise alle poste,[5] in una campagna appena fuori dal paese. Era una bella campagna: con siepi verdi, fiori dappertutto, fontane che specchiavano palmizi, un gaudio di vento che trascorreva tra le cime. Giufà vedeva grandi candidi uccelli dal collo lungo scivolare sull'acqua, altri dalle penne variamente colorate e splendenti camminare lentamente sulla ghiaia dei vialetti aprendo a ruota code che parevano fitte di occhi. Ma aspettava, Giufà, quelli dalla testa rossa: e non sapeva se fossero uccelli, o animali come le lepri o gli asini, o addirittura come gli uomini. La testa rossa: qualunque cosa vivente che avesse la testa rossa. E aspettava, con l'arma che gli portava via le braccia tanto era pesante.

Ed ecco al di sopra di una siepe verde lentamente muoversi qualcosa di rosso, un bel rosso lucente, un pelo che pareva di seta. Aveva la forma di una cupoletta di moschea. Non poteva essere che una testa, se si muoveva: e l'animale doveva essere tanto grosso che sarebbe bastato a una brigata intera; ma Giufà non era così sciocco da dare a mangiare

---

5. *alle poste*: sulle tracce, detto di selvaggina.

del suo, e fece disegno di mangiarne subito le trippe, come sapeva prepararle sua madre con erbe e spezie; di far brodo della testa; di mettere i quarti in salamoia. Diede fuoco alla conchetta della polvere e subito portò la mira alla cupoletta rossa. Fu un botto da far sfigurare quello del cannone di Castellammare,[6] e per il contraccolpo Giufà si trovò a sedere dentro un ruscelletto. Si alzò e corse al punto dove la cupoletta rossa era scomparsa dietro la siepe. Trovò un corpaccio tutto rosso che pareva di un uomo (due mani grasse e bianche, due piedi con scarpe nere a fibbia d'argento) ma non si poteva più dire dopo la cannonata che gli era arrivata. C'era da mangiare per un mese. Se lo caricò sulle spalle e corse a casa, dove sul tavolo di cucina lo scaricò. Sua madre non era ancora tornata dalla messa. Sorpresa grande, pensò Giufà: mia madre sarà contenta, non dirà più che sono un buono a nulla, non lo può più dire con tutta questa grazia di Dio che le ho portato in casa.

E fu sorpresa che per poco sua madre non ci lasciava il senno. Andava per casa strappandosi i capelli, sbattendo la testa al muro, lacrimando. Hai ammazzato il cardinale, hai ammazzato il cardinale. Giufà che cosa fosse un cardinale non sapeva: guardava con gli occhi tondi per la meraviglia di quell'angoscia, ché si aspettava un tripudio;[7] e non sapeva che fare. Poi, di colpo, poiché i momenti di rabbia venivano anche a lui, si caricò sulle spalle il cardinale e andò a gettarlo nel pozzo del cortile.

La madre ancora si agitava e gemeva. E Giufà sempre infuriato, ma non sappiamo se per furia o per calcolo, per stupidità o per malizia, prese il montone che sua madre allevava, e in quel momento pasceva tra le erbuzze del cortile, lo sollevò alto e lo scaraventò dentro il pozzo. Più alto levò il gemito sua madre, corse al pozzo: il montone era bello e affogato. Giufà, per non sentire la lagna, se ne uscì di casa.

Per la scomparsa del cardinale grande rumore corse in quella città e in tutta la Sicilia. Gli sbirri lo cercavano dappertutto, con le loro picche frugavano nelle pagliere, nei granai, nei mucchi di pietre e di letame; e persino nei materassi della povera gente, quando non era tanto povera da avere dei materassi. E misero un premio, cent'onze,[8] un bel mucchietto d'argento, per chi avesse dato qualche notizia buona a far ritrovare, vivo o morto, il cardinale; e dieci volte tanto, mille onze, per chi

---

6. *Castellammare*: Castellammare del Golfo, cittadina presso Trapani, nella Sicilia occidentale.
7. *tripudio*: grande gioia, con visibili manife-

stazioni di esultanza.
8. *cent'onze*: le once erano monete d'argento, di notevole valore. Si coniarono nel Regno delle Due Sicilie a partire dal XVIII secolo.

avesse denunciato il colpevole di quella sparizione. Perciò gli spioni e gli avari andavano su e giù per le strade del paese come le spole di un telaio: e le loro orecchie, per lo sforzo di cogliere i minimi sussurri nei crocchi e dietro le porte delle case, parevano diventate grandi quanto le bocche dei tromboni. E fu così che il capitano di giustizia, il capo degli sbirri, seppe che dal pozzo che era nel cortile della casa di Giufà veniva fiato di putrefazione: e con grande apparato di sbirri vi si recò. Ma non che sospettasse di Giufà.

Uno per uno, il capitano per primo, tutti gli sbirri si affacciarono alla bocca del pozzo e nauseati se ne ritrassero. Per quanto amassero il cardinale, nessuno se la sentiva di calarsi giù a tirar fuori quel corpo che, non c'era dubbio, nell'acqua stava disfacendosi: si avvicinavano, getta-vano un'occhiata a quel fondo d'acqua che specchiava le loro facce, i loro elmi lucenti, e subito si allontanavano a respirare l'aria buona del mattino. Per cui, vedendo Giufà che vicino al pozzo se ne stava tran-quillo, come non sentisse niente, soltanto assorto allo spettacolo di tutta quella gente luccicante di corazze e alabarde che si muoveva nel cortile, al capitano venne l'idea di calare Giufà dentro al pozzo. Gli promise un'onza. Per un'onza Giufà si sarebbe buttato nel pozzo a testa sotto.

Non si sa, quelli che riferiscono la storia non lo dicono, se Giufà avesse memoria di quel che aveva fatto. Erano passati pochi giorni da quando nel pozzo aveva buttato il cardinale e il montone: ma si sa che i babbei non hanno memoria o hanno memoria confusa, delle cose vere si ricordano nebulosamente, come di sogni. Comunque, era pieno di allegria mentre gli legavano corde alla cintura e sotto le braccia, mentre lo calavano giù. Quandò toccò fondo, l'acqua gli arrivava al petto. Si inginocchiò, e quasi gli arrivava alla bocca: e cominciò a muovere sott'acqua le mani, a brancicare.[9] E subitò gridò «L'ho trovato!»

«Sua Eminenza?» domandò il capitano tenendosi il naso stretto tra due dita.

«Che Sua Eminenza?» domandò Giufà.

«Voglio dire il cardinale» precisò il capitano.

«Io non ho mai visto un cardinale» disse Giufà «e tanto meno l'ho toccato: e qui sto toccando una cosa che può essere il cardinale come può essere un cane.»

«Malcreato!»[10] gridò il capitano. «Ti insegnerò a nerbate che diffe-renza c'è tra un cane e un cardinale.»

«Se parliamo di nerbate»[11] disse Giufà «io non mi muovo più: e

---

9. *brancicare*: andare a tentoni, cercare con le mani qualcosa senza vedere.

10. *Malcreato*: malnato.

11. *nerbate*: frustate.

scendete voi a vedere se si tratta di un cardinale o di un cane.»

«Scherzavo» disse il capitano.

«Così va bene» disse Giufà: e intanto continuava a brancicare sott'acqua, e guardava verso l'alto con una faccia perplessa, come di un cieco.

«Sbrigati» disse il capitano.

«Ecco: sto toccando una cosa pelosa, una cosa lanosa. Aveva lana addosso il cardinale?»

«Non lo so» disse il capitano.

«Non lo sapete... E quanti piedi aveva il cardinale, lo sapete?»

Il capitano parve assalito da un nugolo di vespe; cominciò ad agitarsi, ad agitare le mani nell'aria. «Quanti piedi aveva Sua Eminenza? Hai il coraggio di domandare quanti piedi aveva il nostro amatissimo cardinale arcivescovo? Tiratelo su» disse agli sbirri «che gliene voglio dare tante di nerbate da farlo camminare a quattro piedi per tutta la vita.»

Gli sbirri non lo tirarono su: ché sarebbe toccato a uno di loro scendere al posto di Giufà. E del resto anche il capitano, che agitato dalla rabbia non si stringeva più il naso con le dita, dal puzzo che sentiva si persuase a mutar tono. «Via» disse «non scherziamo.»

«E chi scherza?» disse Giufà. «Io un cardinale non so com'è fatto: voglio sapere se questo che cerchiamo piedi ne aveva due o quattro.»

«Quattro» disse il capitano, confuso dall'ira.

«Due, signor capitano» dissero in coro gli sbirri.

«E che ho detto quattro?» disse il capitano prendendosela ora con gli sbirri. «E che vi ci mettete anche voi a farmi fumare la testa? Ho detto due: e quel figlio di una strega che si attenta a dubitarne l'avrà a che fare con me, l'avrà a che fare.»

«Veramente avete detto quattro» disse Giufà, sorridendo e levando un dito verso il capitano in scherzevole ammonizione. E poi serio «Insomma: due o quattro?»

«Due» disse il capitano sbuffando collera.

«Questo qui ne ha quattro: dunque non è il cardinale» disse Giufà.

«Due o quattro» disse il capitano «tu legalo alle corde che lo tiriamo su.»

«E perché fare un lavoro a spreco?» disse Giufà. «Se non è il cardinale perché tirarlo fuori?»

«Fai come ti ho detto» disse il capitano «e non avrai a pentirtene.»

Giufà continuò a brancicare sott'acqua, come non avesse sentito. E «Un momento!» gridò trionfante. «Il cardinale aveva le corna?»

«Le corna, Sua Eminenza? Hai detto le corna?» urlò il capitano. E cominciò a correre intorno al pozzo urlando «Sacrilegio! Sacrilegio!» e digrignava i denti, e si dava colpi disperati sulla corazza.

«Non può essere?» domandò placido Giufà.

«Ti farò arrostire come un porco da latte» gli gridò il capitano affacciandosi al pozzo.

«Una domanda non si può fare?» disse Giufà. «E voi ditemi com'è fatto un cardinale, e io non domando più niente.»

«Com'è fatto un cardinale?» gridò il capitano. «È fatto come me e te, imbecille.»

«Non ha niente di diverso, niente di speciale?» incalzò Giufà.

«Niente» disse il capitano.

«E perché lo cercate con tanti sbirri?»

«Perché è un uomo importante, perché è come un principe.»

«Ed è ricco?»

«Ricchissimo.»

«E in testa che porta?»

«Un cappello di terzopelo,[12] un cappello rosso.»

«E corna non ne ha... Siete proprio sicuro che non ne ha?»

«Sicurissimo» disse il capitano, fremendo.

«Ma un momento... Così, tanto per ragionare...» disse Giufà, che a guazzo nel pozzo ci stava fresco come sotto una pergola. «Voi dite che corna non ne aveva: e io vi credo... Ma voi l'avete conosciuto da vivo: che ne sapete se da morto non gli sono spuntate?... Io so che a chi da vivo ha fatto peccatacci, da morto gli vengono le corna. Il cardinale peccatacci ne aveva?»

La rabbia del capitano di nuovo esplose: imprecazioni, minacce. E quando si calmò, dal fondo del pozzo venne quieta quieta la voce di Giufà che domandava «Nemmeno un peccato piccolo così?» e mostrava un'unghia.

«Nemmeno» disse il capitano.

«E che arte faceva?» domandò Giufà.

«Arte?» fece il capitano. «Che arte, cretino? Faceva il cardinale, faceva. Comandava i preti: tutti i preti della Sicilia.»

«Anche don Vincenzo?» domandò Giufà. Don Vincenzo era il prete della sua parrocchia.

«Anche don Vincenzo» rispose paziente il capitano.

«E allora» disse Giufà «questo vostro cardinale secondo me le corna deve averle: e io ve lo mando su, e lo vedete da voi.»

Sott'acqua legò il corpo, che era andato palpeggiando, alle corde;

---

12. *terzopelo*: la pelliccia dei mammiferi è costituita da tre tipi di peli: ordinari, restati e lanosi. Gli ultimi sono i più pregiati, e sono appunto detti "terzo pelo" o "terzopelo".

gridò che tirassero. E venne su, fradicio, il montone; e Giufà appresso. Il capitano e gli sbirri guardavano allocchiti, senza parola.

«È o non è il cardinale?» domandò Giufà tutto allegro.

Il capitano gli mollò un calcio. E fu tutta la pena che Giufà ebbe: ché a nessuno venne più in mente di cercare ancora nel pozzo.

Scheda di analisi
a pagina 376

Goffredo Parise

Fame

da *Sillabari*, A. Mondadori.

Un giorno di agosto del 1968 nuvole nere e basse correvano nel cielo di una piccola città della Nigeria orientale e ogni tanto pioveva. La pioggia cadeva in fasci di gocce enormi che scioglievano la terra rossa delle strade e diventavano torrenti diretti chissà dove. Poi tornava il sole tra il verde della foresta, l'acqua raccolta nell'incavo delle grandi foglie dei banani cessava di zampillare e le ultime gocce si bilanciavano sulla punta di quelle foglie, poi cadevano. In quel momento ricominciava il caldo, la terra rossa si asciugava fumando e negri ridenti vestiti di pezzi di nylon rosa e azzurri sorgevano da sotto i banani e parevano rincorrersi con i piedi con la voce e con le mani.

Quella piccola città era la capitale di un minuscolo stato che si chiamava Biafra[1] e che ora non esiste più. Un certo colonnello Ojukwu, un negro pazzo che aveva studiato in Inghilterra aveva fondato quello Stato e un numero immenso di bambini e di vecchi fuggiti dalla foresta a causa della guerra stavano chiusi dentro recinti e vecchie scuole e morivano di fame anche se in città c'erano dei banchetti che vendevano scatolette di cibo a borsa nera. Ma i bambini e i vecchi fuggiti dalla foresta non lo sapevano e se lo sapevano non avrebbero mai avuto i soldi per comperare anche una sola di quelle scatolette. La propaganda del colonnello pazzo voleva che morissero per commuovere il mondo e convincerlo a riconoscere il

---

1. *Biafra*: il Biafra è una regione del sud della Nigeria, ricca di giacimenti petroliferi e abitata in buona parte dalla etnia semibantù degli Ibo. Nel 1967 il colonnello Ojukwu si proclamò capo dello stato biafrano, di cui dichiarò l'indipendenza, avviando una feroce guerra civile, alimentata in realtà meno dalla sua pazzia che dagli interessi delle multinazionali del petrolio. Al conflitto, che terminò nel 1970 con la resa totale degli Ibo al governo nigeriano, si sommò la carestia, provocando una strage per fame nella popolazione civile.

proprio Stato e ci riuscì, a farli morire, a commuovere il mondo e a farsi riconoscere da qualcuno. Lo Stato durò pochi mesi, la guerra finì e i milioni di morti scomparvero.

In uno di quei recinti sotto il sole e sotto l'ombra delle nubi nere e le docce improvvise, un uomo, un europeo, guardava un bambino nudo. Il bambino non era più completamente nero di pelle, né scuro di capelli perché era diventato quasi roseo e rossiccio di capelli per mancanza di proteine e pareva come spellato. Inoltre era così magro che la pelle sul suo cranio era come seccata al sole, c'erano molte grinze secche intorno agli occhi e non aveva né collo, né guance, né labbra. Le dita delle mani e dei piedi erano le piccole ossa delle falangi che si muovevano stranamente insieme alle altre ossa dello scheletro. Nell'incavo del bacino aveva una piccola borsa di pelle grinzosa e tutti i suoi movimenti erano molto lenti, ondulanti e traballanti. Sorrideva, guardando l'uomo che lo guardava e sorrideva anche ai fotografi che lo fotografavano in massa come sorpreso e lusingato di tanta attenzione. Il suo sorriso era quello di un centenario, che però in quel momento aveva qualcosa da fare, cioè sorrideva con cortesia, ma senza abbandonare il lavoro che lo occupava.

L'uomo che lo guardava da molto tempo aveva visto il bambino raccogliere degli stecchi intorno alla baracca e osservò che per fare questo aveva impiegato più di due ore, prima con piccolissimi mucchi di stecchi intorno a dove si trovava e in seguito riunendoli in un solo mucchio. Poi aveva guardato l'uomo, l'uomo capì lo sguardo, cavò di tasca l'accendino e accese gli stecchi che cominciarono subito a bruciare con un po' di fumo. A questo punto il bambino smise di guardare l'uomo, frugò con le dita dentro una fessura della baracca, tirò fuori un topo infilato in un grosso stecco e cominciò a farlo girare sul fuoco con molta lentezza e con tutte due le mani. Di tanto in tanto alimentava il fuoco con altri stecchi infilandoli con abilità uno sotto l'altro senza far cadere quelli che già bruciavano e diventavano brace. Questo lavoro però lo stancava, allora abbandonava il topo sul fuoco e il topo dopo un po' friggeva e si gonfiava. Al friggere del topo il bambino pareva svegliarsi e riprendeva in mano lo stecco che faceva girare tra le falangi che parevano molto lunghe, con unghie lunghe. Ma nel fare questo respirava sempre più affannosamente, la cassa toracica si muoveva come un soffietto e dopo pochi minuti il bambino lasciava cadere il topo sulla brace. Quello che pareva richiedere al suo corpo una fatica minore era infilare altri stecchi nel fuoco.

Il bambino andò avanti immerso in questi esercizi per circa venti minuti, poi, come definitivamente stanco, ritirò il topo dal fuoco e lo lasciò cadere in disparte, si sdraiò e parve addormentarsi. Ma non dormiva, di tanto in tanto apriva i grossi occhi bianchi e neri molto lucenti e sorrideva all'uomo.

Fu in quei momenti di riposo che sorrise ai fotografi; i fotografi fecero il loro lavoro e se ne andarono. Uno si chiamava André, era un giovanotto grassoccio, sudato, coi capelli rossi dall'odore acre. Strizzò l'occhio a una specie di suo capo senza macchina fotografica, uno magro con un orecchio bucato da una pallottola e disse: «*Vachement bon*»,[2] evidentemente soddisfatto delle fotografie fatte al bambino.

Il bambino pareva veramente dormire, due o tre volte si scosse come per brutti sogni o per una contrazione dei nervi e mostrò i denti bianchissimi e sporgenti. Ma nemmeno allora dormiva perché l'uomo vide il sacchetto del ventre muoversi come se contenesse un piccolo animale e un po' di liquido giallastro scorrere sotto l'osso del bacino. Il bambino aprì gli occhi, si accorse di quello che aveva fatto, si alzò traballando e si avviò piano piano fino a un ciuffetto di fogliame con cui si pulì. Poi si lavò prendendo acqua piovana da un secchio di plastica e si asciugò con delle garze che sfilò da un gran pacco sulla porta della baracca. In quei momenti l'uomo distolse gli occhi perché, da uno sguardo del bambino, capì che non voleva essere guardato. Lo guardò ancora quando il bambino finì del tutto di pulirsi e infatti il bambino sorrise e riprese attentamente il lavoro.

Dalla fessura dove aveva nascosto il topo cavò un vecchio coltello e cominciò a raschiare dal topo tutta la parte carbonizzata. Questo gli portò via molto tempo, sia per la lentezza dei movimenti, sia per la minuzia da vecchio con cui il bambino puliva il topo. Quando fu ben pulito cominciò a mangiarlo dalle natiche verso la schiena. Mangiava a piccoli morsi né abbondanti né voraci come uno che ha poca fame, di tanto in tanto guardava l'uomo con occhi abbastanza indifferenti, faceva piccole pause durante le quali staccava la carne del topo con le unghie e la mangiava con calma osservandola prima di metterla in bocca.

Ricominciò a piovere, l'uomo stette un poco sotto la pioggia, ma poiché la pioggia gli impediva di vedere si rifugiò dentro la baracca dove anche il bambino era entrato dopo aver lasciato cadere a terra ciò che restava del topo. Per entrare nella baracca il bambino aveva dovuto alzarsi e fare due gradini: impiegò molto tempo a salire quei gradini, appoggiandosi allo stipite, una volta traballò e stava per cadere quando sopraggiunse l'uomo che lo afferrò per un braccio. Restò in piedi, in equilibrio molto precario sulle ossa delle gambe e tuttavia ne accavallò una come

2. *Vachement bon*: (francese) letteralmente significa "vaccamente buono", ed è espressione di parlato volgare molto usata per dire "ottimo", "eccellente".

fanno i bambini vivaci e allegri, aggrappandosi però con le falangi della mano allo stipite della porta. L'uomo vide che nell'interno della baracca erano distesi due cadaveri di bambini accanto ai quali stava accosciata una vecchia che piangeva. La pioggia era diventata torrente e portò subito via i resti del topo, anche l'uomo stava appoggiato allo stipite della porta e non guardava più il bambino, guardava il torrente formato dalla pioggia.

Italo Calvino

Tutto in un punto

da *Le Cosmocomiche*, Einaudi.

*Attraverso i calcoli iniziati da Edwin P. Hubble[1] sulla velocità d'allonta-
namento delle galassie, si può stabilire il momento in cui tutta la materia
dell'universo era concentrata in un punto solo, prima di cominciare a
espandersi nello spazio.*

«Si capisce che si stava tutti lì,» fece il vecchio Qfwfq, «e dove, altrimenti? Che ci potesse essere lo spazio, nessuno ancora lo sapeva. E il
tempo, idem: cosa volete che ce ne facessimo, del tempo, stando lì pigiati
come acciughe?»

Ho detto "pigiati come acciughe" tanto per usare una immagine letteraria: in realtà non c'era spazio nemmeno per pigiarci. Ogni punto
d'ognuno di noi coincideva con ogni punto di ognuno degli altri in un
punto unico che era quello in cui stavamo tutti. Insomma, non ci davamo
nemmeno fastidio, se non sotto l'aspetto del carattere, perché quando non
c'è spazio, avere sempre tra i piedi un antipatico come il signor Pber[t]
Pber[d] è la cosa più seccante.

Quanti eravamo? Eh, non ho mai potuto rendermene conto nemmeno
approssimativamente. Per contarsi, ci si deve staccare almeno un pochino
uno dall'altro, invece occupavamo tutti quello stesso punto. Al contrario
di quel che può sembrare, non era una situazione che favorisse la socie-
volezza; so che per esempio in altre epoche tra vicini ci si frequenta; lì
invece, per il fatto che vicini si era tutti, non ci si diceva neppure buon-
giorno o buonasera.

Ognuno finiva per avere rapporti solo con un ristretto numero di cono-

---

1. *Edwin P. Hubble*: Edwin Powell Hubble,
astronomo statunitense (1889-1953). Si dedicò
in particolare allo studio delle nebulose sia
della nostra che di altre galassie.

scenti. Quelli che ricordo io sono soprattutto la signora Ph(i)Nk$_O$, il suo amico De XuaeauX, una famiglia di immigrati, certi Z'zu, e il signor Pber^t Pber^d che ho già nominato. C'era anche una donna delle pulizie – "addetta alla manutenzione", veniva chiamata –, una sola per tutto l'universo, dato l'ambiente così piccolo. A dire il vero, non aveva niente da fare tutto il giorno, nemmeno spolverare – dentro un punto non può entrarci neanche un granello di polvere –, e si sfogava in continui pettegolezzi e piagnistei.

Già con questi che vi ho detto si sarebbe stati in soprannumero; aggiungi poi la roba che dovevamo tenere lì ammucchiata: tutto il materiale che sarebbe poi servito a formare l'universo, smontato e concentrato in maniera che non riuscivi a riconoscere quel che in seguito sarebbe andato a far parte dell'astronomia (come la nebulosa d'Andromeda)[2] da quel che era destinato alla geografia (per esempio i Vosgi)[3] o alla chimica (come certi isotopi del berillio).[4] In più si urtava sempre nelle masserizie della famiglia Z'zu, brande, materassi, ceste; questi Z'zu, se non si stava attenti, con la scusa che erano una famiglia numerosa, facevano come se al mondo ci fossero solo loro: pretendevano perfino di appendere delle corde attraverso il punto per stendere la biancheria.

Anche gli altri però avevano i loro torti verso gli Z'zu, a cominciare da quella definizione di "immigrati", basata sulla pretesa che, mentre gli altri erano lì da prima, loro fossero venuti dopo. Che questo fosse un pregiudizio senza fondamento, mi par chiaro, dato che non esisteva né un prima né un dopo né un altrove da cui immigrare, ma c'era chi sosteneva che il concetto di "immigrato" poteva esser inteso allo stato puro, cioè indipendentemente dallo spazio e dal tempo.

Era una mentalità, diciamolo, ristretta, quella che avevamo allora, meschina. Colpa dell'ambiente in cui ci eravamo formati. Una mentalità che è rimasta in fondo a tutti noi, badate: continua a saltar fuori ancor oggi, se per caso due di noi s'incontrano – alla fermata d'un autobus, in un cinema, in un congresso internazionale di dentisti –, e si mettono a ricordare di allora. Ci salutiamo – alle volte è qualcuno che riconosce me, alle volte sono io a riconoscere qualcuno –, e subito prendiamo a domandarci dell'uno e dell'altro (anche se ognuno ricorda solo qualcuno di quelli ricordati dagli altri), e così si riattacca con le beghe di un tempo, le malignità, le denigrazioni. Finché non si nomina la signora Ph(i)Nk$_O$ – tutti i discorsi vanno sempre a finir lì –, e allora di colpo le meschinità vengono

2. *nebulosa d'Andromeda*: è l'unica galassia visibile a occhio nudo dalla Terra.
3. *i Vosgi*: monti della Francia orientale.

4. *isotopi del berillio*: gli isotopi sono elementi che hanno lo stesso numero atomico, ma differiscono per peso atomico. Il berillio è un metallo raro.

lasciate da parte, e ci si sente sollevati come in una commozione beata e generosa. La signora $Ph(i)Nk_O$, la sola che nessuno di noi ha dimenticato e che tutti rimpiangiamo. Dove è finita? Da tempo ho smesso di cercarla: la signora $Ph(i)Nk_O$, il suo seno, i suoi fianchi, la sua vestaglia arancione, non la incontreremo più, né in questo sistema di galassie né in un altro.

Sia ben chiaro, a me la teoria che l'universo, dopo aver raggiunto un estremo di rarefazione, tornerà a condensarsi, e che quindi ci toccherà di ritrovarci in quel punto per poi ricominciare, non mi ha mai persuaso. Eppure tanti di noi non fan conto che su quello, continuano a far progetti per quando si sarà di nuovo tutti lì. Il mese scorso, entro al caffè qui all'angolo e chi vedo? Il signor $Pber^t$ $Pber^d$. «Che fa di bello? Come mai da queste parti?» Apprendo che ha una rappresentanza di materie plastiche, a Pavia. È rimasto tal quale, col suo dente d'argento, e le bretelle a fiori. «Quando si tornerà là,» mi dice, sottovoce, «la cosa cui bisogna stare attenti è che stavolta certa gente rimanga fuori... Ci siamo capiti: quegli Z'zu...»

Avrei voluto rispondergli che questo discorso l'ho sentito già fare a più d'uno di noi, che aggiungeva: «ci siamo capiti... il signor $Pber^t$ $Pber^d$...»

Per non lasciarmi portare su questa china, m'affrettai a dire: «E la signora $Ph(i)Nk_O$, crede che la ritroveremo?»

«Ah, sì... Lei sì...» fece lui, imporporandosi.[5]

Per tutti noi la speranza di ritornare nel punto è soprattutto quella di trovarci ancora insieme alla signora $Ph(i)Nk_O$. (È così anche per me che non ci credo). E in quel caffè, come succede sempre, ci mettemmo a rievocare lei, commossi, e anche l'antipatia del signor $Pber^t$ $Pber^d$ sbiadiva, davanti a quel ricordo.

Il gran segreto della signora $Ph(i)Nk_O$ è che non ha mai provocato gelosie tra noi. E neppure pettegolezzi. Che andasse a letto con il suo amico, il signor De XuaeauX, era noto. Ma in un punto, se c'è un letto, occupa tutto il punto, quindi non si tratta di *andare* a letto ma di *esserci*, perché chiunque è nel punto è anche nel letto. Di conseguenza, era inevitabile che lei fosse a letto anche con ognuno di noi. Fosse stata un'altra persona, chissà quante cose le si sarebbero dette dietro. La donna delle pulizie era sempre lei a dare la stura[6] alle maldicenze, e gli altri non si facevano pregare a imitarla. Degli Z'zu, tanto per cambiare, le cose orribili che ci toccava sentire: padre figlie fratelli sorelle madre zie, non ci si fermava davanti a nessuna losca insinuazione. Con lei invece era diverso: la felicità che mi veniva da lei era insieme quella di celarmi io puntiforme[7] in lei, quella di proteggere lei pun-

---

5. *imporporandosi*: diventando rosso.
6. *dare la stura*: dare il via.

7. *puntiforme*: a forma di punto.

tiforme in me, era contemplazione viziosa (data la promiscuità[8] del conver-
gere puntiforme di tutti in lei) e insieme casta (data l'impenetrabilità puntiforme di lei). Insomma, cosa potevo chiedere di più?

E tutto questo, così come era vero per me, valeva pure per ciascuno
degli altri. E per lei: conteneva ed era contenuta con pari gioia, e ci accoglieva e amava e abitava tutti ugualmente.

Si stava così bene tutti insieme, così bene, che qualcosa di straordinario doveva pur accadere. Bastò che a un certo momento lei dicesse:
«Ragazzi, avessi un po' di spazio, come mi piacerebbe farvi le tagliatelle!» E in quel momento tutti pensammo allo spazio che avrebbero occupato le tonde braccia di lei muovendosi avanti e indietro con il mattarello
sulla sfoglia di pasta, il petto di lei calando sul gran mucchio di farina e
uova che ingombrava il largo tagliere mentre le sue braccia impastavano
impastavano, bianche e unte d'olio fin sopra al gomito; pensammo allo
spazio che avrebbero occupato la farina, e il grano per fare la farina, e i
campi per coltivare il grano, e le montagne da cui scendeva l'acqua per
irrigare i campi, e i pascoli per le mandrie di vitelli che avrebbero dato la
carne per il sugo; allo spazio che ci sarebbe voluto perché il Sole arrivasse con i suoi raggi a maturare il grano; allo spazio perché dalle nubi di
gas stellari il Sole si condensasse e bruciasse; alle quantità di stelle e
galassie e ammassi galattici in fuga nello spazio che ci sarebbero volute
per tener sospesa ogni galassia ogni nebula[9] ogni sole ogni pianeta, e
nello stesso tempo del pensarlo questo spazio inarrestabilmente si formava, nello stesso tempo in cui la signora $Ph(i)Nk_o$ pronunciava quelle
parole: «... le tagliatelle, ve', ragazzi!» il punto che conteneva lei e noi
tutti s'espandeva in una raggera di distanze d'anni-luce e secoli-luce e
miliardi di millenni-luce, e noi sbattuti ai quattro angoli dell'universo (il
signor Pber[t] Pber[d] fino a Pavia), e lei dissolta in non so quale specie
d'energia luce calore, lei signora $Ph(i)Nk_o$, quella che in mezzo al chiuso
nostro mondo meschino era stata capace d'uno slancio generoso, il
primo, «Ragazzi, che tagliatelle vi farei mangiare!», un vero slancio
d'amore generale, dando inizio nello stesso momento al concetto di spazio, e allo spazio propriamente detto, e al tempo, e alla gravitazione universale, e all'universo gravitante, rendendo possibili miliardi di miliardi
di soli, e di pianeti, e di campi di grano, e di signore $Ph(i)Nk_o$ sparse per i
continenti dei pianeti che impastano con le braccia unte e generose infari-
nate, e lei da quel momento perduta, e noi a rimpiangerla.

---

8. *promiscuità*: mescolanza indiscriminata.
9. *nebula*: nebulosa.

Scheda di analisi
a pagina 376

1979-1992

1979

Francesco Cossiga, democristiano, forma il nuovo governo.
Si afferma il termine "post moderno" per indicare in architettura e in design la reazione al modernismo e alla architettura razionale.

1980

Attentato terroristico alla stazione ferroviaria di Bologna.

1981

Referendum sull'aborto: viene respinta l'abrogazione della legge.
Scoppia lo scandalo della loggia massonica P2.
Giovanni Spadolini, repubblicano, forma il governo.

1982

La mafia assassina il prefetto di Palermo Carlo Alberto Dalla Chiesa.

1983

Bettino Craxi forma il primo governo a presidenza socialista.

1984

Craxi e il cardinale Casaroli sottoscrivono il nuovo concordato che sostituisce quello del 1929.
Attentato terroristico al rapido Napoli-Milano.

1985

Francesco Cossiga viene eletto presidente della repubblica.

1986

Gravissimo incidente alla centrale nucleare di Cernobyl in Ucraina.

1987

I referendum popolari si pronunciano a favore del blocco dell'energia nucleare, della responsabilità civile dei magistrati, dell'abolizione della commissione parlamentare inquirente.

1989

Si sgretola con le manifestazioni di massa il muro di Berlino.
I ministri dell'ambiente della Cee affrettano l'applicazione degli accordi per la difesa della fascia d'ozono e impegnano i loro paesi a ridurre del 15% la produzione di clorofluorocarburi.

1990

Alle elezioni amministrative tenuta dai partiti dalla maggioranza, secco calo del Pci e affermazione delle Leghe.

1991

La partecipazione italiana al blocco anti-Saddam, nella guerra del Golfo, suscita un aspro dibattito tra opposte posizioni politiche in Parlamento e tra l'opinione pubblica.
Il Pci al congresso di Rimini cambia nome e simbolo diventando Pds.
Referendum per la preferenza unica con netta vittoria dei "sì".
Istituzione del Ministero dell'immigrazione.
Summit europeo a Maastricht.

1992

La magistratura milanese dà avvio all'inchiesta denominata "Mani pulite".
Negli attentati mafiosi di maggio e luglio vengono assassinati i giudici Giovanni Falcone e Paolo Borsellino.
Oscar Luigi Scalfaro viene eletto presidente della repubblica.
La lira esce dal regime di cambi fissi del sistema monetario europeo (settembre) e si svaluta del 20%.

Aurelio Grimaldi

Tema: una storia d'amore

da *Meri per sempre*, La Luna.

Mettiti in testa che questa è una storia d'amore vera e non una storia inventata come le altre che ti hanno scritto gli altri ragazzi.

È una storia d'amore un po' triste, ma la vita è fatta così.

Io e un mio amico eravamo andati al cinema a vederci un film da ridere. Nella nostra fila c'era una compagnia di ragazzi e ragazze, e con la scusa di una sigaretta abbiamo fatto conoscenza e ci siamo seduti vicino. Il mio amico aveva la macchina (Totò, il mio coimputato),[1] loro avevano qualche motorino. Ci siamo caricati in sette sulla macchina e siamo andati a Mondello.

Tra di loro c'era Rita, un'occhialina coi capelli lunghi che non parlava mai, e io cominciai a raccontarle un po' di storie.

Mi chiese se studiavo o se lavoravo e io non potevo dirle che ero un rapinatore. Così le dissi che facevo il barista.

In parte era vero, perché io avevo fatto il barista per quattro anni e stavo anche al banco dei gelati.

Quel pomeriggio stesso le chiesi se il giorno dopo potevamo vederci. Mi dimenticai di averle appena detto che facevo il barista fino alle 11 di sera, così lei mi chiese: «Ma non sei a lavorare?» Io sono un tipo che diventa subito rosso, e così mi impirugghiai[2] prima di inventarle una mezza storia.

Lei di sicuro lo capì che dicevo una bugia e così mi ero convinto che il giorno dopo non sarebbe venuta all'appuntamento. Invece ci venne. Le offrii un gelato e poi me la portai al Giardino Inglese come due innamorati.

---

1. *coimputato*: imputato nello stesso processo. **2.** *mi impirugghiai*: m'impappinai.

Lì le dissi se voleva diventare la mia fidanzata, lei diventò tutta rossa e poi mi rispose di sì.

Le diedi un bacio sulla bocca ed ero veramente innamorato di lei, il cuore mi batteva e avevo pensato a lei tutta la notte: ci viene o non ci viene, e se veniva che cosa le dovevo dire, e diventavo rosso anche solo nel pensiero.

Poi le diedi ancora altri baci.

Quando tornai a casa dovevo avere la faccia stranissima perché mia madre mi chiese: «Ma che hai? Che ti è successo?»

«Niente, niente...» e prima di andare a dormire mi sognai che facevo l'amore con lei e ci sposavamo.

Ci vedevamo tutti i giorni, ogni pomeriggio. Lei sapeva ancora che facevo il barista: le avevo detto che mi ero fatto cambiare il turno e lavoravo di sera fino a notte tardi.

Era una bugia ma solo a metà: con Totò e con gli altri facevamo notte giocando a carte, ubriacandoci come porci, andando a buttane, e quando ci servivano soldi facevamo piccole rapine. Io e Totò avevamo cominciato a fare rapine nei paesi intorno a Palermo perché io sono furbo e avevamo capito che nei paesini, se vai a rubare in un tabaccaio, o in un negozio di vestiti, non ti possono prendere mai.

Io, però, da quando mi ero fidanzato con Rita ero cambiato, Totò mi diceva che mi ero fatto fottere dall'amore; e la verità era che non volevo fare più quella vita da scanazzati,[3] ed anche mio padre non mi voleva più in casa perché diceva che io non ero un figlio ma un cane di strada.

Io pensavo due cose: la prima che ad andare sempre a buttane può essere giusto quando sei un ragazzino, ma poi non c'è più gusto né piacere, e uno vuole avere una donna da amare, perché non siamo animali. La seconda era che a fare rapine, anche nei paesi, prima o poi ti devono prendere lo stesso, e si finisce di nuovo in galera.

Io cominciavo a pensare seriamente a trovarmi un lavoro, però mi dispiaceva lasciare Totò e gli amici, e loro mi dicevano che ero diventato scimunito come lo diventano tutti gli innamorati.

Io uscivo tutti i pomeriggi con Rita e non mi stancavo mai. Lei era una ragazza molto dolce, e io la rispettavo moltissimo. Ci baciavamo; poi una volta mi venne di metterle la mano sotto la gonna ma lei mi disse che non voleva ed io mi fermai e non ci provai mai più.

Io l'amavo moltissimo e volevo presentarla a mia madre. Ma prima dovevo trovare un lavoro e smetterla di fare il ladro.

---

3. *da scanazzati*: senza freno, da cani scatenati.

Invece ci pigliarono a Villabate, a me e a Totò. Ci imputarono altre sette rapine. Noi ci professammo innocenti: in verità, sei di quelle le avevamo fatte tutte noi, ma una (a Misilmeri)[4] ti giuro che noi non c'entravamo per niente.

A me che ero minorenne mi diedero 5 anni, e a Totò, maggiorenne, 7 anni. Appena mi arrestarono scrissi subito a Rita. Non avevo il coraggio di dirle proprio tutta la verità e allora le scrissi che ero a Malaspina[5] perché mi accusavano di avere fatto una rapina; ma io non c'entravo per niente. E che l'amavo moltissimo, più di ogni altra cosa al mondo.

Lei mi scrisse che la mia lettera l'aveva uccisa di rabbia e di dispiacere, che l'avevo fatta piangere. Mi scrisse di non cercarla mai più perché lei mi avrebbe dimenticato.

Io le scrissi di nuovo implorandola di non dimenticarmi e di scrivermi ancora. Ma lei non mi scrisse più.

Io sono un ragazzo forte; ed anche se la penso sempre, io sono uno che non piange.

Quando uscirò la andrò a cercare, e se mi amava veramente mi vorrà ancora. E se invece non mi vorrà più, questa sarà la mia vita.

**Scheda di analisi
a pagina 378**

4. *Villabate... Misilmeri*: paesi dell'entroterra palermitano. **5.** *Malaspina*: il carcere minorile di Palermo.

Marco Lodoli

Alberto

da *Ai margini. Racconti italiani*, Franco Angeli.

Ieri il professore d'italiano è entrato in classe con la faccia dei giorni
scuri. La ricreazione non era ancora terminata, ma lui ha gridato «mette-
tevi seduti e state zitti». «Posso finire di mangiare la pizza?» ha chiesto
Robbioli, e il professore ha detto di no. Poi ha aggiunto: «è morto
Moravia, stamattina alle nove». Il professore spesso ha delle pretese esa-
gerate, non si rende bene conto che questo è l'istituto tecnico
Marcheggiani, crede che noi sappiamo molte cose di quelle che interessa-
no solo a lui. Ogni tanto ci fa scrivere su un quaderno un elenco di libri
che dobbiamo leggere – «li dovete leggere assolutamente, sono opere
fondamentali» – così lui detta e noi scriviamo la formazione della Roma.
Insomma, sola Laura e Giorgio sapevano chi era Moravia: uno che ha
fatto romanzi. Il professore ci ha ripetuto ancora una volta che siamo
delle bestie e non ci meritiamo niente. Siamo nati capre e moriremo
capre. Ci boccia tutti. Gli facciamo pena per quanto siamo capre. Sempre
le stesse cose ripete, gli si gonfia il collo mentre le grida. Poi ha detto a
Laura di aprire il Salinari-Ricci[1] a pagina seicentoundici e di leggere a
voce alta. «Alberto Pincherle, in arte Moravia, nacque nel 1907 a Roma
da famiglia ebrea benestante. Ammalatosi di tubercolosi ossea all'età di
nove anni, passando di sanatorio in sanatorio...» «Era gobbo come
Leopardi?» ha domandato Robbioli. «So' tutti gobbi gli scrittori», ha
detto Finzi, «per questo so' scrittori». Laura allora s'è interrotta e ha detto
«ce lo racconti lei, professore, questo Moravia, che a leggerlo sul libro
non ci si capisce niente». Il professore ha alzato la testa dal giornale e ha
ordinato a Laura di continuare a leggere, che meglio del Salinari-Ricci

---

1. il *Salinari-Ricci*: nota antologia di storia letteraria per il triennio delle scuole superiori, i
cui autori sono Carlo Salinari e Carlo Ricci.

non può spiegarlo nessuno, e che lui, il professore, ha un calo di voce e non deve sforzarsi. Io a orecchio ho seguito Laura fino al primo libro di Moravia, intitolato *Gli indifferenti* e scritto dall'autore all'età di diciannove anni, che è l'età mia, poi mi sono perso. «Ma insomma de che parlano 'sti libri de Moravia», ha chiesto Lunati, e il professore gli ha spiegato che questa è una domanda assurda, che i romanzi non parlano di una cosa o di un'altra, che nei romanzi la storia non conta niente. E che conta, allora? E lì il professore ha fatto un gesto vago sopra la testa: «contano le idee, capito Lunati, le idee e lo stile». «E che so' le idee, io non ce l'ho le idee, però me succedono un sacco di cose, anche questa estate, anche ieri pomeriggio.» «Laura», ha tagliato corto il professore, «continua a leggere, che è meglio, vai dove parla della *Romana*». Allora Finzi ha detto che la *Romana* lui l'ha vista in tivvù, con la Dellera, ed era un film da buttarsi dalla finestra a ogni puntata. Così il professore s'è arrabbiato ed è uscito in corridoio a fumarsi una sigaretta, e Robbioli s'è ripreso la pizza da sotto il banco, e tutti ci siamo messi a ripassare fisica.

Da quando ci siamo baciati per la prima volta, da metà aprile cioè, il pomeriggio io esco sempre con Mirella. Abbiamo voglia di vederci, ma non sappiamo mai che fare, dove andare a sbattere la testa. Mirella s'accontenta, dice che l'importante è passare le ore insieme, che a lei le basta. Forse quando avrò la macchina sarà meglio, perché con la macchina uno gira, gira e il tempo trascorre facile. Talvolta andiamo a Cinecittà Due a guardare i negozi, oppure a Via del Corso, o anche alla Rinascente. Mirella mi dice: «ti piace quella gonna, costa pure poco». Io rispondo: «sì, è bella», e passiamo alla vetrina seguente. Mirella è una ragazza romantica, un po' all'antica, tant'è che ancora non sono riuscito a portarmela a letto: quale letto, poi, non si sa. Il letto del prato alla Bufalotta.[2] Quando avrò la macchina sarà diverso. Comunque a lei piace soprattutto andare al Campidoglio[3] a vedere i matrimoni, tre, quattro di fila, che lì vanno via veloci. Le piacciono gli sposi che si baciano con rispetto, i vestiti fiammanti, le mamme che starnazzano, la gente ammucchiata per le fotografie, le macchine lucidate, tutto quello spettacolo lì, che a me sembra il circo Togni. «Certo in chiesa», dice Mirella, «è molto più bello, col crocefisso e l'organo, ma al Campidoglio si è sicuri di trovare sempre un bel po' di sposi.» Anche oggi siamo saliti su per quella scalinata, perché non avevamo nessun altro programma. Io ci vado come se andassi a rubare, sperando che nessuno mi veda. Il primo matrimonio era tra una

---

2. *Bufalotta*: ai piedi del Monte Sacro, nella zona nord-est della città.

3. *Campidoglio*: uno dei sette colli su cui venne fondata Roma.

donna bella formosa, che scoppiava dentro un vestito bianco e giallo, e un ragazzo che pareva un cerino spento. Al secondo matrimonio due parenti se le sono date di santa ragione, in un angolo della piazza. A un certo punto si sono rotolati per terra, con la camicia bianca fuori dai pantaloni, tirandosi per le cravatte. Io ho detto a Mirella: «tu resta pure qua a goderti i prossimi sposi, io vado a fare quattro passi». Volevo arrivare all'affaccio sul Foro,[4] da dove si dominano benissimo tutte le macerie antiche, per vedere se c'era qualche gatto veramente grosso. Lì in mezzo alle pietre ci sguazzano, i gatti, ce ne sono alcuni da dieci chili. Ma prima di arrivare alla ringhiera, là dove un'altra scalinata sale verso una grande porta a vetri, ho visto un gruppo di persone con la testa bassa e l'aria bastonata, i vestiti scuri. Ho pensato a un matrimonio andato a monte, allo sposo fuggito un attimo prima di dire sì, al pranzo già pagato che attendeva in qualche ristorante. Altre persone salivano la scala a passo lento, senza parlare. Allora ho voluto capire meglio, e li ho seguiti dentro a quel palazzo.

Al centro di una sala immensa c'era un uomo vecchio e morto, vestito bene, con le mani incastrate una nell'altra sopra la pancia. Io non avevo mai visto un morto in vita mia, neanche mio padre ho voluto vedere, tanti anni fa. Quel morto aveva l'aria di uno che sta pensando a cosa è meglio fare, giunti a quel punto. «Chi è?» ho chiesto a un ragazzo che aveva un fascio di giornali sotto il braccio. «È Moravia», mi ha risposto brusco. «Moravia lo scrittore?» «Certo.» Pagina seicentoundici, ho ricordato, e non ricordavo nient'altro. C'era un silenzio enorme in quella sala. Un uomo si è avvicinato alla bara scoperta e ha mormorato qualche parola, forse una preghiera. Un altro gli ha toccato la fronte, e ho sentito una ventata di freddo nelle ossa, come quando d'improvviso viene la paura e dà la scossa. Su una sedia una donna bionda piangeva tenendo un bastone da passeggio tra le mani. Il soffitto m'è parso altissimo, le pareti della sala lontanissime, mentre anch'io mi avvicinavo a quell'uomo, a Moravia. Non ricordavo nemmeno come si chiamava di nome. Franco Moravia, Gianni Moravia, Luca Moravia. Io mi chiamo Alberto, e così gli ho regalato il mio nome: Alberto Moravia, suona bene. E poi mi sono reso conto di come non so nulla, io, della vita e di cosa bisogna dire e pensare in certi momenti, che parole usare, che faccia, anche se sentivo i brividi nella schiena a guardare quel viso così definitivo, quelle sopracciglia bianche e folte come cespugli che non possono più nascondere. Chissà

---

4. *all'affaccio sul Foro*: il Foro fu per secoli il centro commerciale, giuridico, religioso e politico della Roma repubblicana. L'"affac- cio" è la terrazza che domina il Foro e che si raggiunge scendendo lungo la via del Campidoglio.

quanta gente s'era sposata, nel frattempo, che pianti che s'era fatta Mirella. Quante donne incinte, quanti ragazzini nelle pance o appena fuori, coi calzettoni già scesi sulle caviglie e il naso che cola. Quante indimenticabili fotografie, e i confetti. Ma prima di tornare al mondo io volevo dire qualcosa, a quell'uomo così bello, anche una cosa sola, ora che gli stavo a mezzo metro. «Pagina seicentoundici», gli ho mormorato, e di corsa sono scappato fuori, per non vederlo sorridere, di me.

Gaetano Neri

Dimenticarsi della nonna

da *Dimenticarsi della nonna*, Marcos y Marcos.

«La nonna. Perdio, mi sono dimenticato della nonna!» gridò Carlino levandosi a sedere sul letto. Sentì un brivido di freddo, poi avvampò e cominciò a sudare. Per la vergogna. Ecco qual era il tormento, pensò guardando la moglie che dormiva. Sapevo di aver mancato in qualche cosa. Corri di qui, corri di là, ma è inutile, io sono troppo sensitivo, o sensibile, come cacchio si dice. Povera nonnina.

Una volta veniva a trovarlo, timida, timorosa di disturbare. Ciao nonnina, come va? Le solite frasi di circostanza, poi lui continuava a leggere il giornale interrompendo con svogliati «ah sì?» le vecchie storie di canarini, di gatti e di reumatismi. Roberta, la moglie, figurarsi, non la guardava nemmeno. Dopo dieci minuti Carlino diceva: «Beh, nonna, adesso devo andare, sai, il lavoro...» Lei si alzava subito dalla poltrona e scendeva le scale con lui perché, restare con Roberta, neanche parlarne. La metteva sul tram e scappava via per infilarsi – che disgraziato – per infilarsi nel bar e perdere magari un'ora parlando di sport.

E così la nonna non era più venuta. Era andato a trovarla qualche volta, ma invece di parlarle, di ascoltare i suoi guai girava per le vecchie stanze cercando ricordi sui mobili e sui muri. «Non ti fai mai vedere» «Sai nonnina, il lavoro.» Eh già, la solita storia, fare soldi su soldi per Roberta che non è mai contenta. Così il tempo è volato e ho dimenticato la nonna. Come fosse morta.

Carlino si sfregò vigorosamente gli occhi. Morta? Ma certo che è morta, sono dieci anni almeno. Con un sospiro di sollievo rimise la testa sul cuscino e cominciò a russare.

Domenico Starnone

**30 marzo 1986:
Gita scolastica**

da *Ex cattedra*, Feltrinelli, su licenza de
«il manifesto» coop. Editrice.

Con gli anni mi sono fatto l'idea che la notte che precede la gita scolastica – «gita di istruzione» corregge il preside ammonendoci: «Non dimen-
ticatelo: la scuola non spende milioni per farvi divertire, ma perché i giovani vengano adeguatamente istruiti» – sia una notte di saccheggio. Da
dove potrebbero venire se non da salsamenterie[1] con le saracinesche
sventrate i salami, i provoloni, le pizze imbottite, i tramezzini a cinque
strati, le crostate di mela, le uova sode sufficienti per un esercito, le lattine
di birra, le bottiglie di vino e di superalcolici che stipano valigie e zaini
degli studenti? Possibile che le famiglie abbiano tanti soldi da spendere
per nutrire i loro figli?

Ci penso scrutando giovani sovraccarichi, che di solito entrano alla
seconda ora con tanto di *R* (ritardo), mentre puntualissimi – lunedì, ore
6,30 – già affollano la landa desolata dove sorge la nostra scuola, incuran-
ti del freddo e della pioggia fastidiosa, precocemente primaverili nei
vestiti da gitanti, cappelli con visiera da giocatori di baseball, certe radio
giganti con registratore incorporato che cantano ad alto volume con la
voce di Eros Ramazzotti: "Nato ai bordi di periferia, dove i tram non
vanno avanti più."

Sono tutti pronti a partire, meta la splendida e istruttiva Verona che a
ridosso di Pasqua, si sa, è un inferno. Più in là automobili di genitori
anch'essi insonni sostano in disparte, con delicatezza, per non infastidire i
figli con la loro presenza. Ogni tanto una voce: «Deborah, lo vuoi
l'ombrello?» che però non riceve risposta: di Deborah ce n'è tante, quella
non è mia madre.

---

1. *salsamenterie*: salumerie.

Anche noi insegnanti accompagnatori in queste occasioni arriviamo puntuali come mai: l'anziano collega Sparanise elegante come se dovesse andare alla prima della *Tosca*, bocchino d'oro tra le labbra; il collega Storioni, feroce precario sempre in lotta, vestito paramilitare, un cappello da cacciatore bianco come per il Camel Trophy; la collega Taddeo come se dovesse andare a sciare ma senza sci; il collega Vivaldi, fidanzato con la collega Taddeo, sul giovanile come al solito; io invecchiato anni '70 ma corretto per l'occasione da un paio di stivaletti ultima moda; padre Mattozzi in clergyman[2] con questa missione affidatagli dal preside: impedire che Vivaldi e Taddeo si diano al concubinato[3] sotto gli occhi dei ragazzi.

In attesa dei pullman Vivaldi e Taddeo si insultano pesantemente perché lei si è fatta accompagnare all'appuntamento in moto dal marito. Storioni si capisce subito che della gita, dell'istruzione, dei minori non gliene importa niente: lui è qui per divertirsi e non vuole essere seccato. Io ho messo alle orecchie la cuffia dell'allieva Falabella e ascolto: *Adesso tu*. Sicché i genitori ci osservano con sospetto e circondano subito l'anziano collega Sparanise, nonché padre Mattozzi, gli unici che danno qualche affidamento, ripetendo: attenzione alla mia bambina, attenzione alla mia bambina.

I pullman compaiono alle otto: due lustri Mercedes granturismo. Arriva anche il dottor D'Alessio, gestore dell'agenzia "Il milione" che dice: «Il meglio, come si può vedere. Tutto al servizio della scuola. Beati voi insegnanti, in giro per l'Italia tutto spesato coi soldi dei contribuenti, allegria, sempre coi giovani, beati beati beati: il vostro sì che è un bel lavoro». Quando va via gli lanciamo dietro orribili bestemmie.

Poi, a un segnale di Vivaldi, gli studenti (novantadue), che hanno già divorato la metà delle provviste per ingannare l'attesa, danno l'assalto ai pullman. Le coppie già costituite mirano ai posti in fondo come al cinema. Scoppiano litigi perché i posti sono già stati occupati da coppie che vorrebbero costituirsi. Alcuni finiscono tra gruppi nemici o estranei gridando: voglio cambiare posto. Si fanno trasbordi da un pullman all'altro, si passa all'appello e al contrappello. Il tutto mentre padre Mattozzi tranquillizza i genitori vantando la sua grande esperienza nelle gite a famosi santuari come Lourdes e ripetendo spesso: «Certo tutto questo disordine nelle gite scolastiche delle scuole private non c'è. Noi (intende: noi clero) sappiamo il fatto nostro».

---

2. *clergyman*: abito da sacerdote, portato di solito fuori dalla chiesa. È composto da giacca e pantaloni neri o grigioscuri, con pettorina nera e collare bianco.

3. *concubinato*: relazione tra un uomo e una donna non sposati.

Intanto l'autista del primo pullman, una persona anziana, si caratterizza subito come uno che dice porcherie alle ragazze. Quello del secondo, giovane e taciturno, si è limitato a dichiarare: se quando guida vola una mosca, lui la schiaccia, è chiaro? e ha roteato gli occhi in modo inquietante.

Ma finalmente siamo pronti alla partenza. Quand'ecco che Martinelli Stefy a cui tanto tempo abbiamo dedicato noi della sinistra patetica[4] per approfondire i suoi gravi problemi sentimentali nel corso di quest'anno scolastico, mi tira da parte fiduciosa e dice: «Può venire anche lui?» Questo lui è uno sui trent'anni tutto vestito di nero in pelle con borchie che sembra Scialpi: «No east, no west, we are the best, ognuno al mondo un posto avrà». Mi sta piantato davanti cupo mentre dai pullman le ragazze sospirano dicendo: com'è bello. «Questa è una gita di istruzione» rispondo «non di piacere: niente estranei». Il lui di Martinelli recita con voce roca: «Macchiccazzosei? Maccheccazzovuoi?» «I carabinieri» dico io. «Chiamate i carabinieri». Vivaldi corre subito a darmi man forte. Allora la discussione prende un'altra piega che è questa: e voi sareste insegnanti democratici e di sinistra? Con interventi delle amiche di Martinelli che dicono: tutto l'anno a predicare: apriti di qua, esponi i tuoi problemi di là, e poi quando si viene al dunque: fascisti. Si aggiunge il feroce precario Storioni che sfodera uno slogan del passato: via via \ la nuova polizia. Poi, graziaddio, padre Mattozzi riconosce nel giovane il figlio di un suo parrocchiano, lo prende sottobraccio e gli mormora: «Capisco la tua sofferenza, figliolo, ma».

Alle 9,30 si parte. Vivaldi, Taddeo e io siamo già un po' avviliti perché Martinelli Stefy non ci parla più. L'allievo Cardinale Pasquale mi rimprovera: «Però non doveva reprimere i suoi sentimenti e la sua sessualità».

Una volta in autostrada i ragazzi si dispongono per affrontare il lungo viaggio di istruzione. Nelle ultime file ci si scambia lunghi baci ma lasciando un po' di posto all'allievo Di Marco per fare gesti osceni a tutti quelli che sorpassiamo. Al centro invece un folto gruppo guidato dall'allievo Silvestrone suona con la bocca (tum tum ciaf ciaf) *Living in America* di James Brown: soundtrack, mi informa Cardinale ("colonna sonora" traduce per farmi capire) di *Rocky IV*. Timballo Daniele, perennemente in crisi puberale, urla da solo, in piedi, accanto all'autista nervosissimo: «Voglio una vita spericolata, voglio una vita come quella dei film, voglio una vita esagerata, voglio una vita come Steve McQueen».

---

4. *sinistra patetica*: detto di chi, da posizioni politiche di sinistra, si preoccupa, con eccessiva partecipazione emotiva, dei problemi psicologici individuali. Ma si riferisce anche, con amara autoironia, a coloro che continuano a coltivare ideali utopici di sinistra che paiono essere già stati scavalcati e smentiti dalla realtà della storia.

Alle 14 parcheggiamo in un'area di ristoro con un enorme autogrill Pavesi. L'autista giovane e taciturno vaneggia: «Non ce la faccio più, mi scoppia la testa». Quello anziano sbava dietro le ragazze. Tutti e novanta-due gli studenti si fiondano ai cessi dove incrociano, tra l'altro, altri studenti in gita scolastica. I cessi si intasano in due minuti, le sorveglianti bestemmiano, comitive di turisti risalgono in fretta sui loro pullman in cerca d'altri cessi.

La banda di Di Marco e Silvestrone comincia a fare la spola dall'auto-grill ai pullman e dai pullman all'autogrill. A ogni spedizione tornano coi piumoni sempre più gonfi: coca cola, aranciate, chili di caramelle, salami, un prosciutto, due leccalecca di dimensioni enormi. «Che combinate?» chiedo io guardando con apprensione una pantera della polizia a pochi passi. «Spesa proletaria» risponde Di Marco sicuro della mia complicità. Io sto per dire: «Te la do io la spesa proletaria», ma poi mi consulto prima con Vivaldi e decidiamo: silenzio e complicità, le nostre azioni sono già in ribasso: non è possibile ritrovarci nella stessa giornata, senza traumi, contro la libera espansione della sessualità e contro la spesa proletaria. Sicché «Spesa proletaria» diciamo con la gola secca. E pensiamo: sono le parole che si sono allontanate dalle cose e vanno per la loro strada o noi ci siamo allontanati dalle cose e dalle parole e chissà dove stiamo andan-do a parare?

Intanto Timballo crede di aver fatto colpo su una studentessa che appartiene a un'altra gita di istruzione diretta ad Aosta e mi chiede: «Posso andare ad Aosta con lei e poi vi raggiungo a Verona?» Quindi canticchia: voglio una vita come Steve McQueen. Nemmeno gli rispon-do. Sono troppo occupato a vedere come Germani Ursula familiarizza con un teppista su un'honda: ecco che già parte con lui per un giro di prova sul piazzale. Allora io e Vivaldi scattiamo dietro la moto, ansiman-do; perché se Germani Ursula casca e muore, noi finiamo in galera capi-to?, diciamo al teppista che però se ne frega.

Alle 15,30 ripartiamo dopo aver fatto l'appello. «Astarita!» «Presente». «Bisceglie!» «Presente». Tutti presenti. Alle 15,45 si scopre: Germani Ursula non c'è. Ordiniamo all'autista di uscire al primo casello, torniamo indietro, usciamo di nuovo, rientriamo ed eccoci daccapo all'autogrill. Germani non si è nemmeno accorta della nostra partenza: è lì sul piazzale che scorrazza col teppista in honda. Redarguita aspramente dice: questa non è una gita; è Alcatraz.

Dopo altre soste come questa, nel corso delle quali Di Marco e Silvestrone trasformano il pullman in succursale degli autogrill, arrivia-mo a Verona alle 23. Il nostro albergo, 2ª categoria extralusso a parere del dottor D'Alessio, è un enorme ostello in periferia con stanzoni e letti a castello. «Ragazzi» dice il portiere di notte, «massimo silenzio perché ho una compagnia di tedeschi che non vuole essere disturbata». Esplode subito un boato di voci per l'assegnazione delle stanze: gli amici voglio-no stare con gli amici, le coppie, se proprio non si può dormire insieme, non vogliono avere camere troppo distanti. Insomma all'una i ragazzi sono nelle stanze. Allora tocca a noi insegnanti: Taddeo in una singola, padre Mattozzi con Vivaldi perché così è sicuro che nottetempo quello non va da Taddeo con grave scandalo, Storioni finisce in camera con Sparanise che russa, io dormo in una stanza proprio accanto agli autisti per sorvegliare che l'anziano non vada a dare fastidio alle ragazze.

Mi sono appena assopito quand'ecco che telefona il portiere di notte. È tempestato da telefonate di tedeschi che dicono: troppo chiasso, volere dormire. Ci ritroviamo tutti noi docenti in pigiama a dare una controlati-na, tranne Taddeo che indossa una vaporosa vestaglia. Porte che sbattono, corse per i corridoi, urla femminili di aiuto aiuto, risate, musica ad altissi-mo volume, stornelli contro me e Vivaldi definiti, sempre su consiglio di Storioni, «la nuova polizia».

Appena si sentono i nostri passi di secondini, cade un terribile silenzio. Da una porta arrivano sghignazzate a stento soffocate. Mi ci avvento. Germani Ursula e Falabella Deborah sono a letto con belle camicine da notte. In piedi, vestiti di tutto punto, ci sono Di Marco, Silvestrone, Astarita e Marchionne. «Teppisti» dico, «fuori dalla camera delle ragaz-ze». «Veramente» dice Di Marco «la camera è nostra». Germani mi rim-provera perché sono entrato senza bussare.

Dopo una lunga ricognizione che porta padre Mattozzi a scoprire l'anziano autista in amichevoli conversari con tre ragazzine che stavano andando al bagno, l'autista giovane e taciturno nella camera di Martinelli Stefy e delle sue amiche del cuore a raccontare loro la sua vita grama, Cardinale Pasquale che già dormiva in cuccetta con Falabella Deborah, otteniamo ordine e disciplina intorno alle 4,30. Rientriamo nelle nostre camere stremati. Subito ricominciano a sbattere le porte: scalpiccii, urla, invocazioni.

Passano dieci minuti e arriva padre Mattozzi trafelato che quasi sfonda la porta e dice: mi sono perso Vivaldi, dov'è? «Dovunque sia, non me ne frega niente» rispondo e lui se ne va chiedendosi: benedetto uomo, dove s'è ficcato? Allora ritelefona il portiere di notte urlando: «Se continua così, sguinzaglio il mio mastino napoletano». «Lei ha un mastino napole-tano? Lo sguinzagli» gli dico. E non apro nemmeno a Sparanise che sup-plica: «Aprimi, aprimi, c'è un mastino per i corridoi». «E tu che ci fai per i corridoi?» lo rimprovero e mi addormento tra passi di corsa e un feroce ringhiare.

Il giorno dopo mi sveglio alle 11. Corro giù in portineria convinto che tutti stiano già visitando Verona senza di me. Ma il portiere dice: «Non s'è visto nessuno; o se li è mangiati il mastino o dormono ancora».

Nella hall c'è solo Timballo Daniele che sfumacchia da uomo rotto a tutte le avventure e come per dire: sono Steve McQueen. Lo vedo e solo adesso mi rendo conto che questo ragazzo in perenne età critica ce l'eravamo perso per strada e non ce ne eravamo accorti. Infatti lui mi racconta di come sia andato ad Aosta col pullman della bella che aveva sedotto all'autogrill e poi ci abbia raggiunto qui a Verona in autostop. Quindi conclude malinconicamente: «Alla radio hanno detto che è scoppiata la guerra tra Libia e Usl».

Quanto mi ci sarà voluto per capire che la Libia non era in armi contro un'Unità sanitaria locale ma contro gli Usa? Due secondi: poi ho chiesto al portiere di attaccarsi al telefono svegliando tutti per convocare: assemblea, assemblea, la situazione è grave. Due ore dopo novantadue ragazzi morti di sonno con in testa padre Mattozzi, Vivaldi, Taddeo, Storioni, Sparanise che mi guarda in cagnesco, apprendono la grave minaccia di guerra nel Mediterraneo. Io e Vivaldi diciamo: l'imperialismo Usa, guerrafondai,[5] che ci fanno a tanti chilometri da casa loro. Padre Mattozzi dice: la libertà, la fratellanza, pace, pace, è Pasqua. Il direttore dell'albergo, che ha fatto una veloce ricognizione per le stanze, dice: allagate, letti e comodini sfasciati, impronte di scarpe anche sul soffitto: come hanno fatto a camminarci? «Signori, altro che guerra nel Mediterraneo. Qui bisogna pagare i danni». Di Marco e la sua banda dicono che a loro degli Usa non gliene importa niente: però tifano per Rambo. E Germani Ursula interviene dicendo: perché Timballo non è stato redarguito per la sua fuga ad Aosta e lei sì per il suo flirt col teppista in honda? E deduce che sono misogino, antifemminista, un po' fascista.

Allora rinunciamo all'assemblea istruttiva sulla guerra nel Mediterraneo e andiamo a pranzo: un pranzo da caserma per i ragazzi, bocconcini per noi professori con inchini da parte dei camerieri. E ora visitiamo Verona – ordiniamo. Sì, sì. Vanno in camera a prepararsi e settanta non scendono più. Gli altri ventidue tra cui Falabella Deborah e Germani Ursula ricompaiono perché non possono lasciare Verona se non vedono la casa di Giulietta e Romeo. Quindici li perdiamo per strada. Ai cinque rimasti leggiamo dalla guida del Tci la descrizione del portale di San Zeno. Poi passeggiamo fino a sera in attesa di cenare e andare in discote-

---

5. *guerrafondai*: gli stati o le persone che sostengono regolarmente la necessità della guerra.

ca. Ogni tanto incrociamo bande di gitanti che cantano canzonacce e rico-
nosciamo i nostri studenti, ma anche loro ci vedono e si dileguano tra la
folla di turisti facendo gestacci. Segue cena in albergo: anche questa da
caserma. Martinelli, muta perché non le ho permerso di portarsi in gita il
fidanzato, non ha messo mai il naso fuori della sua stanza se non per
mangiare. Non verrà nemmeno in discoteca, dove padre Mattozzi
mostrerà di saper fare tutti i balli come se fosse Fred Astaire. Torniamo in
albergo alle 2 con studenti e studentesse che vomitano tutti i superalcolici
che si sono scolati. Della bolgia che segue fino alle 5 del mattino è inutile
dire. Vivaldi è inseguito dal mastino napoletano di corridoio in corridoio
per tutta la notte. Si salva chiudendosi in un cesso: voleva raggiungere la
camera della collega Taddeo ma non ce l'ha fatta.

Mercoledì si riparte, verdi per la stanchezza. Unica consolazione per
noi della sinistra patetica: la nostra pupilla Martinelli riacquista la parola e
dice: voglio fare delle foto-ricordo ai professori. Noi consentiamo. Io,
Storioni, Vivaldi, Sparanise, Taddeo e padre Mattozzi ci intrecciamo in
un abbraccio a catena e sorridiamo all'obiettivo. Poi tocca a Vivaldi e
Taddeo da soli che si guardano negli occhi. Poi a me e Vivaldi che bacia-
mo Taddeo, una guancia per ciascuno. Poi io, Storioni e Vivaldi fingiamo
di ridere: ah come ci siamo divertiti. E Martinelli scatta, scatta, scatta. E
noi sempre lì in posa: chi si pettina, chi si aggiusta, chi sta sempre a guardare l'orizzonte col profilo buono. Ci infastidisce solo che dietro
Martinelli si siano sistemati tutti gli studenti come a teatro e sghignazzino.
«Basta» diciamo. «Martinelli, stai consumando tutto il rullino per noi».
«Quale rullino?» dice Martinelli. E mostra la macchina fotografica vuota.

Il viaggio di ritorno, a meno che non sia quello di Odisseo, si racconta
in due righe: queste.

Clara Sereni

Atrazina[1]

da «*Linea d'ombra*».

Con il suo lavoro da giovane aveva girato molto: tante case ricche o almeno agiate, anche all'estero. Intellettuali e ambasciatori, nobildonne lievemente decadute, cantanti, attori: da tutti aveva imparato qualcosa, per quella capacità che aveva di succhiare cultura – buon gusto, eleganza, informazioni – dovunque ne intuisse una minima traccia.

Poi il matrimonio d'amore, il marito l'aveva voluta tutta per sé e anche a lei sembrava di avere imparato abbastanza. Così tutte le sue abilità di cameriera rifinita (e anche cuoca, guardarobiera, governante), l'amore per la bellezza e il piacere dell'armonia li aveva convogliati nella casa, una casa a disposizione da abbellire, strofinare, lustrare.

Come uno specchio. La pulizia era per lei una passione vera, profonda. I ripiani lucidi dei mobili a guardarli le davano ogni volta una sorta di ebbrezza; e così l'acciaio dei rubinetti, il candore della biancheria, il nitore di lampadari e finestre.

In casa lui si muoveva con circospezione affettuosa, attento a non guastare la fatica di lei. Nei giorni di festa rinnovava e aggiustava, stuccava e poliva:[2] insieme studiavano cataloghi e vetrine, insieme immaginavano abbellimenti e migliorie.

Quando erano stanchi, alla fine delle giornate, il grande letto intagliato da lui era lucido, le lenzuola ben tese: i capelli di lei si allargavano sui cuscini sprimacciati,[3] e ancora c'era la voglia di parole, di progetti, di invenzioni.

Non ebbero figli, perciò lo stipendio da operaio specializzato bastava,

---

1. *Atrazina*: composto chimico organico azotato. Usato in genere come erbicida, è altamente tossico.

2. *poliva*: levigava.
3. *sprimacciati*: sbattuti, scossi per distribuire uniformemente le piume o la lana.

perfino per qualche lusso: i fiori freschi sul tavolo, il divano di velluto, il servizio da caffè in silver-plated. Gli abiti sobri per lui quando uscivano, per lei le scarpe assortite alla borsetta.

Decoro e dignità, pulizia e precisione, il lavoro ben fatto. Era il modo che avevano per dare ordine al mondo insieme, controllarlo, adattarvisi: senza illusioni, con determinazione. E con speranza. (Per lui poi c'era anche la politica: lei se ne teneva lontana, quel che aveva lo considerava sufficiente).

Un'esistenza piena.

Fino all'incidente. Cinque suoi compagni di lavoro ci lasciarono la vita, lui ci lasciò l'anima: rimase "giù di mente", come disse il medico che glielo riconsegnò.

Capì subito che poteva soltanto rassegnarsi: gli occhi di lui erano vuoti, senza luce, forse senza nemmeno dolore. Doverglisi dedicare completamente non la stupì, in fondo si era costruita in quel mondo, tuttofare significa anche infermiera e balia asciutta, fatica da sopportare e isolamento.

Fiori non poteva più comprarne, mise un geranio alla finestra. Accese più spesso la radio, per coprire i silenzi e per tenersi al corrente.

Non era pericoloso, né violento. Parlare parlava poco, e solo della fabbrica: come se ancora ci andasse ogni giorno.

Infatti tutte le sere caricava la sveglia, e ogni mattina a quell'ora usciva di casa con la tuta, il berretto, i panini che lei gli preparava. Tornava al tramonto unto nelle mani, nel viso, nella canottiera perfino. Senza recriminare lei lo aiutava a fare il bagno, a tornare pulito.

Chissà dove andava a sporcarsi così. Provò a chiederglielo, lui si alterò: decise di lasciargli la libertà di quel segreto, l'ultima cosa tutta sua che gli fosse rimasta.

Fece le pratiche necessarie, ebbe la pensione di invalidità e la fece bastare. La vita in casa non era tanto diversa da prima: però il dolore le marciva dentro (la contiguità[4] con la follia mette in dubbio ogni normalità, frequentando l'assurdo tutto si smargina e scolorisce), tante volte di fronte alle certezze residue di lui si trovava a pensare se non era alla fin fine tutto vero, se non era lei a sbagliarsi e confondere. Poi lui poggiava la mano sporca sulla tovaglia di bucato, senza attenzione, o lasciava che i listelli del parquet si scollassero, uno dopo l'altro: pulendo e riassestando si convinceva di se stessa, quando le mani inutili di lui lo confermavano diverso.

---

4. *la contiguità*: lo stare a contatto.

Cercò aiuti, ebbe assistenti sociali e operatori psichiatrici ma non servirono, il marito alle facce nuove si spaventava e diventava come un bambino, con lei soltanto riusciva a tratti a ritrovarsi uomo.

Quando le dissero di rifarsi una vita li mandò via, tutti, chiuse la porta dietro di loro e cercò altre parole.

Le donne che incontrava al mercato, cariche di spesa e di risentimenti, erano frettolose, evasive; perciò parlò di detersivi, di metodi straordinari di lustrare il rame, del sapone di Marsiglia che non è più quello di una volta: condivise la sua scienza e un po' della sua storia, le fu riconosciuta un'autorità, si puntellò con quella.

Si diede delle abitudini, dei piccoli obiettivi: un cibo che gli piaceva per carpirgli un sorriso, una passeggiata insieme per essere ancora coppia.

Al futuro evitava di pensare, il presente la teneva occupata a sufficienza.

Erano difficili i fine-settimana, quando le fabbriche sono chiuse e lui restava in casa: allora si agitava, metteva in disordine biancheria e stoviglie, le cose gli cadevano di mano e si rompevano, ci restava male, a volte piangeva e a lei toccava consolarlo.

Quando lui sfasciò il ferro da stiro lei si improvvisò elettricista, divenne imbianchino per cancellare le manate dai muri, in ginocchio sul pavimento strofinava via le impronte di fango e la polvere dagli angoli. Con l'idea che quella loro casa – la pulizia, l'ordine, la precisione del lustro, del candido, dell'immacolato,[5] dell'integro – fosse per tutti e due come un guscio d'uovo, il contenitore che solo poteva tenere insieme il bianco e il grigio della loro vita.

Togliere le macchie la rassicurava, pulirgli il nero dalle mani la confortava: nudo e lavato davanti a lei sullo stuoino del bagno, la pelle arrossata dagli strofinii, i capelli lucidi d'acqua, le pareva ancora intatto. Salvarlo ogni giorno, togliere via con la sporcizia il male.

Lucidare rammendare candeggiare spolverare pulire risciacquare: le sue giornate trascorrevano così, e avevano uno scopo.

Una domenica stava lavando i piatti, nella catinella di plastica con la cura di sempre. Il marito era ancora in pigiama, alla radio dissero dell'atrazina: un veleno subdolo, incolore, invisibile, micidiale stava scorrendo anche dal suo rubinetto.

Guardò i piatti, brillavano: cosa vuol dire sporco, cosa significa pulito, le braccia le si arresero lungo i fianchi.

Chiuse l'acqua, si asciugò le mani, le guardò: sciupate, inutili. Sporche, senza rimedio.

---

5. *immacolato*: senza macchia, bianchissimo.

Serrò porte e finestre, controllò che tutto fosse in ordine. Tenne l'abito da fatica, aiutò il marito a indossare la tuta.

Consapevole del giorno di festa lui protestava, pacata e convincente gli spiegò di straordinari e commesse urgenti così si lasciò persuadere, si sentì indispensabile ed ebbe un guizzo nello sguardo prima di perdersi di nuovo.

Lo guardò negli occhi opachi, attirò il suo viso verso di sé perché la vedesse, la ascoltasse la capisse.

Con dolcezza, amorosa e disperata, gli impose:

«Non lasciarmi più sola, portami con te. In fabbrica».

Scheda di analisi
a pagina 379

Emilio Tadini

La persona sbagliata

da «*Linea d'ombra*».

Le tremava la mano. Il braccio sottile – tendini, ossa... Teneva stretta fra il pollice e l'indice una fotografia, la tendeva verso di me.

«Eccolo, mio marito. Come dice?»

Si voltava. Era come se voci le arrivassero, da tutte le parti, incomprensibili. Continuava a mostrarmi la fotografia. Quell'uomo sparuto, in canottiera – sullo sfondo di quattro pini in croce... Non era lui, poco ma sicuro: quello non poteva essere il fisico famoso morto una settimana prima in California. E lei, allora, non era la sua vedova, la donna che io avrei dovuto intervistare. Era chiaro, al giornale mi avevano dato un indirizzo sbagliato – forse un caso di omonimia... Addio intervista, comunque. E adesso? Poveraccia, così entusiasta, sconvolta addirittura... E poveraccio io, naturalmente. Come potevo fare per cavarmela?

«Due anni prima di morire, vede?»

Mi guardava, la donna, con occhi estatici e disperati. Sembrava, lì, in trionfo: e sulle spine. Certo, un giornalista in casa! Ma perché? E allora, con quel perché che le svolazzava furiosamente in testa, lei si era bloccata, dividendosi in due – e nessuna delle due metà bastava a darle un minimo di consistenza.

Ma lo sapevo, lo sapevo! Appena messo piede in quella casa, con il fotografo che curiosava da dietro le mie spalle, mi ero guardato intorno e... Subito, lo avevo capito! Non poteva essere, quella, la casa della vedova di un fisico famoso, di una donna che aveva vissuto per anni negli Stati Uniti, che aveva conosciuto più o meno tutti gli scienziati del progetto della bomba atomica e che infine, come dicevano le due righe di biografia ripescate in archivio, aveva scritto un libro per bambini dal titolo *La fisica per gioco*. E, poi, già tutte quelle spighe mi avevano insospettito – quella selva di spighe di vetro che ci avevano rumoreggiato contro, sinistramente, in anticamera, sporgendosi dai vasi, inviperite, protendendo le lunghe reste[1] sottili, scosse dal nostro passaggio, come se volessero artigliarci la giacca...

La donna sorrideva un po' a vuoto. La mano continuava a tremarle. E continuava a mostrarmi la fotografia di suo marito, stringendola più del necessario, agitandomela davanti agli occhi come un minuscolo ventaglio. Sembrava che si aggrappasse a quell'atto come a un appiglio chi stia precipitando. Se le dicevo la verità, se mi alzavo e me ne andavo...

«Scusi, c'è stato un errore. Era un'altra, la persona che avrei dovuto intervistare...» Paralizzata, me la vedevo davanti, con il braccio teso per sempre – e chissà che occhi.

«Mi parli di suo marito.»

Lo sapevo anch'io che stavo facendo la cosa sbagliata. Però, guadagnavo un po' di tempo. Ma, dietro di me, il fotografo... Un virtuoso! Lo sentivo squittire, sbuffare, bofonchiare,[2] nello sforzo di tenersi in gola qualche risata clamorosa. Aveva capito tutto anche lui, certo. E aveva capito anche la mia vigliaccheria. Del resto, mi conosceva troppo bene. Ne avevamo fatti, di servizi, insieme...

«Dunque, mio marito...»

Già, che cosa aveva da dirne? Adesso se l'era messa in grembo, la fotografia. Le teneva sopra le manine, a cupola, come per custodirla, per proteggerla.

«Una brava persona – uno che ha sempre fatto il suo dovere...»

Ma la stessa ovvietà a cui aveva fatto ricorso l'aveva subito messa in allarme.

«Non aveva mica fatto qualcosa, vero?»

A qualcosa di male, aveva pensato. Forse era quella la ragione per la quale lo sguardo smagliante che rende famosi era sceso a inquadrare proprio lei su quel povero palcoscenico domestico.

«Per carità, signora! Che cosa va a pensare? Niente, ci parli... La vita di un uomo comune, ecco. Voglio dire... Un'idea così... Come vi siete conosciuti, per esempio?»

Ci stavo sprofondando, nelle sabbie mobili che mi ero preparato con le mie mani. Lei non capiva. Come una piccola talpa dissotterrata, cieca, tenuta per la coda, lì, al sole... Sbatteva le palpebre, davvero, come se ci fosse troppa luce.

«Era un amico di mio fratello. Abitava a Desio...[3] Abbiamo avuto due figli...»

---

1. *reste*: o arìste; sono i filamenti rigidi posti in cima a certe spighe.
2. *bofonchiare*: brontolare, borbottare, ma anche emettere suoni non articolati bassi e rochi.
3. *Desio*: cittadina situata una quindicina di chilometri a nord di Milano.

Rovistava fra le sue rovine, e le sembrava di non trovare niente che valesse la pena di tirare fuori dal mucchio. E intanto si era messa la piccola mano magra davanti alla bocca come se le fosse sfuggita qualche enormità, come se quelle minime notizie avessero echeggiato mostruosamente fra le quattro pareti della stanza. E fingeva di ridere. Uno strazio.

«Aspetti!»

Era uno strillo – ma di pura angoscia. Un diamante, in quel torbido. Ma io mi ero soltanto mosso sulla sedia. Lei si era alzata, era corsa via e subito, sempre di corsa, era tornata, stringendosi al petto un album di fotografie. Me lo aveva messo in mano, e io lo avevo sfogliato. Quelle fotografie piccole, con i bordi seghettati... Mare, montagna – come scenari elementari. Una tavolata con tanta gente. Ombre minuscole alzavano i loro bicchierini.

Lei mi guardava, ma molto attentamente. Indicava qualche fotografia... Non riusciva a parlare. Si affidava a quelle immagini. Forse loro ce l'avrebbero fatta a svelare – a lei stessa ed a me – il mistero della sua storia. Girava le pagine dell'album, avanti, indietro...

Adesso, l'album – ne avevo visto e rivisto ogni pagina. Lei mi guardava, implorante, come se volesse chiedermi qualcosa e, nello stesso tempo, anticipare una conferma della mia risposta.

«Non è vero?»

Come, non era vero? Tutto vero, per carità. Quel niente che lei trovava da dire e non dire, quelle figure... Persino io – lì, davanti a lei, a fingere... Non c'era senso, d'accordo, ma era tutto vero. Avevo sentito lo scatto della Nikon. Alla luce del flash, mi era apparsa. Tutto uno scintillio di soprammobili...

**Scheda di analisi
a pagina 380**

Vincenzo Consolo

Memoriale
di Basilio Archita

da *Le pietre di Pantalica*, A. Mondadori.

Io so che significa essere sbranati, ho sentito una volta i denti nella coscia, nel costato, di tre cani feroci come iene. E le unghie delle zampe che strappavano il costume, la maglietta e laceravano le carni. Ne stringevo forte uno per la gola, lo tenevo lontano dalla faccia e colpivo con la canna gli altri due, che latrando s'erano attaccati alla gamba e al fianco. Avevo voglia di cedere, di buttarmi a terra, e sentivo in bocca un sapore di potassa.[1] Fu d'estate, di fronte a Camarina.[2] Stavo lì sulla spiaggia con una ragazza del Villaggio di cui non ricordo più neanche il nome: di straniere ne cambiavo continuamente. Questa tedesca aveva voluto visitare le rovine sotto il sole del primo pomeriggio e, col libro in mano, non aveva tralasciato pietra colonna muro o tomba. Poi avevamo fatto il bagno alla foce dell'Ippari[3] e c'eravamo spalmati tutto il corpo con quel fango cilestrino[4] che ci faceva sembrare statue di creta o marziani.

All'imbrunire, ero salito sopra il terrapieno, m'ero inoltrato fra i maccòni,[5] le dune di sabbia, dove erano le serre (montagne di plastica, immondizie e il puzzo di carogna dei concimi vi stagnava come polvere grassa). Mi stavo abbassando tra gli scheletri delle serre, quando spuntano all'improvviso le bestie, magre, coi denti digrignati. Mi avrebbero sbranato se non veniva un cornuto di padrone o guardiano a richiamarli. Lazzarato,[6] assieme alla ragazza corsi con la Suzuki all'ospedale di

---

1. *potassa*: carbonato di potassio; ha aspetto di polvere bianca, solubile. La si usa per lavorare vetri e smalti, per produrre saponi, ma anche per fabbricare vari medicinali.
2. *Camarina*: località archeologica e balneare della Sicilia meridionale, a circa trenta chilometri da Ragusa.
3. *Ippari*: torrente del sud della Sicilia, che tocca Comiso e Vittoria, sfociando a Camarina.
4. *cilestrino*: celestino, azzurrastro.
5. *maccòni*: termine dialettale per indicare le dune a ridosso della spiaggia.
6. *Lazzarato*: resuscitato, come Lazzaro.

Pozzallo.[7] Ché sono di quel paese, di Pozzallo, mi chiamo Basilio Archita e ho vent'anni. Sarebbe lungo raccontare com'è che mi trovavo imbarcato su quella nave greca. Comunque, c'è di mezzo un macchinista che avevo conosciuto in un viaggio precedente da Ortigia[8] al Pireo.[9] Perché io ho sempre fatto il marittimo, tranne un inverno in cui ho tentato di lavorare a Milano.

Sembrava che a Milano te li dessero a palate, e invece, tra pensione, mangiare, vestiti e qualche divertimento, i soldi si squagliavano come sale. Aggiungi che si lavorava senza libretto e pochi giorni in tutto il mese per la pioggia che, quando attaccava, non smetteva mai: come si faceva a montare le impalcature su per le facciate? Stavo nella stanza, a fumare, a sentire nastri, in quella pensione di via Lazzaretto[10] (nell'atrio c'era questa lapide, me la ricordo per le volte che l'ho letta: "Questa casa venne edificata nell'area dell'antico Lazzaretto": cos'era, un ospizio o la casa di un uomo sbranato dai cani come me a Camarina?). Cosa fare senza soldi? Non potevo più neanche andare al "Notte blu", ché la disco-music è la cosa a cui più tengo. Sono bravo. Una volta si fermarono tutti per guardarmi e alla fine m'applaudirono. E perciò. Avevo visto lì attorno movimento, io capisco, sono uno che ha girato, sono stato a New York e a Singapore. Poi uno in Mercedes col telefono e la tele veniva a prendermi fin sotto la pensione. Racconto questo per dire di una cosa quasi uguale che poi mi capitò sopra la nave.

Mi capitò col terzo ufficiale. Sin dal primo momento che misi piede sulla nave, ebbe a dire sui capelli lunghi, sull'orecchino, le collanine e i bracciali che portavo. Li tirava come a volermeli strappare. Io stavo calmo, e a quello gli si spiritavano di più gli occhi, gli si faceva più pallida la faccia, e anche le braccia sembrava che ancor di più gli si accorciassero. Ché questi greci quasi sempre hanno le braccia corte in confronto al busto, braccine come quelle dei canguri. Si mise a comandarmi, non mi lasciava respirare. Ero diventato il suo cameriere personale. Su queste navi greche non c'è contratto, turni o rispetto di mansioni. E il cuoco, un uomo enorme col cranio lucido, che parlava un greco incomprensibile anche per i suoi connazionali, quando andavo per la cena in cabina dell'ufficiale, sbatteva nel piatto quei pezzi di montone e urlava e minacciava col coltello. Tutti se la ridevano, e se la rideva di più Filippos, il più maligno e il più figlio di puttana, un segaiolo incallito che leggeva sem-

---

7. *Pozzallo*: cittadina sulla costa siciliana del sud-est, circa trenta chilometri a sud di Ragusa.
8. *Ortigia*: isola dell'Egeo.
9. *Pireo*: il porto di Atene.

10. *via Lazzaretto*: dalle parti di Porta Venezia; cfr. la n. 6 di *Milano come in Spagna Milano come in Cina* di Vittorini.

pre le riviste porno. La storia andò avanti oltre Creta, oltre Cipro e il
Canale, fin sul Mar Rosso. Qui un pomeriggio (avevo fatto la doccia, lo
shampoo, e m'ero nascosto, come al solito, in un angolo di poppa, tra i
cordami e le scialuppe), m'ero messo in costume e steso sulla stuoia, con
il walkman, il mangianastri e le cassette di Vasco Rossi e dei Duran
Duran; "Cronaca Vera" e "Superman", le Marlboro, due arance e una
Coca fredda: ero a posto. Il sole picchiava, ma io lo sopporto, ho la pelle
dura. Solo gli occhi, forse perché chiari, vedevano appannato. Vedevano
come dietro un velo, tra due scialuppe, uno spicchio di mare e di cielo.
Sembravano d'un blu come quello metallizzato delle Alfette. In alto vol-
teggiavano uccelli, in acqua, lontano, passavano navi cisterna, navi da
guerra, e vicino schizzavano pesci, affioravano pinne, forse di pescecani.
Quella vista mi riportò alle bestie di Camarina e mi tornò il ricordo della
paura di quel giorno e il sapore di potassa in bocca. Guardai e toccai con
le dita le brutte cicatrici e i graffi sulla coscia e sopra le costole.
Affioravano spesso anche i *reef*[11] e la nave forse per questo andava lentis-
sima, sembrava che si fosse fermata, incagliata tra i coralli e i fondali di
sabbia; e mi sembrava che a star ferma si facesse alta e grande come
un'isola rocciosa in mezzo a questo mare stagnante, un grande scoglio
scavato all'interno, con scale, passaggi e corridoi segreti, e le cabine dive-
nute celle, senza porta e oblò, con solo buchi o bocche di lupo,[12] con dentro il capitano e tutti gli ufficiali, compreso quell'isterico del terzo che mi
vessa[13] e comanda, compreso il cuoco, compresi i macchinisti e i marinai,
compreso Filippos e i pakistani che ridono falsi e scoprono i denti di
ferro. E io solo libero, io, su questo terrazzino sopra la poppa, e forse
anche quel cristo di mozzo, quel negro del Kenya. Sbucciavo dunque
un'arancia col coltello, sentivo il Vasco che cantava "Voglio una vita spericolata / Voglio una vita come quella dei film / Voglio una vita esagerata
/ Voglio una vita come Steve McQueen...", quando vedo sopra di me
l'ufficiale, pallido, la barba nera e rasposa, gli occhi spiritati e ancora più
ingranditi, l'alone del sudore sotto le ascelle.

Io non mi mossi, rimasi sdraiato a guardarlo, calmo. Dall'altra parte
spuntò la faccia ghignante di quel figlio di puttana di Filippos.

L'ufficiale, gridando, prese da terra le mie riviste e le fece volare in
mare, poi cominciò a darmi calci, sul fianco, sulle costole. Non ci vidi
più, mi si fece tutto nero. Scattai d'improvviso e lo colpii col coltello nel
polpaccio.

---

11. *reef:* (inglese) banco di scogli a fior d'acqua.
12. *bocche di lupo:* finestre munite di uno
schermo di cemento che fa filtrare la luce solo
attraverso una fessura. Sono tipiche dei carceri
di massima sicurezza.
13. *mi vessa:* mi tormenta, mi maltratta.

Lo portammo nella cabina, io e Filippos, e lì egli licenziò il marinaio greco dopo avergli imposto il silenzio più assoluto. Mi promise che non mi avrebbe denunziato al capitano, non mi avrebbe denunziato alle autorità una volta sbarcati su al Pireo. Che tenessi però ben presente la ferita e ben presente Filippos, il testimone.

Aveva dei denti guasti intartarati.[14] Basta. Da quel giorno cominciò a trattarmi più che bene. Mi diceva che il mio nome e cognome sono greci, come mai? E che so?, io sono nato vicino a Siracusa. Mi diceva che somigliavo a John Travolta, mi chiamava Alchibiàdes,[15] e ancora con un nome americano Billy, Billy Budd[16] (era scemo quello!); nominava poi un altro greco, Kavafis,[17] e recitava poesie come un prete che recita preghiere.

Racconto questo per dire che il pazzo scemo mi ricattava, mi teneva sempre contro il collo la lama della denunzia. Ché altrimenti, insomma, per quei negri disgraziati io avrei... Io so che significa essere sbranati. E in mare poi... La lama della denunzia al capitano. Voi non sapete chi era quello. Io non lo vidi mai fino a Mombasa.[18] O almeno, quelle rare volte che metteva il naso fuori dalla cabina e mi capitava di intravederlo da lontano, io svicolavo. Aveva capelli ondulati e lucidi di brillantina, due grandi sopracciglia arcuate e sotto due occhi che guardavano lontano, nel vago, oltre le cose e le persone. Era tarchiato e camminava rigido, come legato. Aveva labbra strette e non scopriva i denti. Tutti sapevano che non parlava mai, che anzi, quando dava ordini agli ufficiali, muoveva appena le labbra, senza emettere suono, e pretendeva che lo capissero. Altrimenti urlava, latrava come un cane. Era un terrore. A parte che anche gli altri ufficiali, il vice, il terzo e il cuoco non scherzavano. E non scherzavano neanche i marinai, compresi i barbuti pakistani. Mi sono accorto, dal primo momento che ho messo piede su una nave, da mozzo, che tutti, qualche giorno dopo l'imbarco, prendono un modo strano di fare e di pensare. Come nelle isole. Come a Lampedusa, dove un inverno con il peschereccio fummo costretti a rifugiarci. Sembravano, gli isolani, o tristi, straniati, o morsi dalla tarantola.[19] C'era poi una donna che stava sempre sul molo a fissare muta l'orizzonte.

A Mombasa, dunque, nel porto di Kilindini. Faticammo per tre giorni nella stiva per lo scarico e il carico della merce. Il capitano stava là in

---

14. *intartarati*: incrostati di tartaro.
15. *Alchibiàdes*: nome greco; in particolare Alcibiade fu un celebre condottiero ateniese del V secolo a.C., nipote di Pericle.
16. *Billy Budd*: è il marinaio protagonista dell'omonimo romanzo (postumo, 1924) dello scrittore statunitense Hermann Melville (1819-1891).
17. *Kavafis*: Konstantinos Kavafis (1863-

1933), uno dei massimi poeti della letteratura neo-ellenica.
18. *Mombasa*: principale porto del Kenya, capoluogo della provincia costiera.
19. *tarantola*: ragno dal morso velenoso ma non mortale, abbastanza comune nell'Europa mediterranea.

alto, affacciato al boccaporto, rigido, col secondo accanto, e dava ordini
in quella sua maniera o con cenni della mano. Io non so quali merci si
scaricarono e caricarono a Mombasa, vedevo solo containers e sacchi
che noi imbracavamo e legavamo alla gru: non me ne importa niente,
ho imparato a farmi i cazzi miei, m'interessa solo la paga buona e sicura.

L'ultima sera feci doccia e shampoo, misi i Rifle, il bomber di Armani
e le Timberland, chiesi al terzo il permesso di scendere a terra: l'ho detto,
l'unica mia passione è il ballo. Domandai per un bus verso il centro e mi
indicarono l'avenue Kenyatta. Domandai ancora per un locale e mi indicarono il "New Florida Night Club": che lusso, era pieno di stranieri,
tedeschi inglesi americani giapponesi. Io volevo conoscere qualche bella
negra, ma lì c'erano solo negri che facevano i camerieri. C'erano anche
tanti italiani e un gruppo mi invitò al suo tavolo. Gente su, dottori o inge-
gneri, di Milano, di Brescia, di Torino. Le donne erano sulla quarantina,
ma belle, eleganti e tutte piene di gioielli. Si divertirono a ballare con me,
a turno, e m'offrirono tartine, frutta, champagne. Basta. Alla fine
m'accompagnarono pure fino a Kilindini, in colonna con le Land Rover.
Partivano anche loro l'indomani per Nairobi,[20] per il safari. Quella che mi
si era attaccata e mi sedeva accanto mi diceva vieni pure tu. E come faccio? Comunque mi ha lasciato il suo indirizzo di Milano.

Racconto questo per dire che quella notte io ero a terra e non
m'accorsi come e quando salirono a bordo i clandestini. Furono scoperti lungo la rotta per Karachi.[21] Fu Filippos ad accorgersene per primo,
quel figlio di puttana. Era un bracco,[22] ficcava il naso e gli occhi dappertutto. Scovò nella stiva quei negri e andò personalmente a denunziare la faccenda al capitano. Successe il finimondo. S'alzarono i portelli
del boccaporto e tutto l'equipaggio fu lì attorno a guardare giù quella
sorpresa. Ci mettemmo in coro a fare urla. Quelli, là sotto, correvano
piegati, attaccati a branco, s'infilavano negli stretti spazi tra i containers. Poi si fermarono, incastrati tra i containers, e guardarono in alto
con quei loro occhi bianchi. il capitano volle silenzio e poi cominciò a
fare domande in inglese sussurrandole al secondo che le urlava giù da
dentro un megafono: chi siete, da dove venite, chi vi ha fatto salire a
bordo? E quelli zitti, ansimanti, tutti in mucchio, non si capiva neanche
quanti fossero. Erano giovani, e ce n'era uno giovanissimo, di forse
quindici anni, esile e alto, che tremava come una palmetta per la brezza.
Erano in jeans sfilacciati sui ginocchi o in mutande e magliette strappa-

---

20. *Nairobi*: capitale del Kenya.
21. *Karachi*: capitale del Pakistan.

22. *bracco*: cane da caccia, con pelo corto e
fitto di solito bianco, qualche volta macchiato.

te con scritte colorite d'alberghi o di prodotti. Si fece poi venire il mozzo keniota e il capitano disse a lui le domande che le trasmise in swahili. Uno, da giù, rispose solo: «kula, tafadhali», che vuol dire: mangiare, per favore.

Il capitano, furioso, diede ordine di portarli su e chiuderli al sicuro in uno sgabuzzino. Se ne andò nella cabina di comando, con quel suo camminare rigido, seguito dal vice e dallo scimunito che mi recitava le poesie. Filippos, il mongolo del cuoco e tanti altri catturarono e imprigionarono i negri divertendosi come cow-boys con gli indiani. Li chiusero in un ripostiglio fetente vicino alla cambusa, un bugigattolo già pieno di utensili, detersivi e veleni per gli scarafaggi e i topi: c'entrarono tutti e undici all'impiedi a malapena.

Tornammo poi tutti al lavoro. La sera, dopo l'afa soffocante del giorno, stanco, me ne andai sul mio terrazzino a rinfrescarmi. Sentivo finanche freddo, avevo brividi. Sembrava che le stelle mi cadessero addosso. Supino, pensavo alla mia vita, a mia madre, a mio padre che ci aveva lasciati ed era scomparso senza dare più notizie. Fu allora che cominciai a sentire i lamenti che venivano giù dalla cambusa e crescevano man mano, lamenti insopportabili. Corsi allora dal terzo. Quello, duro, mi rispose di pensare ai fatti miei, mi ordinò di andare subito a dormire. Ma, anche in cabina, sopra la cuccetta di quell'animale di Filippos che ronfava, entravano dall'oblò i lamenti. Non riuscivo a prender sonno. Mi misi allora alle orecchie le cuffie del walkman e così m'addormentai.

Fu l'indomani che successe tutto.

Di primo mattino, quei disgraziati riuscirono a sfondare la porta del fetente ripostiglio e si precipitarono, come spinti dall'istinto, in cucina. «Maji, maji!» imploravano, acqua, acqua!, tendendo le mani nere, magre. Quel boia del cuoco e il suo sguattero subito li affrontarono e li respinsero coi coltelli. Suonarono l'allarme. Vennero immobilizzati, i negri, portati sul ponte, vicino alla murata. Arrivò il capitano. Aveva un fucile nelle mani. Questa volta parlò, ululò anzi, ululò in greco come un lupo puntando la canna del fucile. I negri erano atterriti, ma stavano immobili. La loro pelle luceva sotto il sole, gli occhi mostravano di più il bianco e le labbra erano secche, screpolate. Al ragazzino esile scendevano lacrime, ma la faccia era impassibile, sembrava che piangesse in sogno.

Il capitano confabulò con gli ufficiali; il secondo comunicò poi a tutti che avrebbero buttato i negri in mare. Alcuni ci ribellammo, urlammo no, no! Il capitano rivolse contro di noi il fucile. Gridò in greco e poi in inglese la sua decisione. Il mozzo keniota la tradusse piano in swahili ai compatrioti. Che rimasero lì fermi e assenti come prima. Ordinò il capitano che solo gli si dessero giubbetti.[23] Il cuoco sorrideva sotto i baffi mongoli, sorrideva anche il terzo coi denti guasti, ridevano coi denti di ferro anche i pakistani. Ci allontanammo i contrari, io corsi a nascondermi nel mio posto segreto sulla poppa. Mi buttai lì bocconi, mi misi la cuffia e la musica a tutto volume mi rintronò dentro la testa. Eravamo a otto o nove miglia dalla costa, forse di fronte a Mogadiscio, e la nave filava a tutta forza. Strisciando m'infilai fra due lance, guardai il mare. Non avrei mai voluto vedere in vita mia. La chiazza rossa si spandeva a poco a poco.

Sono qui ora, in un alberghetto del Pireo, a disposizione dell'autorità giudiziaria. Sono già stato interrogato dal giudice, ma non so quanto abbia capito. Io non sono buono a parlare, mi trovo meglio a scrivere. Ho scritto perciò questo memoriale che consegnerò alla mia ambasciata per farlo trasmettere alla giustizia greca. Un'ultima cosa voglio aggiungere: non so se mi imbarcherò più su una nave greca. Non so se mi imbarcherò più su una nave. Adesso voglio solo andarmene, passare questa estate al mio paese.

Scheda di analisi
a pagina 382

23. *giubbetti*: di salvataggio.

Silvia Ballestra

Compleanno dell'iguana

da *Compleanno dell'iguana*, Mondadori -
Transeuropa, Milano.

Verso le quattro del pomeriggio lui si fece vedere al Medusa, una specie di stabilimento balneare male in arnese, e la pallida stava contemplando i ganci d'attacco di Ziocane contro i pupetti difensori dell'amico Francia. A ogni stoccata il biliardino avanzava di due centimetri o tre, si sbilanciava di sponda, le biglie di riserva nella bocchetta laterale sciaguattavano[1] furiose contro il legno del telaio.

Qualcuno gli aveva detto che assomigliava a John Lydon, ma lui se ne fregava. Si era dipinto i capelli fucsia l'ultima volta che era stato ad Amburgo. Capelli color fucsia da autentico *pusher*[2] fregno.[3]

Tirò su col naso, sfilò la sigaretta dietro l'orecchio, scrutò attorno.

«Caldo schifo» disse, guardando impreciso coppie di turisti fuori. Si scostò dalla teoria[4] di vetri che percorreva la parete sul mare, andò vicino al trespolo del calcetto. «Stavi aspettando me?» chiese senza inflessioni.

«Quasi» disse la pallida. Pensò che da tre quarti d'ora teneva d'occhio i cancelletti d'ingresso, il recinto di pitosfori,[5] il vuoto in giro. Teneva d'occhio il nulla: cancelletti d'ingresso al nulla, pitosfori di recinzione al nulla. Lui disse «Ho battuto tutta Porto San Giorgio. Niente da fare in quell'obitorio. Ho provato alla Rotonda, anche, ma di Betto nemmeno l'ombra. Di sicuro l'imbecille ancora dorme.» Salutò Francia e Ziocane con un cenno della mano, restò a guardare la pallida di profilo, si strinse nelle spalle. «Scommetto che non te ne frega un cazzo, vero?» disse. «A me sì, invece. A me e alle mie braccia, frega.»

Fece una specie di corsa sul posto, slanciò i ginocchi avanti come un

---

1. *sciaguattavano*: sbattevano come se sguazzassero.
2. *pusher*: spacciatore; è termine gergale, come già nella lingua inglese, da cui deriva.
3. *fregno*: qui vale "da poco", "smidollato".

4. *teoria*: sequenza, fila, processione.
5. *pitosfori*: o pittospori; sono arbusti ornamentali molto profumati, con fiori bianchi. Sono molto diffusi nelle località balneari, anche per la loro resistenza alla salsedine.

Gatto Silvestro in fuga, rise. «Schiodiamo,[6] eh? Usciamo da 'sta merda, va bene?» le disse.

Camminò via, senza preoccuparsi troppo se la pallida lo seguiva o no. Camminò a passi larghi fino alla fontanella sotto la tettoia dello stabilimento, sfilò l'insulina[7] dalla custodia trasparente, girò il rubinetto. L'acqua riempì la piccola busta, lui la chiuse in cima con due dita, si voltò in direzione della pallida e distese il braccio. La vescica gonfia d'acqua oscillò appena. Lui fece un'espressione complice, disse «Ti dispiacerebbe darti una mossa?» Le passò il sacchetto inestimabile come un gestore giovane di luna park. «Niente pesciolino, stavolta. Mi dispiace» disse.

«Che cavolo di premio è, così?» disse la pallida.

«È morto, il pesciolino. È *affogato*» disse. Tornò indietro allo stabilimento. «Aspetta un attimo, per piacere» aggiunse. Sparì dietro il recinto di pitosfori lasciandola come una scema in compagnia di quel premio fregatura.

La pallida incrociò le braccia, cercò di imboscare la busta in qualche modo, non sembrare affatto una cazzo di quindicenne aiutante di tossici. Si appoggiò di schiena contro il parapetto bianco in cemento che separava il marciapiede dalla spiaggia. Guardò la fuga alternata di palme e oleandri sul lungomare, la sequenza di ombrelloni paralleli dietro. Era una razza di strano Texas marchigiano, lì.

Lui riapparve dalla linea dei pitosfori con in mano una lattina di Coca-Cola e mezzo limone incartato in un tovagliolino. Veniva avanti in fretta, sopraffatto dalla pignoleria del rituale.

Afferrò la pallida per un polso. «Devo parlarti» disse. «È importante.»

«Ma dove andiamo» domandò la pallida. Strattonò il polso. «Guarda che alle cinque ho appuntamento con il dermatologo» disse.

«Con il dermatologo» rifletté ironico. Spostò il peso da un piede all'altro. «Cosa ci vai a fare da un cazzo di dermatologo?» chiese. Ghignò per conto suo. «Scommetto che ti sei beccata qualche cavolo di malattia venerea.»

«Nessuna malattia venerea» disse pallida. «Forse ho solo bisogno di una cura per liberarmi dai luridi del tuo stampo.»

Lui fece no con la testa, la tirò via per la manica senza aggiungere niente. Attraversarono la strada, i due metri di erba corta dello spartitraffico, fino alla 127 bianca parcheggiata in diagonale contro il marciapiede. Lui si piazzò al posto di guida, distese le braccia sul volante, guardò

---

6. *Schiodiamo*: (gergale) ce ne andiamo.
7. *l'insulina*: la siringa di plastica usa-e-getta, destinata, alle origini, alle iniezioni dell'omonimo ormone antidiabetico.

ansioso. Disse «Beh, si può sapere cosa diavolo aspetti?» Sistemò lo specchietto retrovisore, tirò giù il finestrino dal lato opposto, si sporse fuori. «'Fanculo!» sibilò. Scese di macchina, girò radente al cofano, andò ad aprirle la portiera a gesti inutilmente aggressivi. Disse «Avanti, sali.»

«Ok» fece lei, «salgo. Ma solo se giuri che per le cinque siamo di nuovo in centro.»

«Giuro» disse lui. Le tolse la busta d'acqua di mano. «Dentro, adesso» fece. Tornò indietro, incastrò il lato aperto della busta fra scocca e sportello e la lasciò lì, agganciata a terra come una pera molle. Avviò il motore.

Aveva detto che doveva parlarle di cose importanti, invece non apriva bocca. Guidava la 127 come stesse portando una motocicletta. Come se la macchina occupasse meno carreggiata, potesse filare via con la ripresa di un motore a due tempi.

Superarono facce picene[8] da tamburino, facce larghe, occhi larghi, madonne dell'Ambro[9] appese agli specchietti, fetecchie[10] adesive dei monti Sibillini.[11]

«Sei talmente silenziosa» diceva il tipo, ogni tanto. «Così lontana, sorellina.» La pallida non fiatava.

Slittarono sulla scia di una Jaguar verde inglese targata TE 197235. Se la somma fosse stata pari, avrebbe scommesso che la piantava con i lamenti, lui. Le piaceva fare questi giochini segreti sui numeri di targa.

Lui disse: «Se tu mi amassi, cercheresti di farmi smettere. Dovresti, sai? Per il bene del sottoscritto. Ma evidentemente te ne freghi della mia salute. Sei solo un'egoista, ecco cosa. Una stronzetta che vuole fare un po' di esperienza con noialtri emarginati. Ti eccita che mi buco, giusto? Ti eccita che un poveraccio si spara merda in vena. Ti fa sentire incredibilmente su di giri, questo.»

«Sei una persona che fa schifo. Parli che fai schifo» disse la pallida.

«Faccio schifo, eh? Beh, lascia che ti dica una cosa, sorellina. C'è gente che ci campa, sugli schifosi come me. Noialtri schifosi facciamo un comodo pazzesco a un mucchio di stronzi. E sai cosa penso? Penso che non ce l'hai un minimo di sale in zucca, per capire cosa significa diventare un fottuto agnello sacrificale in questa porca fogna!»

«Che palle» disse lei. «Dovresti proprio cambiare disco, compare. Davvero. Le tue lagne sono uno strazio, compare.» Scivolò di schiena sul

---

8. *picene*: della regione fra l'Adriatico centrale e l'Appennino umbro-marchigiano.
9. *Ambro*: torrente che scorre a una trentina di chilometri da Ascoli Piceno, nella regione dei

monti Sibillini.
10. *fetecchie*: patacche, stemmini pacchiani.
11. *monti Sibillini*: gruppo montuoso fra l'Umbria e le Marche.

sedile, spinse in alto le gambe, puntò i piedi contro il cruscotto. Canticchiò il riff[12] finale di *Jimmy Jazz* dei *Clash*, mentre lui infilava una curva stretta, scorreva veloce il volante fra le dita.

«Certo» le disse. «Cos'altro potresti rispondere, tu. Ah, grazie tante» aggiunse, decelerando all'incrocio con la nazionale. «Come compagna sei un'autentica merda. Bell'amica, Cristo santo.»

«Tu non ce l'hai un'amica» rispose la pallida. Sporcò il cruscotto con le scarpe, sfilò il pacchetto di Marlboro dalla tasca della camicia. Disse scandendo le parole «Lo sai cosa vuoi sul serio, in questo momento? Vuoi farti una pera.[13] In questo momento vuoi farti una bellissima pera. È l'unica idea che ti rode, no?» Gli guardò i brividi della rota,[14] i tremolamenti di palpebra, le stille di sudore lungo le tempie e sul collo. Non le faceva pena neanche un po', quello, con tutte le sue spie[15] da giovane animale disperato. Disse «E allora fatti, una buona volta. Dopo ci sentiremo tutti più tranquilli.»

«Sicuro» disse lui. «Saremo tutti più tranquilli. Io e le mie braccia, saremo più tranquilli.» Si morse il labbro. Lei gli vide il filo di denti bianchi per un secondo.

Quello diede un colpo rabbioso al grappolo di chiavi che pendeva dal blocchetto di avviamento. Disse «Lo sai o no, che tutti gli amici della piazza mi consigliano di girare alla larga da te? Stanno sempre a dirmi che voi quindicenni potreste farmi molto male. Siete pericolose perché trovate da farvi sbattere facilmente, ecco cosa.» Poi sortì un sorriso moscio, da innamorato, disse piagnucolando «Potresti farmi soffrire parecchio, se continui a comportarti così.»

«Balle» disse la pallida. «La verità è che i tipi di ventitré anni che girano con le spade[16] di riserva nel cruscotto aspettando sceme quindicenni decise a farsi sverginare il braccio,[17] dopo il resto... oh, quei tipi di ventitré anni come sono pericolosi, quando dicono agli amici "Quella stronza non si vuole fare!" Dio, come sono pericolosi e schifosi.»

Lui si strinse nelle spalle ridacchiando. «Sei pazza» disse ironico. «Non so che genere di pazza, ma secondo il sottoscritto non ci stai col cervello.» Scosse la testa. «Chi cazzo ti capisce, te» disse.

Arrivarono sopra il dirupo[18] del cimitero, alla fine di una strada di campagna completamente deserta. Lui fermò la 127 sul margine del sentiero. Era un posto abbastanza pulito, rispetto alle altre basi dei tossici.

---

12. *riff*: ritornello.
13. *pera*: iniezione di eroina.
14. *rota*: carotide.
15. *spie*: (gergale) ossessioni, manie.
16. *spade*: (gergale) siringhe.

17. *sverginare il braccio*: fare la prima iniezione di eroina.
18. *dirupo*: precipizio, o pendìo roccioso e molto scosceso.

Lui tolse la stagnola dell'ero[19] dallo scomparto interno del portapatente, la infilò fra le labbra. Prese una sigaretta dal pacchetto della pallida, sventrò la cellulosa, infilò anche il filtro fra le labbra. Strappò via la linguetta della Coca-Cola. «Ne vuoi un sorso?» disse.

La pallida fece no con la testa, guardò la piazzola sterrata in basso.

Il tipo vuotò la lattina fuori dal finestrino. Frugò sotto il cruscotto, disse «Leva le gambe di qua, per piacere.» Prese un temperino dal fondo, incise sull'apertura del contenitore, si rimise a frugare sotto il cruscotto. «Scansati. Che cazzo mi significa 'sta faccia da stronzetta superiore» disse. Pescò un fazzoletto di carta dalla confezione, asciugò il fondo della lattina. Lucidò il fornelletto.

Procedeva nel rituale a gesti compiaciuti, controllava a occhiate l'effetto su lei di ciascun gesto.

«Stasera quelli della piazza vanno all'*Oceanic*» le disse. «C'è 'sta festa in onore di Iggy Pop.[20] Il compleanno dell'iguana.[21] Quarant'anni di Iggy Pop, pensa. Potrei venirti a prendere verso le dieci e fare un salto a dare un'occhiata. Cesarino viene» disse. «E Antò l'Elefante e Steve» disse.

«Stasera non posso muovermi di casa» fece la pallida. «Il vecchio è parecchio su di giri, con la sottoscritta. E poi quelli della piazza mi fanno venire il voltastomaco. Anche quando festeggiano Iggy Pop. Fanno vomitare sempre.»

Quello non rispose. Scosse la testa e poi riprese i suoi traffici.

La pallida conosceva bene la liturgia, ormai la conosceva quanto lui. L'aveva visto in azione un casino di volte, in pochi mesi che lo frequentava. Però cercò lo stesso di non perdere neanche un dettaglio. Era uguale sputato che passare per un posto appena caldo di incidente, con tanto di catarifrangenti arancioni a pezzi e chiazze d'acido della batteria sull'asfalto.

Lui afferrò il giubbetto di tela dal sedile posteriore, la spada dalla tasca destra e aprì lo sportello, attento a non rovesciare acqua dal sacchetto inestimabile.

Infilò l'ago nel cellophane. Era a una distanza siderale da tutto, adesso, perfettamente sbalzato fuori dall'abitacolo.

Fece il resto delle sue cose per benino, poi mostrò la spada dritta nella destra. Esibì il testimone da olimpionico scoppiato e disse «Questa è la mia ultima pera.» Guardò la pallida immerso nel suo silenzio da artificiere, palpò il collo con le dita. Quando tirò indietro la testa lei riuscì a vedergli la gola sottile da ragazzo.

---

19. *ero*: abbreviazione gergale di eroina.
20. *Iggy Pop*: noto cantante pop (nato nel 1947),

celebre per i suoi atteggiamenti trasgressivi.
21. *iguana*: soprannome di Iggy Pop.

Lui cercò di entrare nel campo visivo dello specchietto, lo inclinò leggermente verso il basso. «Me ne faccio un casino, porca troia» disse. Infilò l'ago nel collo. Spinse lento lo stantuffo. Con tale dolcezza, adesso, così accorto nei gesti, come mai quando le penetrava fra le gambe. Lasciò calare lo stantuffo lungo il cilindretto graduato, ma non arrivò in fondo. Si girò a guardare la pallida. «Ce ne sono ancora tre linee, sorellina» disse. «Potrei lasciartele, eh?»

Lei tenne d'occhio fuori. «Non farti venire di questi attacchi di generosità» rispose. Scorse la composizione mortuaria dei loculi in basso che insisteva sul dirupo, la prua del cimitero sul mare con il grande angelo che visibile dalla distanza assisteva le anime dei morti. Sentì la voce incrinata di lui dire «Brava piccola, fai bene a non cascarci, sai?»

Credeva di potersi permettere certe considerazioni, quello, dal suo pulpito infilzato.

Poi le disse: «Guai a te se scopro che tocchi 'sta merda». Mise in circolo la bianca[22] e subito riaffiorò la solita qualità da padre guasto. «Ti riduco nera di botte, se vengo a sapere che ti fai» disse. «Perché tu lo capisci che sto solo cercando di metterti alla prova, non è vero?» Si sparò il risciacquetto.[23] La spada graduata diventò color vermiglio. «Sono fiero che la mia piccola è forte» disse vitreo.[24]

La testa scivolò indietro sullo schienale e venne su il pallore da vegetale esangue, la rilassatezza deteriorata da collassato. Grattò il naso.

La pallida gli guardò le palpebre crespate[25] semichiuse, il cilindretto[26] onnipotente pendulo sul collo.

Quello respirava a soffi forti, adesso, mezzo floscio sul sedile.

«Ehi, che accidente ti prende, si può sapere?» gli disse. Gli afferrò una mano, ma lui era completamente inerte. Allora sfilò la spada via dal collo, cercò di pulire il po' di sangue attorno, strofinò con il fazzoletto di carta. «Ehi, tutto bene?» chiese, ma quello non rispose. Finì storto contro lo sportello, la tempia appicciccata al vetro. Andò giù rallentato come un sacco di stracci. Lei lo scosse per le spalle, ma fu tutto inutile. Non riuscì a tirarlo fuori da quel sonno impressionante.

C'erano un paio di *flying dutchman*[27] che beccheggiavano a largo, le ipotenusa[28] delle vele perfettamente distinguibili sull'orizzonte. Era stra-

---

22. *la bianca*: un altro nome gergale per l'eroina.
23. *Si sparò il risciacquetto*: si iniettò anche l'ultimo residuo di soluzione drogata.
24. *vitreo*: immobile e inespressivo.
25. *crespate*: tutte grinze.
26. *cilindretto*: la parte di plastica della siringa.

27. *flying dutchman*: barca a vela da regata, molto leggera e veloce, con deriva mobile. Il suo nome significa "olandese volante".
28. *ipotenusa*: il lato lungo del triangolo rettangolo costituito dalla vela maggiore o randa.

no. Gli scafi filavano veloci sul tetto d'acqua, e lassù, invece, l'aria era del tutto immobile.

La pallida stava seduta a terra, appoggiata di spalle contro il muso della 127. Di sicuro il suo appuntamento con il dermatologo era andato a puttane, adesso.

«Ho quindici anni e sono immersa completamente nella fiction»[29] si disse. «E lui dietro, a ventitré, è immerso con la merda fino al collo.»

Pensò a quanto l'avesse a cuore, il coglione, per il solo fatto di essere stato il primo, per lei. Con la fidanzata ufficiale in casa che viveva a Torre di Palme, un fidanzato più o meno segreto e il resto della bella compagnia di sfibrati con cui se l'intendeva quando la rota lo costringeva a muovere il culo, avrebbe voluto entrare in macchina e svegliarlo, prenderlo a schiaffi, obbligarlo a rivestirsi e schiodare con il cesso via di là. Dirgli che nessuno riusciva a parlare con 'sta lacrimuccia perennemente in tasca e tutti 'sti melodrammi da moralità tossica, come gli scoppiati che crescevano da quelle parti.

Più tardi, quello cominciò a chiamarla. Pretendeva che lo aiutasse a uscire dall'auto, perché stava bene ma non si sentiva più le forze.

«Ehi, sorellina» diceva. «Qui, sorellina!»

**Scheda di analisi
a pagina 384**

---

29. *fiction*: letteralmente: finzione, e dunque falsità. Ma, poiché *fiction* è termine particolarmente usato con riferimento ai testi artistici, la Ballestra vuole anche dire che vive in una dimensione artificiosa, che si sente come in un romanzo o in un film.

Stefano Benni

**La storia di Pronto Soccorso
e Beauty Case**

da *Il bar sotto il mare*, Feltrinelli.

Quando il gioco diventa duro
i duri incominciano a giocare.
(John Belushi)

Il nostro quartiere sta proprio dietro la stazione. Un giorno un treno ci
porterà via, oppure saremo noi a portar via un treno. Perché il nostro
quartiere si chiama Manolenza, entri che ce l'hai ed esci senza. Senza
cosa? Senza autoradio, senza portafogli, senza dentiera, senza orecchini,
senza gomme dell'auto. Anche le gomme da masticare ti portano via se
non stai attento: ci sono dei bambini che lavorano in coppia, uno ti dà un
calcio nelle palle, tu sputi la gomma e l'altro la prende al volo. Questo per
dare un'idea.

In questo quartiere sono nati Pronto Soccorso e Beauty Case. Pronto
Soccorso è un bel tipetto di sedici anni. Il babbo fa l'estetista di pneuma-
tici, cioè ruba gomme nuove e le vende al posto delle vecchie. La
mamma ha una latteria, la latteria più piccola del mondo. Praticamente un
frigo. Pronto è stato concepito lì dentro, a dieci gradi sotto zero. Quando è
nato invece che nella culla l'hanno messo in forno a sgelare.

Fin da piccolo Pronto Soccorso aveva la passione dei motori. Quando
il padre lo portava con sé al lavoro, cioè a rubare le gomme, lo posteggia-
va dentro il cofano della macchina. Così Pronto passò gran parte della sua
giovinezza sdraiato in mezzo ai pistoni, e la meccanica non ebbe più
misteri per lui. A sei anni si costruì da solo un triciclo azionato da un frul-
latore. Faceva venti chilometri con un litro di frappé: dovette smontarlo
quando la mamma si accorse che le fregava il latte.

Allora rubò la prima moto, una Guzzi Imperial Black Mammuth

6700.[1] Per arrivare ai pedali guidava aggrappato sotto al serbatoio, come un koala alla madre: e la Guzzi sembrava il vascello fantasma, perché non si vedeva chi era alla guida.

Subito dopo Pronto costruì la prima moto truccata, la Lambroturbo.[2] Era una comune lambretta ma con alcune modifiche faceva i duecento-sessanta. Fu allora che lo chiamammo Pronto Soccorso. In un anno si imbussò[3] col motorino duecentoquindici volte, sempre in modi diversi. Andava su una ruota sola e la forava, sbandava in curva, in rettilineo, sulla ghiaia e sul bagnato, cadeva da fermo, perforava i funerali, volava giù dai ponti, segava gli alberi. Ormai in ospedale i medici erano così abituati a vederlo che se mancava di presentarsi una settimana telefonavano a casa per avere notizie.

Ma Pronto era come un gatto: cadeva, rimbalzava e proseguiva. A volte dopo essere caduto continuava a strisciare per chilometri: era una sua particolarità. Lo vedevamo arrivare rotolando dal fondo della strada fino ai tavolini del bar.

«Sono caduto a Forlì» spiegava.

«Beh, l'importante è arrivare» dicevo io.

Beauty Case aveva quindici anni ed era figlia di una sarta e di un ladro di Tir. Il babbo era in galera perché aveva rubato un camion di maiali e lo avevano preso mentre cercava di venderli casa per casa. Beauty Case lavorava da aspirante parrucchiera ed era un tesoro di ragazza. Si chiamava così perché era piccola piccola, ma non le mancava niente. Era tutta curvettine deliziose e non c'era uno nel quartiere che non avesse provato a tampinarla, ma lei era così piccola che riusciva sempre a sgusciar via.

Era una sera di prima estate, quando dopo un lungo letargo gli alluci vedono finalmente la luce fuori dai sandali. Pronto Soccorso gironzolava tutto pieno di cerotti e croste sulla Lambroturbo e un chilometro più in là Beauty mangiava un gelato su una panchina.

Aggiungo tre particolari:

Uno: in estate Beauty portava delle minigonne che la mamma le faceva con le vecchie cravatte del babbo. Con una cravatta gliene faceva tre.

Due: quando Beauty si sedeva, accavallava le gambe come neanche la più topa delle top model, le accavallava che una faceva le carezze all'altra, e aveva delle bellissime gambe con la caviglia snella e scarpini rossi con un tacco che ti si infilzava dritto nel cuore.

Tre: quando Beauty leccava un gelato, tutto il quartiere si fermava.

---

1. *Guzzi Imperial... 6700*: è una moto inventata dallo scrittore.
2. *Lambroturbo*: neologismo formato da "Lam-bretta" e "turbo".
3. *si imbussò*: andò a sbattere.

Avete presente il film quando Biancaneve canta nella foresta, e si ritrova intorno tutti i coniglietti e i daini e le tortore e i pappataci[4] che cantano con lei? Bene, la scena era uguale, con Beauty al centro che leccava il suo misto da mille e tutto intorno ragazzini ragazzacci e vecchioni che muovevano la lingua a tempo, perché venivano tutti i pensieri del mondo, dai quasi casti ai quasi reato.

Allora, dicevamo che era una sera di prima estate e gli uccellini stavano sugli alberi senza cinguettare perché col casino che faceva la moto di Pronto era fatica sprecata. Si udì da lontano la famosa accelerata in quattro tempi andante mosso allegretto scarburato[5] e poi Pronto arrivò nel vialetto dei giardini guidando senza mani e con un piede che strisciava per terra, se no non era abbastanza pericoloso. Vide Beauty e cacciò un'inchiodata storica. L'inchiodata per la verità non ci fu perché, per motivi di principio, Pronto non frenava mai. La prima cosa che faceva quando truccava un motorino era togliere i freni. "Così non mi viene la tentazione" diceva.

Quindi Pronto andò dritto e finì sullo scivolo dei bambini, decollò verso l'alto, rimbalzò sul telone del bar, finì al primo piano di un appartamento, sgasò nel tinello, investì un frigorifero, uscì nel terrazzo, piombò giù in strada, carambolò contro un bidone della spazzatura, sfondò la portiera di una macchina, uscì dall'altra e si fermò contro un platano.

«Ti sei fatto male?» disse Beauty.

«No» disse Pronto. «Tutto calcolato.»

Beauty fece "ah" con la lingua mirtillata in bella vista. Restarono alcuni istanti a guardarsi, poi Pronto disse:

«Bella la tua minigonna a pallini».

E Beauty disse:

«Belli i tuoi pantaloni di pelle».

«Quali pantaloni?» stava per chiedere Pronto. Poi si guardò le gambe: erano talmente piene di crostoni, cicatrici e grattugiate sull'asfalto che sembrava avesse le braghe di pelle. Invece aveva le braghe corte.

«Sono un modello Strade di Fuoco» disse. «Vuoi fare un giro in moto?»

Beauty ingoiò il gelato in un colpo solo, che era il suo modo per dire di sì. Mentre saliva sulla moto, roteò la gamba interrompendo la pace dei

---

4. *pappataci*: insetti della stessa famiglia delle mosche (i Ditteri), ma che assomigliano piuttosto a zanzare di piccole dimensioni. Pungono l'uomo e possono trasmettere varie malattie.

5. *scarburato*: finto tempo musicale, da "scarburare", che ha probabilmente un significato vicino a "sgasare", cioè dare gas all'improvviso e da fermo, per partire di scatto o fare rumore.

sensi di diversi vecchietti. Poi si strinse forte al petto di Pronto e disse:

«Ma tu la sai guidare la moto?»

A quelle parole Pronto fece un sorriso da entrare nella storia, sgasò una nube di benzoleone[6] e partì zigzagando contromano. Chi lo vide, quel giorno, dice che faceva almeno i duecentottanta. La forza dell'amore! Si sentiva il rumore di quel tornado che passava, e non si vedeva che un lampo di stella filante. Pronto curvava così piegato che invece dei mosce-rini in faccia doveva stare attento ai lombrichi. E Beauty non aveva nean-che un po' di paura, anzi strillava di gioia. Fu allora che lui capì che era la donna della sua vita.

Quanto Pronto arrivò davanti a casa di Beauty, impennò la moto e Beauty volò attraverso la finestra, precisa sulla poltrona del salotto. La mamma se la vide davanti e disse:

«Dov'eri che non ti ho neanche sentita rientrare?»

In quello stesso momento si udì il rumore di Pronto che si fermava contro la saracinesca di un garage. Si tirò su: la moto aveva perso una ruota e il serbatoio. Roba da ridere: si riempì la bocca di benzina e tornò a casa su una ruota sola sputando un sorso alla volta nel carburatore.

Si stese sul letto e dichiarò a quattro scarafaggi:

«Sono innamorato».

«E di chi?» chiesero quelli.

«Di Beauty Case.»

«Bella gnocca» dissero in coro gli scarafaggi, che dalle nostre parti parlano piuttosto colorito.

La sera dopo Pronto e Beauty uscirono di nuovo insieme. Dopo trenta secondi Pronto chiese se poteva baciarla. Beauty ingoiò il gelato.

Iniziarono a baciarsi alle nove e un quarto e stando ad alcuni testimoni il primo a respirare fu Pronto alle due di notte.

«Baci bene, dove hai impara...» voleva dire, ma Beauty gli si era incol-lata di nuovo e finirono alle sei di mattina.

Quando tornò a casa e la mamma chiese: «Cos'hai fatto con quel ragazzo del motorino?» Beauty disse: «Niente mamma, solo due baci». Non mentiva, la ragazza.

Così l'amore tra i due illuminò il nostro quartiere, e ci sentivamo così felici che quasi non rubavamo più.

Sì, eravamo tutti dei cittadini modello o quasi, finché un brutto giorno non arrivò nel quartiere Joe Blocchetto, l'asso degli agenti della Polstrada.[7] Arrivò con la divisa di cuoio nera, stivali sadomaso e occhiali neri. Sopra

---

6. *benzoleone*: sostanza inventata, da benzina (o benzolo) e leone.

7. *Polstrada*: Polizia Stradale.

il casco portava la scritta: *"Dio sa ciò che fai ogni ora, io quanto fai all'ora"*.

Ogni motorizzato della città tremava quando sentiva il nome di Joe Blocchetto. Non c'era mezzo al mondo che lui non avesse multato. Quando capitava in una strada dove c'erano auto in sosta vietata, estraeva il blocchetto e sparava multe come un mitra. Tutti, prima di parcheggiare, guardavano se Joe Blocchetto sostava nei paraggi. Se non c'era, facevano la marcia indietro e quando si voltavano trovavano già la multa sul tergicristallo. Così colpiva veloce e invisibile Joe Blocchetto, l'uomo che aveva multato un carro armato perché non aveva i cingoli di scorta.

Joe arrivò una sera nel quartiere sulla sua Misubishi[8] Mustang blindata, una moto giapponese da duecento all'ora. Al suo passaggio i tergicristalli delle auto si rattrappivano per la paura, e le gomme si sgonfiavano. Posteggiò davanti al bar ed entrò. Si sfilò lentamente i guanti guardandoci con aria di sfida. Alla cintura gli vedemmo i due blocchetti per le multe, calibro[9] cinquantamila.

«Qualcuno di voi» disse «conosce un certo Pronto Soccorso che si diverte a correre da queste parti?»

Nessuno rispose. Nel silenzio Blocchetto fece risuonare gli stivali sul pavimento, e si fermò alle spalle di un giocatore di carte.

«Lei è il signor Podda Angelo, proprietario di un'auto targata CRT 567734?»

«Sì» ammise il giocatore di carte.

«Tre anni fa io la multai perché aveva le gomme lisce. Dissi che se non le cambiava la prossima volta le avrei ritirato la patente.»

Nulla sfuggiva alla memoria di Joe Blocchetto.

«Allora» incalzò l'agente, implacabile «vuole dirmi dove posso trovare Pronto Soccorso o andiamo a dare una controllatina alla sua auto?»

«Parlerò» disse il giocatore. «Pronto passa tutte le sere all'incrocio di via Bulganin con la quarantaduesima.»

Era la verità. Dopo essere andato a prendere Beauty, tutte le sere Pronto attraversava il grande incrocio. Passava col rosso a una velocità vicina ai centocinquanta, con Beauty dietro che sventolava come un fazzoletto.

A quell'incrocio si mise in agguato Joe Blocchetto. Nascondersi era una sua specialità. Sul cavalcavia proprio sopra l'incrocio c'era il cartel-

---

8. *Misubishi*: deformazione comica di Mitsubishi, con chiara allusione al ruolo sociale di Joe Blocchetto.

9. *calibro*: normalmente il calibro è la misura del diametro interno della canna delle armi da fuoco. Per estensione indica la qualità o la portata di qualcuno o di qualcosa.

lone pubblicitario di uno spumante. Lo slogan diceva: "Sapore per pochi." Era una foto di nobiluomini e nobildonne che sorseggiavano coppe in un grande giardino. Sullo sfondo una villa settecentesca, e sullo sfondo ancora le officine Bazzocchi fumanti e puzzolenti: quella non era pubblicità, era il nostro quartiere. Appena messo su il cartellone era stato affumicato dai miasmi industriali, e i nobiluomini e le nobildonne erano neri di polvere e intossicati e sembravano dire: meno male che è un sapore per pochi. Guardando bene la fotografia, tra i signori in smoking e le signore in lungo, si poteva notare dietro il buffet un volto inconfondibile con gli occhiali neri. Era Joe Blocchetto mimetizzato.

Quella sera come tutte le sere Pronto Soccorso passò sotto la finestra di Beauty e la chiamò con un fischio. Beauty si lanciò dalla finestra atterrando sulla moto. Erano ormai abilissimi in questa manovra. Quando arrivarono all'incrocio, il semaforo era rosso. Appena Pronto lo vide lanciò la moto a tutta manetta. Fu allora che ci fu movimento nel cartellone pubblicitario e si vide Joe Blocchetto farsi largo tra la gente in abito da sera, ribaltare un vassoio di bicchieri e saltar giù nella strada.

Mancavano meno di cento metri all'incrocio. Pronto vide Joe attenderlo coi due blocchetti di multe puntati e non esitò. Frenò coi piedi e fece girare la Lambroturbo su se stessa. Mentre la moto ruotava vertiginosamente e mandava scintille, continuava a frenare con tutto: con le mani, con la borsetta di Beauty, con le chiappe, con un cacciavite che piantava nell'asfalto, con i denti. Uno spettacolo impressionante: il rumore era quello di una fresa, volavano in aria pezzi di strada e brandelli di moto. Ma Pronto Soccorso fu grande. Con un'ultima sbandata azzannò l'asfalto e si fermò esattamente con la ruota sulla striscia pedonale.

Joe Blocchetto ingoiò la bile e si avvicinò lentamente. La moto fumava come una locomotiva e le gomme erano fuse. Joe Blocchetto girò un po' intorno e poi disse:

«Gomme un po' lisce, vero?»

«Quella moto le ha più lisce di me» disse Pronto.

«Quale moto?» disse Blocchetto, e si girò. Quando si rigirò Pronto aveva già montato due gomme nuove.

Ma Blocchetto non si diede per vinto.

«Su questa moto non si può andare in due.»

«E mica siamo in due.»

Era vero. Non c'era più traccia di Beauty. Joe Blocchetto la cercò sotto il serbatoio, ma non la trovò. Beauty si era infilata nella marmitta. Ma non resistette al calore e dopo un po' schizzò fuori mezza arrostita.

Joe Blocchetto lanciò un urlo di trionfo.

«Duecentomila di multa più il ritiro della patente più le responsabilità penali con la signorina minorenne. Hai chiuso con la moto, Pronto Soccorso!»

Dal cavalcavia dove osservavamo la scena, rabbrividimmo. Pronto senza moto era come un fiore senza terra. Sarebbe avvizzito. E con lui quell'amore di cui tutti eravamo fieri. Che fare?

Joe aveva già appoggiato la penna sul blocchetto fatale quando sentì un rumore di clacson. Si voltò e...

Tutta la strada era piena di auto. Alcune erano posteggiate contromano, altre sul marciapiede: c'era chi l'aveva messa verticale appoggiata a un albero, chi sopra il tetto di un'altra. Due auto erano posteggiate a sandwich intorno alla moto di Joe Blocchetto, una stava a ruote all'aria in mezzo al ponte con la scritta "Torno subito". Due camionisti facevano a codate con i rimorchi in mezzo allo svincolo dell'autostrada. I vecchi del quartiere erano usciti con biciclette anteguerra e guidavano chi senza mani, chi con un piede sul manubrio, chi in gruppi piramidali di cinque: sembrava il carosello dei carabinieri. Completavano il quadro una vecchietta che guidava una mietitrebbia e sei gemelli su una bicicletta senza freni.

Joe Blocchetto prese a tremare come se avesse la malaria. Era in aspra tenzone con se stesso. Da una parte c'era Pronto in trappola, dall'altra la più spaventosa serie di infrazioni mai vista a memoria di vigile. La mascella gli andava su e giù come un pistone.

Ed ecco che gli passò vicino un cieco su una Maserati rubata senza marmitta, gli sgasò in faccia e disse:

«Ehi pulismano,[10] dov'è una bella strada frequentata da far due belle pieghe[11] a tutta manetta?»

Joe Blocchetto si portò il fischietto alla bocca, ma non riuscì a cavarne alcun suono. Stramazzò al suolo. Avevamo vinto.

Ora Joe Blocchetto è stato dimesso dal manicomio e dirige un autoscontro al Luna-Park.

Pronto e Beauty si sono sposati e hanno messo su un'officina.

Lui trucca le auto, lei le pettina.

Scheda di analisi
a pagina 384

10. *pulismano*: poliziotto; deriva dalla deformazione italianeggiante dell'inglese *policeman*, caratteristica della lingua degli italiani emigrati negli Stati Uniti.
11. *pieghe*: (gergale) curve.

Raffaele Nigro

Colpo di Lega

da *Il piantatore di lune*, Rizzoli.

Crooc crooc corocrooc. Una notte la Lega del Nord segò l'Italia sofferente di appendicite. Per conto di chi non si sa. Molti sospetti: capitani d'industria di Milano, i padreterni di Torino... Sta di fatto che il segaccio tagliò una fetta bella larga, da Trastevere a Pescara.

Che venti e che scosse, quella notte! Terremoti su terremoti. Le mura a fremere impazzite. San Nicola buttatosi fuori cripta reggeva di spalle la sua chiesa, e san Sabino reggeva, un po' più in là in Barivecchia, sistemando questa pietra e riconnettendo quella. E reggevano a mani spalancate san Gerardo potentino e san Gennaro.

Sulla finestra del settimo piano donna Pasqua lottava contro gli infissi e don Pasquale uscito in barca da Brindisi fu risucchiato nel vortice del paese alla deriva.

«Figghi di cani, u paese tagghiarono»[1] urlava dall'Aspromonte don Lecitino Pasquariello e agitava invano la lupara aggrappato a un faggio per non rotolare, giù a capofitto, fino a valle, dove la Benemerita[2] spiava i mafiosi acquartierati sotto gli ontani dell'Aspromonte.

Era proprio un'infame ferita nell'inguine dell'Italia e tutto l'ano meridionale precipitava senza scampo nel cuore del Mediterraneo.

«San Nicola confessore, san Sabino professore salvate il paese dal disonore» piangeva donna Pasqua.

Ma i santi nulla potevano, avendo mani e spalle occupate a difendere le chiese.

Così, vaga vaga,[3] una mattina di gennaio il tacco salentino s'infilò

---

1. *Figghi di cani, u paese tagghiarono*: (dialetto calabrese) figli di cani, hanno tagliato il paese.

2. *la Benemerita*: i carabinieri.
3. *vaga vaga*: a forza di vagare.

nella bocca di Suez, con un contraccolpo che buttò giù mezzo San Carlino e tre arcate del Colosseo e l'Italia si arrestò.

«Porcoqui o porcolì» bestemmiò il generale Abdul Abdullàh «poveri come siamo, impidocchirci vogliono con questo spezzone disgraziato d'Italia?» e ordinò un cannoneggiamento leggero.

«Spingete fratelli, spingete o ci ammazzeranno tutti» urlava donna Pasqua reggendo infissi e piangendo, mentre don Lecitino Pasquariello rispondeva a lupara tapim tapum tapom e invano, ovviamente. Lo spezzone riprese mare e a colpetti controcosta, ruotando su sé, si tirò fuori dalla gragnuola di cannonate. Ma il mare aperto questo povero zatterone non riusciva più a prenderlo. Scendeva tastando testacoda le coste e dovunque, spatapunfete spatapanfete, cannonate. Rifiuti. Sciò, via, malaugurio! Ma questo è un paese spigoloso. Dovreste vederlo dalla punta di Villa San Giovanni[4] affusolato in un becco di gallo e con l'ala salentina[5] stesa. Andò a invaginarsi[6] nello stretto, che poi così stretto non è, di Gibilterra, dove le acque appuzzolite dai liquami europei invadono gli odori salubri dell'Atlantico. Il Vomero[7] si svegliò sulla madre Spagna e Barivecchia faccia a faccia coi fratelli marocchini, per cui donna Pasqua spaventata ebbe collassi e vomiti. In questa posizione scomoda, un putiferio di navicisterne si arenò sulla punta calabro-atlantica, e sul troncone abruzzese il livello del Mediterraneo cominciò a salire, e inghiottiva glugluglu terra e pietre abruzzesi, case e vallette pugliesi. E anche Porto Marghera affogava nel mare, e nelle officine il tornio faticava a galleggiare. Gli operai rifiutavano di indossare stivali da marinaio per il lavoro. A Barcellona il fetore del pesce in secca assaliva le piazze. E gli immissari, rifiutati dal Tirreno e dall'Adriatico che erano ora Mediterraneo, crescevano sotto le cattedrali e sopra le colture.

O Cristo, che rovine!

A distanza di mesi, la polemica violenta che ne nacque è ancora aperta. Galasso, Villari e De Felice[8] si sono a lungo presi per capelli alla ricerca delle ragioni che spinsero il governo provvisorio del troncone centro-settentrionale (ubicato per la circostanza a Torino) a deliberare il riaggancio del Mezzogiorno alla deriva. Lo rimorchiarono con cavi d'acciaio, a

---

4. *Villa San Giovanni*: cittadina dell'estremo lembo sud-occidentale della Calabria; è a pochi chilometri da Reggio Calabria, ed è il punto da cui parte la maggioranza dei traghetti per Messina.

5. *l'ala salentina*: il Salento o penisola salentina è una regione delle Puglie, situata tra il canale d'Otranto (sull'Adriatico) e il golfo di Taranto (sul mar Ionio).

6. *invaginarsi*: entrare come in un fodero.

7. *Vomero*: uno dei quartieri più caratteristici di Napoli, su una collina che domina da ovest la città.

8. *Galasso, Villari e De Felice*: Giuseppe Galasso, Rosario Villari o suo fratello Lucio, Renzo De Felice sono noti e valenti studiosi di storia, che partecipano abbastanza spesso a dibattiti televisivi.

coda delle marine mercantile e militare e si riaprirono i traffici atlantici. Per il Villari fu il Giappone a premere sulla decisione. Per il Galasso il Consiglio d'Europa o chisalui. Un fatto è certo che l'Italia fu ricucita in uno, con ponti viadotti catene iniezioni di cemento armato, una penisola bella lunga, piena di sole. È tornata purtroppo a soffrire d'appendicite, e ancora si contorce negli spasmi inguinali.

Schede di analisi

Guido GOZZANO
Le giuste nozze di Serafino

La storia

1. La novella presenta, nei limiti delle sue dimensioni, un intreccio abbastanza movimentato. Individuane gli eventi significativi e definiscili in modo molto sintetico, dando loro un titolo.

2. Un aspetto strategico del racconto è l'uso della tecnica della *sorpresa*. L'autore cioè induce il lettore a credere che stia per verificarsi un certo evento, e poi gli fa vedere che le cose stanno in modo diverso da come s'era immaginato. Individua in quali punti Gozzano usa la *sorpresa*. Che cosa ti aspettavi di trovare e che cosa invece hai scoperto? Nota anche come le sorprese del lettore coincidano con quelle di Serafino.

I temi

3. Alcuni comportamenti rappresentati dalla novella ti sono sembrati certo d'altri tempi, a cominciare – per esempio – dalla necessità di chiedere formalmente al padre di una ragazza il permesso di sposarla. Ma la situazione in cui due individui possono comunicare in tempo reale, senza gli intervalli di tempo imposti dalle lettere, è tipicamente moderna. Gozzano è stato molto tempestivo nel coglierla alle origini, prima cioè che il telefono (allora già inventato, ma privilegio di pochissimi) entrasse in tutte le case. Conosci altri testi letterari dove si parli del telegrafo, del telefono o di altri simili mezzi di comunicazione? Confronta sinteticamente la situazione rappresentata in quei testi con quella de *Le giuste nozze di Serafino*.

I personaggi

4. *Le giuste nozze di Serafino* appartiene certamente al sottogenere "racconto d'amore". Il protagonista è un sognatore, e il suo amore si presenta, almeno in apparenza, come un amore poetico e "romantico" (cfr. anche il percorso n. 12 dei *Confronti*). Serafino cioè idealizza la realtà, se la immagina più bella di quanto non sia, avvicinandola a quella degli eroi letterari dannunziani che tanto gli piacciono (cfr. nel testo la nota 4, p. *11*). Ritrova nel racconto i punti in cui ciò avviene e analizza gli atteggiamenti assunti dal protagonista. I suoi atteggiamenti sono molto lontani da quelli che noi assumeremmo in circostanze simili? In che cosa si differenziano in modo netto, e in che cosa, eventualmente, ancora assomigliano ai nostri?

5. In uno dei suoi più celebri componimenti, il poemetto *La Signorina Felicita ovvero la felicità*, Gozzano scrive di sé: "ed io fui l'uomo d'altri tempi, un buono / sentimentale giovine romantico... // Quello che fingo d'essere e non sono!". Sono versi questi che paiono andare nella direzione opposta a quanto abbiamo notato nel precedente esercizio. Ma forse lo stesso personaggio di Serafino dimostra di non essere "romantico" e sognatore fino in fondo, e di saper essere anche "realista". Sei d'accordo? E come definiresti il comportamento di Anna? "Romantico" o "realista"?

6. Descrivi il personaggio di Serafino sia dal punto di vista fisico che da quello psicologico.

7. Identifica i personaggi femminili del racconto e confrontali. Illustra poi il loro legame reciproco e l'evoluzione di tale rapporto.

Le strutture formali

8. Una storia d'amore si può raccontare in tantissimi modi: può essere drammatica, tragica, comica, e coinvolgere più o meno intensamente il lettore. Nel caso de *Le giuste nozze di Serafino*, Gozzano ha adottato un caratteristico stile *ironico*. Individua i punti in cui l'atteggiamento di Gozzano è ironico e sottolinea sul testo le espressioni che contribuiscono a quest'effetto.

9. Ti sei sentito coinvolto nella vicenda, immedesimandoti nel protagonista? Saresti capace di spiegare per quali motivi ti sei identificato, o meno, con Serafino?

Spunti per la scrittura

10. Immagina una situazione in cui i personaggi sono in grado di comunicare a distanza in tempo reale, e, a partire da questo spunto narrativo, costruisci un racconto. Ti suggeriamo alcune possibili situazioni: una telefonata fra innamorati lontani; un annuncio (via telefono o telegrafo) di un grave incidente avvenuto a una persona cara, ora in pericolo di vita; una telefonata anonima, per minacciare o per segnalare un delitto; una comunicazione radio con un'astronave nello spazio; una conversazione ascoltata tramite un microfono nascosto.

Federigo TOZZI
La capanna

La storia

1. Quali eventi peggiorano il carattere, già probabilmente difficile, del protagonista Alberto?

2. Il racconto s'identifica in gran parte con la descrizione dell'evoluzione dei rapporti fra Alberto e il padre Spartaco. Quali sono i momenti più significativi identificati dal narratore? Quali sono gli elementi di conflitto? C'è una riconciliazione fra padre e figlio?

3. *La capanna*, come molti altri testi che parlano di ragazzi o di contrasti fra padri e figli, delinea un percorso di crescita e di maturazione del giovane protagonista. Sei d'accordo con quest'affermazione? In che cosa Alberto sarebbe "cresciuto" alla fine del racconto?

I temi

4. Abbiamo posto questo racconto all'interno della sezione che riguarda *Gli affetti familiari e l'amore*, e i motivi sono evidenti. È anche vero però che nel mondo descritto dalla novella di Tozzi c'è una buona dose di violenza. In quali episodi essa si rivela? Che cosa pensi di questi eventi del racconto? Ti sembra che rappresentino comportamenti lontani dalla tua realtà quotidiana?

I personaggi

5. Sottolinea sul testo i punti in cui

l'autore descrive il protagonista. Che ritratto ce ne fa? Prova a descrivere con parole tue il carattere di Alberto Dallati.

6. Alberto è un personaggio simpatico? È chiaro che si tratta di un ragazzo tuo coetaneo (all'inizio del racconto viene detto che ha quindici anni); ma sei riuscito a immedesimarti con lui? Perché?

7. Il padre Spartaco è per molti versi l'opposto di Alberto. Com'è il suo carattere?

8. In generale, possiamo dire che, se non ci fosse il conflitto con il padre, probabilmente Alberto non crescerebbe mai. Ma, più in particolare, dobbiamo notare che Spartaco contribuisce alla scoperta del mondo da parte del figlio anche in un modo del tutto involontario. Che cosa vede il ragazzo nella "capanna", che non a caso dà il titolo al racconto? Riassumi con parole tue questo episodio. Quali sono le sue reazioni? E che cosa farà dopo la morte del padre?

9. Anche se la vicenda delineata da Tozzi mostra un netto predominio delle figure maschili, non mancano le figure femminili. Prova a identificarle. Qual è il loro ruolo all'interno della storia?

Tempi e luoghi

10. Quanto tempo dura approssimati-

vamente la vicenda descritta da Tozzi?

11. Anche se Tozzi si preoccupa soprattutto di rappresentare un conflitto psicologico ed affettivo, l'ambiente del racconto è ricostruito in modo realistico. Qual è questo ambiente? Che genere di azioni vi si svolgono? A quali classi sociali appartengono i personaggi principali?

12. Quale posto hanno nel racconto di Tozzi le vicende politico-sociali esterne al podere in cui vive Alberto?

Le strutture formali

13. Qual è l'atteggiamento del narratore nei confronti della vicenda? Ti pare ch'egli mostri una grande partecipazione emotiva, che si commuova di fronte agli eventi che racconta? Sapresti spiegare il perché della tua impressione?

14. Probabilmente avrai trovato nel lessico di Tozzi alcuni elementi "strani", che dipendono dalla presenza di forme idiomatiche toscane e di alcune soluzioni derivate dall'italiano letterario. A casa, o, se ti riesce troppo difficile, in classe con l'aiuto dell'insegnante, individua queste forme anomale rispetto all'italiano parlato di oggi e riportale sul tuo quaderno. Prova poi a suddividerle per gruppi di vocaboli con caratteristiche grammaticali comuni (per esempio: gli avverbi, le preposizioni, gli aggettivi).

Luigi PIRANDELLO
Nell'albergo è morto un tale

I temi

1. Pirandello utilizza più di una volta l'espressione "vita senza requie". Ritrova nel testo i punti in cui compare questa definizione e prova ad analizzarne il senso. Alla luce dell'intero racconto, spiega con parole tue come vede la "vita" Pirandello.

2. Fondamentale nella novella è il tema della solitudine nella civiltà urbana e industriale. Che cosa ci dice Pirandello sulla condizione dell'uomo contemporaneo? Pensi che abbia ragione? Vedi anche il percorso n.1 della sezione *Confronti*.

I personaggi

3. In questo racconto compaiono moltissime persone, ma pochissimi personaggi con un'identità fisica e psicologica ben definita. È abbastanza chiaro che si tratta di una scelta intenzionale da parte dell'autore; sapresti spiegarla? Quali caratteristiche comuni presentano le innumerevoli figure umane che compaiono nella novella?

4. Quello che dovrebbe essere il protagonista, cioè il "tale" del titolo, nel racconto non fa quasi niente e per quasi tutto il tempo è assente. A parte il suo lungo silenzio, che poi si scoprirà definitivo, quali altri azioni compie? Che cosa sappiamo di lui?

5. Oltre a "Funardi Rosario, intraprenditore", quale personaggio riesce a guadagnarsi nella novella una certa autonomia e una notevole evidenza

rappresentativa? Quali sono le sue caratteristiche?

6. Le fiabe ci insegnano che nelle narrazioni non solo gli esseri viventi possono essere personaggi, ma anche gli animali e gli oggetti. In *Nell'albergo è morto un tale* un oggetto molto particolare riveste un ruolo importante nello sviluppo della storia: le scarpe, che ogni notte vengono lasciate davanti alla stanza dai clienti dell'albergo, in modo da ritrovarle pulite e lucidate il mattino dopo. Qual è il ruolo delle scarpe nello sviluppo della storia? Perché Pirandello ne fa un simbolo? Rileggi quanto viene detto alla p. *35*: "Deve aver viaggiato molto, davvero, quell'uomo; [...]: chi sa quanta fatica, quali stenti, quanta stanchezza, per quante vie...".

Tempi e luoghi

7. In questa novella di Pirandello un peso decisivo viene attribuito al luogo in cui si svolge la vicenda: non a caso l'albergo compare fin dal titolo. Quali sono le caratteristiche dell'albergo? Ma soprattutto quali significati l'autore ci vuole comunicare attraverso questa descrizione? Ritorna al primo esercizio di questa *scheda*, e vedi anche il percorso n.1 della sezione *Confronti*.

8. A quali ceti sociali appartengono le figure che si muovono, o piuttosto bisognerebbe dire si agitano, nell'albergo?

9. L'uomo che muore nell'anonimato dell'albergo è "un americano", cioè un emigrato negli Stati Uniti. Quello dell'emigrazione (soprattutto dalle regioni meridionali, ma anche da altre aree, come per esempio il Veneto) è stato un fenomeno costante nella storia italiana fra Ottocento e Novecento. Ma nel presentare questo personaggio, Pirandello ha una doppia intenzione: da un lato vuole sottolineare un fenomeno storico, con la sua drammatica realtà di emarginazione. Dall'altro è significativo ch'egli non si soffermi a rappresentare, se non di scorcio, la miseria materiale degli emigranti: a lui infatti interessa ancora di più utilizzare la condizione dell'emigrante come un simbolo di una condizione più generale di sradicamento, di perdita d'identità e di patria. Trova nel testo dei passi che giustifichino quest'affermazione.

Le strutture formali

10. Osserva il seguente passo: "Chi l'ha veduto? È sbarcato dal piroscafo di Genova. Forse la notte scorsa non ha dormito... Forse ha sofferto per mare[...] traversando l'Oceano, chi sa quante notti avrà passato insonni... Vorrà rifarsi, dormendo un giorno intero. Possibile? in mezzo a tanto frastuono... È già il tocco..." (p. *36*). È evidente che Pirandello riproduce frammenti dei discorsi che la gente tiene davanti alla camera del "tale". In quali altri punti del racconto l'autore utilizza la stessa tecnica? Quali effetti ottiene con questo affollarsi di voci anonime?

Gabriele D'ANNUNZIO
Il cerusico di mare

I temi

1. In tutto il libro de *Le novelle della Pescara* D'Annunzio insiste sulla rappresentazione della violenza e della crudeltà, compiacendosi largamente nella descrizione analitica di ferite e mutilazioni, omicidi e stupri, risse, incendi e così via. Eppure in questo libro, a differenza che in altre opere, magari più famose, lo scrittore abruzzese ha trovato un singolare equilibrio stilistico (vedi più avanti l'esercizio n. 8). È stato notato che questo avviene anche grazie a un forte distacco dalla materia descritta: D'Annunzio ci rappresenta sofferenze di ogni tipo, ma dà l'impressione di non commuoversi mai. Il critico Eurialo De Michelis ha parlato di "impassibilità, sottesa di ferocia e d'orrore" e di "un'atmosfera di gelo". Sei d'accordo? Quale ti sembra che sia l'atteggiamento dello scrittore verso la tragedia di Gialluca?

2. Che peso ha l'ignoranza nello svolgersi della vicenda? Ti pare che il narratore emetta un giudizio morale netto nei confronti dei compagni di Gialluca, o che in qualche misura ne giustifichi le azioni? Da che cosa lo deduci?

3. Quale ruolo svolge la religione nei comportamenti dei pescatori della *Trinità*? Ti sembra un ruolo positivo o negativo?

I personaggi

4. Ti pare che l'autore abbia caratterizzato in modo analitico la psicologia dei personaggi? Da che cosa ricavi questa tua valutazione?

5. L'insieme dei personaggi del racconto appare evidentemente diviso in due: da un lato abbiamo il povero Gialluca, dall'altro tutto il resto dell'equipaggio. Ti sembra che fra gli altri pescatori qualcuno abbia un'identità particolarmente marcata e definita? Chi? Che cosa sai dei personaggi che hai identificato?

---

6. Come si comportano, rispettivamente, Massacese e Ferrante La Selvi?

Tempi e luoghi

---

7. In quale area geografica si svolge la novella dannunziana? Procurati una cartina e cerca di individuare il percorso del peschereccio *Trinità*.

Le strutture formali

---

8. Una caratteristica fondamentale della scrittura di D'Annunzio è la tensione verso un registro alto, verso uno stile, cioè, molto colto e letterario, con un'intonazione carica, gonfia, esposta costantemente al pericolo dell'enfasi: è quello stile che da oltre duemila anni la retorica ha definito "sublime". Possiamo senz'altro dire che ne *Il cerusico di mare* lo scrittore riesce molto bene a contenere i potenziali aspetti negativi di questa scelta stilistica, continuando a conservare un tono controllato, che non sbanda verso la cattiva retorica e il melodrammatico. È però ugualmente vero che lo stile dannunziano anche in

questo racconto resta caratterizzato dalla spinta verso il "sublime", ottenuta mediante la frequente sostituzione delle parole più comuni in quei contesti con altri termini più colti o arcaici, che lo scrittore riteneva più nobili, e dunque più adatti al linguaggio letterario. È da notare, innanzitutto, una parola come "tumore", usata nel senso di "rigonfiamento" (recuperando il significato etimologico del latino *tumor*); oppure la sostituzione del normale "pelle" col sinonimo colto "cute"; e ancora: "benigno" nel senso di "favorevole"; "sprazzo" al posto di "spruzzo"; "sapevano la via" per "conoscevano la strada". Prova a individuare tutte le espressioni che sei in grado di riconoscere in cui D'Annunzio si allontana dall'uso linguistico comune. Traducile poi con le parole che tu useresti per esprimere quei concetti.

---

9. Leggi il seguente passo: "la cuticola del tumore fu sollevata da un siero sanguigno e si lacerò. E tutta la parte prese l'apparenza di un nido di vespe, d'onde sgorgavano materie purulente in abbondanza" (pp. *40-41*). Nota come in questo punto, e in tutto il racconto, nella descrizione del male di Gialluca lo scrittore unisca due tipi di linguaggio diversi, e quasi opposti: da un lato una terminologia medica piuttosto precisa ("cuticola", "siero", "materie purulente"); dall'altro metafore e comparazioni, che sono invece piuttosto tipiche del linguaggio poetico ("l'apparenza di un nido di vespe"). Prova a individuare altri esempi di questi due tipi di linguaggi.

Grazia DELEDDA
Il cinghialetto

La storia

1. La storia del "cinghialetto" si sviluppa in alcune fasi molto ben distinte fra di loro; identificale e dà loro una sintetica definizione.

2. Che cosa ottiene Pascaleddu in cambio del cinghialetto? Che cosa pensano di lui i "monelli" di strada? E tu come valuti la sua scelta?

3. La morte del cinghialetto sembra, a prima vista, del tutto inutile. Eppure, anche se la violenza operata da *signoriccu* è assurda e crudele, forse l'involontario sacrificio del piccolo animale è servito a qualcosa. Sei d'accordo?

I personaggi

4. Come ci dice anche il titolo, il protagonista del racconto è *Il cinghialetto*. Sarebbe possibile descrivere qualcosa come il "carattere" di questo personaggio? Se ti sembra di sì, mettine a fuoco i tratti; altrimenti spiega perché esso non riesce ad essere un "carattere" identificato.

5. Pascaleddu e il signorino si assomigliano perché sono bambini, e perché, l'uno nella prima, l'altro nella seconda parte della vicenda, tengono con sé il cinghialetto. Eppure proprio gli elementi in comune finiscono per mettere in rilievo in modo ancora più marcato le profonde differenze. Quali sono queste differenze?

6. Nella storia c'è un personaggio fisicamente assente, ma che pure ha un ruolo tutt'altro che trascurabile: Franziscu Cambedda. Spiega chi è, che cosa ha fatto e che cosa gli succede nel corso della vicenda.

Tempi e luoghi

7. Il contrasto tra Pascaleddu e il figlio del giudice non è solo un contrasto fra due caratteri, ma anche l'espressione di una differenza sociale. A quali classi appartengono i due bambini? Ti pare che l'autrice abbia un atteggiamento neutrale o si schieri a favore di qualcuno? Questa sua valutazione è credibile oppure è il frutto di una semplificazione letteraria?

Le strutture formali

8. In molte parti del racconto la Deledda cerca di compiere un'operazione abbastanza difficile per uno scrittore: si sforza cioè di assumere il punto di vista di un animale. Individua i passi del racconto in cui questo avviene. Ti pare che la rappresentazione dall'interno delle percezioni e dei sentimenti del cinghialetto (e di sua madre) sia verosimile? Indica eventualmente se, a tuo parere, ci sono dei passaggi in cui la caratterizzazione dell'animale è un po' troppo umanizzata, e spiega il perché di questa tua valutazione.

9. Non sono molti i racconti, e tanto meno i romanzi, in cui il protagonista sia un animale. Ci sono però due generi, molto vicini fra loro, in cui gli animali ricoprono normalmente ruoli importanti nella vicenda, e magari sono protagonisti: la fiaba di magia e la favola a sfondo morale. La novella della Deledda è una storia pienamente realistica, oppure prende in prestito qualcosa dalle fiabe e dalle favole? Prova a giustificare questa tua impressione.

Federico DE ROBERTO
La paura

La storia

1. In che situazione si trovano i personaggi della novella? Chi sono i loro nemici?

2. Prova a spiegare con parole tue perché l'autore ha scelto di intitolare il racconto *La paura*, e non, per esempio, *Il cecchino*, *La guerra in montagna* oppure *Cambio di guardia*.

3. Riassumi il racconto di De Roberto prima in cinquanta righe, poi in trenta, poi in quindici.

I temi

4. Qual è l'immagine della guerra che ci viene comunicata da un racconto come *La paura*? Vedi anche quanto si dice nel percorso n. 5 della sezione *Confronti*. L'autore esprime questo giudizio in modo esplicito? Da che cosa lo deduci?

5. La Prima guerra mondiale fu un'occasione di profondo rimescolamento culturale e linguistico, visto l'ancor giovane stato italiano unitario. De Roberto vuole evidentemente mostrarci la condizione di un esercito composto da gente che parla dialetti diversi, e spesso ha anche usanze diverse: non dimenticare che solo dagli anni sessanta-settanta di questo secolo la maggioranza degli italiani parla abitualmente la lingua nazionale e non il dialetto. Registra quali sono i dialetti citati in questa novella. Nota anche come lo scrittore abbia rappresentato *un personaggio per ciascun dialetto*: non ci sono cioè gruppi regionali particolarmente numerosi. È difficile però che nella realtà ci fossero davvero unità dell'esercito composte con tanta attenzione alla varietà linguistica! Perché credi che De Roberto abbia voluto ricordare tanti dialetti insieme e, cosa ancora più importante, metterli tutti sullo stesso piano?

6. Il senso del dovere e dell'onore ha un posto molto importante nello sviluppo del racconto. Come lo vivono i soldati di Alfani? Ci sono trasgressioni?

7. Nella novella non si parla di "patria" e di "patriottismo", ma, inevitabilmente, questi valori sono sempre sullo sfondo. Quale ti sembra l'atteggiamento di De Roberto verso la "patria"?

8. Come viene rappresentato "il nemico"?

9. Dietro il drammatico svolgersi della vicenda non ci sono solo i nemici, ma anche le autorità militari (e politiche) che conducono la guerra. Emerge nel racconto un giudizio nei loro confronti? Qual è questo giudizio?

I personaggi

10. Il tenente Alfani è l'unico personaggio che resta in scena per tutto il racconto, ed è anche l'unico che parla italiano. Prova a spiegare entrambe queste sue caratteristiche. Riesci a identificare anche altri tratti psicologici e morali della sua personalità?

347

11. Ne *La paura* compaiono moltissimi personaggi, quasi tutti solo per poco tempo. Prova a individuare tutti quelli di cui ci viene detto qualcosa di preciso. C'è un rapporto fra il loro comportamento e la loro identità geografica?

Tempi e luoghi

12. Identifica tutti i passi in cui l'autore ci dà delle descrizioni del paesaggio. Dove è ambientato il racconto? Che rapporto c'è tra lo spazio e lo svolgersi della vicenda?

Le strutture formali

13. Nella *Prefazione* a un suo bel libro di novelle, *Processi verbali* (1889), De Roberto dichiara di voler perseguire con radicale coerenza l'ideale, tipico del Verismo, di un'arte impersonale, in cui cioè lo scrittore si limita a registrare i fatti in modo oggettivo, senza aggiungere commenti e "fioriture di stile": *"L'impersonalità assoluta, non può conseguirsi che nel puro dialogo, e l'ideale della rappresentazione obiettiva, consiste nella 'scena' come si scrive pel teatro. L'avvenimento deve svolgersi da sé, e i personaggi debbono significare essi medesimi, per mezzo delle loro parole e delle loro azioni, ciò che essi sono. L'analisi psicologica, l'immaginazione di quel che si passa nella testa delle persone, è tutto il rovescio dell'osservazione reale. L'osservatore impersonale, farà anch'egli dell'analisi, mostrerà anch'egli le fasi del pensiero, ma per via dei segni esteriori, visibili, che le rivelano, e non a furia d'intuizioni più o meno verosimili. La parte dello scrittore che voglia sopprimere il proprio intervento deve limitarsi, insomma, a fornire le indicazioni indispensabili all'intelligenza del fatto, a mettere accanto alle trascrizioni delle vive voci dei suoi personaggi quelle che i commediografi chiamano 'didascalie'"*. Rileggi *La paura* alla luce di queste affermazioni. Ti pare che in questo racconto, scritto a distanza di oltre trent'anni da *Processi verbali*, lo scrittore siciliano si sia mantenuto fedele ai princìpi esposti in quella prefazione? L'uso massiccio del dialogo implica anche in questo caso un atteggiamento neutrale, "obiettivo" da parte dello scrittore?

Spunti per la scrittura

14. Il meccanismo narrativo di fondo del racconto di De Roberto è semplice ed efficacissimo: c'è un pericolo certo e invisibile, che bisogna comunque affrontare, con moltissime probabilità di soccombere. Una caratteristica molto singolare de *La paura* è che, per le particolarità della situazione di guerra (qui: l'obbligo di dare *comunque* il cambio alle vedette di una postazione strategicamente importante), i personaggi devono continuare ad affrontare il pericolo pur sapendo di andare incontro a morte pressoché certa. Ma, molto in generale, la presenza di un pericolo incombente e non ben decifrabile è uno degli elementi determinanti per la costruzione del meccanismo della *suspense*. Prova a costruire un racconto in cui si determini una *suspense*, cioè una forte tensione, dominata dalla paura, nei confronti della sorte del protagonista. La storia da te inventata deve essere *verosimile*; non puoi perciò muoverti verso i generi del fantastico, o dell'*horror* con eventi soprannaturali.

Luigi PIRANDELLO
La casa del Granella

La storia

1. Le novelle di Pirandello raccontano spesso, come nell'antica tradizione novellistica, vicende comiche o paradossali di furbi e di beffati, di trucchi per imbrogliare il prossimo e di trovate per contrastare le astuzie altrui. Anche *La casa del Granella* è in sostanza la storia di una beffa e, per così dire, di una contro-beffa. Qual è la situazione di partenza in cui si trova la famiglia Piccirilli? Come reagisce Granella? Che cosa escogita alla fine l'avvocato Zummo per far avere ragione ai suoi clienti?

2. Il racconto pone il lettore davanti a fatti misteriosi, di natura non chiara. Come accade quasi sempre nella narrativa fantastica, non riusciamo bene a capire se i fatti a cui assistiamo sono davvero di natura soprannaturale, o se potrebbero essere spiegati in modo razionale e naturale. Alla fine, quale ti sembra l'atteggiamento dell'autore? Pirandello crede nei fantasmi oppure no? Questa scelta è importante per il senso complessivo della vicenda?

I temi

3. Una delle chiavi di volta della visione del mondo di Pirandello è il contrasto tra *la vita*, immaginata come un flusso continuo e senza confini, e *le forme* in cui l'uomo cerca di costringerla. Questo contrasto viene costantemente ripetuto e variato in tutta l'opera dello scrittore siciliano: anzitutto lo ritroviamo come contraddizione tra l'aspetto esteriore e la verità interiore, tra quello che gli altri pensano di noi e quello che noi sentiamo davvero. Ma Pirandello va ancora oltre: nessuno per lui è in grado di afferrare la verità, perché le parole non arrivano mai a definire in modo soddisfacente il mondo della vita, che è fatto di *materia in continuo divenire*, irriducibile a qualsiasi schema concettuale e dunque a qualsiasi discorso. Fra le innumerevoli versioni del contrasto tra la vita e le forme, un ruolo importante spetta al problema della frattura tra *le leggi e le forme amministrative* da un lato, e dall'altro la concreta realtà dell'esistenza sociale. Per esempio in una delle opere più riuscite e più note di Pirandello, il romanzo *Il fu Mattia Pascal*, il protagonista, appunto Mattia Pascal, viene creduto morto e per un certo periodo può vivere una vita liberissima e a suo modo felice, perché svincolato da qualsiasi relazione con gli altri. Quando però prova a rientrare nella comunità umana, stabilendo nuovi rapporti, Mattia si accorge che, non avendo più un'identità formale per l'anagrafe (per la quale, letteralmente, egli non esiste più), non può condurre un'esistenza normale, e in un certo senso non può vivere. Non può, per esempio, denunciare il furto di una consistente somma di denaro, perché la polizia non potrebbe accettare la denuncia di qualcuno che *non esiste*, e non può, soprattutto, sposare la donna che ama, la quale del resto, data la morale del tempo, comunque non potrebbe accettare di convivere senza sposarsi. Anche ne *La casa del Granella* assistiamo ad un conflitto tra le leggi, le forme giuridiche, e la vita, cioè la concreta presenza di fenomeni strani e sgradevoli che affliggono la famiglia Piccirilli. Individua i punti del racconto in cui questo contrasto viene reso esplicito e spiega con parole tue i fatti narrati da Pirandello.

---

4. Attraverso la causa tra Granella e i Piccirilli, l'avvocato Zummo si trova ad affrontare un problema esistenziale e filosofico fondamentale, che, per così dire, trasfigura ciò che alle origini era soltanto una controversia tra proprietario e inquilini, trasformandola in un dibattito sul senso ultimo della vita e della morte. Che cosa significherebbe per Zummo accertare la realtà dell'esistenza degli spiriti?

I personaggi

5. Anche in questa novella, come in tutta l'opera di Pirandello, troviamo una caratteristica mescolanza tra il comico e il tragico, tra la burla e il dramma. Lo scrittore siciliano era perfettamente consapevole di questa sua scelta, che ha compiutamente definito in un saggio, intitolato *L'umorismo*, pubblicato nel 1908. Il modo migliore per mettere a fuoco la definizione di "umorismo" è riprendere un celebre passo di quel libro. Dopo aver spiegato che "d'ordinario, nell'artista, nel momento della concezione, la riflessione si nasconde, resta, per così dire, invisibile: è, quasi, per l'artista una forma del sentimento", Pirandello passa a individuare la specificità dell'arte umoristica, che è poi anzitutto la sua arte. Nelle opere umoristiche "la riflessione non si nasconde, non resta invisibile, non resta cioè quasi una forma del sentimento, quasi uno specchio in cui il sentimento si rimira; ma gli si pone innanzi da giudice; lo analizza, spassionandosene; ne scompone l'immagine; da questa analisi però, da questa scomposizione, un altro sentimento sorge o spira: quello che potrebbe

chiamarsi e che io chiamo difatti *il sentimento del contrario*. / Vedo una vecchia signora, coi capelli ritinti, tutti unti non si sa di quale orribile manteca, e poi tutta goffamente imbellettata e parata d'abiti giovanili. Mi metto a ridere. *Avverto* che quella vecchia signora è *il contrario* di ciò che una vecchia rispettabile signora dovrebbe essere. Posso così, a prima giunta e superficialmente, arrestarmi a questa impressione comica. Il comico è appunto un *avvertimento del contrario*. Ma se ora interviene in me la riflessione, e mi suggerisce che quella vecchia signora non prova forse nessun piacere a pararsi così come un pappagallo, ma che forse ne soffre e lo fa soltanto perché pietosamente s'inganna che, parata così, nascondendo così le rughe e la canizie, riesca a trattenere a sé l'amore del marito molto più giovane di lei, ecco che io non posso più riderne come prima, perché appunto la riflessione, lavorando in me, mi ha fatto andar oltre a quel primo avvertimento, o piuttosto, più addentro: da quel primo *avvertimento del contrario* mi ha fatto passare a questo *sentimento del contrario*. Ed è tutta qui la differenza tra il comico e l'umoristico". I ritratti dei personaggi sono un terreno privilegiato per il "sentimento del contrario", che deriva, in prima approssimazione, dalla bruttezza e dalla disarmonia dell'aspetto. Pirandello rappresenta sistematicamente figure brutte e ridicole: noi ne ridiamo, ma siamo costretti, in un secondo momento, a prendere atto delle loro sofferenze, e della serietà dei loro problemi. Confronta poi quanto abbiamo notato nell'esercizio n. 3: anche il "sentimento del contrario" dell'umorismo ci mette di fronte a una *discordanza tra forme e vita*, tra *esterno e interno*, corpo e anima. Questo contrasto implica tra l'altro, più in profondità, la fine della concezione che vede il soggetto come un tutto unitario, sia sul piano conoscitivo che sul piano psicologico: non solo cioè noi non siamo quello che appariamo agli altri, ma cambiamo a seconda delle circostanze, e spesso finiamo per comportarci proprio così come gli altri immaginano che dovremmo comportarci. La contraddizione, in altre parole, non è solo tra noi e gli altri, ma anche all'interno di noi stessi: senza contare poi che anche l'idea che possiamo avere della nostra identità è comunque una forma che riduce ad uno schema troppo rigido la dinamica e l'infinita varietà della nostra vita interiore. Anche ne *La casa del Granella* ci sono personaggi che appaiono ridicoli, e che però sono nel profondo mossi da una sincera sofferenza: individuali e spiega in che senso il loro aspetto esteriore contrasta con la loro verità intima.

6. Qual è l'atteggiamento dell'avvocato Zummo nei confronti delle manifestazioni spiritiche? Come viveva prima di conoscere i Piccirilli? Che cosa cambia nella sua vita quando s'incarica di seguire la causa contro il Granella?

7. Identifica i componenti della famiglia Piccirilli e descrivine le caratteristiche.
8. Che aspetto ha Granella? Come si comporta? Come ci appare alla fine della storia? Esiste anche in lui una contraddizione tra aspetto fisico e verità morale? Spiega i motivi che giustificano questa tua impressione.

9. Abbiamo già notato l'insistenza di Pirandello su figure fisicamente brutte e sgradevoli (cfr. l'esercizio n. 5). Sottolinea sul testo tutti gli elementi di bruttezza fisica dei personaggi della novella.

10. Spiega qual è l'atteggiamento dei giudici nell'emettere la sentenza. Come reagisce invece il pubblico? Chiarisci le ragioni degli atteggiamenti sia dei primi che dei secondi.

Tempi e luoghi

11. Com'è fatta la casa del Granella? Quale ruolo giocano le caratteristiche fisiche di questo spazio nell'evoluzione della storia?

12. In generale, trovi delle costanti nel modo dove l'autore caratterizza gli ambienti dove si svolge la vicenda? Quali aspetti vengono sottolineati più di altri? Pensa anche a quanto abbiamo detto sulla rappresentazione dei personaggi (esercizi nn. 5 e 9).

13. A quali ceti appartengono i protagonisti della novella? Trovi degli elementi in comune con l'altra novella pirandelliana qui antologizzata, *Nell'albergo è morto un tale*?

Le strutture formali

14. Una delle caratteristiche stilistiche del tragicomico pirandelliano è la frequenza di parole alterate con suffissi diminutivi, accrescitivi, vezzeggiativi, peggiorativi. Solo nelle prime pagine del racconto troviamo: "musetto", "occhiatacce", "ragazzotto", "bastoncino", "faccione", "gobbina", "lagrimoni". Continua da solo quest'analisi, sottolineando sul testo le parole con suffisso. Complessivamente possiamo dire che quest'uso linguistico serve a Pirandello a produrre una parziale deformazione della realtà, che viene così resa quasi caricaturale. Scegli, fra le parole sottolineate da te (o fra quelle che ti abbiamo indicato sopra) cinque esempi particolarmente

351

significativi e prova a spiegare più analiticamente l'effetto ottenuto dello scrittore.

15. Nel linguaggio pirandelliano sono anche assai frequenti le parole che esprimono una sofferenza interiore intensa e continua: sostantivi come "tormento" o "martirio", aggettivi e participi del tipo di "smanioso" oppure "opprimente", verbi quali "infastidire", "martoriare" e simili. Individua sul testo questo tipo di espressioni e spiega che rapporto hanno con la visione del mondo di Pirandello. Torna anche a vedere quanto notato nell'esercizio n. 1 relativo a *Nell'albergo è morto un tale*.

16. Molti critici hanno notato che, anche quando scrive prosa narrativa, Pirandello – che è diventato famoso soprattutto con le sue opere teatrali – organizza spesso il discorso *come se si trattasse di un copione* per le scene. Costruisce, infatti, lunghi dialoghi in cui compaiono solo le battute dei personaggi, più alcune sintetiche osservazioni (sui movimenti, sull'aspetto dei personaggi e sugli ambienti) che assomigliano a delle didascalie di copione, cioè alle spiegazioni per il regista e gli attori. Rileggi la novella, individuando i passi che rispondono a queste caratteristiche, o che ad esse si avvicinano.

Italo SVEVO
Vino generoso

La storia

1. Una delle particolarità più evidenti di questo racconto e della maggior parte della narrativa sveviana sta nella relativa povertà della vicenda, se la guardiamo dal punto di vista della trama. Qui Svevo rappresenta in sostanza un banchetto di nozze (filtrato dal punto di vista molto particolare di un invitato ben poco interessato al matrimonio) e la notte immediatamente seguente, con l'insonnia e il sogno angoscioso del narratore. Anche se gli eventi significativi sono pochi, di modesto rilievo e per di più intervallati da molte riflessioni, pure è possibile individuare delle sequenze narrative abbastanza ben distinte fra loro. Identificale e dà loro un titolo.

2. Nell'ultima parte del racconto, l'autore si arrischia in un'impresa tutt'altro che facile: rappresentare un sogno, rispettandone le caratteristiche e le stranezze. Il sogno infatti possiede una sua logica, ma molto lontana da

quella della realtà quotidiana. Sapresti riassumere sinteticamente (in non più di venti righe) il sogno del protagonista di *Vino generoso*? Alla fine di questo lavoro, rispondi ancora a due domande: hai incontrato molte difficoltà nel fare questo riassunto? Quali?

Spunti per la scrittura

3. Per capire meglio l'originalità del modo di raccontare sveviano, prova tu a raccontare in prima persona un pranzo o una cena, meglio ancora se di nozze. Quali sono le principali differenze fra quanto hai scritto e il racconto di Svevo? Su che cosa principalmente s'incentra il tuo racconto e su quali aspetti ha invece insistito lo scrittore triestino?

I temi

4. Uno dei grandi temi, forse addirittura il più importante, dell'opera di Svevo, è quello dell'inettitudine, cioè dell'incapacità a vivere, dell'impossibilità d'integrarsi con la comunità. I protagonisti di Svevo sono tutti molto intelligenti e tutti incapaci di vivere, di lavorare e divertirsi serenamente. Per loro ogni atto è un problema, non possono fare a meno di analizzarlo e però proprio per questo finiscono per essere privi di qualsiasi slancio emotivo spontaneo, oltre che di agilità materiale. Conseguentemente, essi sono dei "malati", in senso letterale o metaforico, e, anche se sono giovani, si comportano come dei vecchi, sono affetti da "senilità": non a caso *Senilità* è il titolo del secondo dei tre romanzi di Svevo. Pure il protagonista di *Vino generoso* è vecchio e malato; ma, si potrebbe obiettare, è *davvero vecchio e malato*. Eppure, di nuovo, la condizione materiale del personaggio diventa *un simbolo*, che va assai oltre la semplice interpretazione letterale. Anch'egli infatti vive in una condizione di isolamento, o quanto meno di diversità dagli altri: li *guarda vivere*, con distacco e con invidia. Quali sono le caratteristiche e i sintomi della malattia del protagonista? Ci sono dei punti in cui la sua invidia per gli altri emerge con particolare chiarezza?

5. Fra gli argomenti importanti di questo racconto, c'è sicuramente anche la rappresentazione del rapporto tra genitori e figli. Come lo vede Svevo? In *Vino generoso* la madre e il padre hanno significative differenze di atteggiamento verso i figli? Non dimenticare che, poiché per un "inetto" ogni atto della vita diventa un problema, sarà difficile per lui assumere un ruolo complesso e moralmente impegnativo come quello di genitore.

I personaggi

6. Il protagonista ha due figli, che sono più o meno tuoi coetanei: Emma, che ha quindici anni, e Ottavio, di tredici. Che cosa sai di questi ragazzi? L'autore ce ne dà una descrizione sistematica? Riesci a individuare alcuni tratti del loro carattere?

7. Come si comporta la moglie del protagonista? Qual è il suo atteggiamento verso il marito? Ti pare che il narratore ne parli con imparzialità o sia un po' ingiusto nei suoi confronti?

8. Chi è Giovanni? Che aspetto ha? Come sono i suoi rapporti con il protagonista?

Tempi e luoghi

9. È importante notare che, pur mettendo in scena un ambiente verosimile (a parte, com'è ovvio, la rappresentazione del sogno), Svevo non ha preoccupazioni di minuzia realistica: in particolare i tempi e i luoghi in cui si svolge la vicenda restano nel complesso molto vaghi, appena accennati. Ma a quest'assenza di caratterizzazione del contesto corrisponde d'altro canto un'attenzione particolarmente accentuata ad altri aspetti della realtà. Quali? Vai eventualmente a vedere anche quanto suggerito dal percorso n. 17 della sezione *Confronti*.

Le strutture formali

10. *Vino generoso* è un racconto in prima persona, in cui il narratore, cioè colui che racconta la storia, è anche il protagonista. Questo significa che tutto quello che sappiamo di lui, noi lo veniamo a sapere attraverso le sue parole; e, poiché capiamo

che il suo atteggiamento non è per nulla obiettivo, faremmo bene a diffidare di quanto ci viene detto. Nel linguaggio tecnico dell'analisi del testo, questo artificio viene definito costruzione di un *narratore inattendibile*.

D'altro canto il narratore non pare essere molto tenero con i propri atteggiamenti e i propri sentimenti: al contrario, egli si analizza e critica spesso in modo radicale. Quali critiche muove a se stesso?

Nota inoltre che in questo caso il protagonista e narratore pare anche assomigliare all'autore reale: ci troviamo perciò in presenza di una *narrazione autobiografica*, o che almeno a noi sembra tale. Questa caratteristica la ritroviamo anzitutto nell'opera più importante di Svevo, *La coscienza di Zeno*, ma anche in parecchi suoi altri racconti, che in buona parte costituiscono, secondo molti critici, l'abbozzo di un progetto di romanzo (sarebbe stato il quarto) interrotto dalla morte dell'autore.

Carlo CASSOLA
Paura e tristezza

I temi

1. Per quali motivi il protagonista viene preso da "paura" e "tristezza"? Sono motivi validi?

2. Prima ancora che dai due sentimenti enunciati dal titolo, Fausto sembra colpito da un senso di lontananza e di estraneità rispetto agli altri, da un'impressione di solitudine senza scampo, di cui forse un po' si compiace. Individua e sottolinea le espressioni del testo che manifestano la solitudine del protagonista.

3. Fausto sembra, fra le altre cose, ossessionato dal pensiero della morte. Identifica i passi del racconto in cui questa sua ossessione diventa esplicita.

I personaggi

4. In questo come in molti suoi altri racconti, Cassola pare avere un interesse relativo per la descrizione dei personaggi. Egli privilegia piuttosto la ricostruzione di un'atmosfera emotiva e psicologica, di cui sottolinea anche sfumature molto sottili. D'altra parte, il protagonista del racconto ha delle caratteristiche abbastanza definite. Saresti in grado di descriverne l'aspetto? Com'è invece il suo carattere?

5. Quali sono le tue reazioni di lettore di fronte a un personaggio come Fausto e ai suoi atteggiamenti? Li condividi, ti lasciano indifferente, ti provocano un sentimento di rifiuto?

6. Ti pare che gli altri personaggi del racconto siano davvero tutti "allegri" come appaiono inizialmente a Fausto? Oppure c'è qualcuno che vive una condizione di solitudine o di tristezza che assomiglia a quella del protagonista?

7. Chi è Anna? Che cosa sai di lei? Come ne parla il narratore? Che effetto ti fa questo tipo di rappresentazione?

Tempi e luoghi

8. *Paura e tristezza* è ambientato alle Balze di Volterra e nei dintorni. Qual è il rapporto fra le caratteristiche di quest'ambiente e lo stato d'animo del protagonista? Vai a rivedere anche la nota n. 1 al testo (p. *117*).

9. L'epoca in cui si svolge la storia è caratterizzata con precisione? Quali effetti produce questa scelta?

Le strutture formali

10. Una notevole importanza ha nel racconto la scelta di avvicinarsi il più possibile alla prospettiva di Fausto bambino, ai suoi sentimenti intensi e contraddittori, all'irrazionalità dei suoi cambiamenti d'umore. Fausto è più o meno un tuo coetaneo; ti pare che la rappresentazione che Cassola dà dei suoi stati d'animo sia credibile?

11. Qual è l'atteggiamento dell'autore verso il protagonista? Ne condivide i sentimenti o lo critica? C'è in lui distacco o immedesimazione?

12. In *Paura e tristezza*, e in molti altri testi del primo Cassola, troviamo, all'interno del racconto principale, vari altri racconti, narrati da alcuni personaggi. Individuali e sintetizzali in poche frasi.

Vasco PRATOLINI
Vanda

La storia

1. Qual è il segreto che nasconde Vanda?

2. Come finisce la storia? I motivi dell'azione rivelata nel finale sono spiegati chiaramente, non sono spiegati per niente, oppure sono spiegati solo in parte e noi dobbiamo completare i fatti con la nostra interpretazione?

I temi

3. *Vanda* è un bel racconto sull'amore fra i giovani (confrontalo anche con il percorso n. 9 della sezione *Confronti* e con il primo racconto di quest'antologia, *Le giuste nozze di Serafino*). Possiamo senz'altro dire che Pratolini lo rappresenta in modo realistico, oggettivo. Egli però ha anche scelto di far interferire con le vicende private la grande storia collettiva. In quali punti del racconto il narratore ci parla degli eventi storici contemporanei alla sua vicenda d'amore?

4. Quale è lo spazio che viene dedicato rispettivamente all'amore e alle vicende politiche? L'autore dedica lo stesso spazio agli uni e agli altri oppure privilegia uno dei due aspetti? Che effetto produce questa scelta?

5. Nel racconto di Pratolini compare un tema molto frequente nella letteratura del Novecento: il suicidio. Leggi, alle pp. *132-139, La noia nel '937* di Brancati e prova a confrontare i suicidi rappresentati nei due racconti (aiutati eventualmente anche con quanto suggerito dal percorso n. 15 della sezione *Confronti*).

I personaggi

6. Che mestiere fa il protagonista? Ti sembra che il suo atteggiamento verso Vanda sia stato manchevole in qualche cosa, oppure pensi ch'egli non avrebbe potuto comportarsi altrimenti?

7. Raccogli tutti i dati che possiedi su

Vanda e fanne un ritratto, usando parole tue. Non dimenticare di parlare del suo atteggiamento verso il fidanzatino. Ti pare che assomigli a quello di una ragazza dei nostri giorni?

8. Prova a fare un elenco delle professioni di tutti i personaggi nominati nel racconto, anche se compaiono solo per un semplice accenno.

Tempi e luoghi

9. In che epoca si svolge la vicenda? Quali sono gli avvenimenti storici di cui si parla nel racconto?

10. Dove si svolge la vicenda? Nota come l'aspetto del fiume sottolinei l'andamento della storia: in che modo? Come ci viene descritto?

Le strutture formali

11. *Vanda* si presenta, in modo abbastanza evidente, come un racconto autobiografico (cfr. anche il percorso n. 18 della sezione *Confronti*): il narratore non dice il proprio nome, ma ha l'età di Pratolini, vive nei luoghi in cui questi ha vissuto, scrive anch'egli per mestiere, senza contare che il racconto è stato pubblicato in un volume dal titolo *Diario sentimentale*. Con che atteggiamento il narratore rivive le vicende del passato qui raccontate? C'è da parte sua una partecipazione emotiva marcata? Oppure la distanza nel tempo lo ha portato all'indifferenza? Che tipo di linguaggio sceglie per parlarci di Vanda?

12. Attraverso l'uso della prima persona, l'autore ci obbliga a condividere le sue incertezze, le sue domande, e ci lascia quasi fino all'ultimo ignari del segreto di Vanda. In questo senso egli vuole costruire una tensione narrativa, un'attesa che è molto simile alla *suspense* (cfr. anche l'esercizio 14 a *La paura* di De Roberto). Ti pare che Pratolini sia stato efficace? Hai condiviso anche tu la curiosità del narratore sul segreto di Vanda?

Vitaliano BRANCATI
La noia nel '937

La storia

1. Perché il protagonista si annoia tanto?

2. Attraverso quale episodio la noia di Vannantò arriva fino al punto da portarlo al suicidio? Perché il poliziotto è andato a fargli visita e che cosa gli consiglia di fare?

I temi

3. La noia è un tema letterario antico e nobile. Di solito però la noia, o il tedio, intesi come sentimenti profondi e drammatici, confinanti con la disperazione e capaci appunto di indurre al suicidio, sono sentimenti esclusivamente individuali, o quasi. Qui invece Brancati, pur non escludendo del tutto eventuali predisposizioni caratteriali da parte del protagonista, ne fa soprattutto un fatto politico-sociale, legato a una situazione storica. Vannantò si annoia perché è costretto a vivere in una società immobile, ingessata dalla dittatura, in cui non c'è spazio per gli ideali, salvo quelli affermati e propagandati dal regime. Lo scrittore spiega, in più di un passo, come la noia fosse in realtà l'unica possibilità di non confondersi con la folla indottrinata del fascismo: "l'annoiato" è in fondo il critico del regime, colui che almeno cerca di tenere in piedi, come ultimo baluardo contro la volgarità e la stupidità della dittatura, una resistenza passiva. In quali passi del racconto l'autore ci fa vedere chiaramente che "annoiarsi" non è soltanto un gesto negativo e passivo, ma rappresenta una forma di critica e di trasgressione?

4. Lo scrittore attacca il fascismo, ma non pare neanche nutrire particolare fiducia sulle possibilità di un eventuale impegno politico. Sei d'accordo con queste affermazioni? Quali punti del racconto giustificano quest'impressione?

I personaggi

5. Qual è l'aspetto fisico di Domenico Vannantò? Ti pare che ci sia un rapporto tra il suo aspetto esteriore e il suo carattere?

6. Come sono i rapporti tra Vannantò e le donne? Perché i tempi in cui vive non sono adatti a fargli avere successo in amore?

7. Nota come, nel complesso del racconto, il protagonista sia *quasi* l'unico personaggio. Un paio di altre figure

riescono però a raggiungere una certa autonomia rappresentativa, e posseggono almeno un abbozzo di fisionomia psicologica. Chi sono? Che cosa sappiamo di loro?

Tempi e luoghi

8. È importante collocare con esattezza il racconto nel suo contesto storico. Tu sai in quali anni l'Italia è stata governata dal regime fascista? Quando cominciò la Seconda guerra mondiale?

9. Spiega sinteticamente con parole tue qual è l'atteggiamento di Brancati verso il regime mussoliniano, facendo riferimento naturalmente a quanto puoi dedurre da questo racconto.

10. Nel silenzioso ma inesorabile procedere della noia di Vannantò verso la catastrofe finale, un ruolo tutt'altro che trascurabile viene giocato anche dall'ambiente della provincia siciliana, dove il protagonista decide di stabilirsi, quasi per una masochistica volontà di approfondire la propria sofferenza: "S'era fermato a Caltanissetta perché aveva subito intuito che qui la noia toccherebbe un punto che altrove non aveva mai sfiorato" (p. 136). Quali sono le caratteristiche materiali e morali della cittadina siciliana, secondo la descrizione che ce ne fa Brancati?

Romano BILENCHI
Un errore geografico

La storia

1. Spiega perché il protagonista ad un certo punto della sua vita scolastica viene messo in disparte e trattato come un diverso, degno di derisione se non addirittura di gesti aggressivi.

2. Nota come l'evoluzione della vicenda disegni una specie di progressione, di allargamento della situazione, di esclusione: prima è il professore d'italiano che lo attacca e deride, poi è tutta la classe, poi... Continua tu, identificando tutte le tappe di quello

357

che potremmo quasi definire il calvario del protagonista.

---

3. Che cosa fa il narratore per cercare di diminuire il proprio isolamento e ingraziarsi i compagni? Tu al suo posto come ti saresti comportato? Saresti stato più orgoglioso, o più aggressivo?

I temi

---

4. Bilenchi non pronuncia mai la parola "razzismo"; ma è chiaro che *Un errore geografico* rappresenta un piccolo atto d'accusa contro il razzismo e, più in generale, contro tutti gli atteggiamenti di ostilità nei confronti di chi è diverso da noi, o almeno tale ci appare. Lo scrittore ci fa inoltre vedere con quanta facilità la gente identifica dei "colpevoli", e li attacca più o meno violentemente e giustificatamente, sfogando in questo modo la propria aggressività. Ti sembra che la situazione sia verosimile, oppure trovi che l'autore abbia esagerato e reso un po' caricaturali i tratti della vicenda?

---

5. La scuola è al centro di una parte considerevole di questo racconto di Bilenchi, e non si può certo dire che faccia una bella figura. Quali aspetti dell'universo scolastico (oltre a eventuali atteggiamenti di discriminazione) vengono sottolineati in *Un errore geografico*? Sei d'accordo con Bilenchi nel porre in rilievo queste componenti?

I personaggi

---

6. In tutto il racconto il protagonista, che è anche la voce narrante che dice "io", si trova solo contro tutti: egli alterna la solitudine a situazioni in cui è al centro dello scherno e della derisione degli "altri". Dal punto di vista narrativo questo ha come conseguenza che l'autore caratterizzi in modo compiuto solo il protagonista e narratore. Abbiamo di lui anche una descrizione fisica oppure no? Quali notizie su se stesso ti comunica il protagonista?

---

7. Anche se il ruolo del narratore è di gran lunga dominante all'interno della storia, ti pare che qualche altro personaggio meriti di essere considerato? Perché? Nota che il maggior rilievo al protagonista è dato anche dal fatto che i suoi antagonisti sono in genere piuttosto dei gruppi, delle collettività, che non dei singoli individui. Vai a rivedere quanto notato nell'esercizio n. 2.

Le strutture formali

---

8. Riguarda le osservazioni dell'esercizio n. 4. In effetti Bilenchi pare aver scelto uno stile caratterizzato da una certa *esagerazione*, da una *deformazione* dei dati di realtà, che vengono piegati verso il *grottesco*. Il grottesco è una variante del comico, in cui i tratti (fisici o morali) di persone, oggetti e situazioni vengono esasperati (fino appunto alla deformazione) per rendere più efficaci contenuti di polemica morale. In questo senso il grottesco rappresenta anche una forma di comico che tende verso il tragico, o almeno verso contenuti serissimi. Individua nel racconto di Bilenchi degli elementi della rappresentazione che possano essere giudicati "grotteschi".

---

9. Anche in *Un errore geografico* siamo di fronte a una narrazione in prima persona. Ti pare che questa narrazione si presenti anche come autobiografica? Vai a vedere quanto suggerito dal percorso n. 18 della sezione *Confronti* e dall'esercizio n. 11 della scheda dedicata a *Vanda* di Pratolini. Nel racconto di Bilenchi, quali elementi ti fanno pensare che la storia possa effettivamente essere accaduta all'autore e quali invece ti inducono a credere che si tratti di una vicenda inventata?

Spunti per la scrittura

10. Potresti a tua volta ricordare episodi avvenuti nel contesto scolastico, magari apparentemente innocui, in cui gli insegnanti o gli studenti hanno assunto simili atteggiamenti di esclusione verso qualcuno? Tu come ti sei comportato in quelle occasioni?

Elio VITTORINI
Milano come in Spagna Milano come in Cina

La storia

1. Il racconto di Vittorini è costruito in maniera fortemente sperimentale, ed è evidentemente molto innovativo rispetto ai tradizionali canoni di costruzione del racconto. Questa scelta stilistica e strutturale fa sì che spesso non sia facile riconoscere gli eventi narrati. Saresti capace di indicare, molto sinteticamente (in una ventina di righe) quali sono i fatti principali narrati da Vittorini?

I temi

2. A p. *149* puoi leggere le seguenti parole: "piccole prostitute che vanno e vengono dicendo ormai senza rabbia e solo con lamento 'non c'è più un uomo, Cristo? non si trova, Cristo, più un uomo? nessuno più è un uomo?'". Apparentemente, lo scrittore sta parlando soltanto della volgare ricerca di clienti da parte delle prostitute, che la guerra lascia senza lavoro: tutti gli uomini validi devono essere infatti inviati a combattere. Ma fin dal titolo abbiamo visto come Vittorini utilizzi la realtà concreta e individuata che ha scelto di rappresentare come il *simbolo* di qualcos'altro. La stessa presenza (a prima vista soltanto blasfema) dell'imprecazione "Cristo" nelle parole delle prostitute allude nel profondo anche al fatto che Gesù Cristo è, secondo le Sacre Scritture, il "figlio dell'Uomo", è vero Dio e vero uomo, e dunque rappresenta non solo Dio, ma anche *l'uomo nella sua natura autentica, la verità ultima dell'uomo*. Prova a riflettere: perché lo scrittore pensa che, in generale, la violenza della guerra fa sì che non ci siano più "uomini", cioè autentici esseri umani? Che cosa significa dire che gli esseri umani hanno smarrito l'essenza più vera della loro "umanità"? Se nella guerra e sotto i bombardamenti "non c'è più un uomo", che cosa dovrebbe normalmente essere, secondo Vittorini, un "uomo"? Non dimenticare che, fin dal titolo, lo scrittore sottolinea con forza il fatto che tutti gli uomini della terra appartengono ad una stessa comunità, che la violenza fatta in una certa regione del mondo è *come se* fosse fatta anche in tutte le altre.

3. Conosci altri testi letterari (racconti, romanzi, poesie, opere teatrali) che parlino della guerra? Annotane con esattezza gli autori e i titoli.

I personaggi

4. In *Milano come in Spagna Milano come in Cina* non esiste un vero e proprio sistema di personaggi: le figure umane sono rappresentate come tutte appartenenti ad un gruppo fortemente solidale (gli antifascisti prigionieri a Milano, trasferiti da un carcere ad un altro), che per lo più tende a riconoscersi in altre collettività, cioè nell'insieme di tutte le popolazioni colpite dalla guerra, e conseguentemente nell'insieme di tutte le popolazioni del mondo, nella totalità degli "uomini". Quali sono ad ogni modo le altre popolazioni nominate da Vittorini, alle quali gli antifascisti italiani si sentono accomunati?

Tempi e luoghi

5. Come enunciato fin dal titolo, il racconto si svolge in un luogo preciso, ma, poiché la condizione di tragica sofferenza sotto i bombardamenti accomuna Milano a tutti gli altri luoghi che, fra gli anni trenta e la prima metà degli anni quaranta, hanno subito a loro volta bombardamenti, questo luogo diventa di fatto un simbolo, lo spazio esemplare della sofferenza umana durante ogni guerra. In questo senso succede con i luoghi del racconto qualcosa di molto simile a quanto avevamo notato per i personaggi. Forse però, alla fine, in questo testo i luoghi conservano una maggiore concretezza delle figure umane, e risultano anzi essere quasi l'unico aspetto della realtà rappresentato direttamente. Sei d'accordo? Ti pare davvero che qui i luoghi abbiano un'evidenza rappresentativa, siano cioè, letterariamente parlando, ben "visibili"? Oppure lo stile sperimentale di Vittorini ha reso anch'essi troppo poetici o troppo astratti, privandoli

di concretezza? Sapresti spiegare il perché di queste tue impressioni?

Le strutture formali

6. Nel suo complesso il linguaggio sperimentale di Vittorini tende ad avvicinare lo stile della prosa narrativa a quello della poesia lirica. In particolare possiamo facilmente notare la presenza di numerose metafore e ripetizioni. Prendiamo per esempio il seguente passo: "Parve che volesse spegnere, coprire; rovesciava oscurità; terra d'oscurità e tuono d'oscurità; ed ogni suo colpo era una fossa che si colmava sul fuoco delle case. Niente più sobbalzò nel nostro cemento armato; solo si oscurò, si oscurò; e terra ci entrava nelle orecchie ad ogni tuono, era sempre più terra, e sempre meno tuono, dal centro di un cerchio che si allargava lasciando nella città un muggito spento" (p. *150*). Prova a individuare anzitutto le metafore e le ripetizioni di questo brano. Allarga poi questa stessa ricerca a tutto il racconto.

7. Un altro procedimento ricorrente dello stile vittoriniano è il catalogo. L'uso di elenchi, più o meno lunghi, è spesso un modo per dare l'idea di una *totalità*, sommando parecchi elementi di un insieme, per darci così l'impressione della presenza di *tutti gli elementi* di questo stesso insieme. Per esempio, all'inizio del racconto, la lunga serie degli oggetti, dei luoghi e delle persone che Milano "non dava più", non è altro che un modo per dire che tutta la vita della città è paralizzata, che ormai tutto non è altro che deserto e distruzione. Spesso poi gli elenchi di Vittorini comprendono anche delle sequenze di numeri, allo scopo di rendere una successione, una sequenza, e talvolta anche per affidare all'eloquenza delle cifre, alla loro lugubre esattezza, il compito di rendere evidente l'enormità della violenza consumata, l'orribile grandezza del numero delle vittime, e magari anche degli aggressori; per esempio: "centomila cinesi bruciavano anche nell'acqua del fiume sotto il ferro e il fuoco di seicento aerei" (p. *154*). Sottolinea sul testo tutte le serie elencative costruite da Vittorini.

8. Nel racconto ritorna ossessivamente l'immagine dell'oscurità, del buio. In quali punti? Perché secondo te lo scrittore sottolinea, più o meno consapevolmente, quest'immagine? Quale ti sembra che sia il suo valore simbolico?

9. Avrai notato che nel testo ci sono alcuni passi in corsivo. Che differenza c'è tra questi passi e il resto del testo, quello cioè stampato in caratteri normali? È una differenza soltanto di stile, oppure cambia anche il significato?

Tommaso LANDOLFI
Il racconto del lupo mannaro
La spada

La storia

1. Ne *Il racconto del lupo mannaro*, che cosa succede al narratore e al suo amico quando vedono la luna? Perché possiamo dire che sono dei lupi mannari? Ti aspettavi che si comportassero in modo molto diverso?

2. Qual è la sorte della luna prigioniera, nel primo dei due racconti landolfiani?

3. Sai spiegarti il finale di *La spada*? Perché Renato uccide? E che cosa ti pare che abbia voluto dire il narratore con le sue considerazioni finali?

I personaggi

4. Ti pare che il narratore de *Il racconto del lupo mannaro* riceva una caratterizzazione psicologica? Che cosa sai di lui?

5. Che aspetto ha la luna? Che genere di sensazioni comunica al narratore e al suo amico?

6. Che tipo è Renato di Pescogianturco-Longino? Come vive? Perché si entusiasma tanto alla scoperta degli straordinari poteri della spada?

7. Chi è "la fanciulla bianca"? Come si comporta? Ha un'identità psicologica? Ti pare una figura concreta o soltanto un simbolo?

Tempi e luoghi

8. Leggi entrambi i racconti di Landolfi qui antologizzati. Puoi identificare delle caratteristiche comuni a tutti gli ambienti rappresentati da Landolfi? Quali sono?

9. Quali sensazioni ti comunica la rappresentazione del castello o palazzo di Renato di Pescogianturco-Longino? Com'è l'arredamento delle stanze? Che genere di oggetti vi si trovano?

Le strutture formali

10. Avrai senz'altro notato che il lessico di Landolfi presenta moltissime espressioni letterarie o arcaiche, più o meno lontane dall'uso comune, talvolta ormai scomparse dall'uso parlato, e presenti soltanto nella tradizione scritta. Individua almeno una quindicina di termini letterari in entrambi i racconti, o in uno solo di essi, secondo quanto ti avrà indicato l'insegnante.

Beppe FENOGLIO
Nove lune

La storia

1. Che cosa significa il titolo *Nove lune*? Sai quanto dura un ciclo lunare? Che rapporto c'è fra le lune e la storia?

2. Perché Ugo va a casa di Rita, pur sapendo che il padre e i fratelli di lei lo picchieranno?

3. Che cos'è l'operazione di cui parlano Ugo e Rita alle pp. *170-71*? Che cosa decidono, e perché? Ci sono differenze nell'atteggiamento dei due fidanzati, oppure sono subito perfettamente d'accordo?

4. Perché Ugo non vuole che suo padre l'accompagni?

5. Che cosa dice la mamma di Rita a Ugo? Sai spiegare i motivi per cui fa queste affermazioni?

I temi

6. Trova tutti i punti in cui il protagonista parla della necessità di "fare la figura dell'uomo". Che cosa significa per Ugo la parola "uomo"? Che cosa vuole dimostrare agli altri? In che senso cambierà la sua vita dopo il drammatico incontro con i parenti di Rita?

7. Torna al racconto di Federigo Tozzi *La capanna*. Se in quel caso ci trovavamo di fronte a un percorso di crescita del giovane protagonista (cfr. anche l'esercizio n. 3 della scheda di lettura corrispondente), in *Nove lune* la maturazione di Ugo è ancora più esplicita e meglio definita. Prova ad accostare le vicende dei due protagonisti, e a individuare le differenze e le eventuali corrispondenze nei loro atteggiamenti.

8. Confronta il significato che Fenoglio dà alla parola "uomo" in questo racconto con quello che invece le attribuisce Vittorini in *Milano come in Spagna Milano come in Cina*. Vai a vedere anche quanto suggerito dall'esercizio n. 2 della scheda di lettura su Vittorini.

9. A un certo punto del racconto la mamma di Ugo si lamenta per la tendenza dei giovani a dimenticare i vecchi. Lo fa con parole molto crude, quasi crudeli. Individua il passo in questione, e spiega che cosa ha esattamente voluto dire la madre del protagonista.

I personaggi

10. A giudicare da questo racconto, ti sembra che Fenoglio abbia l'abitudine di descrivere sistematicamente i personaggi? Su chi egli fornisce dei dati riguardanti l'aspetto fisico? E in che modo lo fa, selezionando quali particolari?

11. Che cosa sai di Ugo? Qual è la tua opinione sul suo modo di comportarsi? Al suo posto tu che cosa avresti fatto?

12. Rita compare soltanto nella prima parte del racconto, ma tutto sommato la sua psicologia è ben delineata, almeno in certi aspetti. Come ti pare il suo carattere? Che atteggiamento ha verso il fidanzato e verso il bambino che deve arrivare?

13. In *Nove lune* un ruolo decisivo è giocato dalle figure dei padri. Prova a confrontarne i reciproci atteggiamenti. Perché pensi che abbiano una parte così importante nel mondo qui rappresentato da Fenoglio?

14. A parte Rita, identifica le altre figure femminili presenti nella storia e descrivine le funzioni. Come si comportano le madri?

15. Tra i due fratelli di Rita, uno, Teresio, riceve per alcuni tratti psicologici una caratterizzazione più precisa e articolata. Come si comporta? Perché pensi che assuma un atteggiamento così infantile?

Tempi e luoghi

16. Quanto dura la vicenda raccontata dalla storia?

17. Il narratore ti spiega in che epoca si svolge la storia? Che notizie ti dà del mondo esterno?

18. In quali luoghi è ambientata la vicenda? Che aspetto hanno? Che cosa ne deduci riguardo alla condizione economica e sociale dei protagonisti?

Le strutture formali

19. È importante notare come l'autore costruisca la storia privilegiando nettamente il ruolo del dialogo rispetto alle parti propriamente narrate. Prova a contare le righe dedicate al dialogo e quelle assegnate alla voce del narratore; calcola quale percentuale del testo occupano rispettivamente. Decidi tu di volta in volta se le didascalie del dialogo ne fanno parte integralmente (in quanto semplici indicazioni sui movimenti e i gesti dei personaggi), oppure sono abbastanza estese da diventare parti narrative autonome.

20. Qual è l'atteggiamento dell'autore nei confronti dei protagonisti della storia? Ti sembra che Fenoglio parteggi per qualcuno più che per altri, oppure abbia assunto una posizione di neutralità?

Alberto MORAVIA
Pioggia di maggio

La storia

1. Che mestiere fa il narratore? Quali sono le condizioni economiche del suo lavoro?

2. Nella relazione tra il narratore e

Dirce, chi ha un ruolo dominante?

3. Come reagisce il narratore alla proposta di Dirce di ammazzare Antonio? E perché poi si convince?

4. Qual è il ruolo del carrettiere nel

finale della storia? Perché il narratore non riesce più a eseguire l'omicidio che ormai aveva deciso di compiere?

Spunti per la scrittura

5. Il narratore interrompe bruscamente ogni relazione con Dirce e con il mondo che la circonda: e poiché la storia si sviluppa soltanto a partire dalla sua testimonianza diretta, la sua fuga coincide con la fine del racconto. Ma al lettore resta in fondo la voglia di sapere che fine ha fatto la ragazza, come ha deciso di comportarsi dopo la partenza del narratore, se i suoi progetti di trasformare l'"Osteria dei Cacciatori" in "Ristorante Panorama" abbiano avuto un seguito. Prova a immaginare un possibile seguito di *Pioggia di maggio*, costruendo un racconto di dimensioni analoghe a quello di Moravia (circa centocinquanta righe).

I temi

6. Nell'opera di Moravia l'amore è rappresentato quasi sempre come passione carnale, desiderio sensuale mosso piuttosto dall'istinto che dall'affetto e dal sentimento. Che tipo di relazione è quella tra il narratore e Dirce? Quali sono i sentimenti o le passioni che la muovono? E tu come la giudichi?

7. A parte la grande violenza mancata dell'omicidio, il mondo rappresentato qui da Moravia è caratterizzato da una volgarità e da una violenza profonde, continue: nessuno dei personaggi, salvo forse (ma solo in parte) il narratore, è attraversato da una sincera luce di umanità. Tutti, o quasi, si odiano e si attaccano, e in generale agiscono in modo sgradevole e criticabile. Descrivi gli aspetti principali della quotidiana violenza che si consuma all'"Osteria dei Cacciatori".

I personaggi

8. In *Pioggia di maggio* lo scrittore fa regolarmente uso della descrizione? Quali caratteristiche sottolinea dei personaggi? C'è un rapporto tra quanto abbiamo notato nell'esercizio precedente e questo tipo di descrizioni? Cioè, in altre parole, ti pare che Moravia descriva i personaggi in modo tale da sottolineare in loro quanto vi è di peggio?

9. In che termini parla di sé il protagonista? Ti sembra abbastanza oggettivo, oppure parla troppo bene di sé, e magari troppo male degli altri?

10. Fai un ritratto di Dirce. Non dimenticare che si tratta di un personaggio piuttosto complesso, e che quindi potrebbe non essere giusto sottolinearne soltanto gli elementi negativi: in lei ci sono anche, nonostante tutto, dei tratti apprezzabili, altrimenti non sarebbe una figura così interessante. Sei d'accordo?

11. Chi è Antonio Tocchi? Che aspetto ha? Come si comporta? Che sentimenti ispira al lettore?

12. Come ci appare la madre di Dirce? Come si comporta in generale, e quale atteggiamento assume nel momento decisivo della storia?

Le strutture formali

13. Vai a vedere quanto suggerito dal percorso n. 18 della sezione *Confronti*. Nel caso di *Pioggia di maggio* l'autore ha usato la prima persona, e qualcuno potrebbe anche sospettare che il protagonista e narratore assomigli davvero a Moravia. Ma con ogni probabilità questo è un racconto che al massimo è una *falsa autobiografia*, cioè una narrazione che ha l'aspetto di un'autobiografia, senza però esserlo davvero. Che cosa giustifica quest'impressione? Perché, con ogni probabilità, il narratore *non è* Moravia?

14. Ci sono alcuni testi di questa antologia a proposito dei quali abbiamo notato la presenza, in misura più o meno marcata, di elementi di deformazione nella rappresentazione della realtà, e soprattutto dei personaggi.

Puoi per esempio andare a vedere *La casa del Granella* di Pirandello (in particolare l'esercizio n. 14 della *scheda di lettura*), oppure *Un errore geografico* di Bilenchi (esercizio n. 8 della *scheda di lettura*). Ti pare che Moravia abbia a sua volta inserito nella rappresentazione dei personaggi alcuni tratti di deformazione grottesca (la definizione di "grottesco" è data nell'esercizio n. 8 relativo al testo di Bilenchi), oppure che il suo atteggiamento sia improntato a un realismo che si sforza di ricostruire la realtà così com'è? Quali elementi giustificano questa tua impressione?

Domenico REA
Capodimorte

La storia

1. Come rappresenta Rea i comportamenti dei fascisti fra il 1942 e il 1943, quando cioè la crisi del regime è ormai evidente, ma Mussolini non è stato ancora deposto? (Confronta i dati contenuti nella nota 2 al racconto *Milano come in Spagna Milano come in Cina* di Vittorini.)

2. Perché Capodimorte è, nonostante tutto, un povero diavolo?

3. Che ruolo ha, nella storia di Carmine Pirone, la sua mutilazione?

4. Come si comporta la folla di Nofi dopo l'annuncio della caduta di Mussolini?

5. Perché alla fine del racconto a Capodimorte non solo non viene fatto niente di male, ma gli viene tributato un vero e proprio successo?

6. La fine del racconto che cosa lascia

intuire sul futuro di Nofi e un po' di tutta l'Italia? Quale credi sarà l'atteggiamento della gente verso il nuovo governo democratico nato dalla caduta del fascismo?

I temi

7. La caduta del fascismo è rappresentata da Domenico Rea da una prospettiva molto particolare, e la stessa situazione complessiva del sud italiano lo induce a privilegiare certi aspetti piuttosto che altri. In quest'antologia ci sono però altri testi che raccontano gli anni drammatici della fine del regime mussoliniano: in questa sezione troverai *Il trucco* di Beppe Fenoglio e *Ultimo viene il corvo* di Italo Calvino; nella precedente c'era *Milano come in Spagna Milano come in Cina* di Elio Vittorini. Scegli uno di questi racconti e mettilo a confronto con *Capodimorte*, sottolineando come gli autori abbiano orientato la loro attenzione verso aspetti della realtà molto differenti e qualche volta persino parzialmente in contraddizione.

I personaggi

8. Prova a fare un ritratto di Carmine Pirone. Qual è il tuo giudizio morale nei confronti di questo personaggio così ambiguo?

9. Che cosa puoi dire della moglie del protagonista? Quale funzione ha nello sviluppo della storia?

10. In *Capodimorte* un posto notevole spetta al popolo di Nofi, che diventa una sorta di personaggio collettivo. Rea per un verso lo rappresenta quasi come un'entità dotata di una personalità unitaria, e per un altro, invece, ne differenzia vari strati e livelli secondo l'appartenenza ai diversi ceti sociali (i signori, i poveri, i militari). Prova a raccogliere ed analizzare tutti i dati che Rea ci fornisce sugli abitanti di Nofi, individuando i gruppi sociali rappresentati, le relative differenze di comportamento e i momenti in cui si accentua il carattere unitario di questo particolarissimo "personaggio".

Tempi e luoghi

11. È importante notare come certi scrittori dedichino tutta la loro attenzione alle vicende private: per esempio Tozzi in *La capanna* o Fenoglio in *Nove lune* (anche se in buona parte della sua opera Fenoglio rappresenta la guerra partigiana: vedi il racconto *Il trucco*). In altri testi la storia pubblica compare sì, ma sullo sfondo, anche se ha un'importanza decisiva nello svol-

gersi della trama (vedi per esempio *Vanda* di Pratolini). Con *Capodimorte* siamo invece in presenza di un racconto in cui le storie private sono intrecciate inestricabilmente con le vicende politiche nazionali e internazionali. Spiega con parole tue quali eventi si stanno verificando in Italia all'epoca in cui si svolge la vicenda. Puoi aiutarti in particolare con le note 1 e 2 a *Milano come in Spagna Milano come in Cina* di Vittorini.

12. Abbiamo visto (cfr. la nota 2 al testo, p. *185*) come Rea ambienti questa e molte altre sue storie nella cittadina di Nofi, che non esiste, anche se assomiglia moltissimo a Nocera Inferiore. Ti pare che, in questo intreccio di finzione e realtà, lo scrittore si attenga strettamente alla verosimiglianza, oppure che l'universo da lui messo in scena abbia tratti poco credibili, palesemente inventati?

Le strutture formali

13. È evidente che Rea intende costruire un racconto che parli di argomenti seri, ma in cui non mancano gli elementi di comicità, sia pure, a volte, tendenti al grottesco. Individua quegli aspetti del testo che secondo te vogliono essere comici o, appunto, grotteschi.

14. Qual è l'atteggiamento del narratore verso il protagonista? Ti sembra che il giudizio di Rea verso un mascalzone come Capodimorte sia duro e severo, senza indulgenza, oppure che nelle sue parole ci sia anche, tutto sommato, un po' di simpatia? Da che cosa ricavi questa tua valutazione?

Cesare PAVESE
Le feste

La storia

1. Questo racconto ha una struttura piuttosto complessa, su cui torneremo di nuovo fra poco (cfr. l'esercizio n. 17 di questa *scheda*). Per il momento prova soltanto a dividere il testo in sequenze, identificando gli snodi importanti della storia e dando loro un titolo.

2. Che cosa succede a Bruno? Quando sei venuto a sapere della sua sorte?

3. Chi è e come si comporta Linda?

4. Che cosa sono le Cave? Chi ci vuole andare e perché?

5. Per quale ragione, alla fine del racconto, Pino invita il fratello ad andarsene in fretta dalla casa del Ganola, e il narratore gli dà ragione?

I temi

6. Il racconto di Pavese ha un titolo amaramente paradossale: quasi sistematicamente, infatti, *Le feste* (decisamente numerose) ricordate nel corso della storia, coincidono con degli eventi tragici, o comunque ad essi s'intrecciano molto da vicino. Rileggi il racconto individuando con precisione tutte le morti e tutte le feste rappresentate o anche solo ricordate dal narratore.

7. Al centro della storia c'è un animale, il cavallo del Ganola. Verrebbe quasi da dire, con appena un po' di esagerazione, che è lui il vero protagonista. Più esattamente, però, al centro del racconto sta non tanto l'animale stesso, quanto la rovinosa passione che per esso provano il suo padrone e il figlio Bruno. Metti a fuoco con precisione tutti i fatti della storia che hanno direttamente a che vedere con la passione (del Ganola o di altri) per il "rosso pezzato".

8. Prova a costruire un confronto sintetico tra il ruolo del cavallo in *Le feste* e quello del "cinghialetto" nell'omonimo racconto di Grazia Deledda (alle pp. *49-54*).

9. Fra le immagini ricorrenti nella narrativa di Pavese c'è il fuoco, che rappresenta per lo scrittore una vera e propria ossessione. Il fuoco è un simbolo ambiguo, ambivalente: per un verso infatti è segno di festa (i fuochi d'artificio, le fiaccolate) o di purificazione (come in moltissime religioni di tutto il mondo); per un altro verso invece è uno strumento di distruzione e di violenza. Identifica tutti i punti del testo in cui il narratore parla del fuoco. Metti eventualmente in parallelo i dati così raccolti con l'alternanza tra feste ed eventi tragici già notata nell'esercizio n. 6 di questa *scheda di lettura*.

Spunti per la scrittura

10. La passione per gli animali è tutto sommato molto diffusa, anche se non sempre chi dice di amare gli animali è capace di avere un autentico rispetto per le loro esigenze, a volte in contraddizione con quelle degli uomini. Prova tu a raccontare la storia del rapporto tra un uomo e un animale: puoi parlare di te, puoi parlare di altre persone, e puoi parlare di qualsiasi genere di animale. La storia deve però essere *verosimile* e mettere bene in luce l'atteggiamento psicologico del protagonista umano da te scelto.

11. C'è un episodio abbastanza importante, che Pavese nomina due volte, senza rappresentarlo esplicitamente: è la corsa di cavalli, che Bruno vince montando il "rosso pezzato". Dal punto di vista della tecnica narrativa l'autore compie una *ellissi*, lascia cioè sottintesa una sequenza significativa, che noi possiamo ricostruire partendo da dati parziali che completiamo con l'immaginazione. Prova allora tu a raccontare la corsa di Bruno, riempiendo, per così dire, il "buco" lasciato dal narratore.

I personaggi

12. Oltre al narratore, che parla sempre, anche se non ha quasi mai un ruolo diretto nell'evoluzione degli eventi, c'è un personaggio che è sempre presente: è il "vecchio" Ganola. Prova a farne un ritratto, mettendo a fuoco tutti i dati che l'autore ci fornisce su di lui. Fai attenzione, però, a non trasformare il ritratto in un riassunto, visto che Pavese dissemina i dati su Ganola un po' per tutto il testo, senza limitarsi ad un'unica descrizione.

13. Chi è Bruno? Che cosa sai di lui? Che rapporti ha col narratore?

14. Qual è la funzione di Pino nello svolgimento della storia? Ti pare che abbia un posto di rilievo?

15. Le donne hanno tutto sommato un ruolo secondario in questo racconto, così come, per esempio, in *La capanna* di Tozzi. Identifica tutte le figure femminili di *Le feste*, ed eventual-

mente anche i punti in cui si nominano semplicemente "le donne". Quale ti sembra essere l'atteggiamento del narratore verso il sesso femminile? Ti pare che, nonostante tutto, qualche personaggio femminile assuma nel corso della narrazione un certo rilievo e una certa autonomia?

16. Chi è il Roia? Perché, secondo te, al narratore non piace? Che cosa fa tra i baracconi della festa della Madonna d'agosto? E come va a finire?

Tempi e luoghi

17. In *Le feste* il movimento dei tempi narrativi è piuttosto complesso, considerate anche le limitate dimensioni del testo. Il narratore, anzitutto, comincia a raccontare facendo riferimento ad un'epoca, poi torna subito indietro ("Quando Pino era piccolo, ci venivamo a spannocchiare: allora c'erano le ragazze, c'era Bruno", p. *191*), poi si ricollega di nuovo all'epoca da cui era partito, ma dopo aver fatto delle anticipazioni (per esempio: "Quella notte Ganola non sapeva il suo destino", p. *194*). Troviamo quindi, adottando il lessico tecnico dell'analisi narrativa, non poche *analessi* (o *flash-back*, o *regressioni*) e *prolessi* (o *anticipazioni*). Riprendi la divisione in sequenze dell'esercizio n. 1, e riordinala, abbandonando l'ordine che ai fatti ha dato l'autore (cioè l'ordine dell'*intreccio*), per ristabilire l'ordine logico e cronologico dei fatti (cioè l'ordine della *fabula*).

18. In che arco di tempo si sviluppa la storia? Individua i passi in cui il narratore ci dà delle indicazioni precise.

19. In quali luoghi si svolge la vicenda narrata da *Le feste*? Che caratteristiche fisiche presentano questi spazi?

20. Ti pare che ci sia un rapporto tra il tipo di ambiente in cui è posta la vicenda e i fatti che si verificano?

21. Qual è la condizione sociale dei personaggi? Che mestieri fanno?

Le strutture formali

22. Anche *Le feste* è un racconto in prima persona, come molti dei testi che abbiamo visto in questa e nelle precedenti sezioni. Ti pare che la voce narrante, colui che dice "io", sia un personaggio molto diverso dall'autore (per come tu puoi ricostruirlo), con cui non potremmo confonderlo, oppure che possa essere una maschera dietro cui appare evidentemente Pavese? In altre parole: questo ti sembra un racconto autobiografico, oppure no? Vedi eventualmente il percorso n. 18 della sezione *Confronti*.

23. La posizione del narratore è in questo racconto molto interessante. Dal punto di vista narrativo non fa quasi niente, e il suo peso nello svolgimento dei fatti è pressoché nullo. D'altro canto, però, egli è l'occhio che filtra gli eventi e ce li comunica: non solo tutto quello che sappiamo passa attraverso il suo sguardo, ma tutto quello che sappiamo è soltanto quanto lui può aver veduto. Qual è l'atteggiamento del narratore nei confronti della vicenda? Riesci a definirne la posizione in termini psicologici? Ti pare cioè che si commuova di fronte ai fatti che racconta? Oppure ti sembra troppo indifferente? Che rapporto stabilisce con gli eventi?

24. Il tipo di narratore adottato in *Le feste* può essere definito narratore testimoniale, dal momento che ci narra solo gli eventi di cui è stato direttamente testimone. Ma Pavese si sforza in questo caso di dare anche un'identità linguistica al narratore, che tendenzialmente usa uno *stile* abbastanza vicino al *parlato*. Lo notiamo da qualche elemento del lessico, da un eccesso di ripetizioni (guarda soltanto come ritornano sistematicamente i nomi propri: qualche volta sembra quasi che Pavese si sia distratto), da talune irregolarità nelle concordanze sintattiche, soprattutto quelle dei tempi verbali (per esempio: "pareva che sapessero come andava a finire" invece di "pareva che sapessero come sarebbe andata a finire", pp. *192-193*). Sottolinea sul testo tutti gli aspetti linguistici che ti sembra mettano in luce lo sforzo di ricostruire la lingua parlata.

25. Leggi il finale. Ti sembra che abbia un aspetto di rappresentazione realistica, o che si avvicini, piuttosto, a un tono leggendario, se non fiabesco?

Italo CALVINO
Ultimo viene il corvo

La storia

1. Che cosa significa il titolo del racconto?

2. Prova a sottolineare sul testo tutti i nomi degli esseri viventi che vengono colpiti e ammazzati dal protagonista.

3. Perché i partigiani ordinano al ragazzo di non sparare? È solo per risparmiare le cartucce, o c'è anche qualche motivo più serio?

4. Il ragazzo disobbedisce ripetutamente all'ordine di non sparare. Perché ad un certo punto la sua disobbedienza diventa utile, anzi preziosa?

5. Per quale strano motivo il ragazzo spara ad uno degli "uomini in divisa" che vede sulla strada, prima ancora di essersi reso conto che a loro volta quei soldati stavano per sparargli addosso? Che cosa ti sembra che Calvino abbia voluto sottolineare con questa sua precisazione, che per molti versi può apparire un po' strana?

6. Che cosa succede alle bombe a mano lanciate dal soldato?

I temi

7. Il ragazzo che abbatte più o meno tutto ciò che si muove davanti ai suoi occhi, sparando non per necessità ma come per gioco, per divertimento, è una figura inquietante. Egli finisce infatti per apparire come un simbolo dell'insensatezza della violenza, che può, magari, anche servire ad una causa giusta, come quella della Resistenza, ma non per questo è meno assurda. Da quali atteggiamenti del protagonista capiamo che per lui sparare è soltanto un divertimento? Individua tutti i passi del racconto che sottolineano la sua incoscienza.

8. Uno dei motivi per cui il ragazzo non si rende conto della violenza rappresentata dall'atto di sparare è la possibilità, caratteristica delle armi da fuoco, di colpire a distanza. Apparentemente tra il fucile e i bersagli tutto rimane come prima, nello spazio attraversato dalla pallottola sembra che non succeda niente, e anche per questo sparare può appari-

re come un gioco. In quali punti del testo Calvino fa notare questa particolarità delle armi da fuoco?

I personaggi

9. Confronta la rappresentazione che Calvino ci dà del soldato inseguito dal ragazzo con il modo in cui Fenoglio caratterizza il prigioniero nel racconto, *Il trucco*, che a sua volta è dedicato alla Resistenza. Anche Fenoglio ci fa vedere le violenze operate dai partigiani, cioè dai "buoni", da coloro che combattono per una causa giusta. Nei due racconti, quali sono le analogie e le differenze più significative nella costruzione del personaggio del "nemico"?

Tempi e luoghi

10. A prima vista la vicenda di *Ultimo viene il corvo* non riceve nessuna localizzazione nel tempo. Eppure la narrazione si svolge in un contesto abbastanza definito: quello della guerra tra i partigiani e i nazifascisti. Da che cosa deduci questa localizzazione? Secondo te sarebbe possibile riferire *lo stesso racconto* (senza nessuna variazione, neanche minima) ad un altro contesto storico?

11. Il soldato che il ragazzo insegue appartiene alle truppe fasciste italiane o a quelle tedesche? Da che cosa lo capisci?

12. Ti pare che l'ambiente ricostruito da Calvino sia verosimile oppure no? L'autore descrive lo spazio della storia fornendo molti particolari? Che tipo di dati ci vengono forniti?

13. Confronta il modo in cui Calvino ha ricostruito i luoghi della storia con quello scelto da Fenoglio in *Il trucco*. Quali sono le differenze più notevoli?

Le strutture formali

14. Potremmo dividere il racconto in tre parti, a seconda del punto di vista adottato. In una prima parte il narratore narra la vicenda prevalentemente dall'esterno. A un certo punto, a partire dal momento in cui il ragazzo si sveglia dal sonno nella "baita da pastori" (p. *201*), il punto di vista segue invece quasi esclusivamente lo sguardo del ragazzo. Poi, nel finale, gli eventi sono visti secondo la prospettiva del soldato inseguito. Quando avviene questo ulteriore cambiamento di punto di vista? Quali sensazioni produce nel lettore?

15. *Ultimo viene il corvo* è certo un racconto di guerra, anche se molto particolare. Come viene rappresentato "il nemico"? Ti sembra che Calvino ce ne dia una caratterizzazione negativa, rappresentandolo anche come "il cattivo"? Perché?

16. Secondo te il racconto di Calvino adotta nel complesso un tono realistico, oppure lo scrittore dà alle cose e agli eventi un aspetto leggermente irreale, quasi fiabesco?

Carlo Emilio GADDA
Il primo libro delle favole nn. 61, 115, 180

La storia

1. Quale ti sembra essere il significato della parabola (o, secondo come la chiama l'autore, favoletta) n. 61?

2. Qual è, nella favoletta 115, l'atteggiamento del cameriere verso il gentiluomo lombardo che gli dà lavoro? A che cosa attribuisci questo suo comportamento?

3. Perché, secondo te, il pappagallo dice le stesse parole del cameriere?

4. Nella favola 180, che cosa pensa monsignor Basilio Taopapagòpuli ascoltando, dalla finestra del vescovado, il canto degli uccellini?

5. Che cosa stanno facendo i passeri sull'albero accanto al vescovato?

I temi

6. Dopo aver letto le tre favole qui antologizzate, quale ti sembra che sia la visione del mondo di Gadda? Come gli appaiono la società e l'universo naturale? Tieni presente: la rappresentazione dell'una e dell'altro è molto coerente, non ci sono contraddizioni.

I personaggi

7. I protagonisti delle favole gaddiane sono, come nella migliore tradizione favolistica, degli animali. Qual è l'atteggiamento complessivo dello scrittore verso gli animali? Ti pare che il suo atteggiamento nei loro confronti sia realistico, oppure troppo negativo?

8. Gli esseri umani che compaiono nelle favole di Gadda sono pochi, ma sembrano avere alcune caratteristiche comuni. Quali?

Le strutture formali

9. Prova a sottolineare sul testo tutte

le parole che non avevi mai visto prima di leggere Gadda. Usa una penna rossa per i termini letterari o arcaici, e una blu per le voci dialettali.

Elsa MORANTE
Il cugino Venanzio

La storia

1. Come si comporta Venanzio Rossini a scuola?

2. Perché la mamma ogni mattina, prima di uscire, lo picchia?

3. Racconta con parole tue "la storia delle bandierine".

4. Perché i cugini di Venanzio, quando muore, invece di piangerlo lo invidiano?

Spunti per la scrittura

5. Forse anche tu hai un parente un po' sfortunato, giovane o vecchio che sia. Prova a farne un ritratto, di lunghezza compresa tra le cinquanta e le cento righe. Se non avessi nella tua famiglia personaggi che meritano un ritratto per le loro particolarità fisiche o psicologiche, cerca altrove qualche figura singolare: un amico, un qualsiasi conoscente, un personaggio pubblico. È però obbligatorio che si tratti di un personaggio realmente esistente e non di un'invenzione fantastica.

I personaggi

6. Quali sentimenti ti suscita un personaggio decisamente fuori dalla norma come il cugino Venanzio? Ti è simpatico? Ti suscita compassione? Come hai reagito alla sua morte?

7. Costruisci un sintetico ritratto della "zia Nerina". Che mestiere fa? Com'è il suo carattere? Che cosa dice del figlio? Come reagisce alla sua morte?

8. A parte la zia Nerina, chi piange la morte di Venanzio? Per quale motivo?

Le strutture formali

9. Fra le caratteristiche significative dello stile di una grande scrittrice come Elsa Morante, sicuramente un posto di rilievo spetta all'uso della comparazione e della metafora. Se soltanto prendi la prima pagina del racconto *Il cugino Venanzio* troverai numerosi paragoni e alcune metafore: "quell'aureo seme di luce", "simili a due piccole ali mozze", "come scorza di cipolla", "come di leprotto in fuga sotto la luna", "come un nodo". Continua tu questo lavoro di rilevazione, sottolineando sul testo tutte le figure di comparazione e le metafore. Quali sono le eventuali immagini ricorrenti? Che tipo di impressioni e di significati tendono a suggerire?

10. Ti pare che la Morante, nella ricostruzione della figura di Venanzio, si sia preoccupata particolarmente della verosimiglianza? Venanzio è, secondo te, un personaggio credibile? Questa scelta è un elemento di forza o di debolezza del racconto?

11. Forse non è inutile sottolineare che "il cugino Venanzio" è cugino di un personaggio fondamentale in questo testo, anche se assai ben nascosto: il narratore, o meglio, la narratrice. Che cosa riesci a capire di questa figura?

Che rapporto ha con il cugino e con la zia? Che atteggiamento ha verso gli eventi narrati? Li vive con una partecipazione intensa oppure no?

Anna Maria ORTESE
L'incendio

La storia

1. Qual è il sentimento nei confronti della vita di Papele, prima di leggere la lettera in cui scopre il progetto della madre di andarsene?

2. Che fine ha fatto Michele Caso, il padre di Papele?

3. Come si comporta Papele dopo aver letto la lettera di Almirante Andò?

4. Individua, distingui e descrivi sinteticamente i vari atteggiamenti degli inquilini del palazzo dove vivono i Caso, e in particolare le loro reazioni alle scene di disperazione di Papele.

5. Alla fine del racconto vediamo finalmente entrare in scena anche la mamma di Papele ed Assuntina, cioè Gioia Caso, tanto desiderata e già pianta dai figli. A giudicare dalle poche righe in cui veniamo a contatto con il suo modo di guardare la realtà, forse le cose stanno in modo abbastanza diverso da come aveva immaginato Papele. Che cosa pensa, infatti, Gioia?

I personaggi

6. Quali sono le caratteristiche più importanti della personalità di Rafiluccio Caso, detto Papele?

7. Come si comporta Assuntina? È un personaggio simpatico? Perché?

8. Come sono i rapporti tra i due fratelli Caso? Descrivi anche come la dinamica di questi rapporti si evolve in relazione all'evoluzione della storia.

9. Chi è Almirante Andò? Qual è il suo ruolo nello svolgimento della vicenda?

10. Che posto ha, nella vita di Papele, il defunto nonno Pasquale?

11. Chi è donna Olimpia Caputo? Che atteggiamento assume verso i due fratellini? Qual è il tuo giudizio morale nei confronti di questo personaggio?

12. Che cosa pensi del comportamento di Gioia Caso, la mamma di Papele e Assuntina?

13. "Mister Più" è un personaggio inventato dalla fantasia dei due bambini protagonisti della vicenda, oppure è esistito davvero nella loro vita? Chi è?

14. Fa' un breve ritratto della signorina Olinda Spirito. È un personaggio tragico? O in lei c'è pure qualcosa che potrebbe suscitare una nostra risata, per quanto magari amara? Consulta anche quanto abbiamo scritto alla p. *342*, nell'esercizio n. 5 della *scheda* relativa a Pirandello.

15. Rileggi il racconto di Elsa Morante, *Il cugino Venanzio*. Poi prova a costruire un ritratto in parallelo di Papele e Venanzio. Non dimenticare di notare come entrambi i bambini sognino e confondano la realtà con la fantasia. Inoltre tieni ben presente che sia l'uno che l'altro non godono certo della stima degli altri, che li considerano dei "deficienti". Tu invece che parere hai su di loro?

Tempi e luoghi

16. In che epoca si svolge la vicenda? Hai delle indicazioni chiare in proposito?

17. Quanto tempo dura la storia qui rappresentata?

18. Che cosa puoi dire del contesto del palazzo o del caseggiato in cui è ambientata la storia? A quale livello sociale appartengono i personaggi che compaiono ne *L'incendio*?

Le strutture formali

19. Uno dei motivi d'interesse di un racconto complesso come *L'incendio* sta nel tentativo di rappresentare la realtà filtrandola attraverso il punto di vista di un bambino, il quale per di più si mostra particolarmente portato alla fantasticheria. Prova a riguardare il racconto e a segnare i passi in cui è particolarmente evidente la scelta di immedesimarsi con la prospettiva di Papele, anche quando questi vede cose che (forse) non esistono.

Primo LEVI
Zolfo

La storia

1. Perché Lanza ha tanto sonno e fa tanta fatica a concentrarsi sul suo lavoro?

2. Che cosa pensa di fare il protagonista con i soldi guadagnati lavorando in fabbrica?

3. Che cosa faceva Lanza durante la guerra?

I temi

4. *Zolfo* ci fa vedere dall'interno le condizioni di lavoro degli operai di una fabbrica, in questo caso, per la precisione, di un'industria chimica. Come rappresenta la condizione operaia? Quali elementi ne sottolinea?

5. Il rapporto tra l'uomo e la tecnica è sicuramente al centro di questo breve racconto. Quale ti sembra essere l'atteggiamento di Primo Levi verso l'uso della tecnologia? Non dimenticare ch'egli era, prima ancora che scrittore, un chimico. Eventualmente puoi aiutarti leggendo le considerazioni introdotte dal percorso n. 2 della sezione *Confronti*.

Le strutture formali

6. È importante notare che questo breve racconto presenta un numero elevatissimo di parole legate alla scienza e alla tecnologia: un tipo di lessico che in genere ha pochissimo spazio nella nostra letteratura, tradizionalmente poco attenta alle realtà dell'economia e della scienza, e molto spesso preoccupata di *evitare* termini troppo tecnici, ritenuti "brutti", poco poetici, antiletterari. Sottolinea sul testo tutti i termini tecnici relativi alla chimica e alla tecnologia industriale (non importa se riguardanti oggetti realmente esistenti o immaginari, come lo stesso Levi ci segnala). Nel loro complesso, che effetto ti fanno? Paiono anche a te poco eleganti, o la loro efficacia descrittiva è funzionale al contesto rappresentato?

7. Levi ha costruito una situazione di notevole tensione, che potremmo quasi definire di *suspense*. Sei d'accordo? Ti sei in qualche misura identificato con il protagonista, oppure questa storia ti ha lasciato distaccato e indifferente? Avevi previsto che Lanza avrebbe risolto il problema oppure ti aspettavi una soluzione più drammatica?

8. Prova a confrontare tre testi in cui gli scrittori hanno evidentemente voluto accrescere il desiderio del lettore di sapere "come va a finire" la storia: *La paura* di De Roberto (pp. *55-78*), *Vanda* di Pratolini (pp. *123-126*) e *Zolfo*. Puoi trovare qualche elemento in comune, oppure l'unico procedimento che li avvicina è la costruzione di una certa *suspense* riguardo all'esito della storia?

Spunti per la scrittura

9. Sei mai stato in una fabbrica? Prova a descrivere quello che hai visto, costruendo un testo di circa sessanta righe. Altrimenti descrivi quanto hai potuto osservare guardando delle fabbriche dall'esterno, o attraverso il cinema e la televisione. Dovresti subito renderti conto del problema dell'impiego di termini tecnici, apprezzando il modo in cui Levi ha saputo usare un lessico molto specialistico, senza per questo assolutamente allentare la tensione narrativa.

Lucio MASTRONARDI
Il compleanno

I temi

1. Fin dal titolo Mastronardi sottolinea, con amarissima ironia, le caratteristiche di un mondo cupo, pieno di egoismo e di cinismo, in cui le esigenze dell'economia spazzano via gli elementi affettivi, o almeno lasciano loro uno spazio così piccolo da ridurli a componenti quasi ininfluenti della vita, sopraffatti come sono dalle questioni materiali. Infatti *Il compleanno* di cui si parla è un compleanno dimenticato, che persino il potenziale festeggiato ricorda a malapena, e come per caso. Prova a spiegare con parole tue come vede nel complesso il mondo lo scrittore vigevanese, a giudicare da questo racconto. Che cosa pensi del suo modo di vedere le cose? Ti pare troppo pessimistico? In che cosa ha ragione?

2. Annota tutti i lavori e le iniziative che il protagonista e sua moglie mettono in atto per aumentare i loro redditi. Pensi che così si arricchiscano, o che solo in questo modo possano sopravvivere?

3. In questo racconto c'è una dimensione che riceve una straordinaria importanza: il tempo, che si trasforma in un'autentica ossessione. Fin dall'inizio, per esempio, l'operaio, cui il narratore cerca di vendere una seconda enciclopedia, si lamenta dei venti minuti che perde ogni mese alla posta per pagare il bollettino della

rata, dei quarantacinque addirittura che ci perde la moglie, dell'ora e un quarto che lui stesso ha perso cercando qualcosa sull'enciclopedia. Oppure, alla p. *260* il narratore spiega che lui e la moglie andavano a mangiare in trattoria, perché "la differenza che si spende si guadagna in tempo". Trova tu tutti gli altri passi in cui si parla del tempo. Che cosa ha voluto sottolineare Mastronardi?

4. Che cosa ci dice e che cosa ci fa vedere il narratore riguardo alla tecnica di persuasione che deve adottare un venditore (nel caso specifico un venditore di enciclopedie a rate)?

5. Sottolinea sul testo i punti in cui si parla di rate.

6. Fin dalle prime righe, la religione è una presenza ricorrente. Quando e come compare? Quale ti sembra essere l'atteggiamento del narratore verso la religione? Ritieni che il narratore sia sincero quando in classe spiega che "Denaro, bellezza [...] è tutta robaccia caduca; i veri valori sono i valori dello spirito" (p. *257*)? Che cosa pensi, più in generale, di questa sua affermazione?

I personaggi

7. Chi è Benedetti? Che mestiere fa e che rapporti ha col protagonista e narratore?

8. L'autore ci descrive Angela? Raccogli tutti gli elementi che possiedi e fai un ritratto di questo personaggio.

9. Angela e il marito parlano spesso tra di loro? Quali sono i loro argomenti di conversazione?

10. Il narratore ci mostra come fra lui e la moglie ci siano dei momenti di competizione, più o meno seri. In che cosa gareggiano Angela e il protagonista? Che cosa pensi di questo loro comportamento?

11. Qual è l'atteggiamento dei due coniugi riguardo all'eventualità di avere dei figli?

Tempi e luoghi

12. Quali ambienti sociali vengono rappresentati da Mastronardi?

13. Dal punto di vista di quella che noi chiamiamo oggi "la qualità della vita", che esistenza conducono i personaggi di questo racconto? Che opinione hai di queste loro scelte? Ti pare che, all'interno del mondo messo in scena da questo racconto, ci sia qualcuno che stia meglio, oppure sono tutti obbligati a sottostare alle stesse dinamiche di vita, faticosissime e poco gratificanti?

Le strutture formali

14. Riprendi la definizione di "grottesco" (la trovi nell'esercizio n. 8 della *scheda di lettura* relativa a *Un errore geografico* di Bilenchi, p. *357*). Pensi che anche il racconto di Mastronardi si avvicini a questo genere di tragica comicità? Puoi trovare anche ne *Il compleanno* degli elementi di polemica morale?

15. Anche il brevissimo racconto di Gaetano Neri *Dimenticarsi della nonna* (p. *298*) parla di affetti e di dimenticanze, come *Il compleanno*. Eppure il tono di Neri è decisamente molto diverso da quello di Mastronardi. Confronta i due testi e spiega quali sono le differenze più importanti che hai potuto notare.

Leonardo SCIASCIA
Giufà

1. Come mai Giufà decide di cominciare a cacciare?

2. Che cosa sono i "testarossa"?

3. Perché Giufà ammazza un cardinale?

4. Come reagisce la mamma di Giufà all'involontaria malefatta del figlio?

5. Perché Giufà si arrabbia con sua madre? E perché getta il montone nel pozzo?

I temi

6. Il mascalzone furbo e ignorante, e più o meno simpatico, è un personaggio tipico, che si ritrova in tutta una lunghissima tradizione, che comincia con i servi astuti della commedia greco-romana e passa attraverso le maschere della commedia dell'arte. In questa antologia hai già trovato almeno un personaggio che è visibilmente imparentato con questa figura: è Capodimorte, protagonista dell'omonimo racconto di Domenico Rea (pp. 185-190). Rintraccia quali sono secondo te le analogie e le differenze tra Capodimorte e Giufà.

7. Come vengono raffigurati i rappresentanti del potere in *Giufà*?

I personaggi

8. Giufà è un personaggio verosimile? Per quali motivi? Che tipo di personaggio è?

9. In Giufà prevale la stupidità o l'astuzia?

10. Che cosa pensi che Sciascia abbia voluto simboleggiare attraverso la figura di Giufà?

11. Che impressione ti fa la figura del capitano? Pensi che lo scrittore si sia preoccupato di darne una rappresentazione compiuta dal punto di vista psicologico?

Tempi e luoghi

12. In che epoca si svolge la storia? Che significato ti sembra avere questo modo singolare di collocare la vicenda in un contesto storico?

13. È importante il rapporto tra un personaggio come Giufà e il luogo in cui vive? Per quali ragioni?

Le strutture formali

14. Pur accennando, a questioni serissime, il tono adottato da Sciascia è decisamente orientato verso il comico: un comico spesso paradossale, ai confini dell'assurdo. Individua alcuni passi del racconto dove questa scelta appare particolarmente evidente.

Italo CALVINO
Tutto in un punto

I temi

1. Come giudica il narratore la mentalità, sua e altrui, dell'epoca in cui si viveva tutti "in un punto"?

2. *Tutto in un punto*, oltre che uno stranissimo racconto fantastico, o se preferisci fantascientifico (cfr. più avanti quanto si dice nell'esercizio n. 11 di questa stessa *scheda di lettura*), è anche un elegante, ma anche molto drastico, attacco contro ogni forma di razzismo. Sapresti dire perché? Quali sono i personaggi in cui s'incarna, nel bene e nel male, questa polemica dell'autore? Come giudica lo scrittore il razzismo?

3. Secondo te, perché Calvino ha attribuito alla figura femminile il ruolo di forza positiva del cosmo, al punto da fare della signora Ph(i)Nk$_o$ l'impulso generatore della nascita di un universo compiuto?

4. Tutto l'universo in uno spazio piccolissimo: in fondo è anche quello che normalmente fa la letteratura, che nello spazio di un po' di pagine costruisce un'immagine di tutta la realtà, raffigurando *una parte reale* o fantastica *del mondo*, ma per suggerire (più o meno esplicitamente) l'idea *che tutto il mondo è così*. Calvino, in altre parole, avrebbe fatto in questo racconto una sorta di *metafora della letteratura*. Sei d'accordo con questa ipotesi d'interpretazione? O ti sembra troppo azzardata? Perché?

I personaggi

5. Che cosa sai di Qfwfq? È un personaggio dotato di un carattere definito?

6. Chi è Pber^t Pber^d? Che rapporti ha con il resto del mondo, cioè del mondo racchiuso in un punto?

7. Chi sono gli Z'zu? Perché suscitano l'ostilità di certi rappresentanti della comunità? È evidente che lo scrittore ha voluto, attraverso la loro immagine, fare riferimento ad aspetti importanti della realtà. Quali?

8. Quali sono le caratteristiche della signora Ph(i)Nk$_o$?

9. In questo racconto, lo scrittore descrive i personaggi?

Le strutture formali

10. Tutti i racconti del volume *Le cosmicomiche*, da cui è tratto *Tutto in un punto*, sono caratterizzati dalla figura del narratore Qfwfq. Questi, in ogni racconto, spiega un aspetto del cosmo a partire da una teoria scientifica, che viene sinteticamente enunciata nel paragrafo, in corsivo, che precede, a mo' d'introduzione, la narrazione vera e propria. Nel racconto che hai letto la teoria in questione è quella (ritenuta ancora valida da moltissimi scienziati) secondo cui la materia dell'universo, prima del *big bang*, prima cioè dell'esplosione che avrebbe dato luogo al cosmo vero e proprio, era concentrata tutta in un punto geometrico, cioè in uno spazio di inimmaginabile densità, paradossalmente privo di dimensioni. Ma, guardando alla tecnica narrativa, il paradosso di partenza di questo divertente e originalissimo libro di Calvino sta nel fatto che (come in *Tutto in un punto*) Qfwfq riferisce le vicende dell'universo *come se ne fosse stato testimone diretto*. Calvino in questo modo costruisce un narratore che coincide con *un punto di vista impossibile*, ma trattandolo come un *narratore testimoniale*, che racconta cioè soltanto eventi di cui è stato testimone oculare (vedi a proposito quanto si dice nell'esercizio n. 24 della *scheda di lettura* relativa a *Le feste* di Pavese). Attraverso questo procedimento lo scrittore può mettere in opera una comicità raffinata e paradossale, spesso fondata su allusioni abbastanza sottili. Hai trovato anche tu divertente questa tecnica? Oppure il gioco dello scrittore ti è risultato indifferente? Spiega da che cosa è dipesa questa tua impressione.

11. I racconti de *Le cosmicomiche* vogliono anche riprendere e parodiare (cioè imitare esagerando o comunque deformando) il genere "fantascienza". In base alle tue conoscenze, in che cosa *Tutto in un punto* assomiglia, nonostante tutto, ad un racconto di fantascienza, e in che cosa se ne differenzia inesorabilmente?

Aurelio GRIMALDI
Tema: una storia d'amore

La storia

1. Perché il protagonista non riesce ad abbandonare la compagnia degli amici che lo conducono verso la criminalità?

2. Come reagisce Rita alla notizia che il suo fidanzato è in carcere?

3. Che cosa pensa di fare il narratore appena uscirà di prigione?

4. Fai un riassunto della *storia d'amore* raccolta da Grimaldi: il tuo lavoro non deve essere più lungo di venti righe.

I temi

5. Il volume *Meri per sempre*, da cui è tratto questo *Tema: una storia d'amore*, contiene storie autentiche di giovani detenuti, raccolte da Aurelio Grimaldi durante la sua esperienza d'insegnante ai corsi primari del carcere minorile "Malaspina" di Palermo. Sono storie molto tristi, e tutte purtroppo frutto di esperienze veramente vissute. Attraverso queste testimonianze Grimaldi ci fa conoscere una realtà di violenza e di emarginazione, e riesce anche a farci apprezzare, come nel singolare "tema" che abbiamo appena visto, i sentimenti e l'umanità di persone che siamo portati troppo spesso a considerare soltanto come dei criminali, da allontanare e punire. Quali sono state le tue reazioni leggendo questo racconto? Che opinione hai del protagonista?

I personaggi

6. Chi è Totò?

7. Che tipo è Rita? Pensi che il suo comportamento sia giusto, oppure che avrebbe dovuto essere più indulgente verso il protagonista e narratore?

Le strutture formali

8. Le storie di *Meri per sempre* sono state tutte corrette e parzialmente riscritte da Grimaldi, che non si è limitato ad una semplice raccolta e ricopiatura. Grimaldi però ha sempre cercato anche di mantenere intatte certe caratteristiche linguistiche degli originali, nello sforzo di conservare la freschezza e la verità del lessico e della sintassi dei giovani detenuti. Sottolinea sul testo tutte le espressioni che ti sembrano legate alla limitata cultura del protagonista: questi tende evidentemente ad impiegare soltanto il suo gergo quotidiano, non essendo in grado di scegliere fra livelli stilistici diversi.

9. Il narratore di *Tema: una storia d'amore* è un narratore testimoniale vero e proprio, che racconta la propria esperienza vissuta. Confrontalo con un narratore testimoniale di finzione: per esempio quello di *Le feste* di Pavese (pp. *191-198*), oppure con quello del *Memoriale di Basilio Archita* di Consolo (pp. *313-319*), che è un personaggio inventato, anche se riferisce una vicenda realmente accaduta. Identifica gli elementi formali in comune tra questo tipo di narrazioni, e, viceversa, le differenze più notevoli.

10. Prova a mettere a confronto questo tema-racconto con un altro racconto in cui lo scrittore narra una vicenda reale, non di finzione: *Fame* di Goffredo Parise (pp. *279-282*). Individua, se ci sono, eventuali scelte simili nell'affrontare una realtà concreta; oppure sottolinea le differenze più significative.

Spunti per la scrittura

11. Stavolta sei alle prese con un "genere" letterario, o meglio, con un genere di scrittura, che conosci molto bene: certo meglio del narratore di questa storia! Prova allora tu a svolgere lo stesso tema. Puoi raccontare direttamente le tue esperienze, e puoi anche parlare di altri, o di storie inventate. Ma devi usare la prima persona e scrivere come se comunque fossi tu il protagonista della vicenda d'amore che narri.

Clara SERENI
Atrazina

La storia

1. Che cosa faceva la protagonista femminile del racconto prima di sposarsi e di dedicarsi soltanto al marito e alla casa?

2. Quali sono i sintomi della malattia nervosa che il marito della protagonista ha contratto a causa di un incidente sul lavoro?

3. Quali sono le piccole cose di cui la protagonista deve accontentarsi per cercare di sopravvivere alla tragedia che ha colpito la sua esistenza?

4. Come interpreti il finale del racconto? Che cosa chiede la moglie al marito, al di là del significato letterale delle sue parole?

I temi

5. In questa antologia c'è un altro racconto in cui si parla di lavoro in fabbrica, e proprio in un'industria chimica, quale è con ogni probabilità anche quella dell'operaio specializzato di *Atrazina*: si tratta di *Zolfo*, di Primo Levi (pp. *253-256*). Le due storie vanno, di fatto, in direzione opposta, quanto al senso complessivo e al trattamento dell'intreccio. Ma ci sono anche molti altri elementi di differenziazione, nella scelta degli argomenti e nella tecnica adottata per rappresentarli: individuali. Spiega poi quale dei due racconti ti è piaciuto di più e perché.

6. Se Clara Sereni ha messo visibilmente al centro di questo racconto il problema degli incidenti sul lavoro, ha però anche inteso mostrarci il dramma di chi deve convivere con un malato di mente. Le persone che sono obbligate ad affrontare "la contiguità con la follia", come dice la scrittrice, finiscono necessariamente, che lo sappiano o meno, per cambiare

profondamente il proprio carattere, avvicinandosi al modo di vedere del malato, nello sforzo di capire i suoi comportamenti e di ricostruire la logica, per quanto assurda, che ne governa le azioni. Come viene rappresentata questa difficilissima convivenza? Che cosa ci viene detto della condizione del "normale" che condivide la quotidianità con un "matto"? Ti sembra che l'autrice abbia adottato un tono molto drammatico?

Spunti per la scrittura

7. Abbiamo visto che *Atrazina* affronta il tema, molto serio e importante, degli incidenti sul lavoro. È opportuno anche ricordare come questo argomento sia piuttosto trascurato dai mezzi di comunicazione di massa, probabilmente perché troppo triste e troppo poco spettacolare. Conosci, per esperienza diretta o perché lo hai sentito riferire da qualche conoscente, qualche altro caso di incidente sul lavoro, più o meno grave? Raccontalo in circa cinquanta-sessanta righe. Se non hai mai avuto occasione di ascoltare qualche narrazione di questo tipo, consulta i giornali degli ultimi giorni, e trova un articolo in cui si parli di incidenti sul lavoro; leggilo attentamente e poi riassumilo.

Tempi e luoghi

8. Dove si svolge la vicenda di *Atrazina*? Che informazioni ci vengono date su questo luogo?

9. Il mondo esterno compare pochissimo in questo testo, ma è continuamente evocato. Quali sono nel racconto le relazioni tra lo spazio esterno e quello interno? Che cosa succede "fuori" e che cosa succede "dentro"? E a te che impressione fa questo modo di trattare gli spazi della storia?

Le strutture formali

10. La Sereni nomina moltissime azioni che si svolgono nell'appartamento dei due unici personaggi del racconto. Talvolta nomina queste azioni, o gli oggetti ad esse relativi, usando delle sequenze di sintagmi posti in parallelo, che talora finiscono per costituire dei veri e propri elenchi, più o meno lunghi, con o senza punteggiatura. Individua i passi in cui viene adoperata questa tecnica; sottolineali sul testo e poi spiega che effetto producono queste serie, che quasi sempre si riferiscono alle attività della vita di una casalinga.

Emilio TADINI
La persona sbagliata

La storia

1. Che mestiere fa il protagonista e narratore della storia?

2. Dove troviamo il narratore e perché?

3. Perché il narratore decide di non rivelare il proprio errore e di comportarsi come se tutto procedesse normalmente?

4. Come si comporta il fotografo?

5. Come reagisce la padrona di casa alla visita del narratore?

6. Che cosa vieni a sapere riguardo alla vita della padrona di casa e di suo marito? E che cosa ancora puoi dedurre a partire dalle sommarie informazioni che ti dà il narratore? Unendo quanto Tadini dice esplicitamente e quanto è implicito ma facilmente intuibile, che tipo di esistenza possiamo immaginare conducessero i due coniugi?

7. Lo scrittore dà alla storia una vera e propria conclusione? Che effetto ti fa questo tipo di finale? Ti è sembrato efficace?

I temi

8. In tre dei suoi quattro romanzi, oltre che in questo racconto, Tadini ha usato lo stesso protagonista-narratore: un giornalista di cronaca, ciccione, miopissimo (anzi "Quasi cieco, io, va bene", come dice nel romanzo *La tempesta*), decisamente fifone e imbranato. È molto significativo che lo scrittore e pittore milanese assegni il ruolo di portaparola, e dunque anche di portatore di verità, proprio ad un giornalista, cioè al rappresentante esemplare dell'anti-verità, dei discorsi inautentici e approssimati che i *mass media* degli ultimi tempi ci riversano addosso senza tregua. Il giornalista infatti, soprattutto quello di cronaca, è in genere un professionista che deve occuparsi un po' di tutti gli argomenti, senza conoscerne bene nemmeno uno: egli insegue i "fatti" e i "personaggi", muovendosi in molti casi a partire da informazioni superficiali o comunque raccolte in tutta fretta. I giornalisti specializzati, che trattano solo soggetti che conoscono bene, sono una piccola minoranza all'interno delle redazioni dei giornali, le quali devono necessariamente occuparsi volta a volta degli argomenti che sembrano più importanti e, soprattutto, più adatti ad interessare la massa dei lettori.

D'altra parte, Tadini, è così affezionato al suo personaggio anche perché ritiene che in fin dei conti siano proprio i giornalisti di cronaca, nonostante la loro fretta e la loro inevitabile superficialità, a preparare la storia del domani, a rielaborare gli eventi del presente predisponendo "gli *Annales* del 2500 dopo Cristo...". Sapresti dire allora quali sono le "verità", grandi o piccole che siano, che balenano davanti agli occhi del narratore di *La persona sbagliata*? Rileggi, in particolare, il finale del racconto.

9. Nel racconto precedente, *Atrazina* di Clara Sereni, hai visto rappresentato il personaggio di una "vedova bianca", cioè di una donna che non è propriamente vedova, perché il marito è ancora vivo, ma è quasi come se lo fosse. Invece *La persona sbagliata* mette in scena una vedova vera e propria. Ci sono delle analogie fra questi due personaggi femminili? Quali?

Spunti per la scrittura

10. Anche nella scrittura giornalistica esistono dei sottogeneri: l'articolo di fondo, il commento politico, la cronaca nera, la recensione letteraria o musicale o cinematografica e così via (vedi su questo argomento anche la nota 1 a *Il giornale mobile* di Capuana, p. 25). Fra questi generi ce n'è uno che ha nel gergo delle redazioni un nome molto curioso: il "coccodrillo". Che cos'è un "coccodrillo"? È un articolo scritto in occasione della morte di un personaggio famoso: tanto famoso che nessun giornale può permettersi di trascurarne la scomparsa. E fin qui niente di strano; soltanto gli addetti ai lavori e pochi altri sanno però che, per essere rapide e tempestive quando, appunto, un certo personaggio celebre morirà, le redazioni hanno sempre gli archivi provvisti di "coccodrilli" già scritti per persone che sono ancora vive. Diventa chiaro allora il senso del nome: il coccodrillo (inteso come animale), secondo un antico modo di dire, piange colui che ha appena ucciso; e anche i giornalisti, in un certo senso, con i loro "coccodrilli" piangono persone ch'erano ancora vive prima che loro le "uccidessero". Prova anche tu a scrivere un "coccodrillo" su un noto personaggio del presente; è chiaro che dovrai spiegare bene *perché* quella persona è diventata tanto celebre da meritarsi il ricordo e le lodi (o magari anche le critiche) da parte dei mezzi d'informazione.

Le strutture formali

11. Tadini utilizza molto spesso la sintassi nominale, cioè delle proposizioni con il verbo implicito (detto in termini tecnici: con l'ellissi del predicato). Sottolinea sul libro tutte le frasi nominali contenute in *La persona sbagliata*.

12. In un'intervista di alcuni anni fa Tadini ebbe a dire: "Io detesto la letteratura in cui c'è la finzione di un tono medio. Ma nella realtà non è affatto vero che ci sia questo tono minimo che regge la quotidianità. Il profilo altimetrico della quotidianità va da vette ad abissi tremendi, è una linea seghettata con delle escursioni fortissime fra l'alto e il basso, non una specie di retta uniforme!" In effetti lo stile di Tadini è caratterizzato, in generale, da una sistematica mescolanza di livelli, dall'accostamento di un tono alto e di forme caratteristiche del parlato. Troverai, per esempio, da un lato metafore e parole di un registro stilistico colto o letterario, esclamazioni enfatiche, gesti un po' esagerati, e, dall'altro, termini bassi se non gergali, o, per quanto riguarda la sintassi, frasi nominali (cfr. l'esercizio n. 11) e in genere proposizioni o periodi spezzati, o non del tutto corretti, o con ripetizioni che imitano appunto le forme del parlato. Dividi in due un foglio, e prova a trascrivere da una parte le espressioni che ti sembrano appartenere al registro alto, letterario, e dall'altro quelle di tono basso, quotidiano.

Vincenzo CONSOLO
Memoriale di Basilio Archita

La storia

1. Perché il protagonista e narratore dice di sapere "che significa essere sbranati"?

2. Per quale motivo Basilio Archita dice di non aver potuto fare niente per i clandestini negri, pur avendo desiderato aiutarli?

3. Che cosa fa il narratore a Mombasa?

4. Come riesce il protagonista ad addormentarsi, nonostante i lamenti dei clandestini negri imprigionati nello sgabuzzino? È un gesto che compie spesso?

5. Che cosa vuol dire letteralmente la frase "La chiazza rossa si spandeva a poco a poco" (p. *319*)?

I temi

6. La storia narrata dal *Memoriale di Basilio Archita* è, purtroppo, tutta vera. A parte l'invenzione del personaggio del narratore, Consolo ha infatti soltanto ri-raccontato un tremendo fatto di cronaca, avvenuto alcuni anni fa proprio nei luoghi e con le modalità descritti dal testo che hai appena letto: il capitano greco di una nave mercantile fece infatti davvero gettare in mare undici clandestini negri, che cercavano di sfuggire alla miseria della vita del loro paese; i clandestini morirono tutti, presumibilmente mangiati dai pescecani, prima ancora di essere sfiniti dal freddo e dalla stanchezza. Benché lo scrittore siciliano abbia anzitutto abilmente imitato lo stile di una persona di limitata cultura, quale deve verosimilmente essere un marittimo come Basilio Archita, tuttavia ha anche nascosto fra le righe del racconto (con una tecnica raffinata, e caratteristica più della poesia che della prosa) tutta una serie di riferimenti e di anticipazioni riguardanti il tema dello sbranamento e della lacerazione, che si ripete come una specie di ritornello. Questo procedimento permette all'autore di diffondere e riecheggiare per tutto il testo l'episodio centrale della storia, che ne riceve così una sorta d'intensificazione stilistica e semantica (cioè di senso). Identifica tutti i passi del racconto in cui Basilio Archita parla di sbranamenti, ferite e lacerazioni.

I personaggi

7. Che cosa ci dice di sé il narratore?

8. Il terzo ufficiale della nave greca su cui si era imbarcato il narratore è il personaggio che riceve una caratterizzazione più ampia e articolata.

Prova a farne il ritratto, usando parole tue.

9. A parte il terzo ufficiale (cfr. l'esercizio precedente), quali componenti dell'equipaggio vengono identificati e descritti, più o meno sommariamente, dal narratore? Ci sono degli elementi in comune fra di loro?

Le strutture formali

10. In *Tema: una storia d'amore* di Grimaldi abbiamo già visto all'opera un narratore testimoniale di scarsa cultura (cfr. l'esercizio n. 8 della *scheda di lettura* su Grimaldi, p. *378*), che per certi versi assomiglia a Basilio Archita. Prova a confrontare i procedimenti impiegati, mettendo in luce gli elementi di somiglianza e quelli di differenziazione. Anche se con ogni probabilità non è un elemento particolarmente significativo, è da notare che sia Consolo sia Grimaldi sono siciliani.

11. Una caratteristica molto interessante del *Memoriale di Basilio Archita* è l'impiego di una tecnica di sospensione, per cui quasi tutto il racconto si svolge senza parlare esplicitamente del tema centrale, che viene continuamente evocato e anticipato, ma di nascosto, come se il narratore si vergognasse di dire direttamente quello che vuole dire. Basilio Archita, infatti, sembra scrivere soprattutto per liberarsi dai rimorsi, per allontanare da sé un senso di colpa profondo, che lo spinge a chiedere più di una volta scusa per non aver fatto nulla per evitare l'orrenda tragedia dei clandestini. Individua tutti i punti del testo in cui Basilio rivela i suoi sensi di colpa.

Silvia BALLESTRA
Compleanno dell'iguana

I temi

1. Come ti comporteresti con un amico tossicodipendente? Il tuo atteggiamento assomiglierebbe a quello di "la pallida" verso il suo amico?

2. In *Compleanno dell'iguana* Silvia Ballestra ci dà uno scorcio molto intenso della vita dei giovani e degli adolescenti. Possiamo dire che la giovane scrittrice parla senz'altro con cognizione di causa, dal momento che appartiene davvero alla generazione che rappresenta: è nata infatti nel 1969, e quindi aveva solo ventidue anni all'epoca della pubblicazione di questo suo primo libro. Tu ritieni credibile il quadro che ci dà della vita giovanile? Ti ci riconosci? Hai qualche rimprovero o qualche elogio in particolare da rivolgere alla Ballestra?

I personaggi

3. Quali sono le rispettive età dei due protagonisti della storia? Che influsso ha questa differenza di età nella dinamica dei loro rapporti?

4. Qual è l'accusa che il protagonista maschile della storia rivolge alla ragazza?

5. Che cosa dice "la pallida" all'amico?

Come giudichi il suo comportamento?

6. Che opinione ha la protagonista femminile della propria condizione esistenziale?

Tempi e luoghi

7. In quale regione d'Italia si svolge il racconto?

8. Che tipo di ambienti vengono descritti dalla Ballestra? Come vengono rappresentati?

Le strutture formali

9. Il finale di *Compleanno dell'iguana* ci lascia per qualche momento in dubbio sulla sorte del protagonista maschile. Che cosa gli succede? Avevi capito quello che stava succedendo oppure hai pensato che la vicenda avrebbe avuto un esito diverso?

10. La Ballestra si mostra molto attenta al linguaggio giovanile, che si sforza di riprodurre fedelmente. Individua nel suo testo tutti i termini legati al lessico dei giovani, dai soprannomi al gergo, alle stesse parolacce. È un lessico che riconosci, oppure per alcuni termini hai avuto difficoltà di comprensione?

Stefano BENNI
La storia di Pronto Soccorso e Beauty Case

La storia

1. Perché Pronto Soccorso ha imparato fin da bambino a conoscere il funzionamento dei motori?

2. Che cosa succede quando Beauty Case mangia il gelato?

3. Qual è l'atteggiamento della comunità cittadina verso l'amore dei due adolescenti? Che cosa fa per difendere Pronto Soccorso dalle sanzioni cui vorrebbe condannarlo Joe Blocchetto?

I personaggi

4. Che tipo di personaggi sono quelli mesi in scena? L'autore si preoccupa di darne una caratterizzazione psicologica?

5. Che mestiere fa Beauty Case? Quali sono le sue caratteristiche fisiche?

6. Com'è vestito Joe Blocchetto? Perché è tanto temuto? Quale sarà alla fine il suo destino?

Tempi e luoghi

7. La comicità di Benni è decisamente orientata verso l'assurdo e la surrealtà. Eppure, attraverso i fuochi d'artificio delle sue invenzioni verbali, egli finisce ugualmente per ricordarci qualche aspetto della nostra esistenza quotidiana. In particolare, la cittadina in cui si svolge il racconto ha un aspetto curioso, mezzo di metropoli e mezzo di paesotto di provincia. Basti pensare a un'indicazione stradale come "all'incrocio di via Bulganin con la quarantaduesima" (p. *331*), tipico esempio della topografia fantastica benniana, per come unisce il ricordo di New York a un cognome a dir poco anonimo. Quali aspetti della città di Pronto Soccorso e Beauty Case ci riconducono a componenti reali (e per lo più poco gradevoli) delle nostre città? E per che cosa invece possiamo dire che si tratta di uno spazio assolutamente inverosimile?

Le strutture formali

8. Nella comicità dell'assurdo di Stefano Benni un ruolo fondamentale viene giocato dai *meccanismi dell'esagerazione*. In particolare possiamo notare l'uso sistematico dell'iperbole, cioè di quella figura retorica che consiste nell'esagerare, fino appunto all'assurdo, una qualità o un'azione o un concetto. Per esempio: "Si sentiva il rumore di quel tornado che passava, e non si vedeva che un lampo di stella filante" (p. *330*). Passando invece dal livello dei procedimenti linguistici a quello delle situazioni narrative, un'altra caratteristica fondamentale dei meccanismi di esagerazione di Benni è che i personaggi, come quelli dei *cartoni animati*, possono subire traumi e violenze terribili, affrontare pericoli e difficoltà mortali per qualsiasi essere umano, e venirne fuori indenni, o con danni molto limitati, da cui si riprendono in tempi brevissimi, talvolta quasi istantaneamente. Per esempio: "A volte dopo esser caduto continuava a strisciare per chilometri: era una sua particolarità. Lo vedevamo arrivare rotolando dal fondo della strada fino ai tavolini del bar. 'Sono caduto a Forlì' spiegava" (p. *328*). È peraltro interessante notare che un analogo meccanismo di avvicinamento ai *cartoon* (o ai fumetti) è assolutamente decisivo per il funzionamento dei testi di un altro autore comico italiano, che certamente conosci: Paolo Villaggio, che ha scritto il primo libro di Fantozzi; si potrebbe persino ipotizzare che Benni sia stato influenzato da Villaggio, che è molto meno giovane. Prova tu a individuare nel racconto di Benni qui antologizzato tutte le *iperboli* e tutte le situazioni in cui i personaggi si comportano come protagonisti di *cartoni animati*.

9. Come nelle fiabe, anche in Benni gli animali parlano e le cose sono animate e dotate di sentimenti. In quali punti della *Storia di Pronto Soccorso e Beauty Case* puoi verificare quest'osservazione?

10. Negli scritti di Benni è molto frequente l'uso di un linguaggio volutamente basso, quotidiano, spesso gergale. Soltanto che nel suo gergo ci sono sia parole realmente esistenti (vedi per esempio la spassosa e gergalissima domanda a Joe Blocchetto del cieco di p. *333*), sia parole inventate dallo scrittore stesso. Sottolinea sul testo tutte le espressioni che ti sembrano di registro stilistico basso, o addirittura volgare, e tutti i termini gergali. Usa però dei colori diversi per le parole che esistono davvero e per quelle inventate da Benni.

11. Metti a confronto l'uso che del gergo fa Benni con quello che ne fa la Ballestra in *Compleanno dell'iguana*.

12. Avrai certamente notato che la comicità di Benni è anche in parte fondata sui giochi di parole, in cui un termine sembra avere un certo significato, e poi viene impiegato facendo riferimento ad un'altra accezione. Basti pensare, per esempio, proprio al finale della *Storia di Pronto Soccorso e Beauty Case*: "Lui trucca le auto, lei le pettina" (p. *333*). Individua e riporta sul tuo quaderno i giochi di parole che riesci a trovare nel racconto.

13. Nella *Storia di Pronto Soccorso e Beauty Case* fa ripetutamente capolino una voce narrante che dice "io", o magari "noi": basti pensare alla prima frase del racconto: "Il *nostro* quartiere sta proprio dietro la stazione" (p. *327*). Questo narratore in prima persona compare qua e là per qualche istante, per poi subito sparire, e ricomparire un poco oltre. Non si può dire che si tratti di un vero e proprio personaggio ben identificato, ma certo questo procedimento ha un suo senso, e assolve ad alcune funzioni. Per esempio dà alla narrazione un certo sapore di racconto orale, da bar: non a caso il libro da cui è tratta questa *Storia* s'intitola *Il bar sotto il mare*, così come il primo libro di racconti di Stefano Benni si chiama *Bar Sport*. A questa oralità aggiunge poi l'aspetto di una testimonianza diretta: una caratteristica indubbiamente presente, anche se altrettanto indubbiamente paradossale, visto che pressoché tutto quello che ci viene detto è assurdo. Inoltre l'"io", e più ancora il "noi", sottolineano la presenza intorno ai due protagonisti di una comunità vicina e solidale, anche se poco propensa a rispettare le leggi, che ha, come abbiamo visto, anche un ruolo decisivo nell'esito dell'intreccio. Ricerca perciò tutti i punti del testo in cui la presenza del narratore si fa esplicita.

14. Prova a mettere a confronto il narratore della *Storia di Pronto Soccorso e Beauty Case* con un altro narratore in prima persona comico e assurdo: il Qfwfq di *Tutto in un punto*, e delle *Cosmicomiche* in genere. Aiutati anche con quanto se ne dice alla domanda n. 10 della scheda di lettura corrispondente (pp. *377-378*).

15. Segnala qualche aspetto del racconto che ti è risultato particolarmente divertente e che non abbiamo fatto notare nelle precedenti domande. Puoi sottolineare aspetti formali, situazioni narrative, elementi tematici, o qualsiasi altro procedimento che tu riesca a mettere a fuoco.

Confronti

Questa sezione intende arricchire l'impianto cronologico
e tematico dell'antologia, suggerendo una serie di altri possibili
accorpamenti fra gruppi di racconti,
oltre a quelli già indicati dalla suddivisione cronologica
e tematica dei testi.
Gli accostamenti sono per lo più determinati da aspetti
contenutistici (l'identità o la somiglianza dei soggetti trattati) e
dall'appartenenza a uno stesso genere
o sottogenere letterario. Non poche di queste serie, com'è facile
immaginare, non fanno altro che rendere più specifica
e precisa la tematica già segnalata da una delle sezioni

1. *Gli affetti familiari e l'amore*;

2. *Lavoro e società*;

3. *La violenza*;

4. *Il fantastico*,

delle quali individuano alcuni aspetti particolari.
Sono invece intenzionalmente molto poche le sequenze costruite
in base alla presenza di analoghi elementi formali.
Ognuno di questi suggerimenti di lettura viene a costituire una
piccola unità didattica, per un totale di venti possibili percorsi.

1. La città moderna e la solitudine

Luigi Pirandello	*Nell'albergo è morto un tale*
Lucio Mastronardi	*Il compleanno*
Gaetano Neri	*Dimenticarsi della nonna*

Il racconto di Pirandello ha come suo soggetto esplicito la solitudine drammatica di chi vive nelle grandi città. L'albergo con le sue stanze tutte uguali è un chiaro simbolo della condizione di anonimato dell'uomo moderno, che ha perso o sta perdendo le proprie radici, e non appartiene più a una piccola comunità, in cui, nel bene e nel male, le persone si conoscono e sono legate fra loro. Non è un caso che il protagonista, per così dire, assente della novella (il "tale") sia un "americano", cioè un emigrato. Ma anche il racconto di Mastronardi, descrivendo una vita affannosa, tutta tesa alla ricerca del denaro e di un benessere che non ne vuole sapere di arrivare, mette a fuoco con molta efficacia l'impoverimento degli affetti determinato dalla condizione di chi è sottomesso ai ritmi della vita della civiltà industriale: la dimenticanza della moglie del protagonista, che non ha ricordato il compleanno del marito, è un sintomo evidente di un'esistenza in cui ciascuno è sempre più solo con se stesso. Infine il racconto di Neri, nella leggerezza ironica del suo paradosso, vuole di nuovo colpire la solitudine e l'indifferenza della nostra condizione: il protagonista ha appena un'ombra di senso di colpa, che gli fa ricordare di essersi dimenticato; ma così rivela che la sua dimenticanza e la sua indifferenza sono ancora più gravi di quanto avevamo pensato.

2. L'uomo e la tecnica

Luigi Capuana	*Il giornale mobile*
Primo Levi	*Zolfo*
Clara Sereni	*Atrazina*

Tre racconti sul rapporto fra l'uomo e la tecnica. Il racconto di Capuana sfiora il genere fantascientifico, e contemporaneamente ha aspetti comici: ma lo scenario che delinea è inquietante (vedi anche il percorso 7), e pone il problema delle possibili conseguenze dello sviluppo della tecnologia dell'informazione. Anche se il progetto del protagonista della curiosa vicenda fallisce, il fatto stesso che avesse potuto concepirlo e metterlo in pratica getta ombre tutt'altro che rassicuranti sul nostro futuro. Primo Levi invece ci rappresenta una specie di braccio di ferro tra l'uomo e la tecnologia al servizio dell'industria, che diventa una specie di nuova forza della natura, da temere e da tenere a bada con le risorse dell'intelligenza. Qui la tecnica, vista da un occhio competente (Levi era un chimico), si mostra come qualcosa di ambiguo, come una forza positiva che può diventare pericolosa, ma che conserva la sua positività se l'uomo la sa dominare. Il breve testo della Sereni invece, attraverso la tragedia di una famiglia distrutta da un incidente sul lavoro, mostra il lato demoniaco della tecnologia industriale, la sua invincibile pericolosità. Ed è chiaro che, se anche la Sereni ci parla di una vicenda privata, di una coppia, il suo discorso ci riporta alla gigantesca tragedia dell'inquinamento, che riguarda, ed ogni giorno di più, tutti gli uomini della terra. Basti pensare che ormai in moltissime città italiane (soprattutto della pianura padana) l'acqua cosiddetta potabile che esce dai rubinetti delle case presenta tracce proprio di atrazina.

3. Vite in campagna

Federigo Tozzi	*La capanna*
Beppe Fenoglio	*Nove lune*
Cesare Pavese	*Le feste*

Se è vero che la vita della città moderna è alienante e frenetica, è anche vero che l'immagine della campagna che spesso essa tende a dare, attraverso la pubblicità e in genere i mezzi di comunicazione di massa, è spesso un'immagine illusoria, ingannevolmente pacificata, in cui tutti si sorridono, il sole splende sempre e il cibo è genuino e abbondante. Ma la realtà della campagna è ben diversa. I tre racconti di questo gruppo, pur non descrivendo direttamente il lavoro agricolo, ci danno però un'idea della durezza della vita di campagna, attraverso la rappresentazione di rapporti umani, affetti e passioni drammaticamente difficili e spesso violenti, retti da codici morali estremamente rigidi, anche se, nella maggioranza dei casi, dotati di una loro brutale autenticità.

4. L'arroganza del potere

Vitaliano Brancati	*La noia nel '937*
Domenico Rea	*Capodimorte*
Ignazio Silone	*Un pezzo di pane*

In questi tre racconti si parla sempre del fascismo, anche se lo si affronta da una prospettiva laterale, senza parlare direttamente dei grandi eventi politici e delle grandi violenze del regime di Mussolini. Ma proprio questa prospettiva volutamente limitata, che guarda alle cose da un angolo visuale molto particolare, ci costringe a vedere fino a che punto una dittatura può abbrutire gli uomini e corrompere i rapporti sociali, intervenendo o pretendendo di intervenire anche sull'intimità degli individui e sulle loro più radicate convinzioni private. Così nel racconto di Brancati, la "noia" del protagonista, per quanto privata (ma siamo sicuri che non dipenda anche dai tempi? si veda anche il percorso 15), disturba un regime che non può ammettere che sotto il suo governo ci sia gente infelice, perché questo rivelerebbe un inaccettabile fallimento. Nel testo di Silone invece la "stupidità" dei contadini mette clamorosamente in rilievo l'arroganza della dittatura, che pretenderebbe di impedire ai due anziani protagonisti di esercitare la più importante fra le virtù cristiane: la carità. La saldezza, forse ottusa ma indubitabilmente autentica, della morale di Cosimo e Caterina risalta ulteriormente, insieme alla loro contadina diffidenza, anche quando il nuovo governo premia quanto prima era reato. La tematica politica è ancora più diretta nel racconto di Rea, che ha per protagonista un gerarca di paese, che si è costruito un potere fatto di piccole e meno piccole angherie, e di piccoli e meno piccoli favori. Quando cambia il regime politico Capodimorte rivelerà un lato di umanità, nello stesso momento in cui mostrerà con evidenza ancora maggiore la profondità del suo opportunismo e della sua corruzione.

5. La guerra

Federico De Roberto	*La paura*
Elio Vittorini	*Milano come in Spagna* *Milano come in Cina*
Goffredo Parise	*Fame*

Le due guerre mondiali, e una guerra locale più recente. Cambiano gli scenari, ma di poco cambiano l'orrore, la sofferenza, la violenza e, da non dimenticare mai, l'assurdità della morte e del male che i conflitti provocano. È importante capire il comune impegno morale dei tre scrittori contro la guerra; ma è anche importante cogliere la diversità delle loro tecniche: la tensione all'oggettività di De Roberto, lo sperimentalismo e il lirismo acceso di Vittorini (che fanno tutt'uno col suo dichiarato, scoperto impegno ideologico), l'apparente neutralità giornalistica di Parise.

6. Il fascismo e resistenza

Vitaliano Brancati	*La noia nel '937*
Domenico Rea	*Capodimorte*
Italo Calvino	*Ultimo viene il corvo*
Beppe Fenoglio	*Il trucco*

Un racconto sulla dittatura (Brancati); un altro sulla dittatura e sulla sua fine (Rea), dove s'intravede la violenza che entra in gioco anche quando si liquidano i regimi (si veda per entrambi anche il percorso 4); infine due racconti sulla lotta di liberazione dal nazifascismo. Fenoglio e Calvino sono stati partigiani, e della Resistenza hanno condiviso fino in fondo gli ideali e la condizione: proprio per questo non hanno voluto darcene un'immagine falsamente eroica e bonaria, ma hanno scelto, con atteggiamenti e tecniche diverse, di mostrarci l'inevitabile, tremenda violenza che sta in ogni guerra, anche se è una guerra giusta.

7. I mezzi di comunicazione di massa

Luigi Capuana	*Il giornale mobile*
Vitaliano Brancati	*La noia nel '937*
Emilio Tadini	*La persona sbagliata*

Forse la breve, buffa parabola di Joshua Prawn non è così innocua come pare (si veda il percorso 2), e non solo perché la sua invenzione era un bell'incoraggiamento all'egoismo. Noi non ci facciamo il giornale come pare a noi, ma, sotto il bombardamento della televisione e degli altri media, comunichiamo di meno, stiamo sempre di più con noi stessi e diventiamo certamente più egoisti. Perché, insomma, i mezzi di comunicazione di massa sono mezzi di comunicazione sì, ma passivi. Quanto a Brancati, *La noia nel '937* ci ricorda fino a che punto (si vedano i percorsi 4 e 6) la propaganda di un regime intende controllare le coscienze: fino al punto cioè d'impedire anche i sentimenti; e, si badi bene, quella di Brancati non è affatto un'esagerazione. Tadini invece vuol farci riflettere da un lato sulla singolarità della figura, del giornalista, che spesso, per potersi occupare di tutto, deve non essere esperto di niente, al punto di finire a fare un'intervista, infatti, a *La persona sbagliata*. Ma Tadini non vede le cose tutte in negativo: in fondo egli vuole pure suggerirci che forse solo attraverso i giornali e i media, per quanto deformanti, falsi, asserviti, noi possiamo conoscere "qualcos'altro", degli scenari inattesi e delle verità umane. In questo senso, forse, la "persona sbagliata" potrebbe anche diventare la persona giusta.

8. Genitori e figli

Federigo Tozzi	*La capanna*
Italo Svevo	*Vino generoso*
Beppe Fenoglio	*Nove lune*

| Alberto Moravia | *Pioggia di maggio* |
| Anna Maria Ortese | *L'incendio* |

Questi racconti toccano argomenti simili, ma da prospettive ben diverse. I rapporti familiari rappresentati da Tozzi e Fenoglio rimandano alle caratteristiche di un universo contadino, con le sue durezze e anche la sua intensità passionale (si veda anche il percorso 3). La Ortese prende ad oggetto un universo di povertà urbana, avvicinandosi moltissimo al punto di vista di un bambino, laddove lo stile dei due autori appena citati era, con gradazioni diverse, più oggettivo e realistico. Moravia invece ci mostra un mondo cinico e violento, in cui gli affetti paiono spenti, e il conflitto fra un padre e una giovane figlia arriva fino a conseguenze estreme. Anche Svevo parla di un padre e di una figlia, ma fino a che punto? Non sarà che a lui, alla fin fine, interessa solo il padre, cioè il personaggio-narratore tanto simile a Svevo stesso? E se anche lo scrittore ci dice qualcosa sui rapporti tra figli e genitori, come ce lo dice? E su che cosa punta il suo obiettivo?

9. Gli adolescenti e l'amore

Vasco Pratolini	*Vanda*
Beppe Fenoglio	*Nove lune*
Aurelio Grimaldi	*Tema: una storia d'amore*
Silvia Ballestra	*Compleanno dell'iguana*
Stefano Benni	*La storia di Pronto Soccorso e Beauty Case*

Quattro tragedie e una comica, anzi quasi un cartone animato. Pratolini fa sfiorare un idillio di ragazzi dalle vicende pubbliche, che lo distruggono inesorabilmente: così, dal punto di vista letterario, l'autobiografia (si veda il percorso 18) si fa anche storia. Fenoglio (vedi anche i percorsi 3 e 8) ci fa ben vedere quanto la libertà di relazioni dei nostri giorni sia una conquista recente e preziosa, rispetto alle antiche regole patriarcali in materia d'amore. Il racconto di Grimaldi, invece (vedi il percorso 19), appartiene anche ad un genere discorsivo che conosce molto bene: il tema in classe; in un certo senso non è neanche un racconto, e comunque non è finzione. Sia Grimaldi che la Ballestra toccano problemi attualissimi, la criminalità e la droga fra i giovanissimi; e anche *Compleanno dell'iguana* è molto realistico, pur senza essere esattamente un resoconto personale come il testo precedente. Gli adolescenti di Benni hanno in qualche modo a che vedere con l'emarginazione e la criminalità della odierna condizione giovanile, ma ne escono indenni, o meglio, fin dalla prima riga non potevamo neanche immaginare che si facessero davvero male: perché? Che cosa ha fatto Benni per darci quest'impressione? E perché *La storia di Pronto Soccorso e Beauty Case* ci fa ridere?

10. La vita scolastica

Romano Bilenchi	*Un errore geografico*
Domenico Starnone	*30 marzo 1986: Gita scolastica*

Due tra le infinite rappresentazioni possibili della vita scolastica. Si assomigliano? Perché? Sono credibili? Ci fanno ridere o piangere? Il racconto di Bilenchi conterrebbe anche alcuni elementi comici, ma l'esito è drammatico, se non tragico. La cronaca di Starnone si sviluppa a partire dalla constatazione del drammatico degrado della scuola italiana, eppure ci fa costantemente ridere. In che modo gli autori ottengono questi risultati?

11. Feste e vacanze

Massimo Bontempelli	*La spiaggia miracolosa ovvero Premio della modestia (Aminta)*
Cesare Pavese	*Le feste*
Lucio Mastronardi	*Il compleanno*

La festa è un momento fondamentale della vita umana. Qui la ritroviamo in tre versioni molto diverse: le vacanze estive di chi vive in città (Bontempelli); le feste paesane in un ambiente ancora agricolo (Pavese); la festa personale, nell'ambiente un po' greve di una piccola città di provincia (Mastronardi). In un certo senso i tre racconti ci parlano un po' tutti di feste mancate, fallite. Bontempelli trasfigura le mancate vacanze dei protagonisti, concedendo loro un magico bagno di mare: poiché loro non possono andarci, sarà il mare ad andare da loro. In Pavese, come in un macabro rituale, la festa finisce sempre in tragedia, quasi avesse bisogno di una vittima da immolare. Infine Mastronardi ci rappresenta un universo dove l'ossessione del lavoro e del denaro (vedi anche il percorso 1) spegne anche l'esigenza di festeggiare, dopo aver spento l'amore per sé e per gli altri.

12. I giovani e la cultura

Guido Gozzano	*Le giuste nozze di Serafino*
Marco Lodoli	*Alberto*
Silvia Ballestra	*Compleanno dell'iguana*

Fra il racconto di Gozzano e gli altri due passano, più o meno, settantacinque anni: e si vedono tutti. Infatti Serafino e la sua collega (e poi moglie) Anna vivono in un universo in cui non esistono né la radio né la televisione, e dove il cinema, appena nato, era ancora poco più che una curiosità, che non poteva in alcun modo competere con il teatro. L'immaginario dei due protagonisti di questa novella si nutre di letteratura: lo si vede anche dai sogni amorosi di Serafino, così pieni di un romanticismo idealizzante che nasce, almeno in gran parte, dai romanzi. Il racconto di Lodoli ci parla invece proprio della distanza che c'è fra i giovani d'oggi e la letteratura: ma fa balenare anche la possibilità che la letteratura possa nonostante tutto continuare, almeno in piccola misura, a rappresentare un valore. I protagonisti della Ballestra ci fanno invece vedere come l'immaginario e la cultura dei giovani d'oggi abbiano altri punti di riferimento, e altri miti, derivati dalla musica, e più precisamente, in questo caso, dal pop-rock.

13. Mostri e fantasmi

Luigi Pirandello	*La casa del Granella*
Tommaso Landolfi	*Il racconto del lupo mannaro*
Dino Buzzati	*Il mostro*

I mostri forse esistono, e forse no: ma la nostra paura dei mostri è un dato di fatto. Pirandello e Buzzati però non prendono una posizione decisa: essi ci fanno vedere che i mostri *potrebbero anche* esistere, ma ci obbligano a restare nell'incertezza, e alla fine non riusciamo a sapere se i mostri sono nella realtà o negli occhi di chi li vede. Per i protagonisti e narratori de *Il racconto del lupo mannaro* di Landolfi invece questo dubbio non si pone affatto: per forza, i mostri sono loro. Ma, poiché il lettore tende sempre a identificarsi col punto di vista dei protagonisti, gli succederà anche, inevitabilmente, per quanto strana possa apparirgli la loro vicenda, di condividere il punto di vista del mostro. Un effetto inquietante, che necessariamente sottintende una domanda: e se i mostri fossimo noi?

14. Storie di omicidi

Gabriele D'Annunzio	*Il cerusico di mare*
Tommaso Landolfi	*La spada*
Alberto Moravia	*Pioggia di maggio*
Cesare Pavese	*Le feste*
Leonardo Sciascia	*Giufà*

Probabilmente nessuno di questi racconti ha la struttura di un giallo, e sarebbe interessante vedere perché. D'altro canto tutti parlano di omicidi, reali (Pavese), fantastici (Landolfi), o posti in una dimensione che sta fra storia e leggenda (Sciascia). Non basta: c'è chi vorrebbe uccidere e non ci riesce (Moravia), e c'è invece chi uccide, o accelera una morte tutt'altro che certa, pur avendo le migliori intenzioni (D'Annunzio). A partire da queste fondamentali differenze di contenuto è però anche necessario verificare con quale atteggiamento e con quali mezzi formali i cinque autori in questione affrontano il tema della morte violenta.

15. Il suicidio

Vasco Pratolini	*Vanda*
Vitaliano Brancati	*La noia nel '937*
Silvia Ballestra	*Compleanno dell'iguana*

Il suicidio è un tema che la letteratura del Novecento, piena di angoscia e di sottili conflitti individuali, ha affrontato spesso. I racconti di Pratolini e di Brancati ci parlano di due suicidi che, in prima approssimazione, sono opposti: dal momento che quello di Vanda è determinato inequivocabilmente da ragioni oggettive, esterne (la realtà della segregazione razziale, con la conseguente volontà di sfuggire a future probabili e più terribili sofferenze), mentre l'altro appare generato da un tormento tutto soggettivo, interiore. È però necessario anche riflettere sul contesto storico, che Brancati tiene ad evidenziare fin dal titolo: forse la vera causa del suicidio del protagonista non è poi tanto soggettiva (vedi anche i percorsi 4 e 6), e c'è quasi il rischio che un po' di ragione ce l'abbia il poliziotto che difende con tanto zelo le ragioni di Mussolini. La Ballestra invece non parla direttamente di suicidio, ma certo di un oscuro desiderio di autodistruzione, che accompagna, e forse almeno all'inizio genera, la dipendenza dalle droghe pesanti.

16. La malattia

Gabriele D'Annunzio	*Il cerusico di mare*
Italo Svevo	*Vino generoso*
Elsa Morante	*Il cugino Venanzio*

Nel Novecento si parla spessissimo di malati e di malattie: un tema che è un'autentica ossessione, e come tale rivela una profonda e generalizzata malattia morale. L'uomo del Novecento è "malato", o almeno si sente tale: il che, come insegna Freud, è quasi lo stesso. Ma la malattia ha, naturalmente, anche una sua materialità, è un dato biologico, che s'impone spesso violentemente a qualsiasi tentativo di psicologizzazione. Certo *Il cerusico di mare* rappresenta un male carnale, concreto: ma siamo poi sicuri che nella rappresentazione dannunziana non entri in gioco anche la morbosità del sentire contemporaneo? Con Svevo, è chiaro, i malanni fisici del protagonista e narratore sembrano avere radici psicosomatiche: e comunque allo scrittore il conflitto interiore interessa più di qualsiasi morbo biologico. Quanto al povero Venanzio, egli è senza dubbio un segnato, un malato irrimediabile, nel corpo e nella mente: ma proprio per questo, nella sua misera esistenza, egli è capace di diventare un simbolo, l'emblema delle violenze, assolutamente ingiustificabili e assolutamente senza rimedio, che l'esistenza biologica mette in atto in infiniti esseri di questo mondo. Ma l'insensatezza della sofferenza non è un tema che riguarda solo i Venanzi, i disgraziati, i deboli e i malati di questo mondo: tocca, naturalmente, tutti noi.

17. Il racconto d'introspezione psicologica

Federigo Tozzi	*La capanna*
Italo Svevo	*Vino generoso*
Carlo Cassola	*Paura e tristezza*

Ci son tanti modi di rappresentare le psicologie dei protagonisti. Tozzi per esempio sceglie una via che sta a mezza strada tra una rappresentazione puramente oggettiva e un approfondimento introspettivo, e sta molto attento alla psicologia, pur senza lanciarsi mai in vere e proprie analisi minuziose della dinamica mentale del suo protagonista. Svevo invece segue il pensiero del protagonista in tutti i suoi meandri, accompagnandolo persino nell'esperienza del sogno, e toccando non solo le motivazioni consapevoli ma anche quelle inconsapevoli. Nella sua discesa verso le profondità della psiche Svevo appare sempre mosso da un'intenzione di demistificazione, di critica: egli vuole svelare i desideri profondi, e demolire le illusioni e le autoillusioni che siamo tutti tanto pronti a farci. Cassola non ha certo intenzioni critiche, ma vuole piuttosto toccare, con delicatezza e attenzione, tutti i trasalimenti, i timori e i tremori, le malinconie di un bambino, rappresentandoci anche sentimenti profondi, ma solo per accenni, senza dissezionarli, senza, per così dire, buttare all'aria le radici dei moti del cuore.

18. Il racconto autobiografico

Carlo Cassola	*Paura e tristezza*
Vasco Pratolini	*Vanda*
Alberto Moravia	*Pioggia di maggio*
Giorgio Bassani	*Ravenna*

Questi quattro racconti non sono solo in prima persona: tutti i protagonisti-narratori ricordano vicende del loro passato e danno l'impressione, quale più quale meno, di essere molto simili o identici all'autore reale. Dove questa impressione è più forte e dove meno? Perché? E quali altre differenze presentano questi racconti? Il genere è lo stesso, o molto simile; ma il linguaggio scelto è altrettanto simile? In che cosa assomiglia e in che cosa si differenzia?

19. Il narratore ingenuo

Aurelio Grimaldi	*Tema: una storia d'amore*
Marco Lodoli	*Alberto*
Vincenzo Consolo	*Memoriale di Basilio Archita*

Questi tre racconti hanno in comune una caratteristica formale molto particolare: gli autori parlano in prima persona, e il narratore appare incolto o comunque culturalmente poco preparato. Ci sono, però, delle differenze importanti: anzitutto, il personaggio che dice "io" nella storia di Grimaldi è un personaggio vero, che racconta in modo diretto la sua esperienza autobiografica, e che davvero ha una cultura e un linguaggio poveri. Gli altri due narratori sono invece personaggi che mascherano la vera identità dell'autore (anche se Basilio Archita racconta un fatto realmente accaduto). Quali differenze ci sono fra i tre discorsi? Come sono il lessico e la sintassi? Sono credibili i narratori ingenui di Lodoli e Consolo? Perché? È efficace questa scelta di metodo? Presenta dei vantaggi rispetto al racconto affidato alla terza persona o a quello di una prima persona che non ha assistito ai fatti?

20. Lo sperimentalismo linguistico

Carlo Emilio Gadda	*Il primo libro delle favole nn. 61, 115, 180*
Lucio Mastronardi	*Il compleanno*
Silvia Ballestra	*Compleanno dell'iguana*

Prova a confrontare il diverso lavorìo effettuato sulla lingua italiana anzitutto dal più grande dei nostri autori sperimentali, quel Gadda di cui qui si propongono soltanto dei pezzettini, data la straordinaria difficoltà del suo plurilinguismo. Esso, infatti, mescola italiano moderno e antico, scritto e parlato, colto e gergale, e poi dialetti, lingue straniere morte e vive, e linguaggi tecnici della più varia provenienza, dall'ingegneria all'arte della guerra, dalla retorica alla biologia, dalla fisica alla musica e alla storia dell'arte e così via. Diversissimo è lo sperimentalismo di Mastronardi, che accosta un italiano medio discorsivo al dialetto vigevanese, in parte sovrapponendoli, in parte alternandoli con degli stacchi netti. La Ballestra invece riporta il parlato giovanile e i suoi gerghi, qui in particolare quello dei tossicodipendenti. Ma non basta paragonare le scelte lessicali: bisogna andare a guardare anche la sintassi, il registro stilistico scelto, e via via risalire ad elementi che riguardano ancora più direttamente il contenuto, come, anzitutto, il grado di deformazione della realtà introdotto dalla deformazione linguistica.

Biografie degli autori

BALLESTRA, Silvia (San Benedetto del Tronto, 1969).

Dopo aver esordito con due racconti nell'antologia *Papergang* (a cura di Pier Vittorio Tondelli, 1990), ha pubblicato nel 1991 *Compleanno dell'iguana*, rivelandosi come una delle voci più interessanti della giovane narrativa italiana. Nel 1992 si è confermata con il romanzo *La guerra degli Antò*.

BASSANI, Giorgio (Bologna, 1916).
apr-~~fbb~~ 2000

Ha vissuto la prima parte della sua vita a Ferrara, città che ha costituito il soggetto costante della sua narrativa, e che è la sua vera patria sentimentale e morale. Nel 1943 fu arrestato come ebreo e antifascista, e, liberato dopo qualche mese, partecipò alla Resistenza. Nel dopoguerra si trasferì a Roma, e collaborò a numerosi periodici. Dopo aver esordito nel 1940 con *Una città di pianura*, pubblicò nel 1953 *La passeggiata prima di cena* e nel 1955 *Gli ultimi anni di Clelia Trotti*, entrambi poi confluiti nelle *Cinque storie ferraresi*, 1956, prima parte dell'opera complessiva *Il romanzo di Ferrara*. Nella produzione di Bassani un posto di rilievo spetta alle opere poetiche, raccolte nel volume *In rima e senza rima* (1982). Sono però i romanzi ad avergli dato una larga fama, grazie alla loro capacità di accostare uno stile raffinato a una viva passione civile. Ricordiamo *Gli occhiali d'oro* (1958), *Dietro la porta* (1964), *L'airone* (1968), *L'odore del fieno* (1972). Ma lo scrittore ferrarese è conosciuto dal grande pubblico soprattutto per *Il giardino dei Finzi-Contini* (1962), che vinse il premio Viareggio, e da cui venne tratto un noto film.

BENNI, Stefano (Bologna, 1947).

Nel 1976 ha cominciato a scrivere regolarmente sul "Manifesto" e su "Panorama", e contemporaneamente ha pubblicato i racconti di *Bar sport*, che costituiscono un vero caposaldo della letteratura umoristica in lingua italiana. Dopo le poesie di *Prima o poi l'amore arriva* (1981), Benni si è avvicinato al romanzo, con *Terra!* (1983), *Comici spaventati guerrieri* (1986), *Baol* (1990), *La compagnia dei Celestini* (1992). Al genere racconto è tornato invece con *Il bar sotto il mare* (1987). Negli ultimi anni ha lavorato anche per il teatro e per il cinema.

BILENCHI, Romano (Colle Val d'Elsa [Siena] 1909 - Firenze 1989).

Cominciò a scrivere sui periodici del fascismo di sinistra, "Il Selvaggio", "Il Bargello", "Primato", avvicinandosi in un secondo momento a riviste legate all'ermetismo come "Campo di Marte" e "Letteratura". Nel 1942 s'iscrisse al Partito comunista. Intanto aveva pubblicato i bellissimi racconti di *Anna e Bruno* (1938) e il romanzo *Conservatorio di Santa Teresa* (1940), probabilmente la sua opera maggiore. Dal dopoguerra si è dedicato prevalentemente all'attività giornalistica, diventando fra l'altro direttore del "Nuovo Corriere" (1948-1956) e del "Contemporaneo". Intanto, però, continuava a scrivere, rielaborando in profondità le proprie opere, fra cui ricordiamo, oltre a quelle già citate, *La siccità* (1941), *Il bottone di Stalingrado* (1972) e *Il gelo* (1983).

BONTEMPELLI, Massimo (Como 1878 - Roma 1960).

Dopo aver insegnato per alcuni anni in varie città, si dedicò al lavoro editoriale e al giornalismo. La svolta nella sua carriera letteraria fu rappresentata dall'incontro col movimento futurista, testimoniato dalle poesie di *Il purosangue - L'ubriaco* (1919), e dai notevolissimi romanzi sperimentali *La vita intensa* (1920) e *La vita operosa* (1921). Bontempelli manterrà sempre però una posizione autonoma dal gruppo di Marinetti, caratterizzandosi per il distacco ironico. Nel 1924 aderì al fascismo. Dopo aver conosciuto Pirandello, scrisse drammi di forte tensione metafisica, come *Nostra Dea* (1925) e *Minnie la candida* (1929). Anche nella produzione narrativa Bontempelli andava accentuando l'aspetto fantastico, a cominciare dai fondamentali racconti di *La scacchiera davanti allo specchio* (1922) e dal romanzo *Eva ultima* (1923). Su questa strada si fece teorico di un "realismo magico", soprattutto dalle pagine della rivista "900". Negli anni trenta scrisse romanzi di grande successo: *Il figlio di due madri* (1929), *Vita e morte di Adria e dei suoi figli* (1930), *Gente nel tempo* (1937). Espulso dal Partito fascista per aver assunto posizioni critiche nei confronti del regime, passò all'opposizione, e si avvicinò al Pci. Negli ultimi anni, isolato e malato, si dedicò soprattutto alla musica.

BRANCATI, Vitaliano (Pachino [Siracusa] 1907 - Torino 1954).

Dopo aver insegnato per alcuni anni in un istituto magistrale, cominciò a scrivere per il teatro verso la fine degli anni venti. Si trasferì poi a Roma, dove conobbe Moravia e Alvaro, ed entrò in conflitto con la censura, che ostacolò la messa in scena dei suoi drammi. Allontanatosi dal fascismo, trovò una maturità stilistica con *Gli anni perduti* (1941), e più ancora con i romanzi *Don Giovanni in Sicilia* (1941) e *Il bell'Antonio* (1949; ne fu tratto un celebre film con Marcello Mastroianni). In essi elabora, con acre comicità, una violenta satira sia dei costumi siciliani sia dei modi di vita sotto il fascismo. Di notevole importanza sono anche i racconti de *Il*

vecchio con gli stivali (1945) e l'incompiuto romanzo *Paolo il Caldo* (1955).

BUZZATI, Dino (Belluno 1906 - Milano 1972).

Dal 1928 lavorò al "Corriere della Sera", prima come cronista, poi come critico musicale e come inviato speciale in Africa. Dopo i racconti lunghi di *Bàrnabo delle montagne* (1933) e *Il segreto del Bosco Vecchio* (1935), s'impose all'attenzione della critica con il romanzo *Il deserto dei Tartari* (1940), che porta a piena maturità uno stile memore di Kafka, in cui vicende surreali, ma rappresentate con lucida esattezza, assumono valore di simbolo. Si dedicò poi prevalentemente al racconto, pubblicando, fra gli altri, i volumi *I sette messaggeri* (1942), *Paura alla Scala* (1949), *Il crollo della Baliverna* (1957), *Sessanta racconti* (1958), *Il colombre* (1966), *La boutique del mistero* (1968). Di minore interesse sono invece i romanzi *Il grande ritratto* (1960) e *Un amore* (1963). Buzzati è stato anche un ottimo pittore, ha pubblicato fumetti e scritto numerose opere teatrali, tra cui spicca *La famosa invasione degli orsi in Sicilia*, scritta nel 1945, ma messa in scena per la prima volta solo vent'anni dopo.

CALVINO, Italo (Santiago de Las Vegas [Cuba] 1923 - Siena 1985).

Dopo aver trascorso a San Remo la giovinezza, partecipò alla Resistenza e militò nel Partito comunista fino al 1956. Nel dopoguerra cominciò a svolgere un'intensa attività editoriale, come consulente e direttore di collane presso Einaudi. È stato collaboratore di molti dei più importanti periodici (non solo italiani) dell'ultimo cinquantennio, dal "Politecnico" a "Il menabò" (che diresse con Vittorini), da "Le Monde" a "L'Espresso", al "Corriere della Sera" e "la Repubblica". È difficile sintetizzare in poche parole le linee maestre della sua vasta produzione narrativa, che, a partire da uno stile di rara limpidezza, ha toccato moltissimi generi letterari, in una continua ricerca, in cui la sperimentazione formale si è sempre strettamente unita a un intenso impegno politico e morale. Esordì raccontando la Resistenza con un singolare tono di fiaba, nel romanzo *Il sentiero dei nidi di ragno* (1947) e nei racconti di *Ultimo viene il corvo* (1949). In seguito affrontò tematiche attuali, con uno stile talvolta più vicino a moduli realistici, talvolta orientato verso il racconto fantastico, in opere come *La formica argentina* (1952), *La speculazione edilizia* (1957), *La nuvola di smog* (1958), *Marcovaldo ovvero Le stagioni in città* (1963), *La giornata di uno scrutatore* (1963). Tra apologo fiabesco e racconto filosofico si pone la trilogia dei *Nostri antenati*, comprendente *Il visconte dimezzato* (1952), *Il barone rampante* (1957), *Il cavaliere inesistente* (1959). Più tardi Calvino riprese e parodiò modelli fantascientifici e fantastici in *Le cosmicomiche* (1965) e *Ti con zero* (1967). Infine avviò una ricerca metaletteraria con *Le città invisibili* (1972), *Il castello dei destini incrociati* (1973), *Se una notte d'inverno un viaggiatore* (1979). Anche dopo la sua morte sono usciti numerosi testi, sia saggistici che narrativi, e altri ancora sono previsti per i prossimi anni. Nell'intensissima attività di Calvino un posto a parte merita anche la raccolta delle *Fiabe italiane* (1956), tradotte dai vari dialetti.

CAPUANA, Luigi (Mineo [Catania] 1839 - Catania 1915).

Narratore, giornalista, critico letterario e teatrale, fu il massimo teorico del Verismo italiano, di cui diede uno dei primi e più interessanti esempi con il romanzo *Giacinta* (1879), cui seguirono volumi di novelle come *Le appassionate* (1893), *Le paesane* (1894), *Il Decameroncino* (1901), e il romanzo *Il marchese di Roccaverdina* (1901). Scrisse anche fiabe: *C'era una volta* (1882), *Profumo* (1891).

CASSOLA, Carlo (Roma 1917 - Montecarlo [Lucca] 1987).

Dopo aver compiuto un breve apprendistato giornalistico, si dedicò all'insegnamento per alcuni anni. Esordì giovanissimo, pubblicando su rivista nel 1937 i primi racconti, che poi confluirono nei volumi *La visita* (1942) e *Alla periferia* (1942). Partecipò alla Resistenza, e nel dopoguerra s'impose all'attenzione del pubblico e della critica con *Il taglio del bosco* (1949). La sua narrativa cerca di cogliere i lati più dimessi e intimi dell'esistenza, in uno stile sobrio e tuttavia partecipe dei minimi movimenti del sentimento. Cassola ha narrato la guerra partigiana in Maremma nei romanzi *Fausto e Anna* (1952) e *La ragazza di Bube* (1959, premio Strega), che fu uno dei massimi successi del dopoguerra, e da cui venne tratto un film di successo. Anche le sue opere seguenti sono ambientate prevalentemente in Maremma: così *Un cuore arido* (1961) o *Ferrovia locale* (1968). La sua produzione più tarda è di limitato interesse artistico, e si fa notare piuttosto per un aumento dell'impegno sociale, in direzione di un pacifismo radicale, testimoniato anche da numerose opere saggistiche.

CONSOLO, Vincenzo (Sant'Agata di Militello [Messina] 1933).

Come molti scrittori siciliani, narra quasi sempre della sua terra d'origine, ma vivendo a Milano: qui ha infatti compiuto gli studi universitari, e dal 1968 ha lavorato alla Rai, prima di dedicarsi solo alla letteratura. Nelle sue opere la Sicilia della giovinezza o di un passato più remoto diventa un luogo idealizzato dalla nostalgia. Ma proprio per questo capace di funzionare come termine di confronto per misurare la violenza e la profondità delle trasformazioni odierne, che distruggono un mondo ingiusto ma carico di valori positivi, per sostituirlo con un mondo non meno ingiusto e per di più impoverito sul piano umano. Proprio per contrastare l'appiattimento del presente, Consolo si è formato uno stile che mescola, in una tastiera ricchissima, lingue e registri diversi. Ha pubblicato *La ferita dell'aprile* (1963), *Il sorriso dell'ignoto marinaio* (1976), *Lunaria* (1985), *Retablo* (1987), *Le pietre di Pantalica* (1988), *Nottetempo casa per casa* (1992).

D'ANNUNZIO, Gabriele (Pescara, 1863 - Gardone Riviera [Brescia] 1938).

Figura dominante della vita italiana fra Ottocento e Novecento, D'Annunzio è ancora oggi al centro di un interesse tanto esteso quanto ambiguo, poiché sembra rivolto, prima che allo scrittore, al personaggio. Fra i primi a comprendere l'importanza della nascente industria culturale, D'Annunzio ha sempre usato la propria biografia (gli innumerevoli amori, i gesti eccentrici, l'attività politico-militare) come strumento pubblicitario: non è chiaro perciò fino a che punto la sua fama corrisponda ad un'effettiva vitalità della sua arte. È impossibile ripercorrere analiticamente la complessa e fin troppo vasta opera dannunziana, che attraversa molti generi letterari: poesia, romanzo, novella, prosa d'arte, teatro, giornalismo, critica d'arte, oratoria politica. In questo costante sperimentalismo c'è una continuità profonda, rappresentata dal progetto di rinnovare la letteratura italiana restituendole da un lato tutta la dimenticata ricchezza linguistica della tradizione e dall'altro avvicinandola ai risultati più alti delle maggiori culture europee. Autore assai precoce, D'Annunzio trova presto una propria strada originale, e bisognerebbe rileggere con attenzione le opere giovanili e in genere la produzione più antica: dalle poesie di *Primo vere* (1979) e di *Canto novo* (1882), alle novelle, composte quasi tutte negli anni ottanta, e raccolte più tardi in *Le novelle della Pescara*. Nel D'Annunzio giovane infatti si ritrova una problematicità che la scoperta del superuomo nietzscheiano cancellerà, sostituendovi un'ideologia attivistica che è un limite artistico prima ancora di diventare politicamente pericolosa. L'evoluzione delle posizioni ideologiche dannunziane è testimoniata con particolare evidenza dai suoi romanzi, da *Il Piacere* (1889), *L'Innocente* (1892) e *Trionfo della Morte* (1894), nei quali il Decadentismo si avvicina ad una coscienza della crisi, a *Le Vergini delle Rocce* (1896) e *Il Fuoco* (1900), nei quali il superomismo va chiaramente in direzione di un irrazionalismo aggressivo che non a torto è stato definito prefascista. Espressione dell'impegno ideologico dannunziano è anche l'abbondante produzione teatrale, per lo più artisticamente irrisolta, a parte poche eccezioni, come *La figlia di Iorio* (1903). Ma con ogni probabilità i massimi risultati D'Annunzio li ha raggiunti nelle opere in versi: nessun poeta del Novecento ha potuto scrivere senza fare i conti con lui, anche quando ne rifiutava le scelte artistiche. In poesia, dopo aver attraversato l'esperienza estetistica in *L'Isotteo - La Chimera* (1889) e proposto un riavvicinamento a moduli prosastici con *Poema paradisiaco* (1893), cominciò nel 1899 l'impresa delle *Laudi*, fra le quali spiccano *Maia* (1903) e soprattutto *Alcyone* (1904). In quest'ultima opera la caratteristica tensione dannunziana verso una completa fusione con la natura assume i tratti del mito, in un miracoloso equilibrio formale. La produzione tarda invece, nonostante il successo di opere come *Notturno* (1921), segna un complessivo declino, con qualche folgorante lampo di genio che ha indotto la critica a lodi probabilmente eccessive.

DELEDDA, Grazia (Nuoro 1871 - Roma 1936).

Autodidatta, arrivò ad ottenere il premio Nobel per la letteratura nel 1926.

La sua narrativa rielabora la lezione veristica in una direzione decadentistica, costruendo vicende forti, fatte di sentimenti appassionati e di grandi sofferenze, sullo sfondo di una Sardegna in parte mitizzata, dove incombe un'atmosfera di cupa fatalità. Tra le sue numerose opere, prevalentemente romanzi, ricordiamo *Elias Portolu* (1903), *Cenere* (1904), *Canne al vento* (1913), *Marianna Sirca* (1915), *L'incendio nell'oliveto* (1918), *Il Dio dei viventi* (1922).

DE ROBERTO, Federico (Napoli 1861 - Catania 1927).

Esponente del Verismo, sicuramente fra i maggiori scrittori della letteratura dell'Italia unita, rimase a lungo semisconosciuto, finché il grande successo del *Gattopardo* di Tomasi di Lampedusa (1958), che a De Roberto doveva parecchio, non obbligò la critica a riprenderlo in considerazione. Soprattutto venne riscoperto il romanzo *I Viceré* (1894), che è senz'altro un autentico capolavoro. Ma notevoli sono anche i romanzi *L'illusione* (1891) e *L'Imperio* (1929, incompiuto), e le raccolte di novelle, tra cui spiccano *La sorte* (1887), *Processi verbali* (1889), *La messa di nozze* (1911), *Ironie* (1920).

FENOGLIO, Beppe (Alba [Cuneo] 1922 - Torino 1963).

Visse quasi sempre nella città natale, capitale delle Langhe. Nella sua formazione culturale ha un'importanza fondamentale la conoscenza della lingua e della letteratura inglesi, che gli permise di svolgere un'apprezzata attività di traduttore, che spazia da Shakespeare e Marlowe, a Coleridge e Lawrence d'Arabia. La narrativa di Fenoglio è legata in buona parte all'esperienza della Resistenza, dai racconti de *I ventitré giorni della città di Alba* (1952), a *Primavera di bellezza* (1959), al postumo *Un giorno di fuoco* (1963), fino all'incompiuto capolavoro de *Il partigiano Johnny* (1968). Fenoglio è riuscito a dare alla Resistenza un autentico respiro epico, pur rappresentandola senz'ombra d'idealizzazione, anzi con un costante atteggiamento di demistificazione, legato a una vigorosa tensione morale oltre che stilistica. Alla vita delle Langhe è invece ispirato *La malora* (1954), mentre *La paga del sabato* (1969, postumo) si avvicina di più alla lezione neo-realistica.

GADDA, Carlo Emilio (Milano 1893 - Roma 1973).

Per molti anni lavorò come ingegnere, coltivando quasi segretamente l'attività letteraria. Solo all'inizio degli anni trenta decise di dedicarsi esclusivamente a quella che riteneva essere la sua autentica vocazione, collaborando alla rivista "Solaria", e pubblicando i bozzetti de *La Madonna dei filosofi* (1931), seguiti dai racconti di guerra de *Il castello di Udine* (1934). Fra il 1938 e il 1941 pubblicò sulla rivista "Letteratura" il romanzo *La cognizione del dolore* (scritto nel 1936), nel quale la rappresentazione del rapporto drammatico e nevrotico del protagonista con la madre prende corpo all'interno di uno sperimentalismo linguistico assolutamente originale nel panorama italiano e forse mondiale. Gadda, che sta fra i massimi scrittori europei di questo secolo, mescola nella sua pagina italiano moderno e antico, letterario e volgare, dialetti, tecnicismi provenienti dalle più svariate branche del sapere, parole straniere tratte dalle lingue vive e dalle lingue classiche, nello sforzo di rendere con la propria complessità linguistica il "garbuglio" del mondo. Non a caso la metafora del "pasticcio", dell'"intrico" ritorna costantemente nei testi gaddiani, dai bozzetti dell'*Adalgisa* (1944) a *Quer pasticciaccio brutto de via Merulana* (1957), che gli diede finalmente una vasta e meritata notorietà. L'amplissima produzione gaddiana comprende inoltre saggi, prose d'arte, altre opere narrative (spesso incompiute), testi radiofonici.

GOZZANO, Guido (Agliè Canavese [Torino] 1883 - Torino 1916).

È il massimo esponente della poesia crepuscolare, cui lo lega l'orientamento verso il prosaico e il prosastico, in direzione anti-dannunziana. Gozzano però si muove a partire da un materiale verbale particolarmente ricco, ed evita il rischio di un sentimentalismo patetico che non di rado affligge gli altri crepuscolari, controllando ogni effusione con un'ironia pacata nelle forme ma non di rado feroce nella sostanza. Basti pensare a come lo scrittore la applichi anche alla propria personale tragedia esistenziale, cioè alla tubercolosi polmonare che lo portò alla tomba in giovane età. Gozzano esordì nel 1907 con le poesie de *La via del rifugio*, seguite da *I colloqui* (1911). Intanto andava pubblicando su riviste, fiabe e novelle. Nel 1912 s'imbarcò per l'India, sperando che il clima dell'Estremo Oriente avrebbe avuto qualche effetto positivo sulla sua salute; da questo viaggio derivarono i resoconti poi raccolti in *Verso la cuna del mondo* (1917). Dopo la sua morte uscirono anche altri volumi, in gran parte predisposti dallo stesso autore, fra cui le novelle di *L'altare del passato* (1918) e *L'ultima traccia* (1919).

GRIMALDI, Aurelio (Modica [Ragusa], 1958).

Ha vissuto in Lombardia, laureandosi in lettere. Dal 1982 vive a Palermo, dove ha insegnato ai corsi primari del carcere minorile Malaspina. Dopo aver vinto il premio Pio La Torre per un'opera didattica sulla mafia, ha pubblicato nel 1987 *Meri per sempre*, da cui è stato tratto anche un film, che ha ottenuto un notevole successo di critica e di pubblico. Nel 1990 ha pubblicato *Le Buttane*.

LANDOLFI, Tommaso (Pico [Frosinone] 1908 - Roma 1979).

Dopo aver collaborato a varie riviste, esordì come narratore con *Il dialogo dei massimi sistemi* (1937), parodia di un trattato filosofico. La maggior parte della sua produzione, memore di Poe, Gogol', Kafka e di moltissime altre suggestioni letterarie, si muove nell'ambito del racconto fantastico, intrecciando elementi surreali e spunti autobiografici, in una prosa raffinatissima, lievemente arcaizzante, tesa ad esplorare il conflitto tra gl'istinti e la ragione, l'irrazionale e il razionale, l'inconscio e la coscienza. Le opere principali di Landolfi sono *La pietra lunare* (1939), *Il mar delle blatte e altre storie* (1939), *La spada* (1942), *Le due zittelle* (1945), *Racconto d'autunno* (1947), *Cancroregina* (1950). Molto notevoli sono anche *La bière du pêcheur* (1953), *Rien va* (1963), *Des mois* (1967), che segnano invece il passaggio al genere del romanzo in forma di diario.

LEVI, Primo (Torino 1919 - 1987).

Chimico, di famiglia ebrea, nel 1943 si unì ai partigiani; catturato dai fascisti, venne deportato ad Auschwitz, dove riuscì a sopravvivere grazie alla conoscenza del tedesco e alla necessità di manodopera all'interno del *lager*. Da questa terrificante esperienza derivò il materiale del suo primo libro, *Se questo è un uomo* (1947), che inizialmente passò inosservato, ma nel 1956 venne ristampato con grande successo, e tradotto in seguito in quasi tutte le principali lingue europee. Dopo *La tregua* (1963), che racconta della fuga dal campo di concentramento, ha pubblicato *Storie naturali* (1967), *Vizio di forma* (1971), *Il sistema periodico* (1975), *Se non ora quando?* (1982), *I sommersi e i salvati* (1986). Nonostante il successo e l'apparente serenità, Levi era rimasto segnato per sempre dagli orrori di Auschwitz: l'angoscia dei ricordi di quel periodo è infatti molto probabilmente la causa prima del gesto con cui, inaspettatamente, lo scrittore piemontese si è tolto la vita.

LODOLI, Marco (Roma, 1956).

Insegnante in un istituto professionale, ha esordito nel 1956 con *Diario di un millennio che fugge*. In seguito ha pubblicato *Snack Bar Budapest* (1987, a quattro mani con Silvia Bré), le poesie di *Ponte Milvio* (1988), *Grande raccordo* (1989), *I fannulloni* (1990), *Crampi* (1991), *Grande Circo Invalido* (1993).

MASTRONARDI, Lucio (Vigevano [Pavia] 1930-1979).

Per molti anni insegnò come maestro elementare, prima di impiegarsi in una scuola di Abbiategrasso. Il suo stile sperimentale, che mescola italiano e dialetto vigevanese, in funzione di una forte tensione morale, piacque molto a Elio Vittorini, che gli fece pubblicare sulla rivista "Il menabò" il primo romanzo, *Il calzolaio di Vigevano* (1959). Ad esso seguirono i romanzi *Il maestro di Vigevano* (1962) e *Il meridionale di Vigevano* (1964); i racconti di *A casa tua ridono* (1971) e *L'assicuratore* (1975). Afflitto da gravi crisi depressive, Mastronardi aveva già ripetutamente tentato il suicidio, prima di riuscire davvero a uccidersi, nel 1979.

MORANTE, Elsa (Roma 1912 - 1985).

Dopo alcuni volumi narrativi passati pressoché inosservati, e dopo il matrimonio con Alberto Moravia (1941), nel 1948 pubblicò il romanzo che resta probabilmente non solo la sua opera migliore, ma uno dei libri che contano nella letteratura italiana di questo secolo, *Menzogna e sortilegio* (1948, premio Viareggio). In seguito la Morante pubblicò solo pochissimi libri, tutti accompagnati da un lungo lavorio linguistico, e tutti capaci di condensare realtà e magia in simboli ad altissima densità: *L'isola di Arturo* (1957, premio Strega), *Lo scialle andaluso* (1963), *La Storia* (1974), *Aracoeli* (1982), oltre alle poesie de *Il mondo salvato dai ragazzini* (1968).

MORAVIA, Alberto (Roma 1907 - 1990).

Moravia, come ci avverte lo scrittore stesso, non è un cognome, ma il secondo nome di Alberto Pincherle, nato da una ricca famiglia ebrea. Colpito a nove anni da tubercolosi polmonare, fu costretto ad una lunghissima immobilità, che lo portò insieme a studi irregolari e a vastissime letture, decisive nella sua precoce vocazione letteraria. Moravia infatti esordì giovanissimo, nel 1929, con *Gli indifferenti*, che resta forse la sua opera migliore. In essa si delineano già, con sorprendente nettezza, sia il caratteristico stile "medio" moraviano, spoglio e programmaticamente grigio, sia la sua amara e corrosiva critica delle convenzioni c della corruzione morale della borghesia. Comprensibilmente osteggiato dal fascismo, Moravia continuò la sua attività, tra molte difficoltà, pubblicando *Le ambizioni sbagliate* (1935), *La mascherata* (1935), *Agostino* (1943). In seguito si avvicinò contemporaneamente al marxismo e alla psicoanalisi, e accostò un ricco impegno saggistico ad un'amplissima produzione narrativa, comprendente, fra gli altri, *La romana* (1947), *La disubbidienza* (1948), *Il conformista* (1951), *Racconti romani* (1954), *La ciociara* (1957), *La noia* (1960), e numerosissimi altri titoli, in un'attività che non ha conosciuto soste fino alla morte.

NERI, Gaetano (Milano, 1929).

Dopo una lunga carriera giornalistica, ha felicemente esordito a sessant'anni con i folgoranti racconti surreali di *Dimenticarsi della nonna* (1989), cui hanno fatto seguito *Conversazione con un branzino* (1991) e *L'ora di tornare* (1992).

NIGRO, Raffaele (Melfi [Potenza] 1947).

Redattore della Rai di Bari, ha pubblicato saggi storico-culturali e testi narrativi di successo, fra cui *I fuochi del Basento* (1987, premio Campiello), *La Baronessa dell'Olivento* (1990), *Il piantatore di lune* (1991).

ORTESE, Anna Maria (Roma 1914).

Autodidatta, di famiglia povera, ha vissuto in molte città, e si è lentamente affermata come una delle scrittrici di maggior prestigio della nostra recente letteratura, raggiungendo un meritato e travolgente successo di pubblico soltanto con il romanzo *Il cardillo addolorato* (1993). In precedenza aveva scritto i volumi di racconti *Angelici dolori* (1937), *Il mare non bagna Napoli* (1953, premio Viareggio), *La luna sul muro e altri racconti* (1968), *In sonno e in veglia* (1987); i romanzi *L'iguana* (1965), *Poveri e semplici* (1967, premio Strega), *Il porto di Toledo. Ricordi della vita irreale* (1975). Suoi scritti di viaggio sono stati raccolti nel 1991 in *La lente scura*.

PARISE, Goffredo (Vicenza 1929 - Treviso 1986).

La sua prima produzione racconta, con un moderato espressionismo deformante, scene della vita di provincia; in seguito Parise ha approfondito piuttosto l'analisi dell'alienazione nella società contemporanea. Fra le sue opere più importanti ricordiamo *Il ragazzo morto e le comete* (1951), *Il prete bello* (1954), *Il fidanzamento* (1956), *Il padrone* (1965), *L'assoluto naturale* (1967), *La grande vacanza* (1968), *Sillabari* (1973).

PAVESE, Cesare (Santo Stefano Belbo [Cuneo] 1908 - Torino 1950).

Specialista di letteratura anglo-americana, si legò al gruppo degli intellettuali vicini alla casa editrice Einaudi, e fu mandato al confino dal fascismo. Svolse un'intensissima attività di traduttore e saggista; intanto andava costruendo una propria personale e complessa ipotesi letteraria, avviata dalle stesse poesie di *Lavorare stanca* (1936) e dal romanzo breve *Paesi tuoi* (1941). La narrativa di Pavese non è di facile lettura, perché unisce moduli di apparente realismo, capaci di approfondire questioni di rilievo storico-sociale (come il rapporto tra città e campagna), ad un denso spessore simbolico, che configura dietro ogni vicenda il tempo immobile del mito e dell'inconscio. Fra le sue opere ricordiamo: *Feria d'agosto* (1946), *Il compagno* (1947), *Dialoghi con Leucò* (1947), *Prima che il gallo canti* (1948), *La bella estate* (1949), *La luna e i falò* (1950, premio Strega). Poco dopo aver vinto lo Strega, Pavese si uccise: c'entrava, sicuramente, una recente delusione amorosa, ma quasi per tutta la vita egli aveva ossessivamente parlato del "vizio assurdo" di togliersi la vita.

PIRANDELLO, Luigi (Agrigento 1867 - Roma 1936).

È indubbiamente fra i grandi della nostra letteratura di questo secolo, anche se, fra i suoi come fra i nostri contemporanei, non pochi ne mettono in dubbio il valore. Certo è comunque che Pirandello è fra i pochi scrittori italiani che godono di una vastissima fama internazionale: non tanto per il lontano premio Nobel (1934), quanto grazie allo straordinario numero di compagnie che ne mettono in scena i drammi, un po' in tutto il mondo. Dopo aver esordito come poeta con *Mal giocondo* (1889), Pirandello conseguì la laurea all'Università di Bonn. In seguito si dedicò all'insegnamento della letteratura italiana, pubblicando nel 1894 le prime novelle e nel 1901 il romanzo *L'Esclusa*. Nel 1903 si trovò economicamente in rovina, e con la moglie in preda alla pazzia: ne deriverà la spinta per scrivere la sua migliore opera narrativa, il romanzo *Il fu Mattia Pascal* (1904); ad esso seguiranno altri romanzi, fra cui spiccano *I vecchi e i giovani* (1913) e *Uno, nessuno e centomila* (1926), che rappresenta per molti versi una specie di consuntivo ideologico finale. È soltanto intorno al 1910 che Pirandello si decide ad affrontare anche le scene, pur avendo scritto fin dall'adolescenza testi teatrali. Dopo aver ottenuto un buon successo con *Pensaci, Giacomino!* (1916) e *Liolà* (1916), egli andrà precisando i nuclei fondamentali della propria ispirazione con *Così è, se vi pare* (1917) e *Il giuoco delle parti* (1918). Ma l'anno decisivo per la notorietà pirandelliana è il 1921, quando, per la sua audacia sperimentale, il dramma *Sei personaggi in cerca d'autore* prima viene fischiato clamorosamente a Roma, e poco dopo ottiene a Milano uno straordinario successo, che proseguì subito dopo in America, e di fatto continua ancora. Ad esso seguì il successo anche della tragedia *Enrico IV*, che consacrò definitivamente Pirandello fra i massimi drammaturghi mondiali. Fra le numerosissime opere teatrali dello scrittore agrigentino, che ha certo anche ecceduto nel ripetersi intorno ad alcuni nuclei tematici fondamentali, è necessario ricordare la trilogia del *Teatro nel teatro*, composta, oltre che dai *Sei personaggi in cerca d'autore*, da *Ciascuno a suo modo* (1924) e *Questa sera si recita a soggetto* (1930). La produzione novellistica pirandelliana è invece raccolta nelle *Novelle per un anno*.

PRATOLINI, Vasco (Firenze 1913 - Roma 1991).

Costretto a interrompere gli studi per le precarie condizioni economiche della famiglia, fece svariati mestieri, coltivando però sempre la propria vocazione letteraria. Dopo un esordio tutto impregnato di autobiografismo, testimoniato fra gli altri da volumi come *Le amiche* (1943, poi confluito in *Diario sentimentale*, 1956), *Il quartiere* (1944) e *Cronaca familiare* (1947), Pratolini è passato a più vasti affreschi della società fiorentina e italiana, a cominciare dalle *Cronache di poveri amanti* (1947), in cui si rac-

contano vicende di umili personaggi negli anni della presa di potere da parte del fascismo. In questa prospettiva il progetto più ambizioso è rappresentato dalla trilogia *Una storia italiana*, comprendente i romanzi *Metello* (1955), *Lo scialo* (1960) e *Allegoria e derisione* (1966): con questo ciclo Pratolini ha inteso cogliere, dalla prospettiva delle classi popolari, tutto uno squarcio significativo della nostra storia nazionale, dal 1875 al 1945.

REA, Domenico (Nocera Inferiore [Salerno] 1921 - Napoli 1994).

Ha fatto vari mestieri, dedicandosi nel frattempo alla scrittura, prima di ottenere notevoli riconoscimenti con i racconti di *Spaccanapoli* (1947) e *Gesù fate luce* (1950, premio Viareggio), che spinsero la critica ad accostarlo, un po' frettolosamente, al neorealismo. In seguito Rea ha continuato a fondere narrativa e impegno sociale, con *Quel che vide Cummeo* (1955), *Tentazione e altri racconti* (1976), *Il fondaco nudo* (1985), e con il recente felice *Ninfa plebea* (1993), che sta fra i suoi risultati più alti.

SCIASCIA, Leonardo (Racalmuto [Agrigento] 1921 - Palermo 1989).

Dopo gli esordi narrativi, legati a moduli ancora in parte realistici, da *Le parrocchie di Regalpetra* (1956) a *Gli zii di Sicilia* (1958), ha sviluppato il genere giallo, utilizzandolo come strumento di rappresentazione dei rapporti tra mafia e potere politico in Sicilia, in romanzi come *Il giorno della civetta* (1961), *A ciascuno il suo* (1966), *Todo modo* (1974). In seguito la narrativa di Sciascia ha assunto sempre più le caratteristiche del racconto-saggio, da *Il mare colore del vino* (1973), a *La scomparsa di Majorana* (1975), a *Il cavaliere e la morte* (1989).

SERENI, Clara (Roma, 1946).

È figlia di Emilio Sereni, grande storico e figura di rilievo nella storia del Partito comunista italiano. Alla storia della propria famiglia la Sereni ha dedicato il romanzo *Il gioco dei regni* (1993), che è la sua opera più importante. Precedentemente aveva pubblicato il romanzo *Sigma Epsilon* (1974), l'originalissimo *Casalinghitudine* (1987), che unisce memorie e ricette di cucina, e i racconti di *Manicomio primavera* (1989).

SILONE, Ignazio pseudonimo di Secondo Tranquilli (Pescina [L'Aquila] 1900 - Ginevra [Svizzera] 1978).

Perse quasi tutta la famiglia in un terremoto, nel 1913; interrotti gli studi, si trasferì a Roma, e partecipò alla fondazione del Partito comunista, nel 1921. In seguito venne distaccandosi dal Pci, pur restando un radicale oppositore del fascismo, che lo costrinse all'esilio dal 1930. In esilio Silone pubblicò i suoi primi romanzi, *Fontamara* (1930) e *Pane e vino* (1937). In seguito ottenne un notevole successo anche con *Una manciata di more* (1952), *Il segreto di Luca* (1956), e con il romanzo-saggio, poi ripreso anche in forma drammatica, *L'avventura di un povero cristiano* (1968). Al centro di tutta l'opera di Silone c'è una strenua difesa dei valori della libertà e della dignità umana.

STARNONE, Domenico (Roma, 1943).

Si è rivelato pubblicando ogni settimana sul "Manifesto" amari e divertentissimi resoconti sulle condizioni della scuola media superiore, dai quali avrebbe poi derivato il volume *Ex cattedra* (1989). Collaboratore di "Tango" e poi di "Cuore", ora anche del "Corriere della Sera", ha pubblicato inoltre *Il salto con le aste* (1989), *Segni d'oro* (1991), *Fuori registro* (1991), *Eccessi di zelo* (1993).

SVEVO, Italo, pseudonimo di Aron Hector Schmitz (Trieste 1861 - Motta di Livenza [Treviso] 1928).

Di famiglia ebraica, Svevo riuscì, grazie alle caratteristiche culturali di una città come Trieste, allora sotto l'Impero austro-ungarico, ad assimilare una cultura piuttosto centro-europea che italiana, che gli permise di acquisire uno spessore intellettuale raro nei nostri scrittori del tempo. Al centro di questa sua formazione stanno la conoscenza della filosofia tedesca (soprattutto di Nietzsche e Schopenhauer) e della psicoanalisi di Freud. Come scrittore però rimase a lungo sconosciuto, e l'insuccesso dei suoi primi due romanzi, *Una vita* (1892) e *Senilità* (1898), fu tale da indurlo per circa vent'anni al silenzio artistico. Mentre però viveva una tranquilla vita di impiegato e poi di dirigente nella ditta del suocero, Svevo non aveva affatto smesso di coltivare la letteratura, come testimoniano molti scritti minori. Poco dopo la fine della Prima guerra mondiale, egli cominciò a lavorare al suo terzo romanzo, *La coscienza di Zeno* (1923), che inviò al grande scrittore irlandese James Joyce, e che contemporaneamente veniva letto a Milano dal poeta Eugenio Montale. Furono proprio Joyce e Montale ad avviare la "scoperta" di Svevo, che dal 1925 vide la sua fama crescere continuamente. Purtroppo non poté goderla a lungo, perché nel 1928 trovò la morte in un incidente automobilistico.

TADINI, Emilio (Milano, 1927).

È anzitutto un pittore molto noto, esponente di un'arte in qualche modo ancora figurativa, legata alla metafisica dechirichiana, ma anche dominata dal senso del grottesco e da una forte esigenza di dinamizzare gli oggetti rappresentati (un critico ha parlato di "metafisica-surreal-popolare"). Tadini è però anche uno degli scrittori italiani più notevoli degli ultimi anni, anche se ancora conosciuto come meriterebbe. Il suo stile letterario è caratterizzato dall'accostamento di livelli linguistici diversi e dalla mescolanza di tragico e comico, secondo il modello di C. E. Gadda. Ha pubblicato i romanzi *Le armi l'amore* (1963), *L'Opera* (1980), *La lunga notte* (1987), *La tempesta* (1993); i versi di *Tre poemetti* (1960) e *L'insieme delle cose* (1991).

TOZZI, Federigo (Siena 1883 - Roma 1920).

Compì studi irregolari ed ebbe letture vastissime ma disordinate, fra le quali ebbero certamente un posto di rilievo D'Annunzio, Verga e Dostoevskij. Dopo alcune prove poetiche ancora immature, si rivelò agli altri, e forse anche a se stesso, con *I ricordi di un impiegato* (già largamente abbozzato nel 1910, anche se poi pubblicato soltanto nel 1920). Nel giro di pochi anni, prima di essere stroncato da una polmonite, pubblicò allora le sue cose più importanti, i romanzi *Con gli occhi chiusi* (1919), *Tre croci* (1920), *Il podere* (1921), nei quali la vita contadina e provinciale viene rappresentata con un crudo realismo, tutto stretto alle cose eppure carico di laceranti approfondimenti psicologici. Tozzi pubblicò anche novelle, con i volumi *Giovani* (1920) e *L'amore* (1920), e alcuni testi teatrali.

VITTORINI, Elio (Siracusa 1908 - Milano 1966).

Figlio di un ferroviere, si costruì da solo una cultura letteraria, diventando anche un eccellente traduttore dall'inglese. Stabilitosi negli anni venti a Firenze, si avvicinò all'ambiente della rivista "Solaria", pubblicando i racconti di *Piccola borghesia* (1931) e il romanzo *Il garofano rosso* (1933-34). Si trasferì più tardi a Milano, e pubblicò il suo romanzo più notevole, *Conversazione in Sicilia* (1941), che racconta un viaggio picaresco e lirico-simbolico verso le proprie origini materiali e spirituali. In seguito Vittorini si è mosso prevalentemente in direzione di una letteratura sperimentale, con *Uomini e no* (1945), *Il Sempione strizza l'occhio al Fréjus* (1947), *Le donne di Messina* (1949). Sono invece testi saggistici *Diario in pubblico* (1957) e *Le due tensioni* (postumo, 1967). Vittorini fu anche direttore di riviste come il "Politecnico" (1945-1947) e "Il menabò" (dal 1961 alla morte, insieme a Italo Calvino), che rappresentano dei capitoli fondamentali nella storia della cultura italiana del dopoguerra. Egli svolse inoltre un'importante attività di consulente e dirigente editoriale, che lo portò a scoprire e pubblicare non pochi scrittori: a lui quindi dobbiamo non solo le sue opere, ma anche parecchie opere altrui.